# 1976
# Jahrbuch des Fußballs
# 1977

# Bild Jahrbuch des Fußballs 1976/1977

Copress-Verlag München

*Das „Jahrbuch des Fußballs“ erscheint im Copress-Verlag Münchner Buchgewerbehaus GmbH · Herausgegeben von Karl-Heinz Huba in Zusammenarbeit mit der Bild-Sportredaktion*

**REDAKTION und GESAMTGESTALTUNG:**
Karl-Heinz Huba

**KOORDINATION:**
Gerhard Pietsch

**DOKUMENTATION:**
Ursula Erdtmann

**SCHUTZUMSCHLAG:**
Franz Hornauer

**TITELFOTOS:**
Maria Mühlberger,
Norbert Rzepka (2),
Pressefoto Werek (2).

**MITARBEITER:**
Klaus Bockelkamp
Werner Bremser
Joachim Eggebrecht
Raimund Hinko
Jörg F. Hüls
Karl Erich Jäger
Werner Kirchstein
Klaus Müller
Paul Palmert
Klaus Schlütter
Otto Stubbe
Bernd Stubmann
Fritz Walter
Jörg Wigand

**FOTOS:**
dpa, Horst Eißner,
Horstmüller, Fred Joch,
Keystone, Foto Metelmann,
Maria Mühlberger,
Nordbild, Pfeil Foto,
Norbert Rzepka,
Rolf H. Seyboldt,
Sven Simon, Schirner,
Werek



**GESAMTHERSTELLUNG:**
Münchner Buchgewerbehaus GmbH
München
Printed in Germany

ISBN 3-7679-0119-6

# Vorwort

Um mal einen bekannten Werbespruch abzuwandeln: Drei Dinge braucht der Fußball-Fan in der kommenden Saison: Bundesliga – Europapokal – Weltmeisterschaft.

Wir alle stehen vor einem großen, spannenden Spieljahr, das uns hoffentlich überall den ersehnten Erfolg bringt. Wenn ich an die letzte Saison denke – da war ja auch schon was. Der Hamburger SV gewann den Europacup der Pokalsieger. Wir Mönchengladbacher kamen immerhin ins Endspiel. Und die deutsche Fußball-Nationalelf hinterließ nicht nur auf der Südamerikareise einen glänzenden Eindruck.

Kommen wir zur Bundesliga-Saison 1977/78. Hier steht wirklich Großes bevor. Wenn ich an die letzten Jahre denke, war es doch bei der Titelvergabe mehr oder weniger ein Zweikampf zwischen Bayern München und uns Mönchengladbachern. Ich glaube, das wird jetzt anders. Mit Frankfurt, Köln, dem Hamburger SV, Eintracht Braunschweig, Schalke, Bayern München und Mönchengladbach ist der Kreis der Favoriten erheblich größer geworden. Und ich kann da nur sagen: Fußball-Fan, was willst du mehr.

Als Kapitän von Borussia Mönchengladbach und der deutschen Nationalmannschaft habe ich zwei große Wünsche. Der erste: Daß wir endlich einmal den Europacup der Landesmeister gewinnen. Wenn man fünfmal deutscher Meister war, gibt es für eine Vereinself einfach kein höheres Ziel. Der zweite: Daß die deutsche Nationalmannschaft 1978 ihren Weltmeistertitel in Argentinien erfolgreich verteidigen kann. Bei unserem 3:1-Sieg im Juni in Buenos Aires haben wir mit unserer frischen Spielweise bestimmt viel Freunde gewonnen. Freunde, die wir im nächsten Jahr dringend brauchen, wenn wir Erfolg haben wollen.

Viel Erfolg wünsche ich auch dem BILD-Jahrbuch des Fußballs.

BERTI VOGTS

Kapitän der Nationalelf
und von Borussia Mönchengladbach.

# Inhalt

# Bundesliga
# 1976/77

Den Schönheitspreis haben sich die Gladbacher Borussen für den Titel 77 bestimmt nicht verdient. Dennoch: Die Meisterschaft ist die einmalige Leistung eines kleinen Vereins! Es war der fünfte Titel für die Borussen. Kein anderer Club hat so viele Meisterschaften in der Bundesliga gewonnen. Und das innerhalb von acht Jahren.

Keine Meisterschaft der Borussen glich der anderen. Borussias Triumphe hatten fünf Gesichter:

- Die fünfte Meisterschaft (1977 mit Lattek) war der „Zitter-Titel". Erst am 21. Mai, am letzten Spieltag, um 17:13 Uhr war Gladbach Meister.
- Die vierte Meisterschaft (1976 mit Lattek) war der „Routine-Titel". Nicht das Temperament, die Taktik entschied.
- Die dritte Meisterschaft (1975 mit Weisweiler) war der „Konter-Titel". Keiner schaltete so blitzschnell von Abwehr auf Angriff um.
- Die zweite Meisterschaft (1971 mit Weisweiler)

*Kein Spiel wie jedes andere. Als die Gladbacher am 6. November in Köln antreten, ist ihr Gegner vor allem Hennes Weisweiler, ihr früherer Trainer. Und der Jubel ist verständlich nach dem 3:0 (oben). Die Borussia liefert ihr bestes Spiel der Saison. Vogts hat Flohe stets im Griff (rechts), und Dieter Müller bleibt ratlos am Boden (unten).*

### Borussias fünfter Titel

# Im letzten Spiel der letzte Punkt

war der „Torfabrik-Titel". Gladbach schoß Tore am Fließband.

● Die erste Meisterschaft (1970 mit Weisweiler) war der „Abwehr-Titel". Erst als Weisweiler die Abwehrstars Luggi Müller und Klaus-Dieter Sieloff eingebaut hatte, waren die Borussen reif für den ersten Titel.

Phänomenal, wie ein Verein aus einer mittelgroßen Stadt (275 000 Einwohner) mit einem winzigen Stadion den deutschen Fußball jahrelang mitregiert hat.

Der „Zitter-Titel 77" soll die letzte Borussen-Meisterschaft sein. Das sagen Experten. Das sagen Fans. Das sagen Kritiker. Aber Gladbachs Torjäger Jupp Heynckes erinnert: „Das hatte man auch vor der Meisterschaft 77 gesagt." Tatsache ist: Der Titel 77 hätte die klarste Meisterschaft für die Borussen werden können. Nach 13 Spielen 23:3 Punkte. Keine Niederlage. Tabellenführer mit fünf Punkten Vorsprung.

Berti Vogts prophezeite: „Wenn nichts dazwischenkommt, feiern wir im März die Meisterschaft."

Aber es kam allerhand dazwischen. Erst wurde Berti Vogts an der Leiste operiert. Prompt gab es die erste Niederlage – in Hamburg gegen den HSV mit 1:4. Das Fehlen von Berti, dem Kapitän, hatte die Borussen konfus gemacht. Keine Ordnung, kein System. Die Borussen spielten in Hamburg wie eine Schüler-Mannschaft: alle auf einem Haufen. Als der HSV gewonnen hatte, sagte Georg Volkert: „So leicht habe ich es als Stürmer noch nie gehabt."

Eine Woche später kam auch Jupp Heynckes unters Messer. Meniskusoperation. Zuerst der beste Abwehrspieler, jetzt der beste Stürmer. Das Chaos war vollkommen. 0:4-Niederlage in Karlsruhe – gegen den späteren Absteiger. Kein Berti Vogts – die Abwehr war offen wie ein Scheunentor. Kein Jupp Heynckes – Borussen-Tore wurden Mangelware. Mit Heynckes hatten die Borussen in 14 Spielen 32 Tore (davon Heynckes 14) geschossen, ohne Heynckes kamen sie in 14 Spielen auf elf Treffer.

Das sagt alles und beweist vieles.

Das zeigt aber vor allem: Jede Klassemannschaft ist auf ein, zwei Klassespieler angewiesen. Bayern München ohne Beckenbauer und Maier? Kein Problem für den Gegner.

Diese fünfte Meisterschaft wurde unter Palmen und Sonne in Santo Domingo in der Karibik geschmiedet. Als Berti Vogts 1976 las: „Das war

Gladbachs letzte Meisterschaft", reagierte er so: „Wenn wir jetzt Meister werden, dann können wir alle stolz sein. Das ist eine Herausforderung für alle." Er hämmerte es allen ein. Doch nach dem fünften Titelgewinn gab Berti auch zu: „Den Schönheitspreis haben wir nicht gewonnen..."

Die ersten Pleiten gab es gleich zu Beginn der Saison. Die Vorbereitungen auf der Amerikareise hatten sich als katastrophal erwiesen. Nur 1:1 im ersten Spiel gegen den MSV Duisburg. Dann ein 0:5 gegen die französische Nationalmannschaft in Paris. Kein Tempo, keine Begeisterung. Zwar rollten in der Bundesliga die Punkte, aber nicht der Ball. Die Fans sahen eine matte, müde Borussia. Keine Frage: Borussia steckte in der Krise.

Vor allem nach dem Pokal-Knockout in der ersten Runde gegen Braunschweig auf eigenem Platz und der Europapokalpleite von Wien (0:1) gärte es. Sogar Udos Stuhl wackelte etwas. Aber: man sagte sich die Meinung vor dem Spiel in Kaiserslautern, und zwar kräftig. Niemand wurde geschont. Nach dem reinigenden Gewitter gab es einen 2:1-Sieg in Kaiserslautern. Was wichtiger war: Die Borussen hatten erstmals wieder modernen, frischen Fußball gespielt. Mit Schwung aus der Abwehr heraus.

Es kam noch etwas hinzu, was den Ehrgeiz der Borussen anstachelte: Hennes Weisweiler, der Ex-Chef, hatte mit dem 1. FC Köln einen sagenhaften Start: 10:0 Punkte. In Deutschland sprach man nur noch vom 1. FC Köln. Das forderte heraus: „Wir wollen ihm beweisen, daß wir immer noch besser sind", sagten die meisten Gladbacher. Zumal Hennes Weisweiler seinem Lieblingsspieler Berti Vogts anvertraut hatte: „Was ihr spielt, das ist alter, unmoderner Fußball. So spielt man nicht mehr."

Selten wurde Hennes Weisweiler so hart bestraft. Am 6. November sahen 60 000 Zuschauer in Köln Super-Fußball. Nicht die Kölner zogen die Show ab, sondern die Borussen. Alle Mann hinten, alle nach vorne – so, wie sie es von Lehrmeister Hennes gelernt hatten. Es war das beste Spiel der Gladbacher in dieser Meistersaison. Mit verwirrenden Kombinationen, mit dem richtigen Tempowechsel, mit dem Erkennen der Schwächen des Gegners.

Und diese Schwächen hatte ausgerechnet Hennes Weisweiler geliefert. Zwei Offensiv-Verteidiger (Gerber und Glowacz) gegen zwei Super-Stürmer (Heynckes und Simonsen), zwei offensive Liberos (Weber und Cullmann), dazu zwei Mittelfeldspieler (Flohe und Overath), die nicht deckten. Das mußte gegen die Borussen ins Auge gehen. Weisweiler suchte ein Opfer und fand Overath. Nach der Niederlage gegen Gladbach war der Weltmeister passé.

Doch danach ging es auch mit den Borussen bergab. Erst wurde Vogts operiert, dann Heynckes. Der Vorsprung von fünf Punkten schmolz dahin wie Schnee in der Sonne.

Die Bundesliga jubelte, als Gladbach und Braunschweig plötzlich gleichauf standen. Udo Lattek hatte schon vorher gewarnt: „Fünf Punkte sind schnell weg." Überall wurde gerechnet. In Schalke (Klaus Fischer: „Wir werden Meister"), in Braunschweig ebenso (Torwart Bernd Franke: „Das Torverhältnis entscheidet"). Doch Berti Vogts rechnete am besten: „Wir werden mit einem Punkt Vorsprung Meister vor Schalke."

Er sagte es nach den Pleiten gegen Frankfurt (1:3), Schalke (0:1), Braunschweig (1:1). Er sagte es trotz einiger Unstimmigkeiten bei den Borussen. Die Spieler hatten nämlich gemeutert: „Das Training von Lattek ist zu eintönig. Wir müssen gezielter trainieren." Udo Lattek konterte: „Dasselbe

Training, das ich nach Siegen mache, ist nach Niederlagen auf einmal falsch. Da stimmt doch was nicht.“ Dennoch änderte Lattek sein Training. Die Spieler machten begeistert mit – es war ja „ihre“ Idee.

Daß Gladbach so lange zittern mußte, hatte eine ganze Reihe von Gründen. Da war erst die falsche Vorbereitung mit einer Reise in die USA, in die Karibik und nach Kanada. Geschlaucht von 30 000 Kilometer Flug und der Hitze kehrten die Borussen zurück. Zu den Fehlern gehörte auch die falsche Einkaufspolitik. Henning Jensen, der Mittelstürmer, wurde verkauft, doch für ihn holte man keinen annähernd gleichwertigen Ersatz.

Das Ergebnis dieser Spieler-Politik ist niederschmetternd: In zehn Spielen schossen die Borussen nur ein Tor; in acht Spielen gingen sie leer aus. 58 Treffer in 34 Spielen – so wenig Tore hatte seit zehn Jahren kein Meister mehr erzielt. „Ich kann mir doch keinen Torjäger aus den Rippen schneiden“, zürnte Lattek.

Zu den vielen Ursachen der Misere gehörte aber auch das Verletzungspech. Dietmar Danner war nur in drei Spielen dabei. Vogts fehlte drei Monate. Heynckes mußte sein Comeback nach zwei Versuchen abbrechen und war erst am letzten Spieltag wieder verfügbar. Und wie wichtig Heynckes für die Borussen ist, das bewies er mit seinem Tor in München. Dann fiel Stielike, der wuchtige, dynamische Nationalspieler, mehrmals wegen einer Zerrung aus. Udo Lattek hatte bestimmt recht, wenn er sagte: „Wenn bei den anderen jemand verletzt ist, wird großes Theater gemacht, bei uns ist es fast selbstverständlich, daß wir in manchen Spielen fünf Stammspieler ersetzen mußten.“

Dennoch füllten die Borussen die Stadien und Kassen ihrer Rivalen. Ausverkauft in München, Köln, Hamburg, Schalke, in Frankfurt, bei Hertha, in Kaiserslautern, Bremen, Dortmund, Saarbrükken, Karlsruhe, Bochum und in Braunschweig. Wenig Tore, wenig Klasse, dennoch stimmte bei den Gladbachern auch zu Hause die Kasse: Im Durchschnitt kamen fast 3000 Zuschauer mehr als im Jahr davor. Manager Grashoff glaubt deshalb: „Die Leute wollen den Nervenkitzel haben, Tore haben sie bei uns schon genug gesehen.“

*Eintracht Frankfurt demütigt den ins Stolpern geratenen Meister und gewinnt am Bökelberg 3:0. Oben: Wenzel erzielt das 1:0. Links: Hölzenbein bringt die Borussen-Abwehr ins Wanken.*

*Heimkehr der Borussen – geschlagen zwar im Finale des Europapokals, aber dennoch überschäumend gefeiert für den fünften Meistertitel in der Bundesliga. Links: Kapitän Berti Vogts, umringt von seinen und der Borussen Fans.*

Die großen Spiele der Borussen 76/77 sind an einer Hand aufgezählt. Nummer 1 das 3:0 in Köln gegen den 1. FC. Nummer 2 das 3:1 in Frankfurt gegen die Eintracht. Nr. 3 das 2:0 gegen Schalke, Nr. 4 das 1:0 gegen Bayern, Nr. 5 das 2:1 in Kaiserslautern.

Nur in zwei Punkten führen die Gladbacher die Bestenliste der Statistik an: 27mal standen sie an der Spitze; sie kassierten die wenigsten Gegentreffer – nur 34. An der Zahl der geschossenen und eingesteckten Tore macht sich der Trainer-Wechsel (Lattek statt Weisweiler) am besten bemerkbar. Sicherheit statt Angriff. Aber Meister wurden die Borussen trotz anderer Taktik.

Die Meisterschaftsentscheidung fiel sicherlich in den beiden Spielen gegen den alten Rivalen Bayern München. Das 1:0 (Torschütze Simonsen) in Mönchengladbach war ein Sieg durch letzten, hingebungsvollen Einsatz. Berti Vogts saß am 11. Dezember 1976 auf der Bank und dirigierte lautstark die Abwehr. Als der Schlußpfiff kam, umarmte Vogts den kleinen Dänen Simonsen: „Jetzt werden wir doch Meister."

Es wurde noch ein langer, bitterer Weg bis zum 21. Mai 1977 in München. Heynckes und Stielike, die erstmals nach einer Verletzungspause wieder spielten, schossen genau die Tore, die zum 2:2 und zum Meisterpunkt reichten. Erstmals komplett, demonstrierten die Gladbacher endlich wieder schönen Fußball. Auf den ersten Sieg in München müssen die Borussen aber weiter warten, denn in der letzten Minute fabrizierte Jürgen Wittkamp ein Eigentor zum Unentschieden.

An diesen Punkt hatte wohl auch der DFB geglaubt, denn Vize-Präsident Otto Andres hatte die Meisterschale vorsorglich mit nach München gebracht. Als Berti Vogts um 20:06 Uhr im Münchner Hotel den Meisterteller hochhielt, sagte er nachdenklich: „Ich glaube, es ist das letzte Mal." Der Ruhm des fünften Titels wurde den Borussen mit 15 000 DM Prämie versüßt.

**Allan Simonsen**

# Ein Trick, der keiner ist

Er sieht aus wie einer aus der Unterprima. Oder wie ein A-Jugendspieler. Allan Simonsen, 24 Jahre alt, 1,68 m groß, 58 Kilo schwer, ist jedoch der beste Rechtsaußen der Bundesliga. Sicher auch von Europa – vielleicht sogar der beste der Welt. Die meisten seiner Gegenspieler werden das bestätigen.

Allan Simonsen hat einen Trick, der keiner ist. Simonsen ist beidfüßig. Mal geht er links an seinem Verteidiger vorbei, mal rechts. Man kann ihn nie ausrechnen. Er schießt auch rechts wie links gleich stark – unwahrscheinlich hart und genau sogar. Zwei Beispiele in der Saison 76/77:

11. Dezember 1976. Borussia Mönchengladbach spielt gegen Bayern München. Der Meister gegen den Europacupsieger. Vogts fehlt! Heynckes fehlt! Auch Danner und Wittkamp sind nicht dabei. Gladbachs einziger Stürmer: Allan Simonsen. Er allein gegen Beckenbauer, Maier und Schwarzenbeck.

Die 52. Minute: Paß von Kulik zu Simonsen. Der Däne zieht los. Erst umspielt er Horsmann, dann auch noch Beckenbauer, noch ein paar Schritte, Schuß mit rechts. Hart und flach zischte der Ball ins Netz. Maier ist machtlos. 1:0 für Gladbach, Sieg für Borussia. Der Beifall für Simonsen, der in 34 Bundesligaspielen zwölf Tore schießt, wird zum Orkan.

25. Mai 1977. Europapokal-Endspiel gegen Liverpool in Rom. 51. Minute. Vom linken Strafraumeck zirkelt Simonsen den Ball mit dem linken Fuß rechts oben in den Winkel – sagenhaft, herrlich: 1:1.

Hoffnung für Gladbach, doch keine Rettung, nur Aufschub. An Simonsen hat es nicht gelegen, daß Mönchengladbach den Europacup nicht mit nach Deutschland brachte.

Mönchengladbachs fünfte Meisterschaft ist in erster Linie ein Verdienst des kleinen Dänen. Er stand meist allein auf weiter Flur. Heynckes verletzt. Henning Jensen, der andere Däne, nun in Ma-

*Allan Simonsen, der kleine Däne mit dem harten Schuß. Hier im Gedränge der Brügger Abwehr beim Viertelfinalspiel um den Europapokal.*

drid. Simonsen gegen alle. Rechts, in der Mitte und links. Der Ein-Mann-Sturm Simonsen schoß fast alle entscheidenden Tore. Oft genügte eins...

Als er Anfang 1973 nach Mönchengladbach kam, hatte keiner damit gerechnet, daß Simonsen einmal zweieinhalb Millionen Mark (so viel wollte Manager Grashoff von Real Madrid für ihn haben) wert sein würde. Günter Netzer, der damals noch am Bökelberg regierte, hatte verächtlich zu Hennes Weisweiler gesagt: „Chef, wollen Sie hier einen Kindergarten aufmachen? Den pusten die doch in der Bundesliga um."

Hennes Weisweiler, der einen Blick für Talente hat wie kein anderer Trainer in der Bundesliga, zweifelte nach einem Jahr fast selbst. Simonsen hatte immer nur für ein paar Minuten gespielt. Weisweiler zu Manager Grashoff: „Helmut, den kannst du wohl verkaufen, der wird nichts mehr."

Simonsen wurde dem 1. FC Nürnberg angeboten. Der damalige Club-Trainer Hans Tilkowski aber argwöhnte: „Wenn der Weisweiler einen Mann abgibt, dann ist da doch was faul." Es war Tilkowskis großer Irrtum.

Dann kam das letzte Spiel der Saison 1974.

Gegner war Bayern München. Die Münchener waren einen Tag zuvor erstmals Europacup-Sieger geworden. Fünf Tore schossen die Borussen gegen die müden Bayern. Und Simonsen spielte dem Franz Beckenbauer den Ball sogar durch die Beine. Es war Simonsens Durchbruch zur Spitze.

Er bekam Angebote aus Spanien, Frankreich und Holland. Als er dann aber doch seinen Vertrag in Mönchengladbach um zwei Jahre (pro Saison 330 000 Mark) verlängerte, hatte er eine für die Bundesliga einmalige Bedingung durchgesetzt: sechs Wochen Urlaub an einem Stück.

Simonsen: „Sonst könnte ich den Stress in der Bundesliga mit 80 Spielen in der Saison nicht ertragen." Wenn Simonsen, den die Borussen liebevoll „Bulle" nennen, nicht gerade Fußball spielt oder schläft (mindestens zwölf Stunden an einem Stück), dann geht er mit seiner Frau Antee in Konzerte – von Abba bis Udo Jürgens. Das ist Simonsens Entspannung von der Bundesliga, über die er sagt: „Sie ist hart. Manche Gegner treten absichtlich."

### Eintracht Frankfurt unter Lorant

# Beginn einer neuen Zeitrechnung

Entsetzt schlugen Eintracht Frankfurts Präsident Achaz von Thümen und Schatzmeister Gerd Jakobi die Hände vors Gesicht. Das Heimspiel gegen Aufsteiger Borussia Dortmund am ersten November-Samstag endete mit einer Katastrophe: 1:4-Niederlage, 16. Tabellenplatz, höchste Abstiegsgefahr, Zwietracht in der Mannschaft von Eintracht, Ratlosigkeit im Präsidium.

Da drückte ein Tribünen-Nachbar Jakobi die Visitenkarte des Ex-Ungarn Gyula Lorant (53) in die Hand. Der Stopper der ungarischen Wunderelf, ein eigenwilliger Fußball-Lehrer, hatte „rein zufällig" das Frankfurter Debakel mit angesehen, sich dann aber vor Spielende diskret verabschiedet.

Er war kaum in seinem Haus in Endingen am Kaiserstuhl angekommen, da klingelten die Frankfurter schon nach ihm. Pokerface Gyula Lorant hatte sein Comeback in der Bundesliga, wie vorausberechnet.

Um diese Zeit war der Trainermarkt leergefegt. Und nachdem die Frankfurter erstmals in ihrer Vereinsgeschichte mit Neuling Hans-Dieter Roos einen Trainer in die Wüste geschickt hatten, entschlossen sie sich – „wenn auch gegen schwerste Bedenken", so Präsident von Thümen – zum Pakt mit Lorant. Denn in der Not frißt der Teufel Fliegen.

Von diesem Tag an kamen die Frankfurter aus dem Staunen nicht mehr heraus. Lorant verbat sich jedes Gerede vom Abstieg, feilschte beim Stand von 7:17 Punkten um eine Sonderprämie für den UEFA-Cup, die ihm lächelnd gewährt wurde, anstatt um ein Extra-Honorar für den Klassenerhalt, gab seinen Einstand auf dem Trainingsfeld den se-

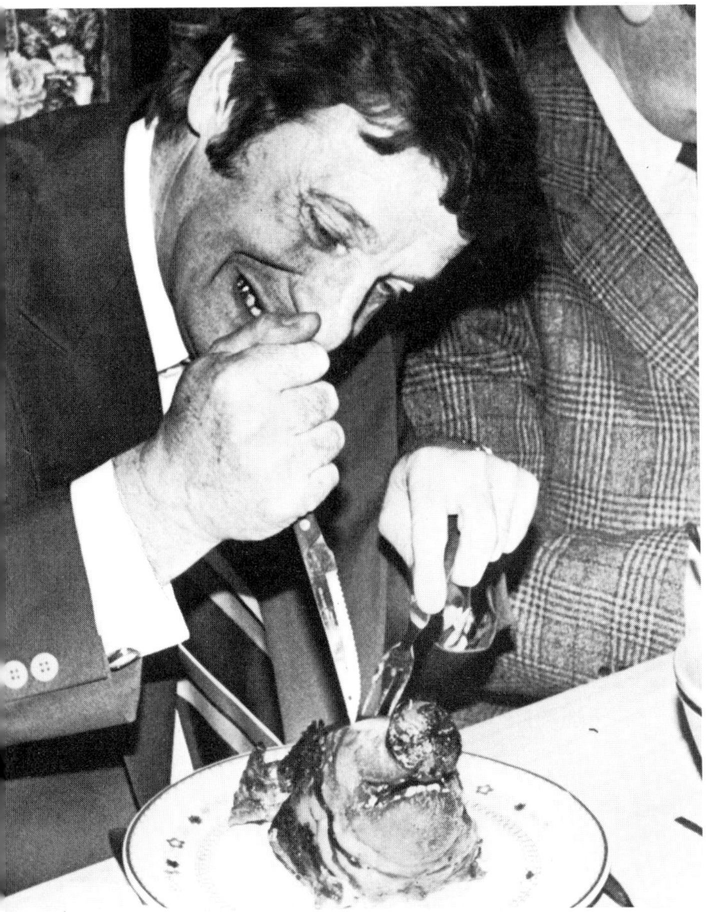

riösen Eintracht-Herren zuliebe mit Blazer und Krawatte. Nur die Fäuste in den Hosentaschen erinnerten noch an den alten Lorant.

Nach einem halben Stündchen Lockerungsübungen pfiff der als Schleifer gefürchtete Fußball-Abenteurer seine „Kinder" in die Kabine und verkündete ihnen: „Habe ich schon genug gesehen. Euch fehlt nur ein wenig Spritzigkeit und eine neue Spielordnung."

Dieses neue System habe er – so Lorant ganz beiläufig – als Meistermacher von Griechenland bei PAOK Saloniki entwickelt. Es stammt aus der Küche der alten Fußballmeister Ungarn und Brasilien, basiert auf Raumdeckung, statt der in der Bundesliga bevorzugten Manndeckung.

„Stellungsspiel hat Vorrang vor Zweikämpfen, Kopfarbeit kommt vor sinnloser Rennerei", so versuchte Lorant seine „Kinder" zu überzeugen. Und er vergaß nicht hinzuzufügen, daß dieses System gerade für die Ballkünstler vom Main das richtige sei.

In Bremen begann das Wagnis mit einer grandiosen ersten Halbzeit. Werder-Manager Assauer: „So stark hat hier nicht einmal Meister Gladbach aufgetrumpft." Aber am Ende hieß es 2:1 für Werder durch zwei vermeidbare Tore. Unterm Strich hatte sich also nichts geändert.

*Gyula Lorant mag's derb und deftig – der Frankfurter Eintracht verpaßte er eine neue Spielordnung. Stützen seines neuen Systems waren zwei Stars des alten. „Weltmeister" Jürgen Grabowski (rechts) und Bernd Nickel (ganz rechts).*

Kapitän Grabowski: „Wenn ich heute an dieses Spiel zurückdenke, wird mir immer noch schwindlig. Alle Gesetze waren aufgehoben. Jeder mußte sich völlig neu orientieren. Roland Weidle, unser rechter Verteidiger, schrie ‚Servus Grabi' und stürmte nach vorn, ich wurde in den eigenen Strafraum beordert. Keiner bekam einen Mann zugeteilt, jeder mußte sich nur in seiner Zone orientieren. Oh Gott, wie soll das enden, dachten wir alle."

Es endete mit einer Manöver-Kritik, in der Lorant die Klugheit seiner Mannschaft pries und meinte: „Ihr habt's auf Anhieb kapiert. Jetzt geht es aufwärts. Wir werden freien Fußball spielen. Ihr seid zu gute Fußballer, um stur an eurem Gegner zu kleben. Jeder sucht sich auf dem Spielfeld seinen Platz. Nur Koitka muß im Tor bleiben. Unser System sieht aus wie ein U. Vorne die beiden Spitzen Hölzenbein und Wenzel. Der U-Bogen ist der Sack, in dem sich jeder Gegner verfangen wird."

Fortan übten die Frankfurter Stellungsspiel, Stellungsspiel und noch einmal Stellungsspiel. Bis sie so standen und rochierten, daß wirklich kein Gegner mehr durchkam. Wer müde wurde oder Konzentrationsschwächen zeigte, dem drohte Lorant zuweilen mit einer Buttermilch-Kur, aber ernst machte er nie damit. Sogar die gefürchteten Aschenbahn-Tage mit Laufarbeit wurden immer seltener.

Die „klügste Mannschaft der Bundesliga" (so Lorant), stellte sich schnell auf den Zonen-Fußball um. Sie verblüffte jeden Gegner damit. Am meisten die Großen. Nach dem 1:2 von Bremen blieben die Frankfurter in 21 Bundesligaspielen hintereinander unbesiegt. Mit dieser Serie stellte Eintracht einen neuen Rekord auf.

Die glanzvollsten Stationen auf diesem langen Marsch ohne Niederlage mit 35:7 Punkten: Ein 3:0-Sieg bei Bayern München, ein 3:1 in Gladbach, 4:0 über den 1. FC Köln, 3:0 über Braunschweig, 2:1 über den HSV.

Das Fußball-Wunder vom Main überstrahlte selbst die neue Meisterschaft der Gladbacher. Eintracht Frankfurt, die ewig unbeständige, launische Callas der Bundesliga, wurde unter Lorant die überragende Mannschaft der Rückrunde. Und Weltmeister Bernd Hölzenbein meinte: „Wir schreiben eine neue Zeitrechnung: Vor Lorant und mit Lorant."

Vor Lorant waren es 7:17 Punkte und ein wackliger 16. Tabellenplatz. Mit ihm wurden es 42:26 Punkte und ein vierter Platz. Außerdem schoß Frankfurt (86:57) die meisten Tore. Die für utopisch gehaltene UEFA-Cup-Prämie wurde fällig, und Frankfurt wurde zum heißen Titelanwärter für die neue Saison. Denn eine Mannschaft, die in der besten Liga der Welt alle 17 Gegner hintereinander wegputzte – das gab es noch nie.

Das anfangs von prominenten Kritikern angezweifelte System des Gyula Lorant, sein stures Festhalten an der Grundordnung: Raumdeckung statt Manndeckung, erwies sich als das passende Ballkleid für die Dame Eintracht. Diese Mannschaft hatte in ihrer 13jährigen Bundesliga-Geschichte nie mehr als sieben Spiele hintereinander ungeschlagen überstanden, fiel immer wieder vor Angstgegnern um, war allergisch gegen Härte und Tempo-Fußball. Nun wurde sie zum Dauerbrenner. Eine ganze Saison lang.

Als Helmut Schön Lorants erste Versuche beobachtete, meinte er skeptisch: „Bei der Raumdekkung geraten die Kräfte am schnellsten in Unordnung." Am Ende der Saison berief er sechs Frankfurter in den Kreis der A- und B-Nationalelf für die Amerika-Reise. So viel Nationalspieler stellte bei diesem Unternehmen kein anderer Verein. Hölzenbein wurde zum Vater des Siegs über Argentinien, Körbel war der beste Spieler der B-Elf. Die Frankfurter „Raumdecker" sind durch Lorants Methoden nicht unbrauchbar für andere Spielweisen geworden.

Körbel: „Es ist viel leichter, sich auf den Kampf Mann gegen Mann einzustellen als auf Raumdekkung. Sie erfordert mehr Übersicht und Zusammenarbeit mit den Nebenleuten. Man muß gut aufeinander eingespielt sein."

Die Frankfurter harmonierten bald so glänzend zusammen, daß sie ihre gewaltige Serie mit nur elf Feldspielern bestritten. Ihr Rollenverständnis wurde so perfekt, daß jeder für den anderen einspringen konnte. Und niemals erstarrte ihr Spiel im Schema. Grabowski, die Seele des Spiels, ist unter Lorant zum besten Mittelfeldspieler Europas ge-

# Hand in Hand, auf geht's zum Tanz

*Fast könnte man meinen, Gladbachs Wimmer (links) und Braunschweigs Haebermann hielten Händchen. Doch es ist ein heißes Duell um den Ball. Genauso heiß wie das Brust-an-Brust-Rennen, das sich die beiden Clubs im Kampf um den Titel lieferten.*

# Volle Deckung, Jungs!

*Bei einer solchen Granate kann man wirklich nur noch den Kopf einziehen. Gladbachs Wohlers schießt, und die Schalker Fichtel, Sobieray und Abramczyk (von links) gehen in Deckung.*

# Kein Tanz um den Ball

*Die tänzerische Anmut trügt. Im Kampf um den Ball kannte Gladbachs Abwehrchef Vogts gegen Kölns Dribbelkünstler van Gool kein Pardon.*

# Und Jupp ist doch der Größte

*Das ist typisch für Gladbachs Torjäger Jupp Heynckes. Im Luftduell überragt er die Düsseldorfer Baltes und Hickersberger um halbe Länge.*

# Vertauschte Rollen

*So ein Bild sieht man selten. Bayerns Hoeneß als Schatten von Gladbachs Vogts. Meist ist es umgekehrt. Doch die Borussen mußten im letzten Spiel der Saison in München (2:2) all ihre Offensivkünste zeigen, um den Meistertitel zu verteidigen.*

# Abschied von der Bundesliga

*Ein Zweikampf, den es in der Bundesliga nicht mehr geben wird. Die Topstars Beckenbauer und Stielike kassieren künftig im Ausland ihr Geld. Beckenbauer bei Cosmos New York, Stielike bei Real Madrid.*

reift. Er sagt: „Wir laufen auch auf Verdacht los, um den entscheidenden Schritt schneller zu sein als der Gegner."

Hölzenbein, der andere Superstar, als Vollstrekker so gefährlich wie als Torvorbereiter: „Ich habe mehr Handlungsfreiheit. Jeder spielt für jeden. Die Verantwortung: ‚Das ist dein Mann, das ist dein Fehler' – das alles ist von uns abgefallen. Wenn etwas schiefgeht, sind alle schuld. Und umgekehrt auch."

In immer neuen Variationen zogen die Hessen ihr Spiel auf. Da machte Verteidiger Neuberger den linken Flügel stark, aus der rechten Ecke stießen Weidle und Reichel überraschend nach vorn. Kraus und Nickel bekamen Schlüsselfunktionen im Mittelfeld. Der Aktionsradius jedes einzelnen wurde von Spiel zu Spiel neu festgelegt, so daß selbst Grabowski und Hölzenbein manchmal in der Libero-Position zu finden waren.

Der eigentliche Libero Trinklein ist kein Bekkenbauer-Typ und wurde dennoch zur Entdeckung der Eintracht. Seine Vorstöße und langatmigen Dribblings sind selten torgefährlich, bringen den Frankfurtern aber Zeit, ihre Reihen neu zu formieren, denn die eherne Grundregel der Lorant-Doktrin lautet: „Neun Mann von uns müssen stets hinter dem Ball sein, damit wir nicht überrollt werden."

Das bedeutet viel zähe Laufarbeit und kluges Ballhalten. Erst von dieser Grundordnung aus gehen die Eintrachtler zum Angriff über. So haben sie das Spielgeschehen vor sich.

Die größten Fortschritte machten in der Lorant-Ära Sturmspitze Wenzel, Torwart Koitka und der kleine Kraus. Er galt nur als Auswechselspieler, nahm aber trotz körperlicher Unterlegenheit dem jugoslawischen Superathleten und 34fachen Nationalspieler Stepanovic den Stammplatz weg. Denn die Formel für Fußball heißt bei Lorant: „Kein Kampf, sondern ein Spiel, bei dem man kämpfen muß. Und Köpfchen ist wichtiger als Kraft."

## Schalke 04

# Für jedes Tor zwei Korn

Immer wieder starrte Schalkes Außenverteidiger Jürgen Sobieray (26) wie gebannt auf die Anzeigetafel im Münchner Olympia-Stadion, kicherte wie ein kleines Mädchen und konnte alles so recht nicht begreifen. Dann rammte er plötzlich seinem Libero Klaus Fichtel (32) den Ellenbogen in die Seite, lachte laut auf und sagte: „Klaus, 7:0! Ich kapiere das nicht. Die Bayern gefegt! Leck mich am A ..."

Noch vier Minuten waren zu spielen. Doch schon jetzt war klar: Schalke 04 feierte seine Sternstunde, den Beginn einer neuen Ära. Weltpokalsieger Bayern München hatte seine schwärzeste Stunde in der Vereinsgeschichte.

In der Vereinsgaststätte am Schalker Markt schütteten sich die Schalker Rentner vor lauter Aufregung den 14. Korn hinunter (für jedes Tor zwei) und trauten dem Sprecher am Radio noch immer nicht. Vizepräsident Ernst Kuzorra dozierte: „Ja, wenn die Jungs so richtig im Rausch sind ..." meinte natürlich die Kicker auf dem grünen Rasen.

Friedel Rausch, Trainer von Schalke 04, sprach zu dieser Zeit in der Pressekonferenz aus, was alle Schalker dachten: „7:0 – das halte ich im Kopf nicht aus..." Er wußte genauso wenig wie seine Spieler, daß Schalke 04 soeben die Vizemeisterschaft angepeilt hatte. Datum: 9. Oktober 1976.

Schalke rutschte nach oben. Von Samstag zu Samstag. Und am Ende der Saison war Abonnementsmeister Borussia Mönchengladbach heilfroh, doch noch mit einem Punkt Vorsprung die Meisterschaft gewonnen zu haben.

Präsident Dr. Karl-Heinz Hütsch (65), Star-Anwalt aus Essen, verkündete auf der Vizemeister-Feier im Gelsenkirchener Hotel „Maritim": „Dann müssen wir eben im nächsten Jahr den Titel holen." Im Freundeskreis erklärte er hinter vorgehaltener Hand: „Ich bin ganz froh, daß wir nicht auf Anhieb

Meister geworden sind. Sonst hätten wir doch keine Motivation für die nächste Saison gehabt."

Wichtig, so schien es allen Neu-Schalkern, war: Erst einmal den Rucksack der Vergangenheit abwerfen. Das hieß: die Folgen der Skandalzeit bewältigen. Erstes und prominentes Opfer: Ex-Präsident und Manager Günther Siebert (47) mußte beseitigt werden.

Den Anlaß dazu lieferte der Vater von sieben Kindern selbst. Als er merkte, daß seine Uhr bereits abgelaufen war, warf er seinem Boß auf der Weihnachtsfeier des Clubs „die Brocken vor die Füße". „Ich will fürs Nichtstun auch nicht bezahlt werden", erklärte er heroisch und bierschwanger.

Dr. Hütsch, in besten Kreisen verkehrend und über die Kündigung zum Weihnachtsfest entsetzt, akzeptierte. Man sah sich daraufhin vor dem Arbeitsrichter wieder.

Vorher allerdings gab's noch eine aufregende Mitgliederversammlung, in der „Oskar" Siebert dem Verein und seinem Präsidenten seine goldene Ehrennadel auf den Tisch pfefferte.

Die Versammlung, mittlerweile gewaltig alkoholbeladen, gröhlte. Endlich hatte der Club wieder seinen Haus-Skandal. Man wäre dem Oskar auch böse gewesen... Die Mitglieder allerdings entschieden sich mit überwältigender Mehrheit für Dr. Hütsch, dem die Opposition vorher das Mißtrauen ausgesprochen hatte.

Zum großen Sieg des Essener Anwalts hatten allerdings auch die Spieler beigetragen, die durch Zeitungen verkünden ließen: „Wir unterschreiben nur dann Verträge, wenn dieser Vorstand bleibt. Denn nur zu diesen Leuten haben wir Vertrauen." Womit offen gesagt wurde: Zu den anderen (einschließlich Siebert) haben wir es nicht...

Die Versammlung, früher durch das Vereinslied beschlossen, wurde diesmal durch einen lauten Rülpser beendet, den ein Mitglied lauthals durchs Mikrofon knallte. Es war eben eine lange Nacht...

Ein akustischer Schlußpunkt: Schalke suchte ganz offensichtlich nach neuen Wegen...

Die sentimentale Vereinsführung mit „Blau und Weiß, wie lieb ich Dich", mußte einem nüchternen und klaren Management weichen.

Zum Berater wurde der ehemalige Manager von Real Madrid, Emilio Österreicher (60), gemacht, der dem Club zu neuem Glanz verhelfen soll. Der Ungar, Besitzer von zwei Hotels im spanischen Urlaubsort Benidorm, strahlte: „Großes Verein, großes Präsident – und herrliches Fußballmaterial. Schalke wird bald in ganze Welt bekannt sein."

In der Tat: Im schmutzigen Gelsenkirchen waren in den letzten Jahren die Talente nur so aus dem Boden geschossen. 12 Schüler- und Jugendspieler spielten in den jeweiligen Nationalmannschaften. Die Jugendarbeit, sicher ein Verdienst des gefeuerten Managers Günther Siebert, trug endlich ihre Früchte.

Das beste Beispiel: Rechtsaußen Rüdiger Abramczik.

„Wenn der in der Nationalmannschaft spielt, singe ich an der New Yorker Metropolitan", hatte Peitschenschwinger Max Merkel vor zwei Jahren hohntriefend gesagt. Abramczik hatte Ende der Saison 76/77 vier Länderspiele bestritten und wartete auf die Singerei vom Max...

Auf der Zechenwiese hinter dem Haus hatte die Karriere von „Abbi" begonnen. Als Sechsjähriger mußte er hinter dem Ball herlaufen. Mit rechts schießen, dann mit links. Immer dabei: Vater Sieg-

*Sieben zu null in München – Schalkes Aufstieg beginnt. Betroffenheit bei den Bayern – und ein Jubel-Fischer (unten), der gerade das 7:0 erzielt hat.*

fried, der seinen talentierten Sohn auf Schritt und Tritt bewachte. Und als der pfeilschnelle „Abbi" mit 15 Jahren einmal ein schlechtes Spiel in der Jugend geboten hatte, jagte ihn sein Vater von Erkenschwick zu Fuß nach Hause. Immerhin: 18 Kilometer. So werden im Pott die Talente „gemacht".

Vater Siegfried, der auch heute noch das Training seines Sohnes beobachtet, hat mittlerweile ein neues Talent herangezüchtet: Sohn Volker, der gerade 13 Jahre geworden ist. Verspricht Vater Siegfried: „Der wird noch besser als der Abbi . . ."

Beispiel 2: Mittelfeldspieler Uli Bittcher (20), der sich noch Woche für Woche die Tasche von seiner Mutti packen läßt, ehe er „auf Schalke geht". Dort hatte ihn der jetzige Trainer Friedel Rausch vier Jahre auf seinen ersten Einsatz in der Bundesliga vorbereitet. Und dann wurde der Junge mit der hohen Stirn zum Volltreffer. Sagt Rausch über den fleißigen und schnellen Mittelfeldspieler: „Das wird unser nächster Nationalspieler. Einen so vielseitigen Jungen kann man immer gebrauchen – auch in der Nationalelf."

Und noch ein Greenhorn, das für Schlagzeilen sorgte: Thomas Lander (19), blonder Riese und Kopfballspezialist auf dem Mittelstürmerposten.

In 26 Spielen für die Amateurmannschaft hatte der Jung-Bomber 29 Tore erzielt – 19 davon mit dem Kopf. Zehn Minuten Bundesliga-Einsatz – der VfL Bochum war im vorletzten Spiel der Saison mit 2:1 geschlagen. Durch ein Lander-Tor! Kopfball, versteht sich. Der stämmige Mittelstürmer kann dermaleinst der Nachfolger von Klaus Fischer werden.

„Wir brauchen keine Verstärkung. Wir haben genug eigene Leute", erklärte Kapitän Klaus Fischer am Ende der Saison. Worte, die der Vorstand gerne hörte. Denn das bedeutete: keine Investitionen. Die Jugend marschiert...

Der Club konnte es sich sogar erlauben, noch vier junge Burschen für immerhin 650 000 Mark zu verkaufen. Und trotzdem tummeln sich noch 25 Lizenzspieler beim Training in der altehrwürdigen Glückauf-Kampfbahn.

Am Vormittag allerdings müssen die Bundesligaspieler von morgen in die Schule oder an ihre Lehrstellen. Am Abend dann gehen sie ins Schalker Internat, wo sie wohnen und beköstigt werden. Auf Schalke-Kosten. Außerdem haben die Jungen mit Schalke einen Arbeitsvertrag, der jedem rund 40 000 Mark Einkommen pro Jahr garantiert. „Wir haben ausgesorgt", sagt Trainer Rausch. „Wir brauchen uns um die Zukunft keine Sorgen zu machen..."

Mit Rüßmann, Fichtel, Bongartz, Fischer, Abramczik und den Kremers-Zwillingen stehen immerhin sieben aktuelle oder Ex-Nationalspieler in der Kampfmannschaft. Und die Konkurrenz drückt nach vorn...

In der Truppe war man froh, daß das Präsidium zum Ende der Saison den jugoslawischen WM-Star Branko Oblak (30) für 500 000 Mark nach Bayern München verkaufte. Denn der Weltklassemann hatte in Schalke nur für Probleme gesorgt. Er spielte den „jugoslawischen Stiefel" mit Schnörkeln und Kabinettstückchen, während der Rest der Mannschaft Tempo bolzen wollte. Und beim gegnerischen Angriff spielten 10 Schalker die Manndekkung, nur Oblak deckte den Raum.

„Ein Klassefußballer – nur zu uns paßt er nicht", lobte ihn Bomber Klaus Fischer nach München. Zum Ende der Saison sprach Oblak mit Trainer und Mannschaft kaum noch ein Wort. Freunden aber sagte er: „Wer hat denn die Erfahrung? Ich oder der Trainer?"

Nun, auf die Erfahrung von Friedel Rausch baut der Vorstand. Friedel, selbst 10 Jahre lang knüppelharter Außenverteidiger bei Schalke, verlängerte seinen Vertrag um ein weiteres Jahr. Monatssalär – 10 000 Mark.

Dafür will er nun im kommenden Jahr sein Zigarrengeschäft am Schalker Markt verpachten. „Ich schaffe es nicht mehr", sagt der Doppelverdiener, bei dem man Zigaretten und Fußballweisheiten bekommen konnte.

Jeden Donnerstag standen sie vor der Theke: Blau-Weiße Fans in allen Altersklassen, und holten sich beim Bundesliga-Trainer die Beruhigung: „Wat is, Friedel? Kriegen die Bayern einen aufm Arsch?" – und der Friedel grinste zurück: „Könnt euch drauf verlassen. Die krijen ein' verschwartet..."

Zumindest am Donnerstag war die Fußballwelt am Schalker Markt immer in Ordnung...

## Der Spielabbruch in Kaiserslautern

# „Dem Terror Einhalt gebieten“

*Polizei-Einsatz am Betzenberg – Schiedsrichter Frickel aus München (links) statuiert ein Exempel. Kaiserslautern muß büßen.*

Der Spielabbruch ereignete sich im 14. Jahr der Bundesliga. Genauer gesagt im 3980. Spiel, und noch genauer in der 76. Minute des 3980. Spiels.

Geschehen am 27. November 1976 um 16.54 Uhr auf dem Betzenberg. Der 1. FC Kaiserslautern spielte gegen Fortuna Düsseldorf und lag nach einem 25-Meter-Tor von Zewe 0:1 im Rückstand.

Es ging ganz schön ruppig zu. Hintereinander hatte der Düsseldorfer Köhnen zweimal zugetreten. Erst fiel Ritschel, dann Melzer. Da kochte die „Volksseele“ in der Westkurve über. Im Toben der Fans flogen zwei kleine Schnapsflaschen und ein Wegwerf-Feuerzeug.

Der Münchner Schiedsrichter Frickel hatte wegen des Köhnen-Fouls Freistoß gepfiffen. Er sah die Flaschen und rief den Kapitän des 1. FCK zu sich...

Seppl Pirrung heute: „Ausgerechnet an dem Tag war ich Kapitän. Ernst Diehl war nämlich verletzt. Frickel sagte zu mir: ‚Noch eine Flasche – und ich breche ab.' Ich raste zum Trainer Erich Ribbeck, um es ihm zu sagen. Er sollte den Stadionsprecher verständigen, was er auch tat."

Der Lärm jedoch, den die 10 000 Zuschauer veranstalteten, war so groß, daß der Lautsprecher nicht durchdrang. Sagt Pirrung: „Ich raste zurück, so schnell ich konnte; Melzer hatte den Freistoß schon ausgeführt, da kam der Schiedsrichter mir schon entgegen. Weiß wie die Wand. Ich bin der Überzeugung, er wußte nicht mehr, was er tat. Frickel ging in Richtung Kabine. Er hatte das Spiel abgebrochen."

Was Pirrung nicht wußte: Als Melzer den Freistoß ausführte, flog eine dritte kleine Flasche. Da pfiff Frickel kurzerhand ab.

Kein Reporter auf der Tribüne wollte an den Spielabbruch glauben, aber der von Frickel angeführte Zug bewegte sich nach einigem Zickzack geradewegs in die Kabinen.

Der erste Spielabbruch in der Geschichte der Bundesliga war perfekt.

Kaiserslauterns neuer Kapitän Klaus Toppmöller: „Ich ging damals neben Schiedsrichter Frickel im Trauerzug vom Platz und machte ihm heftige Vorwürfe: ‚Sie haben allein die Schuld!' sagte ich, oder ‚Warum haben Sie sich in die Kurve begeben? Sie haben das Flaschenwerfen provoziert!' Es war sinnlos. Herr Frickel war völlig geistesabwesend."

Frickel selbst dagegen am Tag nach dem Spiel: „Ich würde noch einmal so handeln. Ich stehe zu meiner Entscheidung."

Eine Schwadron Polizisten mit Schäferhunden und einige Dutzend Platzordner zogen auf dem Platz auf und sorgten für die Sicherheit des Schiedsrichters. Krawallmacher wurden gebändigt. Im Stadion herrschte plötzlich Friedhofstille.

Anklagend hallte im nachhinein die Stimme des Stadionsprechers Udo Scholz durch die Stille des weiten Runds: „Sie, meine Herren in der Westkur-

## Der Kampf gegen den Abstieg

# Hoffnung, Jubel, Tränen

Kampf gegen den Abstieg. Spannend, dramatisch. Ein Wechselbad der Gefühle. Hoffnung, Jubel, Tränen. Bis zum 15. Spieltag war der tapfere Aufsteiger Tennis Borussia nie auf einem der drei Abstiegsplätze. Dann wurde ein Daueraufenthalt daraus. Karlsruhe lag noch nach dem 25. Spieltag um fünf Punkte vor Saarbrücken, hatte zudem das

ve, haben dem 1. FCK einen schlechten Dienst erwiesen!"

Udo Scholz' Klage war berechtigt:

Der 1. FC Kaiserslautern geriet nach den Flaschenwürfen vom 27. November in die Mühlen der Sportgerichte. Zuerst verhandelte das DFB-Sportgericht und dann das DFB-Bundesgericht.

Das endgültige Urteil wurde am 15. Januar 1977, morgens um 2:30 Uhr, verkündet. Die Berufung des 1. FCK wurde abgelehnt. Es blieb beim Urteil der ersten Instanz, dem DFB-Sportgericht: Kaiserslautern muß 8000 Mark Geldstrafe zahlen. Das am 27. November beim Stande von 0:1 abgebrochene Bundesligaspiel 1. FC Kaiserslautern – Fortuna Düsseldorf wird für Kaiserslautern mit 0:2 Toren für verloren und für Fortuna mit 2:0 Toren für gewonnen gewertet. Dazu wurden den Kaiserslauterern auch die Verfahrenskosten von 5000 Mark aufgebrummt.

So mußten die Spieler des 1. FC Kaiserslautern schwer dafür büßen, daß die Fanatiker zwei oder drei Schnapsfläschchen (Höhe 15 cm) und ein Wegwerf-Feuerzeug in der zweiten Halbzeit aufs Spielfeld geworfen hatten.

Erklärte DFB-Ankläger Kindermann in der zehnstündigen Verhandlung im Frankfurter DFB-Haus: „Das Rowdytum nahm überhand. Der erste Spielabbruch der Bundesliga lag in der Luft. Wir können es nicht zulassen, daß unsere Stadien zu Tummelplätzen von mehr oder weniger Irren werden."

Insgesamt hatte der 1. FC Kaiserslautern 183 Ordner und 77 Polizisten für die 10 000 Zuschauer aufgeboten. Das reichte nicht! Der Vorsitzende des DFB-Bundesgerichts Dr. Rückert (Unna) befand: „Kaiserslautern hat vor und während des Spiels keine geeigneten Maßnahmen getroffen, die Flaschenwürfe zu verhindern."

Eines steht fest: Das Abbruchurteil vom 15. Januar hat – und da mag man über die Entscheidung Frickels denken, wie man will – Zeichen gesetzt. Flaschenwerfer stehen auf den Stadionrängen in Essen, Düsseldorf, Frankfurt, Hamburg . . ., sie stehen überall. Das Urteil hat auf jeden Fall die Heißsporne wachgerüttelt. Dem Terror in den Stadien wurde endlich Einhalt geboten. Und das war gut so.

bessere Torverhältnis. Dennoch stieg der KSC am Ende mit TeBe und Essen ab.

16. April 1977. Sensationelle Entwicklung im Kampf gegen den Abstieg. Roland Stegmayer (26), der 1,70 m kleine Linksaußen, wirbelt ganz allein den dreimaligen Europacup-Sieger Bayern München durcheinander. Von 15:30 Uhr bis 16:45 Uhr schießt er vier Tore. Um 17:15 Uhr hat der Abstiegs-Kandidat Saarbrücken die stolzen Bayern mit 6:1 am Boden und ist nach einer Serie von 9:1 Punkten am Karlsruher SC vorbei. Der Aufsteiger kletterte auf den Nichtabstiegs-Platz Nummer 15. Noch vier Spieltage bis zum Schluß.

40 000 Zuschauer im Saarbrücker Ludwigsparkstadion waren geradezu in Ekstase geraten. Die Spieler kassierten die Super-Prämie von mindestens 3500 Mark je Mann.

*Abschied mit Blumen – Abschied von der Bundesliga nehmen hier im fast leeren Olympiastadion von Berlin Sprenger und Benny Wendt (rechts) nach dem 4:1-Erfolg über den 1. FC Kaiserslautern.*

Eine Woche später steigt das „Endspiel" gegen den Abstieg: Karlsruhe – Saarbrücken vor 46 000 Zuschauern im Wildpark-Stadion. Nun jubeln die Karlsruher. Sie siegen 3:0 und ziehen wieder an den Saarbrückern vorbei.

Die endgültige Entscheidung fällt am 32. und 33. Spieltag. Karlsruhe muß in zwei Auswärtsspiele hintereinander und gerät bei den Bayern mit 0:5 und in Gladbach mit 1:5 unter die Räder.

Saarbrücken schafft nach 0:2-Rückstand im Heimspiel gegen Meister Gladbach noch ein 2:2. Der sensationelle 3:2-Sieg beim MSV Duisburg – der dritte Auswärtserfolg nach 2:1 in Bochum und 1:0 in Schalke (!) – stößt den KSC in den Abgrund. Trainer Manni Krafft rast aufs Feld, um seine Spieler zu umarmen.

Bis 4:00 Uhr früh feierten Saarbrückens Spieler, ihre Frauen, Trainer, Präsidium und Fans bei Bier und Sekt den Klassenerhalt. Manni Krafft, der den am 18. Oktober gefeuerten Slobodan Cendic abgelöst hatte, erhielt 60 000 Mark Prämie. Die Spieler je 10 000. Krafft, der 1976 schon Fortuna Düsseldorf vor dem Abstieg rettete und die Stürmer Stegmayer und Harry Ellbracht hatten den Kraft-Akt möglich gemacht. Stegmayer, während der Saison für 300 000 Mark von Hannover 96 geholt und Ellbracht (für 500 000 Mark vom VfL Bochum) erzielten 23 der 43 Saarbrücker Tore: Ellbracht 13, Stegmayer 10.

Rot-Weiß Essen, im Jahr davor Achter, war mit 1:9 Punkten gestartet. Eine Folge dessen, daß Präsident Will Naunheim geglaubt hatte, die Mannschaft würde auch ohne die Stars Willi Lippens (zu Dortmund) und Manfred Burgsmüller (über den Zweitligisten Uerdingen ebenfalls zu Dortmund) bestehen können. Dazu kam riesengroßes Verletzungspech.

Horst Hrubesch, das gefürchtete Kopfball-„Ungeheuer", quälte sich mit einer Oberschenkel-Verletzung herum. Er traf in der ersten Halb-Serie nur ganze viermal. Spielmacher Dieter Bast fiel aus. Und schließlich wurde Torwart Heinz Blasey am 4. September im Spiel gegen den HSV durch den eigenen Abwehrspieler Eberhard Strauch so schwer an der Hand verletzt, daß er bis Dezember pausieren mußte.

Das war der Anfang von Essens Ende. Denn Zweit-Torwart Jürgen Rynio war für 25 000 Mark an den FC St. Pauli verschleudert worden. Jetzt rauschte es im Rot-Weiß-Tor.

Einen Tag nach dem 0:6 unter Flutlicht bei Meister Gladbach kommt es zum großen Knall. Am 25. September, 18:00 Uhr, betritt Trainer Ivica Horvat die Essener Geschäftsstelle.

Nach 300 Sekunden und einer Flasche Cola war er wieder draußen – als der 70. Bundesliga-Trainer, der vorzeitig gefeuert worden war. Der Nachfolger des langen Jugoslawen: Assistent Hermann Erlhoff (32).

Der nächste Knall folgt am 10. November. Präsident Will Naunheim erklärte nach vierjähriger Amtszeit seinen Rücktritt. Der Mülheimer Unternehmer hatte vorher geklagt: „Kein Mensch, kein Tier hilft. Es ist zum Heulen."

Alle glaubten Essen verloren. Nur einer nicht: das „Ungeheuer". Horst Hrubesch verlängerte im Dezember seinen Vertrag um drei Jahre und er-

*Der angehende Meister spielt Zünglein an der Waage im Kampf gegen den Abstieg. „Alles verloren", signalisiert diese Szene (links) beim 5:1 von Borussia Mönchengladbach über den Karlsruher SC am vorletzten Spieltag. Eine Woche vorher hatten die Gladbacher in Saarbrücken dem FC zum rettenden Punkt verholfen. Nach einer 2:0-Führung mußten sie schließlich mit einem 2:2 zufrieden sein.*

klärte optimistisch: „Mit 23 Pluspunkten steigt man nicht ab. Und 23 Punkte holen wir."

Mit dem wieder gesunden Hrubesch ging Essen auf Aufholjagd. Erst am 5. Februar gab es mit 3:5 beim HSV wieder eine Niederlage. Aber alle drei Tore schoß das „Ungeheuer".

Am 5. März dann die Revanche gegen den Meister: 74 Minuten lang stolpert Hrubesch über den Platz, scheitert er mit seinen Schüssen am Torwartriesen Kneib. Dann hat er die erste Kopfball-Chance. Eine Freistoß-Flanke von Fürhoff wuchtet er mit dem Schädel zum 1:0, dem Siegtor ins Netz. Gladbachs Kapitän Berti Vogts verabschiedet sich achtungsvoll: „Bis nächstes Jahr."

Er mochte nicht an Essens Abstieg glauben. Doch trotz 20 Hrubesch-Toren – Rot-Weiß stieg zum drittenmal nach 1967 und 1971 aus der Bundesliga ab. Mit 22 Plus-Punkten. Ironie: Ausgerechnet Lippens und Burgsmüller hatten mit ihren Toren zu Dortmunds 5:1 am 2. April Essen endgültig „erschossen".

Hrubesch nahm auf seine Weise Abschied von der Bundesliga. Beim 5:3 über Fortuna Düsseldorf setzte er Schlußmann Woyke drei tolle Granaten,

alle mit dem rechten Fuß geschossen, ins Netz. Nach Dortmund ziehen lassen wollte Essens Vorstand den 1,87-m-Recken auf keinen Fall und um keinen Preis. Hrubesch sollte der Garant für den Wiederaufstieg sein.

Blond, blaue Augen, 1,85 m groß, 78 kg schwer. Wie Horst Hrubesch schoß und köpfte der Schwede Benny Wendt 20 Tore. Tore, die immer wieder Bundesliga-Gesprächsstoff waren. So, als der 1. FC Köln nach fünf Spieltagen mit 10:0 Punkten zur armen Bundesliga-Maus Tennis-Borussia kam.

Nach 90 Minuten schleichen die Kölner 3:2 geschlagen vom Platz. Das 1:0 hat Benny selbst erzielt. Zu den anderen beiden Toren gab er die Vorlagen. Es war die Rache des Benny Wendt, weil die Kölner den Schweden mit den deutschen Eltern gedemütigt hatten. In Köln hatte er bittere Stunden auf der Reservebank verbringen müssen. In Berlin durfte er der große Torjäger sein.

Doch Trainer Rudi Gutendorf, der wie ein Besessener arbeitete, wußte von Anfang an: „Ein Wendt reicht nicht." Der Mann, der 24 Trainer-Jobs in aller Welt hatte, ließ nichts unversucht. Sein eigenes Auto bot Gutendorf zum Verkauf an, um mit dem Erlös den Kauf neuer Spieler mitzufinanzieren.

„Es ist ein Titanenkampf; aber mit Super-Kondition machbar. Wenn wir wie eine Elite-Einheit der Ledernacken an die Grenze des Möglichen gehen, ist die Klasse zu halten", sagt Gutendorf.

Lange schafft Rudi den Balance-Akt. Erst am 15. Spieltag, mit dem 0:4 bei Borussia Dortmund, rutscht TeBe mit dem 16. Rang auf einen der Abstiegsplätze. Und am ersten Spieltag der Rückrunde fallen die Berliner gar auf den allerletzten Tabellenplatz zurück. Durch ein Tor von Essens Gerd Wieczorkowski, in allerletzter Minute geschossen. Rudi Gutendorf hatte nach dem so unglücklichen 0:1 an der Essener Hafenstraße Tränen der Wut und Enttäuschung in den Augen.

Mit dem von Twente Enschede geholten Torwart Volkmar Groß hatte TeBe jetzt einen großen Rückhalt. Als mit dem in Super-Form spielenden Groß am 12. Februar ein 3:1 gegen die Bayern erkämpft wurde, verkündete Bayern-Trainer Dettmar Cramer: „Mit diesem Groß steigt TeBe nicht ab." Aber auch der blonde Riese konnte Tennis nicht retten.

### Riegel-Rudi in Berlin

# ...und viel Kokolores

Die Erinnerung an Trainer Rudi Gutendorf stimmt traurig. Jedenfalls beim Bundesliga-Absteiger TeBe Berlin. Manager Opitz: „Wir hätten ihn zu gern behalten!"

Warum?

Weil mit „Riegel-Rudi" der Rummel kam. Die Zeitungen füllten sich wieder mit Berichten über TeBe. Die „Veilchen" (so wird der Club in Berlin genannt) blühten wieder auf. Und wie: In dem einen Jahr unter Gutendorf nahm TeBe soviel Geld ein wie in den vier vorangegangenen Jahren zusammen.

Gutendorf ist ehrlich genug zuzugeben: „TeBe war meine letzte Chance, wieder ins Bundesliga-Geschäft einzusteigen." Rudi war weg vom Fenster, wie man so schön sagt. Nach seinen vielen Auslandsjobs abgeschrieben. Fast vergessen.

Darum mußte er zugreifen. Oder anders gesagt: Gutendorf wurde unter 15 Bewerbern der Vorzug gegeben. Angeheuert für einen „Hungerlohn": 5000 Mark im Monat!

Gutendorf rechnet vor: „3000 Mark blieben nach Abzug der Steuern über. Die Wohnung kostete allein 1200 Mark. Der Rest ging für Heizung, Versicherungen, Telefon und fürs Essen drauf."

So sah sein Start in Berlin aus. Und dazu fand er „eine Truppe von grünen Jungs" vor. Noch vor dem ersten Spiel hieß es: Diese Berliner steigen ab! Aber bis kurz vor Saison-Ende mußten die Wetter um ihr Geld bangen. Rudi Gutendorf schuf Sensationen. Wie den 2:0-Sieg über den großen Rivalen Hertha BSC.

42 000 Zuschauer lauern draußen auf das Duell. In der Kabine macht Gutendorf seine Seelenmassage. Wie ein Medizinmann. Mit viel Kokolores.

„Ruhig, ruhig", mahnt er mit sanfter Stimme. „Nicht mehr sprechen. Entspannen, gaanz, gaaanz locker." Dann läßt er die Spieler sich an den Händen anfassen und spricht seinen Schwur: „Das ist unser letztes großes Spiel." Er hebt die Stimme und schreit: „So – nun raus!"

90 Minuten später hat Gutendorf seinen Triumph. In Jubelpose mit ausgebreiteten Armen läßt er sich fotografieren. Immer wieder. Er wird gar nicht müde dabei.

Auch nicht, als er TeBe aus dem Amateur-Trott gebracht hat. Mit billigen Mitteln, weil einfach kein Geld da war. Gutendorf bettelte, damit seine Jungs im Sportheim des Berliner Verbandes ein Trainingslager beziehen konnten. Preis pro Bett: 20 Mark.

Oder: Berliner Metzger schickten mal ein Paket Fleisch. Daraus kochte dann die Wirtin vom „Casino" im Mommsen-Stadion eine kräftige Suppe.

Oder: Er „besticht" die Gärtner der Städtischen Rasenplätze mit ein paar Kästen Bier. Damit war das Training auf nassem Asphalt endgültig vorbei. Die Spieler konnten sich auf sattem Grün austoben.

Oder: Er stellte sein Mercedes-Coupé 450 SL zum Verkauf aus. Aus dem Erlös sollten neue Spieler unter Vertrag genommen werden. Ein Abnehmer für die Luxus-Karosse fand sich nie...

Gutendorf: „Unzulänglichkeiten gab's reichlich. Wo man hinguckte, fehlte etwas. Aber Spaß hat es mir gemacht. Ich kann schon sagen: Ich habe für die Spieler gelebt. Ohne zu übertreiben!"

Mit der Mannschaft trabte er beim Aufwärmen vor dem Anpfiff über den Platz. Machte alle Übungen mit. In fremden Stadien wurde er verlacht, verhöhnt. Schließlich ist Rudi mit 51 Jahren nicht mehr der Jüngste.

Gutendorf: „Natürlich habe ich mir darüber Gedanken gemacht. Sollst du weiter vor zigtausend Augen herumhampeln?"

Sein Entschluß: „Ich mache so weiter. Weil es gut ist. Je länger ein Trainer bei der Truppe ist, um so ruhiger wird sie vor dem Start. Und das kann nicht verkehrt sein!"

Gutendorf ist auch ruhiger geworden. Hat Erfahrungen gesammelt. Der HSV ist seine 25. Trainer-Station. Ein seltenes Jubiläum. „All den Mist, den ich gemacht habe, mache ich nicht mehr", erklärt er. „Man lernt ja aus seinen Fehlern."

*Jubel-Rudi am Tag des größten Erfolges. Seine Tennis-Borussen stoppen am sechsten Spieltag die Erfolgsserie des 1. FC Köln. Die Weisweiler-Elf wird 3:2 geschlagen.*

# Bundesliga nach Noten

*Durchschnittswerte der von den BILD-Sportredakteuren in jedem Bundesligaspiel vergebenen Noten (Höchstnote 6).*

| | |
|---|---|
| 1. Gross (TeBe Berlin) | 4,18 |
| 2. Beckenbauer (Bayern) | 4,06 |
| 3. Grabowski (Frankfurt) | 3,97 |
| 4. Hellström (K'lautern) | 3,91 |
| 5. Hölzenbein (Frankfurt) | 3,96 |
| 6. Kargus (HSV) | 3,96 |
| 7. Simonsen (M'gladbach) | 3,85 |
| 8. Vogts (M'gladbach) | 3,85 |
| 9. Maier (Bayern) | 3,82 |
| 10. Dietz (Duisburg) | 3,78 |
| 11. Burdenski (Werder) | 3,76 |
| 12. Weber, W. (1. FC Köln) | 3,72 |
| 13. Kaltz (HSV) | 3,68 |
| 14. Franke (Braunschw.) | 3,68 |
| 15. Popivoda (Braunschw.) | 3,65 |
| 16. Rüßmann (Schalke) | 3,64 |
| 17. Nigbur (Hertha BSC) | 3,61 |
| 18. Lippens (Dortmund) | 3,59 |
| 19. Heinze (Duisburg) | 3,59 |
| 20. Hollmann (Braunschw.) | 3,57 |
| 21. Handschuh (Braunschw.) | 3,57 |
| 22. Wimmer (KSC) | 3,56 |
| 23. Kapellmann (Bayern) | 3,55 |
| 24. Dürnberger (Bayern) | 3,53 |
| 25. Tenhagen (Bochum) | 3,53 |
| 26. Fischer (Schalke) | 3,53 |
| 27. Nickel (Frankfurt) | 3,53 |
| 28. Schäfer (KSC) | 3,52 |
| 29. Flohe (1. FC Köln) | 3,52 |
| 30. Volkert (HSV) | 3,52 |
| 31. Zimmermann (1. FC Köln) | 3,50 |
| 32. Roentved (Werder) | 3,48 |
| 33. Bonhof (M'gladbach) | 3,48 |
| 34. Wittkamp (M'gladbach) | 3,48 |
| 35. Heynckes (M'gladbach) | 3,47 |
| 36. Ferner (Saarbrücken) | 3,47 |
| 37. Bertram (Dortmund) | 3,47 |
| 38. Kamp (Werder) | 3,45 |
| 39. Körbel (Frankfurt) | 3,44 |
| 40. Oblak (Schalke) | 3,44 |
| 41. Reichel (Frankfurt) | 3,44 |
| 42. Neuberger (Frankfurt) | 3,44 |
| 43. Müller (Bayern) | 3,44 |
| 44. Geyer (Dortmund) | 3,43 |
| 45. Beer (Hertha BSC) | 3,42 |
| 46. Segler (Dortmund) | 3,42 |
| 47. Kliemann (Hertha BSC) | 3,42 |
| 48. Frank (Braunschw.) | 3,41 |
| 49. Holzer (Braunschw.) | 3,40 |
| 50. Bast (RW Essen) | 3,39 |
| 51. Bregman (Duisburg) | 3,39 |
| 52. Höttges (Werder) | 3,38 |
| 53. Abramczik (Schalke) | 3,37 |
| 54. Bongartz (Schalke) | 3,37 |
| 55. Cullmann (1. FC Köln) | 3,36 |
| 56. Ripp (HSV) | 3,36 |
| 57. Stielike (M'gladbach) | 3,35 |
| 58. Nogly (HSV) | 3,35 |
| 59. Rummenigge (Bayern) | 3,35 |
| 60. Pirrung (K'lautern) | 3,34 |
| 61. Zimmermann (Düsseldorf) | 3,34 |
| 62. Burgsmüller (Dortm.) | 3,33 |
| 63. Kristensen (Hertha) | 3,33 |
| 64. Kneib (M'gladbach) | 3,32 |
| 65. Koitka (Frankfurt) | 3,32 |
| 66. Brück (Hertha BSC) | 3,32 |
| 67. Jakobs (TeBe Berlin) | 3,30 |
| 68. Kremers, E. (Schalke) | 3,30 |
| 69. Horr (Hertha BSC) | 3,30 |
| 70. Glowacz (1. FC Köln) | 3,30 |
| 71. Eggert (Bochum) | 3,30 |
| 72. Müller (1. FC Köln) | 3,29 |
| 73. Köppel (M'gladbach) | 3,29 |
| 74. Hickersberger (D'dorf) | 3,28 |
| 75. Steffenhagen (HSV) | 3,26 |
| 76. Schmitt (Saarbrücken) | 3,26 |
| 77. Konopka (1. FC Köln) | 3,26 |
| 78. Fichtel (Schalke) | 3,26 |
| 79. Kraus (Frankfurt) | 3,25 |
| 80. Groh (K'lautern) | 3,25 |
| 81. Overath (1. FC Köln) | 3,25 |
| 82. Woyke (Düsseldorf) | 3,25 |
| 83. Birkenmeier (TeBe Berlin) | 3,24 |
| 84. Jara (Duisburg) | 3,24 |
| 85. Sidka (Hertha BSC) | 3,24 |
| 86. Bittcher (Schalke) | 3,24 |
| 87. Wimmer (M'gladbach) | 3,24 |
| 88. Maric (Schalke) | 3,23 |
| 89. Diehl, E. (K'lautern) | 3,22 |
| 90. Zewe (Düsseldorf) | 3,21 |
| 91. Seel (Düsseldorf) | 3,21 |
| 92. Riedl (K'lautern) | 3,21 |
| 93. Wendt (TeBe Berlin) | 3,21 |
| 94. Gerber (1. FC Köln) | 3,20 |
| 95. Grzyb (Braunschweig) | 3,20 |
| 96. Förster (Saarbrücken) | 3,20 |
| 97. Pirsig (Duisburg) | 3,19 |
| 98. Zembski (Braunschweig) | 3,19 |
| 99. Sziedat (Hertha BSC) | 3,19 |
| 100. Stegmayer (Saarbrücken) | 3,18 |
| 101. Huber (Dortmund) | 3,18 |
| 102. Trinklein (Frankfurt) | 3,18 |
| 103. Bredenfeld (KSC) | 3,18 |
| 104. Lameck (Bochum) | 3,17 |
| 105. Stickel (K'lautern) | 3,17 |
| 106. Kremers, H. (Schalke) | 3,17 |
| 107. Schuster (Saarbrücken) | 3,17 |
| 108. Lütkebohmert (Schalke) | 3,17 |
| 109. Van Gool (1. FC Köln) | 3,17 |
| 110. Häbermann (Braunschw.) | 3,17 |
| 111. Baltes (Düsseldorf) | 3,15 |
| 112. Simmet (1. FC Köln) | 3,15 |
| 113. Toppmöller (K'lautern) | 3,15 |
| 114. Melzer (K'lautern) | 3,15 |
| 115. Klinkhammer (M'gladbach) | 3,14 |
| 116. Zaczyk (HSV) | 3,14 |
| 117. Ritschel (K'lautern) | 3,14 |
| 118. Magath(HSV) | 3,14 |
| 119. Zech (Saarbrücken) | 3,13 |
| 120. Schneider (Duisburg) | 3,13 |
| 121. Reimann (HSV) | 3,12 |
| 122. Erler (Braunschweig) | 3,12 |
| 123. Wohlers (M'gladbach) | 3,12 |
| 124. Bücker (Duisburg) | 3,11 |
| 125. Hanisch (TeBe Berlin) | 3,11 |
| 126. Nerlinger (Dortmund) | 3,11 |
| 127. Fürhoff (RW Essen) | 3,10 |
| 128. Acimovic (Saarbrücken) | 3,10 |
| 129. Worm (Duisburg) | 3,09 |
| 130. Janzen (KSC) | 3,09 |
| 131. Merkhoffer (Braunschw.) | 3,09 |
| 132. Scholz (Bochum) | 3,09 |
| 133. Bracht (Werder) | 3,07 |
| 134. Geils (Werder) | 3,07 |
| 135. Schumacher (1. FC Köln) | 3,07 |
| 136. Gruber (Bayern) | 3,06 |
| 137. Semlitsch (Saarbrücken) | 3,04 |
| 138. Björnmose (HSV) | 3,04 |
| 139. Schäffer (M'gladbach) | 3,04 |
| 140. Franke (Bochum) | 3,04 |
| 141. Dremmler (Braunschw.) | 3,03 |
| 142. Sobieray (Schalke) | 3,03 |
| 143. Gersdorff (Hertha) | 3,00 |
| 144. Hidien (HSV) | 3,00 |
| 145. Brei (Düsseldorf) | 3,00 |
| 146. Meier (Saarbrücken) | 3,00 |
| 147. Allofs (Düsseldorf) | 3,00 |
| 148. Wilhelmi (K'lautern) | 3,00 |
| 149. Müller (Frankfurt) | 3,00 |
| 150. Eigl (HSV) | 3,00 |
| 151. Granitza (Hertha BSC) | 3,00 |
| 152. Denz (Saarbrücken) | 3,00 |
| 153. Köper (Bochum) | 3,00 |
| 154. Hrubesch (RW Essen) | 3,00 |
| 155. Wenzel (Frankfurt) | 3,00 |
| 156. Blasey (RW Essen) | 3,00 |
| 157. Trimhold (Bochum) | 3,00 |
| 158. Schwarzenbeck (Bayern) | 3,00 |
| 159. Scheer (K'lautern) | 3,00 |
| 160. Topalovic (1. FC Köln) | 3,00 |
| 161. Kaczor (Bochum) | 3,00 |
| 162. Cremer (Saarbrücken) | 3,00 |
| 163. Schulz (TeBe Berlin) | 2,97 |
| 164. Hermandung (Hertha BSC) | 2,97 |
| 165. Berkemeier (TeBe Berlin) | 2,97 |
| 166. Schneider (TeBe Berlin) | 2,97 |
| 167. Köhnen (Düsseldorf) | 2,96 |
| 168. Bella (Duisburg) | 2,96 |
| 169. Kriegler (Düsseldorf) | 2,96 |
| 170. Hoeneß (Bayern) | 2,96 |
| 171. Wagner (Dortmund) | 2,95 |
| 172. Stradt (TeBe Berlin) | 2,95 |
| 173. Wolf (Dortmund) | 2,94 |
| 174. Hochheimer (TeBe Berlin) | 2,94 |
| 175. Herget (Bochum) | 2,94 |
| 176. Weidle (Frankfurt) | 2,93 |
| 177. Struth (KSC) | 2,93 |
| 178. Heidenreich (M'gladbach) | 2,93 |
| 179. Löhr (1. FC Köln) | 2,92 |
| 180. Bender (Saarbrücken) | 2,92 |
| 181. Meyer (Dortmund) | 2,91 |
| 182. Diefenbach (Hertha BSC) | 2,91 |
| 183. Bertl (HSV) | 2,91 |
| 184. Seliger (Duisburg) | 2,91 |
| 185. Siegmann (Werder) | 2,90 |
| 186. Strack (1. FC Köln) | 2,90 |
| 187. Hartl (Dortmund) | 2,90 |
| 188. Torstensson (Bayern) | 2,90 |
| 189. Dubski (Schalke) | 2,90 |
| 190. Radau (KSC) | 2,89 |
| 191. Baake (TeBe Berlin) | 2,89 |
| 192. Grau (Hertha BSC) | 2,89 |
| 193. Geye (Düsseldorf) | 2,89 |
| 194. Thies (Duisburg) | 2,89 |
| 195. Ristic (Braunschw.) | 2,88 |
| 196. Thiele (Schalke) | 2,88 |
| 197. Röber (Werder) | 2,88 |
| 198. Votava (Dortmund) | 2,88 |
| 199. Lund (RW Essen) | 2,88 |
| 200. Holz (Bochum) | 2,88 |
| 201. Büssers (Duisburg) | 2,87 |
| 202. Gerland (Bochum) | 2,87 |
| 203. Memering (HSV) | 2,86 |
| 204. Savkovic (TeBe Berlin) | 2,86 |
| 205. Andersson (Bayern) | 2,86 |
| 206. Ackermann (Duisburg) | 2,85 |
| 207. Bruckmann (Duisburg) | 2,84 |
| 208. Wörmer (RW Essen) | 2,84 |
| 209. Scheller (K'lautern) | 2,83 |
| 210. Grobe (Braunschweig) | 2,83 |
| 211. Ellbracht (Saarbrücken) | 2,83 |
| 212. Mill (RW Essen) | 2,83 |
| 213. Görts (Werder) | 2,83 |
| 214. Ulrich (KSC) | 2,82 |
| 215. Dörre (RW Essen) | 2,81 |
| 216. Kulik (M'gladbach) | 2,81 |
| 217. Kübler (KSC) | 2,81 |
| 218. Stepanovic (Frankfurt) | 2,81 |
| 219. Lorant (RW Essen) | 2,81 |
| 220. Trenkel (KSC) | 2,80 |
| 221. Traser, H. (Saarbrücken) | 2,80 |
| 222. Weiner (Hertha BSC) | 2,80 |
| 223. Fromm (Bochum) | 2,79 |
| 224. Wieczorkowski (RW Essen) | 2,78 |
| 225. Spasowski (Saarbrücken) | 2,78 |
| 226. Kalb (KSC) | 2,78 |
| 227. Huhse (RW Essen) | 2,77 |
| 228. Horsmann (Bayern) | 2,77 |
| 229. Hiller (Werder) | 2,76 |
| 230. Berdoll (Saarbrücken) | 2,75 |
| 231. Sandberg (K'lautern) | 2,75 |
| 232. Balevski (KSC) | 2,75 |
| 233. Neues (RW Essen) | 2,74 |
| 234. Kostedde (Dortmund) | 2,73 |
| 235. Kraus (TeBe Berlin) | 2,73 |
| 236. Hayduk (Saarbrücken) | 2,73 |
| 237. Briegel (K'lautern) | 2,73 |
| 238. Subkleve (TeBe Berlin) | 2,73 |
| 239. Konschal (Werder) | 2,73 |
| 240. Eggeling (Bochum) | 2,73 |
| 241. Petrovic (Werder) | 2,72 |
| 242. Surau (RW Essen) | 2,71 |
| 243. Eggert (TeBe Berlin) | 2,71 |
| 244. Hannes (M'gladbach) | 2,71 |
| 245. Komorowski (KSC) | 2,71 |
| 246. Blankenburg (HSV) | 2,70 |
| 247. Vöge (Dortmund) | 2,69 |
| 248. Szymanek (Düsseldorf) | 2,69 |
| 249. Schmitz (TeBe Berlin) | 2,67 |
| 250. Böninghausen (RW Essen) | 2,67 |
| 251. Pochstein (Bochum) | 2,65 |
| 252. Traser, E. (Saarbrücken) | 2,64 |
| 253. Granzow (RW Essen) | 2,63 |
| 254. Roth (Bayern) | 2,63 |
| 255. Schwarz (K'lautern) | 2,60 |
| 256. Greth (Saarbrücken) | 2,60 |
| 257. Bommer (Düsseldorf) | 2,60 |
| 258. Berger (KSC) | 2,60 |
| 259. Sprenger (TeBe Berlin) | 2,58 |
| 260. Stolzenburg (Braunschw.) | 2,57 |
| 261. Larsen (1. FC Köln) | 2,57 |
| 262. Niedermayer (KSC) | 2,56 |
| 263. Flindt (KSC) | 2,56 |
| 264. Weist (Werder) | 2,50 |
| 265. Künkel (Bayern) | 2,40 |
| 266. Meininger (Werder) | 2,35 |
| 267. Krostina (RW Essen) | 2,25 |
| 268. Weiss (Bayern) | 2,22 |
| 269. Strauch (RW Essen) | 2,20 |

## Die „Rangliste" der Schiedsrichter

| | |
|---|---|
| Linn (Altendiez) | 3,89 |
| Aldinger (Waiblingen) | 3,80 |
| Roth (Salzgitter) | 3,67 |
| Kindervater (Köln) | 3,60 |
| Eschweiler (Euskirchen) | 3,50 |
| Schmoock (Reichenau) | 3,43 |
| Fork (Unna) | 3,38 |
| Ohmsen (Hamburg) | 3,33 |
| Redelfs (Hannover) | 3,30 |
| Ahlenfelder (Oberhausen) | 3,25 |
| Lutz (Bremen) | 3,25 |
| Frickel (München) | 3,22 |
| Meßmer (Mannheim) | 3,22 |
| Klauser (Vaterstetten) | 3,20 |
| Engel (Reimsbach) | 3,13 |
| Jensen (Schönkirchen) | 3,13 |
| Biwersi (Bliesransbach) | 3,10 |
| Hennig (Duisburg) | 3,10 |
| Antz (Wahlen) | 3,00 |
| Haselberger (Reutlingen) | 3,00 |
| Walz (Waiblingen) | 3,00 |
| Zuchantke, U. (Berlin) | 3,00 |
| Gabor (Berlin) | 2,89 |
| Walther (Würzburg) | 2,86 |
| Dreher (Darmstadt) | 2,78 |
| Quindeau (Ludwigshafen) | 2,78 |
| Dölfel (Fürth) | 2,75 |
| Hilker (Bochum) | 2,75 |
| Waltert (Paderborn) | 2,75 |
| Niemann (Hamburg) | 2,71 |
| Joos (Stuttgart) | 2,67 |
| Burgers (Essen) | 2,63 |
| Wichmann (Gelsenkirchen) | 2,63 |
| Horstmann (Nordstemmen) | 2,56 |
| Schroeder (Lahnstein) | 2,40 |

## Der Triumph der Sechz'ger

# „Wie einst Caesar im alten Rom"

Die erschöpften Fußballer trotten mit verzerrten Gesichtern und schweißdurchtränkten Trikots in die Katakomben des Frankfurter Waldstadions. Unmöglich, in diesem Augenblick zu bestimmen, wer der Sieger, wer der Besiegte ist. Nur ein verräterisches Leuchten in den Augen der 1860-Spieler läßt vermuten: Die „Löwen" haben sich im dritten Aufstiegsspiel gegen Arminia Bielefeld durchgesetzt, sind im siebenten Anlauf in die Fußball-Bundesliga zurückgekehrt.

Ja, mit 2:0 hat 1860 München den Tabellenzweiten der Zweiten Liga Nord aus dem Rennen geworfen – doch die Münchner Spieler können es anscheinend noch gar nicht fassen, daß sie nun wieder zur Creme de la Creme des deutschen Fußballs zählen. Anstatt zu jubeln und zu singen, starren sie sich gegenseitig fassungslos an. Gesprochen wird in den ersten Minuten nach dem großartigen Triumph keine Silbe.

Während sich seine Kameraden die Spielkleidung, die wie eine zweite Haut auf den Körpern klebt, ausziehen, lehnt der überragende 1860-Akteur dieses Nachmittags an der Kabinenwand. Hans Haunstein – sein Gesicht ist so weiß wie die Mauer hinter ihm – hält in der rechten Hand eine halbvolle Flasche mit Sprudel und blickt zur Dekke. Geradeso, als würde er stumme Zwiesprache mit dem Fußball-Gott halten. Von weit her dringt dann seine Stimme ans Ohr der Kameraden: „Hab' ich's nicht gesagt, daß die Tagesform entscheidet? Und wir waren heute wirklich die zwei Tore besser als Arminia."

Haunsteins Worte lösen die Lethargie der anderen. Und während sie nun endlich den Sieg mit dem vorsorglich bereitgestellten Sekt begießen, schweifen die Gedanken noch einmal zurück zum Spiel. Ein Spiel, das geprägt war von ungeheurer Kampfkraft beider Mannschaften und von einer mörderi-

*„Ich werd's euch schon geben!" – Trainer Lucas*

*Die verloren geglaubten Münchner erzwingen im Rückspiel mit 4:0 eine dritte Begegnung. Oben: Kapitän Kohlhäufl setzt sich vehement über zwei Bielefelder hinweg. Unten: Nachreiner erzielt den ersten von schließlich vier Treffern, die das peinliche 0:4 von Bielefeld ausgleichen. Rechte Seite: Hartwig schießt in Frankfurt das 1:0 – das Tor zur Bundesliga ist aufgestoßen.*

schen Hitze, die an diesem 11. Juni 1977 das Frankfurter Waldstadion in einen wahren Glutofen verwandelt hatte.

Eine Stunde lang war dieses Entscheidungsspiel auf des Messers Schneide gestanden. Pfostenschüsse und „todsichere" Torchancen hatten sich auf beiden Seiten die Waage gehalten. Bis dann in der 62. Minute die Vorentscheidung fiel: Bielefelds Verteidiger Roland Peitsch und 1860-Spielmacher Schorsch Metzger laufen im rechten Winkel zueinander einem Steilpaß hinterher. Metzger – vor zwei Monaten war er erst am Außenband des linken Knöchels operiert worden – ist einen Tick schneller am Ball. Peitsch rutscht von hinten zwischen Metzgers Beine und bereut es im nächsten Augenblick schon wieder, denn dieses Foul bedeutet für ihn einen Platzverweis.

Zehn Bielefelder gegen elf Münchner (1860-Trainer Heinz Lucas wechselt zudem mit Herberth und Bischoff noch zwei frische Spieler ein) bei dieser Hitze – das kann einfach nicht gutgehen. Immerhin, Arminia hält dem 1860-Druck bis vierzehn Minuten vor dem Ende dennoch stand. Dann umkurvt Linksaußen Peter Falter vier Bielefelder Abwehrspieler, sein Rückpaß erreicht freistehend Mittelfeldspieler Jimmy Hartwig, und der hämmert unhaltbar das Leder unter die Querlatte des gegnerischen Tors. Bitter für Bielefelds Torwart Uli

*Die Sechz'ger, die in Frankfurt den Aufstieg erzwangen, von links: Nachreiner, Falter, Metzger, Bierofka, Agatha, Nielsen, Haunstein, Hartwig, Glavovic, Hartmann, Kohlhäufl.*

Stein, der an diesem Samstag das Spiel seines Lebens geliefert hat.

Herrlich dafür für die rund 30 000 Münchner Fans unter den 58 000 Zuschauern. Für sie ist 1860 damit wieder im Oberhaus. Und als Metzger in der 88. Minute das 2:0 erzielt, ist das Waldstadion endgültig fest in Münchner Hand.

Ersatzspieler, Betreuer und Trainer von 1860 laufen aufs Feld. Schiedsrichter Walter Horstmann – die Souveränität in Person – zeigt noch einmal die rote Karte. Diesmal trifft es Trainer Lucas, der die letzten zwei Minuten im Kabinengang verbringen muß. Aber was soll's. Lucas hat nach Fortuna Düsseldorf (1971) zum zweitenmal eine Elf ohne Stars in die höchste Spielklasse gehievt.

Draußen vor dem Stadion warten die Fans. Der Jubel steigert sich zum Orkan, als die Spieler zum Bus marschieren, und der dänische Nationalspieler Jan-Hoiland Nielsen sagt zu Mittelfeldrenner Charly Herberth: „So ungefähr wird's gewesen sein, wenn Caesar von seinen glorreichen Feldzügen nach Rom zurückgekehrt ist."

Noch einmal geht's zurück ins Frankfurter „Crest"-Hotel, wo sich die Mannschaft drei Tage gewissenhaft auf das Schicksalsspiel vorbereitet hat. Lachend orakelt Torwart Bernd Hartmann bei einer Flasche Pils: „Wenn du einem Marsmenschen erzählst, daß wir nach einer 0:4-Niederlage im Hinspiel den Aufstieg doch noch geschafft haben, dann besteigt der sofort wieder seine fliegende Untertasse und rauscht ab. Diese Welt, auf der so etwas möglich ist, muß ihm einfach zu unheimlich sein."

Jetzt, da alles überstanden ist, kann Hartmann von diesem Hinspiel wieder sprechen. Vierzehn Tage lang hat er das peinlichst vermieden. Denn was er an diesem 29. Mai – seinem 30. Geburtstag – erlebte, wird er wohl nie vergessen können.

Vier Tore hatten ihm die Bielefelder auf der heimischen „Alm" ins Netz gesetzt. So viel wie keine andere Mannschaft zuvor in dieser Saison. Nicht einmal der Süd-Meister VfB Stuttgart hatte das geschafft. Der Traum vom Aufstieg schien dahin...

Nicht für „Löwen"-Präsident Dr. Erich Riedl und Trainer Heinz Lucas. Die strapazierten einmal mehr den Optimismus, der seit Saisonbeginn immer wieder hatte herhalten müssen. Zum Beispiel in dem Moment, als die Stars Keller, Seelmann, Schuberth, Lubanski und Starzak verkauft werden mußten, um die Schulden des Vereins (rund 2,5 Millionen Mark) zu senken.

# Der goldene Pott

*Der DFB-Pokal (210 Gramm Gold, 6250 Gramm Silber, 34 Edelsteine) fasziniert die Fußball-Fans jedes Jahr aufs neue.*

Hertha BSC

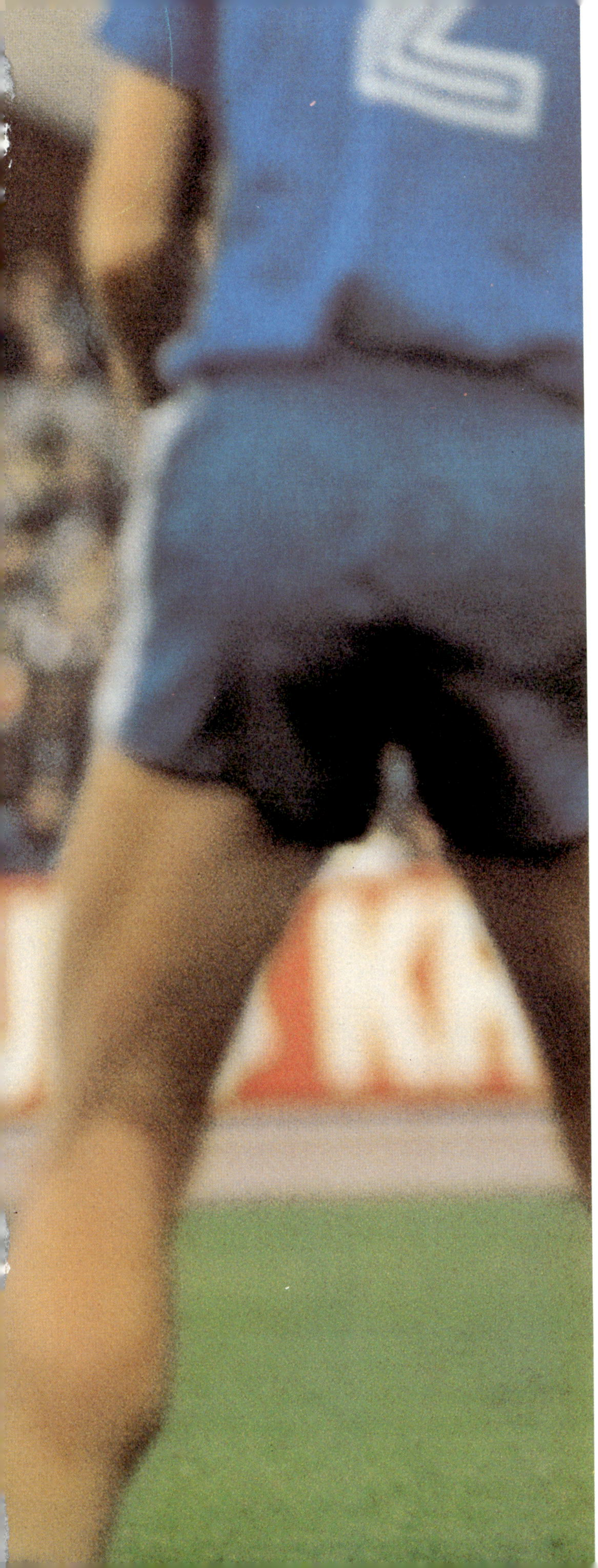

# Heinz Flohe – ein ganz Linker

*Wuchtig zieht Kölns Flohe ab. Natürlich mit dem linken Fuß, seiner stärksten Waffe. Berlins Beer kann den Gewaltschuß nicht verhindern.*

# Aua, das tut weh

*Bitter für Hertha-Torwart Nigbur (oben), daß er als geschlagener Mann vom Platz ging. Er machte im Pokalfinale gegen Köln eines seiner stärksten Spiele. 210 Pokalminuten hinterlassen ihre Spuren. Berlins Beer (rechts) krümmt sich unter den Schmerzen eines Krampfes.*

Hertha BS

Hertha BSC

# Müller fliegt schneller

*Zwei Männer fliegen durch die Luft. Doch Kölns Torjäger Müller ist schneller am Ball als Berlins Kliemann. Über Hertha-Torwart Nigbur hinweg wischt der Kopfball des Kölners ins Tor. 1:0 – Pokalsieg nach 210 dramatischen Fußball-Minuten.*

# Schaut her, ich hab' den Pott

*Kölns Senior Hannes Löhr stemmt den vierzehn Pfund schweren DFB-Pokal hoch hinaus. So, als wolle er allen sein Glück zeigen: „Schaut her, ich hab' den DFB-Pokal . . .“*

Ob er wirklich daran geglaubt hat, wird man nie mehr klären können. Jedenfalls verkündete Dr. Riedl einen Tag vor dem Rückspiel: „Wir haben nur noch knapp eine Million Verbindlichkeiten, Trainer Lucas hat aus einem vermeintlichen Abstiegskandidaten eine Spitzenmannschaft geformt – da wäre es doch gelacht, wenn wir das 0:4 nicht noch ausbügeln könnten."

Die Münchner Fußball-Fans konnten seine Zuversicht nicht teilen. Obwohl 1860 bereits im Vorverkauf 62 000 Karten abgesetzt hatte, fanden nur 55 000 den Weg ins Stadion. Die 7000 aber, die zu Hause blieben, versäumten die Fußballschlacht des Jahres. Für den ersten Höhepunkt sorgte Schiedsrichter Jan Redelfs aus Hannover. Er ließ Bielefeld nicht in den clubeigenen blauen Hosen spielen („Kein Kontrast zu den blauen Hemden von 1860"); er bestand auf roten Beinkleidern. Bielefelds Geschäftsführer Büttner besorgte das Gewünschte, das Spiel begann mit zehn Minuten Verspätung.

Zu spät begriff Arminia dann, mit welcher Taktik die „Löwen" das Fußball-Wunder vollbringen wollten. Mit unerbittlicher Härte in den Zweikämpfen nahm 1860 dem Gegner den Elan. Danach ließen die Münchner Ball und Gegner laufen, zwei Doppelschläge durch Haunstein, Nachreiner, Hartwig und Metzger in jeweils zwei Minuten führten zum dritten Spiel in Frankfurt.

Zum erstenmal, seit die Tabellenzweiten der Zweiten Liga in Hin- und Rück-Spielen den dritten Aufsteiger ermitteln, war ein drittes Spiel nötig geworden. Bielefeld aber verspielte dann alle Chancen auf den Aufstieg wohl schon vor diesem Spiel in Frankfurt.

Während der Woche ließen die Arminen keine Gelegenheit aus, den Gegner in Mißkredit zu bringen. Aufzeichnungen der harten Spielweise der „Löwen" in München wurden in Bielefelder Kaufhäusern gezeigt, Trainer Kalli Feldkamp nannte seinen Münchner Kollegen Lucas „einen alten Mann".

Ideales Doping für 1860. Die Spieler wurden dadurch in Rage gebracht – vergleichbar mit der Wut eines verwundeten Stiers in einer spanischen Arena. Die Rechnung mußte Bielefeld im Waldstadion bezahlen. Vorlaute 60er-Fans jubelten dann auch schon: „1860 ist wieder in der Bundesliga – jetzt muß Bayern zittern." 1860-Rechtsaußen Toni Nachreiner, Jurastudent und der größte Realist unter den Spielern, kommentierte trocken: „Vorerst zittern wir. Denn der Klassenerhalt wird verdammt schwer für uns..."

*Triumphaler Empfang für den Aufsteiger. Viele tausend sind auf dem Marienplatz – und Münchens Oberbürgermeister Kronawitter gibt einen Empfang. Oben: Kronawitter (Mitte) mit 1860-Präsident Dr. Riedl (links) und Trainer Lucas.*

## Aufsteiger VfB Stuttgart

# Als Sundermann kam

Von den Rängen hallten nochmals die Sprechchöre: „Sundermann cha-cha-cha – Wundermann cha-cha-cha!" Der Gefeierte verbiß sich die Freudentränen und hob die Hand nur halbhoch zum Gruß. Auch in der Minute, in der sein VfB Stuttgart den zwei Jahre lang herbeigesehnten Aufstieg in die Bundesliga geschafft hatte, blieb Trainer Jürgen Sundermann scheinbar kühl: Ein Elektronengehirn, das schon in die neue Saison hineinrechnet.

Während in der Kabine die Sektkorken knallten, die Spieler fröhlich grölten und sich Präsident Mayer-Vorfelder und Mannschaftsbetreuer Steimle umarmten, saß er still auf der Bank.

Draußen vor der Tür fragten die jungen Burschen vom „Fan-Club Leonberg": „Dürfen wir Sie auf Schultern tragen?" Jürgen Sundermann wehrte ab: „Ach Gott, laßt das doch!"

Dieser Jürgen Sundermann ist im Erfolg sehr beherrscht – am Rande des Spielfelds tobt, brüllt und zittert er. Ein Mann mit zwei Gesichtern. Mit seinem Namen ist der Wiederaufstieg nach zwei Jahren untrennbar verbunden.

Als er 1976 nach Stuttgart kam, steckte der VfB in der schwersten Krise seiner Vereinsgeschichte. Statt der erwarteten sofortigen Rückkehr in Deutschlands oberste Spielklasse, die der VfB 1975 erstmals seit Gründung der Bundesliga im Jahre 1963 verlassen hatte, gab es nur einen enttäuschenden elften Tabellenplatz. Die Mannschaft war zerstritten, der Verein steckte mit 1,5 Millionen Mark in den roten Zahlen.

Zuletzt mußten sogar die Spielergehälter gestundet werden, weil niemand mehr bereit war, dem Club ein Darlehen oder einen Kredit zur Verfügung zu stellen.

In der Stunde des größten Triumphs verriet der Trainer sein Erfolgsgeheimnis: „Ich habe von Anfang an, als ich nach Stuttgart kam, an den Aufstieg geglaubt. Ich habe es den Spielern immer wieder gepredigt: ‚Wir kommen in die Bundesliga.' Einmal, zweimal, fünfmal am Tag." Und dabei legte er den Arm um sie, freundlich – und beschwörend.

Auswärtsspielen begleiten (annähernd 5000 Dauerkarten wurden verkauft), ist das keine Frage.

Der stärkste Mannschaftsteil ist die Abwehr, die sich um den 52maligen jugoslawischen Nationalspieler Dragan Holcer gruppiert. Der 32jährige ist mit Abstand der älteste, aber auch der routinierteste und raffinierteste Spieler der Mannschaft. „Ohne ihn wären wir bestimmt nicht aufgestiegen", stellt ihm sein Trainer das beste Kompliment aus.

Um Holcer herum: lauter Grünschnäbel. Torwart Helmut Roleder, 23 Jahre alt zwar schon, aber fast ohne Erfahrung in der Bundesliga. Er stand jahrelang im Schatten von Gerhard Heinze. Die beiden Außenverteidiger Bernd Martin und Markus Elmer haben Stürmerblut. Martin, der die 100 Meter in 11,5 Sekunden läuft, und Elmer, der Supertechniker, der mit dem linken Fuß alles kann. Holcers wichtigster Assistent als Vorstopper ist „Bleichgesicht" Förster, ein eisenharter junger Mann, der im Spiel weder Verwandte noch Freunde kennt.

Groß ist das Gedränge im Mittelfeld. „Gegeben" ist Kapitän Hermann Ohlicher, „der letzte Mohikaner" aus der Zeit der Bundesliga. Auch um Jung-

Jürgen Sundermann weiß: „Am Anfang haben sie mich ausgelacht. Aber als wir in Schwenningen einen 0:3-Rückstand aufholten, und als wir gegen Waldhof Mannheim nach einem 1:3-Rückstand noch 4:3 gewannen, haben die Spieler langsam wieder an sich geglaubt. Das Selbstbewußtsein wuchs von Sieg zu Sieg."

Heute ist der Verein gesund, sportlich und finanziell. Der Schuldenberg ist abgebaut. Eine junge Mannschaft freut sich auf das Abenteuer Bundesliga. Als Verstärkungen stießen nur der Österreicher Roland Hattenberger von Fortuna Köln und Nachwuchsstürmer Walter Kelsch vom Ortsrivalen Stuttgarter Kickers zur Aufstiegsmannschaft. „Damit haben wir uns die Bombenmoral bewahrt, die uns manchen Sieg beschert hat", freut sich Sundermann. Aber: Ist diese Mannschaft, die in der zweiten Liga 100 Tore schoß, stark genug, die Bundesliga zu erhalten?

Für die VfB-Fans, die wieder zu Tausenden ins Stadion strömen und die Mannschaft auch zu den

*Ausgelacht und schließlich gefeiert: Trainer Sundermann, ganz links. Und Szenen aus zwei Schlüsselspielen für die Stuttgarter: 2:1 in Offenbach (Mitte, oben: Torwart Roleder, bedrängt von dem Offenbacher Kraus) und das 2:3 in München, das für 1860 den Umweg über die drei Spiele gegen Bielefeld bedeutete.*

talent Hansi Müller gibt es keine Diskussionen. Um den dritten Platz muß sich Neuerwerbung Hattenberger gegen den laufstarken Bernd Schmider, den fleißigen Amateur-Nationalspieler Helmut Dieterle und Allroundmann Erwin Hadewicz behaupten.

Im Drei-Mann-Sturm ist Ottmar Hitzfeld, das „Handtuch", das die Gegner „naß" macht, der erfahrenste. Er bombte schon bei den Olympischen Spielen 1972 für Deutschland. Mit 22 Treffern war er auch Stuttgarts erfolgreichster Stürmer in der zweiten Liga.

Eine schillernde Figur auch Mittelstürmer Dieter Hoeneß, der größere „kleine" Bruder des „Weltmeisters" von Bayern München. Er schwankt zwischen Kreisklasse und Weltklasse, steht immer im Widerstreit der Meinungen. Hoeneß II ist kein Rastelli. Er hat andere Qualitäten: Er kämpft und köpft, macht die Bahn frei für seine Nebenleute.

Auf dem linken Flügel ackert ein kleiner Mann: Klaus-Dieter Jank, ein Vorbild an Einsatzbereitschaft. Für Walter Kelsch wird es nicht leicht werden, ihn zu verdrängen.

Hinter ihnen stehen gleichwertige Ersatzleute. Insgesamt 24 Spieler umfaßt der Kader, der zehn Olympia-Amateure beinhaltet.

Sie alle werden erfolgsbezogen bezahlt. Präsident Gerhard Mayer-Vorfelder, Staatssekretär und „rechte Hand" von Baden-Württembergs Ministerpräsident Filbinger, schwört auf sein Prämiensystem: „Im Bereich des Spitzensports müssen die Spieler auch Risiken tragen. Die Chance, diese Erfolgsbezogenheit einzuführen, lag bei uns im absoluten Niedergang des Vereins. Wir haben diese Chance wahrgenommen. Und an diesem Prinzip wird nicht mehr gerüttelt."

Im Klartext bedeutet das: Durch Grundgehalt, Punkteprämien, Zuschauerbeteiligung und eine Nichtabstiegsprämie kann ein Spieler in dieser Saison bis zu 200 000 Mark verdienen. „Dann hat er es auch verdient", betont Mayer-Vorfelder.

Aber es kann auch nur die Hälfte sein – wenn er nicht mehr zu verdienen imstande war.

### Aufsteiger St. Pauli

# Der programmierte Aufstieg

St. Pauli. Was fällt Ihnen dabei ein? Wollen wir wetten, daß es drei Dinge sind – und zwar in folgender Reihenfolge. Erstens: Reeperbahn, die Große Freiheit, Café Keese, Davidswache, Mädchen, Loddel, Strip. Zweitens: Hamburg-Landungsbrücken, das Tor zur Welt, der Hafen. Und drittens: der Fußball-Club St. Pauli. Und jener will nun die Reihenfolge ändern, will sich selbst vor allen anderen Dingen, die jenen Hamburger Stadtteil berühmt machen, in den Vordergrund schieben.

Die Vorzeichen sind geschaffen. Seit 67 Jahren existiert der Verein. Seit 1963 kämpft er um die Zugehörigkeit zum Fußball-Oberhaus. 14 Jahre lang währte der Kampf um die Bundesliga, die 1963 nicht erreicht wurde, weil laut DFB nur ein Verein pro Stadt die Lizenz erhalten durfte. Siebenmal stand der Verein in der Aufstiegsrunde. 1966 fehlte nur ein einziges Tor. Doch jetzt endlich ist der Sprung geschafft, dem nächtlichen Amüsement und den Schiffen im Hafen auf sportlicher Basis Konkurrenz in der Aufmerksamkeit der Öffentlichkeit zu geben.

St. Pauli in der Bundesliga – es ist das Werk zweier Männer: Werner Velbinger und Ernst Schacht. Die setzten sich im letzten Frühjahr zusammen, um den Kraftakt zu wagen. Denn so wie bisher ging es am Millerntor nicht weiter. Jahr für Jahr hatte man ein Minus von 300 000 Mark gemacht. Der Gerichtsvollzieher ging im Clubheim ein und aus.

Als Club der Zweiten Liga war St. Pauli weder Fleisch noch Fisch, für Hamburgs Sportöffentlichkeit ziemlich uninteressant. 2700 Zuschauer besuchten im Durchschnitt die Spiele – die Konkurrenz des Renommiervereins HSV erdrückte das

*Fanatischer Arbeiter mit einer stillen Art: Trainer Dieter Ferner inmitten seiner Spieler. Links: Die „Macher“ von St. Pauli. Werner Velbinger (links) und Ernst Schacht wagten den finanziellen Kraftakt, der in die Bundesliga führen sollte – und die Mannschaft vollzog den Auftrag.*

*Für lächerliche 27 500 DM eingekauft:*
*Jürgen Rynio, „alter Mann“ im St.-Pauli-Tor.*

zarte Pflänzchen am Millerntor völlig. Velbinger, ein schwerreicher Kaufmann, und Schacht, ein gutbetuchter Makler, unterbrachen die Kette der finanziellen Demütigungen – gestützt auf wissenschaftliche Erkenntnisse.

Sie ließen ein Gutachten erstellen, aus dem hervorging, daß die Millionenstadt an der Elbe zwei Bundesliga-Clubs gut verkraften kann. Dann pumpten sie eigenes Vermögen in den Verein: reichlich zwei Millionen Mark. Dafür wurden Spieler gekauft – billige Spieler, aber solche mit einer Perspektive. Beispielsweise der 29jährige Torwart Jürgen Rynio für lächerliche 27 500 Mark, der Amateur Mannebach für 72 000 Mark, der Kaiserslauterer Bundesligaspieler Frosch für 300 000 Mark und der Bayer Franz Gerber für nur 350 000 Mark. Das Geld entpuppte sich als hervorragende Kapitalanlage.

Zumal mit Trainer Diethelm Ferner ein Mann verpflichtet wurde, dessen fanatische Arbeitsweise und stille Art exakt die richtige Mischung für den stolzen Arbeiter-Club St. Pauli war. Das zu Anfang der Saison entwickelte Motto „St. Pauli auf dem Weg zur Spitze“ entpuppte sich als die richtige Prophezeiung. Nach schwachem Start (11:11 Punkte) blieb die Mannschaft 26mal hintereinander unbesiegt – ein neuer Rekord im bezahlten deutschen Fußball! Der Aufstieg schien wie das Werk eines Computers. Denn mit der Exaktheit einer Rechenmaschine kam nach einer sensationellen Saison zum Schluß unter dem Strich genau das Resultat heraus, das die beiden Präsidenten zu Beginn als Zielvorstellung eingespeist hatten. Der Teufelskreis der Mittelmäßigkeit war endlich durchbrochen.

Zuvor war nur ein einziges Mal das Stadion am Millerntor ausverkauft gewesen. Jetzt, in der Bundesliga, rechnet man pro Heimspiel mit einer Kulisse von 18 000 Besuchern. Und nur 12 000 braucht der Verein, um sich nicht im Lizenzgestrüpp des DFB zu verfangen und finanziellen Schiffbruch zu erleiden.

Den Machern von St. Pauli ist nicht bange vor dem Abenteuer Bundesliga. Sie sind trotz aller persönlichen Leidenschaft für den Club im Dunstkreis des Nepps und der Schlepper auf dem Teppich geblieben und rechnen vorsichtig allein mit dem Klassenerhalt. „Wir werden es schaffen, wenn wir uns von vornherein auf die Tugenden besinnen, die St. Pauli immer auszeichneten. Und die sind Fleiß, Harmonie und unermüdlicher Kampfgeist“, betont Präsident Ernst Schacht.

Sein „Vize“ Velbinger unterstützt ihn: „Viele Leute sagen, daß St. Pauli gleich wieder absteigt. Aber einen scheinbar nicht zu verwirklichenden Erfolg zu ermöglichen, das ist es, was ich brauche und meist auch schaffe.“

Das Engagement der beiden Geldspender hat sich so oder so schon ausgezahlt: Das von ihnen für 1,2 Millionen Mark überall in deutschen und dänischen Landen zusammengekaufte Spielermaterial ist inzwischen gut und gern das Dreifache wert. Ein Beispiel für die vorausschauende Investitionspolitik des erfahrenen Kaufmanns Werner Velbinger: Dem ständig von Gerichtsvollziehern gejagten Wuppertaler SV streckte er mitten in der Saison 200 000 Mark vor. Dafür erhielt er den Stürmer Franz Gerber zum Vorzugspreis von 350 000 Mark.

Zur Saison 77/78 war dessen Marktwert mindestens doppelt so hoch, weil sich Gerber als der gefährlichste Mittelstürmer der gesamten zweiten Liga entpuppt hatte. Da Velbinger die gesamte Transaktion aus eigener Tasche finanzierte, ist der Spieler Franz Gerber heute sozusagen sein ganz persönlicher Besitz.

# DFB-Pokal 1977

**Pokalsieger Köln**

# Neunzig Minuten reichen n

# cht

*Wettlauf im Gleichklang – der Paß ist schon unterwegs: Kölns Torjäger Dieter Müller und sein Bewacher Uwe Kliemann.*

Was für die Bundesliga recht war, das konnte für den Pokal nur billig sein: Dramatik, Hektik und Spannung. Über Pfingsten gab es im Niedersachsen-Stadion von Hannover vor insgesamt 86 000 Zuschauern das längste Endspiel in der Geschichte des Deutschen Fußballpokals. Zweihundertundzehn Minuten lang stritten sich der 1. FC Köln und Hertha BSC Berlin um den Pott.

Der erste Akt: 26 Grad im Schatten. Schwüle. 54 000 Zuschauer. Rechts von der Ehrentribüne 20 000 Kölner Fans – in einer Farborgie von Rot und Weiß. Links die blau-weißen Herthaner. 15 000 sind's.

Pikant am Rande: Ausgerechnet die Stars des erfolgreichsten deutschen Nachkriegsvereins zittern am Bildschirm mit: Bayern München braucht einen Kölner Sieg, um einen UEFA-Cup-Platz zu erhalten. Die Bayern müssen über Pfingsten zittern ...

Helden des ersten Spiels: Kölns Bomber Dieter Müller, Berlins Torwart Norbert Nigbur.

Nigbur hält (fast) alles. Nur den Müller-Kopfball (eine saubere Flanke von Konopka war die Vorarbeit) in der 44. Minute nicht.

1:0 – der Favorit führt. Doch der Außenseiter hält prächtig mit. Nationalspieler Beer und Lorenz Horr peitschen die Berliner nach vorne.

Am Spielfeldrand hält es Trainer Georg Kessler nicht mehr aus. Der „Sir" verläßt den Club und wechselt zu Wacker Innsbruck. Klar, daß er den Pokal noch holen will. Ein schöneres Abschiedsgeschenk gibt's doch gar nicht.

Seine Spieler wissen das. Kämpfen wie besessen. Und dann die 64. Minute: Freistoß von Beer, Kopfball Horr. Es steht 1:1.

90 Minuten reichen nicht!

Es gibt eine Verlängerung. Mit all ihren bösen Begleiterscheinungen: Krämpfe, Schwächeanfälle, Fouls, Nervosität.

Und in München zittern die Bayern weiter ...

Am Ende gibt es keinen Sieger!

Die Fans prügeln sich am Abend in der hannoverschen Innenstadt den Ärger von der Seele. Nun ist ihr Pfingstfest verdorben. Sie müssen montags noch einmal anreisen; noch mal ein paar Mark fuffzig lockermachen.

Die Kassierer freut das: Je 600 000 Mark fließen

in die Vereinskassen von Köln und Hertha.

Das Endspiel-Bankett des Deutschen Fußball-Bundes im Nobelhotel „Interconti" wird zu einem Schnell-Imbiß. Die Herthaner sind erst gar nicht gekommen. Sie kühlen bereits die Blessuren in der Sportschule Barsinghausen. Die Kölner erscheinen verschwitzt und verärgert in Trainingsanzügen.

Ein gestürzter Favorit!

Bundestrainer Helmut Schön ist ebenfalls der Appetit vergangen: Ein Fan hat ihm mit einer allzu

*Müller jubelt – soeben hat er das 1:0 im zweiten Spiel gegen Hertha erzielt. Und das sind die Sieger von Hannover, der Pokalsieger 1977, von links, stehend: Cullmann, Löhr, Präsident Weiand, Flohe, Prestin, Konopka, Hein, D. Müller, Trainer Weisweiler. Kniend: Schumacher, van Gool, Strack, Neumann und Zimmermann.*

forschen Umarmung den Halswirbel verstaucht.

Als die beiden Mannschaften am Pfingstmontag zum zweitenmal aufeinandertreffen, ist die Atmosphäre gespannt. In der 61. Minute haben die Berliner den Ball im Netz. Aber Schiedsrichter Ohmsen (Hamburg) erkennt den Treffer nicht an. Er hatte vorher ein Foul des Torschützen Beer an Simmet gesehen und abgepfiffen. Erich Beer ist empört: „Ein klares Tor. Das ist Betrug."

Zehn Minuten später jubeln die Kölner: Dieter Müller hat mit seinem 15. Pokaltor die Entscheidung gebracht. Der 1. FC Köln gewinnt 1:0 und holt den Cup an den Rhein. Wenigstens ein Erfolg für Star-Trainer Hennes Weisweiler.

Nach dem Spiel geht Kölns Präsident Peter Weiand spontan auf Schiedsrichter Ohmsen zu: „Herzlichen Dank für die gute Leitung."

Das sieht Berlins Torwart Norbert Nigbur, der wieder ausgezeichnet gehalten hat und zu diesem Zeitpunkt immer noch mit dem 1. FC Köln in Verbindung steht. Der Torwart dreht durch! Er beschimpft Ohmsen und will ihm an den Kragen. Und

Erich Beer verhöhnt den Kölner Vereinsboß: „Haha, ausgerechnet Sie gehen zum Schiedsrichter. Das sagt doch alles!"

„Aber, aber, Herr Beer", kontert Weiand, „ist das die feine Art eines Nationalspielers?"

So endet das längste Pokalspiel aller Zeiten mit einem bösen Mißklang.

Dabei gab's auf dem Weg ins Finale durchaus auch mal was zu lachen.

Zum Beispiel im Kölner Stadion, wo sich im Dezember gegen Tennis Borussia Berlin ein „Prominenter" im blauen Trainingsanzug mit einem weißen Frotteetuch um den Hals warmlief.

Es war der Sänger, Produzent und Show-Star Jack White. Er war der Libero der „Veilchen". Rudi Gutendorfs letzte Hoffnung.

Jack White hieß an diesem Abend wieder so, wie die Eltern ihn getauft hatten: Horst Nußbaum. Früher hatte er einmal Fußball gespielt, und nun hielt er sich für den Retter von Tennis Borussia. Oder zumindest für deren moralische Stütze.

Doch sein Auftritt im TeBe-Trikot war ein Witz; machte den Berufsfußball lächerlich. Bei der 1:5-Niederlage gegen den 1. FC Köln war Jack White nur eine vielbelächelte Nummer, die bald ausgewechselt wurde.

Das war auch besser so.

Die „Station" Tennis Borussia war für den späteren Cup-Sieger 1. FC Köln kein Hindernis.

Überhaupt hatten es die Kölner einfach. Nur einmal wurden sie hart gefordert: In der zweiten Runde bei Fortuna Düsseldorf brauchten sie eine Verlängerung für den 4:2-Sieg.

Nach zwei Auswärtsspielen (Itzehoe und Düsseldorf) hatte Köln gegen zweitklassige Gegner wie Tennis Borussia Berlin, FC Homburg, 1. FC Nürnberg und RW Essen stets Heimrecht ...

Und dann wurde der FC ein Pokalsieger, der keine Zeit zum Feiern hatte. 12 Stunden nach ihrem großen Triumph saßen Spieler, Trainer und Vorstand bereits wieder im Flugzeug. Die Mannschaft flog zu einer Japan-Tournee. Kölns Fans mußten bis zur neuen Saison warten. Dann erst wurde der Pokalsieg gebührend gefeiert und begossen.

## Weisweiler und Overath

# Krach – laut, mies und unsinnig

Bei Bündner-Fleisch, Champagner (Marke Moet-Chandon) und einer Brasil-Zigarre hatte Kölns Trainer Hennes Weisweiler Mut zum Risiko.

An jenem regnerischen Novemberabend 1976 in einem Hotel in Zürich sprach der „Meistermacher" zum erstenmal öffentlich über seinen Krach mit Wolfgang Overath.

Weisweiler über den verhaßten Star: „Das Problem Overath muß nach Weihnachten vom Tisch. Mit Overath werden wir nicht deutscher Meister."

Diese Töne waren das Signal für den lautesten, miesesten, spektakulärsten und unsinnigsten Krach, den es jemals zwischen einem Trainer und einem Spieler in der Bundesliga gegeben hat.

Overath kontra Weisweiler – der Star-Spieler gegen den Star-Trainer! Diese Kontroverse brachte Weisweilers Stuhl in Köln ernsthaft ins Wackeln, zerriß die Fußball-Fans im Lande in zwei Lager („Der Hennes hat recht. Overaths Stil ist altmodisch" – „Was Weisweiler mit dem Wolfgang macht, ist unfair") und sorgte sogar innerhalb des sonst so besonnenen Kölner Vorstandes für Unruhe: Präsident Peter Weiand hielt zu dem Star-Spieler. Seine drei Kollegen Thielen (Geschäftsführer), Hartmann (Schatzmeister) und Werner (Amateur-Obmann) tendierten zum Star-Trainer.

Gewiß hatte Hennes Weisweiler im Umgang mit Stars bisher nicht immer Glück. Doch sein Streit mit Günter Netzer bei Borussia Mönchengladbach war rein sachlich und frei von persönlichen Emotionen.

Der Krach mit Johan Cruyff beim FC Barcelona entstand erst, als der Holländer mit Primadonna-Allüren den Trainer gegen den Vorstand auszuspielen versuchte – auf eigene Kosten, versteht sich.

Mit Overath war alles anders!

Weisweiler kam mit einem Overath-Komplex nach Köln. „Wenn ich mit dem nicht klarkomme, dann meinen die Leute, ich könne mit Stars nicht umgehen", hatte er schon vor der Vertragsunterzeichnung im April Angst bekannt.

Diese Angst wuchs zur Neurose!

Wohin Weisweiler auch kam, ständig wurde er mit dem Problem Overath konfrontiert. Rechts flüsterten ihm die Leute zu, was für ein furchtbarer Egoist dieser Overath nun einmal sei. Links redeten ihm andere ein, der Wolfgang sei anpassungsfähig und nett.

Weisweiler wurde verunsichert!

Und dieser Zustand, den der Hennes wohl zum erstenmal in seiner Trainerlaufbahn an sich feststellte, gründete unterschwellig einen tiefen Haß zum Kapitän.

Doch noch bemühten sich beide um Ruhe. Und zu Saisonbeginn, als 8000 zum Eröffnungstraining kamen, versicherten sie sich gegenseitiger Achtung. Overath: „Weisweiler ist ein großartiger Trainer. Mit ihm können wir Meister werden."

Weisweiler: „Der Wolfgang und ich – wir ziehen an einem Strang."

Und solange die Kölner Erfolg hatten, hielt das Seil auch. Nach dem zweiten Spieltag standen sie zum erstenmal nach sieben Jahren wieder an der Spitze der Bundesliga-Tabelle.

Doch dann kam der Einbruch:

- 2:3-Niederlage beim späteren Absteiger Tennis Borussia Berlin;
- eine 1:4-Pleite bei Bayern München.

Verzweifelt ändert der Trainer seine Taktik. Köln spielt nun eine Mischung aus Raum- und Manndeckung. Overath: „Nichts für uns!" Der 1. FC Köln – mit 10:0 Punkten gestartet – verliert in Karlsruhe 1:2, und Weisweiler schimpft: „Overath hemmt den Spielfluß."

Der 12. Spieltag: 0:3 gegen Borussia Mönchengladbach. Die erste (und einzige) Heimniederlage der Kölner in dieser Saison. Ausgerechnet gegen Weisweilers alte Mannschaft. Und der Trainer muß sich taktische Fehler vorwerfen lassen: Er spielte

*Der Trainer und sein Star: Hennes Weisweiler und Wolfgang Overath. Die Eintracht ist nur Schein ...*

mit zwei freien Leuten (Weber und Cullmann) und zwei offensiven Außenverteidigern (Glowacz und Gerber) gegen die Super-Borussen. Obwohl er doch deren Konter-Stärke kennen mußte ...

Der Nimbus des Fußball-Professors wankt.

Ausgerechnet in seiner Heimat.

Hennes wird immer nervöser. Er geht dem Streit mit Overath nun nicht mehr aus dem Weg: „Die Zeit der langen Pässe ist vorbei. Ich brauche keinen Dirigenten."

Overath: „Der Mann steht wie ein Schatten hinter mir. Ich spiele mit unheimlichen Hemmungen."

Beim Rückrundenstart gegen den 1. FC Kaiserslautern (2:4-Niederlage) offenbart der Star-Trainer der deutschen Fußball-Öffentlichkeit endgültig und ganz brutal, wie es seine Art ist, was er von dem Star-Spieler hält: In einem Schnee- und Regenspiel auf schwerem Boden bittet der an diesem Tag leistungsschwache und angeschlagene Overath (Innenbanddehnung) verzweifelt darum, ausgewechselt zu werden.

Doch Weisweiler demütigt den Kapitän: Er läßt ihn weiterspielen und brummt nach dem Spiel: „Ich wollte deutlich machen, was der noch leistet."

Weisweilers dunkelste Stunde ist an jenem 29. Januar, als der 1. FC Köln bei Eintracht Frankfurt mit 0:4 eingeht. Der Trainer wechselt regelwidrig einen dritten Ausländer ein, wird zum Gespött der Fans, und Overath fragt sarkastisch: „Bin ich dafür etwa auch verantwortlich?"

Nun ist auch die Mannschaft verunsichert. Der Streit wirkt sich auf alle Spieler aus. Und endlich, endlich drängt der Vorstand auf eine Aussprache.

Weisweiler und Overath schließen einen Burgfrieden.

Für die Öffentlichkeit! Hinter den Kulissen geht es weiter. Sie gehen sich aus dem Weg, reden nur das Nötigste miteinander. Wenn es einen halbwegs freundlichen Kontakt gibt, dann ist das Mache. Schau für die Fans!

Am Ende der Saison wird dieser Krach sogar noch ein pikantes taktisches Spiel. Denn die Kölner trumpfen in der Schlußphase der Meisterschaft ohne Overath noch einmal groß auf und holen (wie zu Beginn) 10:0 Punkte. Weisweiler sieht sich bestätigt. Seine Mannschaft steht sogar im Endspiel um den DFB-Pokal.

Die große Frage am Ende der Saison: Spielt Overath im Cup-Finale? Weisweiler, nach der glanzvollen Vorstellung seines Kapitäns im Abschiedsspiel mit der WM-Elf: „Ja, ich will ihm die große Chance geben."

Tatsächlich: Overath läuft am 28. Mai 1977 zum Endspiel ein. Was niemand ahnt: Die bittere Schmach steht ihm noch bevor. Denn Köln und Hertha BSC trennen sich nach einer Verlängerung 1:1 unentschieden.

Overath spielt in der zweiten Halbzeit schwach.

Und im Wiederholungsspiel am Pfingstmontag handelt Weisweiler richtig: Er stellt den Star nicht mehr auf. Die Kölner holen den Cup. Ohne Overath.

Der steht einsam am Spielfeldrand, während seine Kameraden und der Trainer gefeiert werden. Manager Thielen geht auf ihn zu: „Komm, Wolfgang, komm mit aufs Mannschaftsbild."

Der Star wehrt ab! Wendet sich um und geht langsam, unendlich langsam vom Platz.

Allein.

Das Duell zwischen dem Star-Trainer und dem Star-Spieler ist endgültig zu Ende.

Hennes Weisweiler hat es gewonnen ...

## Der FC Bayern im DFB-Pokal

# Gegen die eigenen...
# ...und andere Amateure

Am 24. Oktober 1976, kurz nach 20 Uhr, Schnell-Restaurant am Frankfurter Flughafen. Die Bayern warten gespannt auf ihren nächsten Pokalgegner. Trainer Cramer ruft in München an, sagt „TV Unterboihingen". Der Name wird weitergereicht. Und da ihn noch nie jemand gehört hat, kommt am Schluß „Unterbachingen", „Obertreuchtlingen" und „Pommersfelden" heraus. Jedenfalls sind's Amateure aus der zweiten Amateurliga irgendwo zwischen Ulm und Stuttgart. Stoff für Witze. Der beste: „Garantiert schickt uns Trainer Cramer auch gegen die ins Trainingslager."

Kein Witz: Cramer hat's tatsächlich getan. Er hat Unterboihingen von Assistent Olk auch beobachten lassen und fand das alles nicht zum Lachen. Cramer: „Alles andere wäre Hochmut und ein Verstoß gegen die Moral."

Unterboihingen wollte das Heimrecht erkaufen. Aber auch da machten die Bayern nicht mit. „Wer weiß, was die für einen buckligen Platz haben", mutmaßte Manager Schwan.

Nun, so ernst nahmen die Amateure ihr Fest in München nicht. Am Samstag war die ländliche Ortschaft ausgestorben. Von den 6000 Einwohnern war nur die freiwillige Feuerwehr zu Hause geblieben. Der Bäcker fuhr gegen Mittag noch nach. In München war der Mittlere Ring verstopft, die weiß-blaue U-Bahn verschwand im rot-weißen Fahnenmeer. Die Schwaben waren ins Land gefallen wie sonst im Sommer die Preußen.

Am Abend wurde gefeiert. Im Mathäser, im Hofbräuhaus, in den Diskotheken, in den Frühlokalen.

Es war etwas Unfaßbares passiert. Unterboihingen hatte gegen Bayern München ein Tor geschossen. Bruno Großmann hieß der Held, von Beruf Ölgroßhändler. Er hatte Sepp Maier bei einem Freistoß überlistet und wurde auf Schultern durch

München getragen, wie sonst nur ein Ölscheich.

Was machte es da aus, daß sich Bayern mit einem 10:1-Sieg für die Runde der letzten 16 qualifiziert hatte. Was war schon dran, daß Müller zehn Tore geschossen hatte. Nur, daß der Theo Stetter in der zweiten Minute einen Elfmeter danebenschoß, fanden die Schwaben weniger lustig.

Wer weiß, was passiert wäre, wenn Unterboihingen 1:0 geführt hätte. Der Schock für die Bayern ...

Trainer Cramer konnte ja sowieso die fünf Großmanns, die bei den Schwaben spielten, nicht richtig auseinanderhalten ...

Am 19. Dezember schmunzelte und witzelte dann ganz Fußball-Deutschland. Nur beim FC Bayern fand man es gar nicht so witzig: Das Los zwang die Profis dazu, gegen die eigenen Amateure zu spielen. Die wackere Mannschaft aus der Bayernliga hatte eben den späteren Bundesliga-Aufsteiger VfB Stuttgart bravourös mit 2:1 aus dem Pokal gefeuert.

In die freudige Sieg- und Sektlaune in der Diskothek „Eastside“ platzte die Hiobsbotschaft. „Eine Katastrophe“, stammelte Trainer Werner Kern, „unsere Profis wollten wir erst im Endspiel haben.“

Nur einer rieb sich das Fäustchen: Präsident Neudecker. Er hatte wochen- und monatelang den Einsatz einiger Amateure gefordert. Jetzt wollte er den Bruderkrieg. Und selbst Trainer Cramer heizte die Stimmung noch an, als er die Amateure aufforderte: „Hier wird nicht geschoben. Wenn ihr könnt, dann schlagt uns.“

*Sepp Maier macht sich einen Jux im Spiel gegen Unterboihingen und schaltet sich feixend in den Angriff ein (links). Die eigenen Amateure dann machen es den Bayern-Profis nicht so leicht. Oben: Önal setzt Maier den zweiten Gegentreffer ins Netz. Die Profis gewinnen nur 5:3.*

Die Kleinen rissen große Sprüche. Erhan Önal: „Ich spiele den Horsmann schwindlig.“ Nun, Önal schoß ein Tor und wurde danach Profi. Peter Gruber: „Die Dribblings von Rummenigge ziehen bei mir nicht.“ Der Nationalspieler schoß kein Tor, und Gruber wurde Profi.

Zum Spiel: Vor 5000 Zuschauern gingen die Amateure in Führung durch Cramers Lieblingsschüler Reisinger. Die Profis haben es Bomber Gerd Müller zu verdanken, der damals arg bandscheibengeschädigt ins Spiel ging und später operiert wurde, daß es nicht zur Sensation kam.

Ein Müller-Hattrick 3:1. Freistoß Kirschner: 3:2. Künkel: 4:2. Önal: 4:3. Müller 5:3. Die Profis hatten gesiegt. Aber sie schimpften mit sich. Die Amateure erzählen heute noch von „ihrem Sieg“ ...

## 1935 bis 1976

# Sieger im DFB-Pokal

**1935: 1. FC Nürnberg** (gegen FC Schalke 04 2:0 gewonnen): Köhl – Billmann, Munkert – Uebelein I, Carolin, Oehm – Gußner, Eiberger, Friedel, Schmitt, Spieß. Tore: Friedel (2) – Düsseldorf, 8. 12. – Zuschauer: 55 000 – Schiedsrichter: Birlem (Berlin).

**1936: VfB Leipzig** (gegen FC Schalke 04 2:1 gewonnen): Wöllner – Dobermann, Grosse – Richter, Thiele, Jähnig – Breidenbach, Schön, May, Reichmann, Gabriel. Tore: May, Gabriel (für Schalke: Kalwitzki) – Berlin, 3. 1. 1937 – Zuschauer: 70 000 – Schiedsrichter: Zacher (Berlin).

**1937: FC Schalke 04** (gegen Fortuna Düsseldorf 2:1 gewonnen): Klodt – Sontow, Bornemann – Gellesch, Tibulski, Berg – Kalwitzki, Szepan, Pörtgen, Kuzorra, Urban. Tore: Szepan, Kalwitzki (Janes) – Köln, 9. 1. 1938 – Zuschauer: 72 000 – Schiedsrichter: Grabler (Regensburg).

**1938: Rapid Wien** (gegen FSV Frankfurt 3:1 gewonnen): Raftl – Sperner, Schlauf – Wagner I, Hofstätter, Skoumal – Hofer, Schors, Binder, Holec, Pesser. Tore: Schors, Hofstätter, Binder (Dosedzal) – Berlin, 8. 1. 1939 – Zuschauer: 40 000 – Schiedsrichter: Rühle (Merseburg).

**1939: 1. FC Nürnberg** (gegen SV Waldhof 2:0 gewonnen): Köhl – Billmann, Uebelein I – Luber, Sold, Carolin – Gußner, Eiberger, Uebelein II, Pfänder, Kund. Tore: Eiberger (2) – Berlin, 28. 4. 1940 – Zuschauer: 60 000 – Schiedsrichter: Schütz (Düsseldorf).

**1940: Dresdner Sport-Club** (gegen 1. FC Nürnberg 2:1 n. Verl. gewonnen): Kreß – Miller, Hempel – Pohl, Dzur, Schubert – Boczek, Schaffer, Machate, Schön, Carstens. Tore: Schaffer, Machate (Gußner) – Berlin, 1. 12. – Zuschauer: 60 000 – Schiedsrichter: Pennig (Mannheim).

**1941: Dresdner Sport-Club** (gegen FC Schalke 04 2:1 gewonnen): Kreß – Miller, Hempel – Pohl, Dzur, Schubert – Kugler, Schaffer, Hofmann, Schön, Carstens. Tore: Kugler, Carstens (Kuzorra) – Berlin, 2. 11. – Zuschauer: 65 000 – Schiedsrichter: Fink (Frankfurt).

**1942: TSV 1860 München** (gegen FC Schalke 04 2:0 gewonnen): Keis – Pledl, Schmeisser – Rockinger, Bayerer, Kanitz – Schiller, L. Janda, Krückeberg, Willimowski, Schmidhuber. Tore: Willimowski, Schmidhuber – Berlin, 15. 11. – Zuschauer: 75 000 – Schiedsrichter: Multer (Landau).

**1943: Vienna Wien** (gegen LSV Hamburg 3:2 n. Verl. gewonnen): Schwarzer – Kaller, Bortoli – Gröbel, Sabeditsch, R. Dörfel – Holoschefski, Decker, Fischer, R. Noack, Widhalm. Tore: Noack (2), Decker (Gornick, Heinrich) – Stuttgart, 31. 10. – Zuschauer: 45 000 – Schiedsrichter: Schmetzer (Mannheim).

**1953: Rot-Weiß Essen** (gegen Alemannia Aachen 2:1 gewonnen): Herkenrath – Göbel, Köchling – Jahnel, Wewers, Wientjes – Rahn, Islacker, Gottschalk, Abromeit, Termath. Tore: Rahn, Islacker (Derwall) – Düsseldorf, 1. 5. – Zuschauer: 40 000 – Schiedsrichter: Reinhardt (Stuttgart).

**1954: VfB Stuttgart** (gegen 1. FC Köln 1:0 n. Verl. gewonnen): Bögelein – Retter, Steimle – Krieger, Schlienz, Barufka – Hinterstocker, Baitinger, Bühler, Blessing, Waldner. Tor: Waldner – Ludwigshafen, 17. 4. – Zuschauer: 60 000 – Schiedsrichter: Dusch (Kaiserslautern).

**1955: Karlsruher Sport-Club** (gegen FC Schalke 04 3:2 gewonnen): R. Fischer – M. Fischer, Baureis – Roth, Geesmann, Dannenmeier – Traub, Sommerlatt, Kohn, Kunkel, Strittmatter. Tore: Traub, Kunkel, Sommerlatt (Sadlowski, 2) – Braunschweig, 21. 5. – Zuschauer: 25 000 – Schiedsrichter: Treichel (Berlin).

**1956: Karlsruher Sport-Club** (gegen Hamburger SV 3:1 gewonnen): R. Fischer – Hesse, Baureis – Ruppenstein, Geesmann, Siedl – Traub, Sommerlatt, Kohn, Beck, Termath. Tore: Termath (2), Kohn (Uwe Seeler) – Karlsruhe, 5. 8. – Zuschauer: 25 000 – Schiedsrichter: Loser (Essen).

**1957: FC Bayern München** (gegen Fortuna Düsseldorf 1:0 gewonnen): Fazekas – Knauer, Bauer – Mayer, Landerer, Manthey – Siedl, Sommerlatt, Velhorn, Jobst, Huber. Tor: Jobst – Augsburg, 29. 12. – Zuschauer: 42 000 – Schiedsrichter: Dusch (Kaiserslautern).

**1958: VfB Stuttgart** (gegen Fortuna Düsseldorf 4:3 n. Verl. gewonnen): Sawitzki – Eisele, Seibold – Hartl, Hoffmann, Schlienz – Waldner, Geiger, Weise, Blessing, Praxl. Tore: Praxl (2), Waldner, Weise (Hoffmann, Jansen, Wolfframm) – Kassel, 16. 11. – Zuschauer: 25 000 – Schiedsrichter: Treichel (Berlin).

**1959: ETB Schwarz-Weiß Essen** (gegen Bor. Neunkirchen 5:2 gewonnen): Merchel – Mozin, Pips – Steinmann, Kasperski, Ingenbold – Trimhold, Schieth, Rummel, Küppers, Klöckner. Tore: Rummel (2), Klöckner, Trimhold, Schieth (Emser, Dörrenbächer) – Kassel, 27. 12. – Zuschauer: 21 000 – Schiedsrichter: Schulenburg (Hamburg).

**1960: VfL Borussia Mönchengladbach** (gegen Karlsruher Sport-Club 3:2 gewonnen): G. Jansen – Pfeiffer, de Lange – A. Jansen, Göbbels, Frontzeck – Brungs, Brülls, Kohn, Mülhausen, Fendel. Tore: Mülhausen, Kohn, Brülls (Herrmann, Schwarz) – Düsseldorf, 5. 10. – Zuschauer: 49 000 – Schiedsrichter: Dusch (Kaiserslautern).

**1961: SV Werder Bremen** (gegen 1. FC Kaiserslautern 2:0 gewonnen): Kokartis – Piontek, Nachtwey – Schiemeczek, Schütz, Jagielski – Wilmowius, Schröder, Barth, Soya, Hänel. Tore: Schröder, Jagieslki – Gelsenkirchen, 13. 9. – Zuschauer: 8000 – Schiedsrichter: Sparing (Kassel).

**1962: 1. FC Nürnberg** (gegen Fortuna Düsseldorf 2:1 n. Verl. gewonnen): Wabra – Derbfuß, Hilpert – Flachenecker, Wenauer, Reisch – Dachlauer, Haseneder, Strehl, Wild, Albrecht. Tore: Haseneder, Wild (Wolffram) – Hannover, 29. 8. – Zuschauer: 41 000 – Schiedsrichter: Seekamp (Bremen).

**1963: Hamburger SV** (gegen Borussia Dortmund 3:0 gewonnen): Schnoor – Krug, Kurbjuhn – Giesemann, Stapelfeldt, Dieter Seeler – Boyens, Wulf, Uwe Seeler, Kreuz, Dörfel. Tore: Uwe Seeler (3) – Hannover, 14. 8. – Zuschauer: 70 000 – Schiedsrichter: Kreitlein (Stuttgart).

**1964: TSV 1860 München** (gegen Eintracht Frankfurt 2:0 gewonnen): Radenkovic – Wagner, Steiner – Zeiser, Stemmer, Luttrop – Kraus, Kohlars, Brunnenmeier, Küppers, Heiß. Tore: Kohlars, Brunnenmeier – Stuttgart, 13. 6. – Zuschauer: 45 000 – Schiedsrichter: Malka (Herten).

**1965: BV 09 Borussia Dortmund** (gegen Alem. Aachen 2:0 gewonnen): Tilkowski – Cyliax, Redder – Kurrat, Paul, Straschitz – Wosab, W. Sturm, Schmidt, Konietzka, Emmerich. Tore: Schmidt, Emmerich – Hannover, 22. 5. – Zuschauer: 48 000 – Schiedsrichter: Jakobi (Sandhausen).

**1966: FC Bayern München** (gegen MSV Duisburg 4:2 gewonnen): Maier – Nowak, Olk – Rigotti, Beckenbauer, Kupferschmidt – Nafziger, Müller, Ohlhauser, Koulmann, Brenninger. Tore: Brenninger (2), Ohlhauser, Beckenbauer (Mielke, Heidemann) – Frankfurt/Main, 4. 6. – Zuschauer: 60 000 – Schiedsrichter: Schulenburg (Hamburg).

**1967: FC Bayern München** (gegen Hamburger SV 4:0 gewonnen): Maier – Kupferschmidt, Schwarzenbeck – Roth, Beckenbauer, Olk – Nafziger, Ohlhauser, Müller, Koulmann, Brenninger. Tore: Müller (2), Ohlhauser, Brenninger – Stuttgart, 10. 6. – Zuschauer: 68 000 – Schiedsrichter: Niemeyer (Bad Godesberg).

**1968: 1. FC Köln** (gegen VfL Bochum 4:1 gewonnen): Soskic – Pott, Hemmersbach – Flohe, Weber, Thielen – Rühl, Simmet, Löhr, Overath, Hornig. Tore: Rühl (2), Hornig, Löhr (Böttcher für Bochum) – Ludwigshafen, 9. 6. – Zuschauer: 60 000 – Schiedsrichter: Riegg (Augsburg).

**1969: FC Bayern München** (gegen FC Schalke 04 2:1 gewonnen): Maier – Olk, Pumm – Schwarzenbeck, Beckenbauer, Schmidt – Roth, Ohlhauser, Müller, Starek, Brenninger. Tore: Müller (2) (Pohlschmidt für Schalke) – Frankfurt, 14. 6. – Zuschauer: 64 000 – Schiedsrichter: Helmut Fritz (Oggersheim).

**1970: Offenbacher Kickers** (gegen 1. FC Köln 2:1 gewonnen): Volz – Weilbächer, H. Kremers – Weida, Reich, H. Schmidt – Gecks, Bechtold (Nerlinger), E. Schmitt, Schäfer, Winkler. Tore: Winkler, Gecks (Löhr für Köln) – Hannover, 29. 8. – Zuschauer: 50 000 – Schiedsrichter: Schulenburg (Hamburg).

**1971: FC Bayern München** (gegen 1. FC Köln 2:1 n. Verl. gewonnen): Maier – Koppenhöfer, Breitner – Roth (Schneider), Beckenbauer, Schwarzenbeck – Zobel, Mrosko, Müller, Hoeness (Hansen), Brenninger. Tore: Beckenbauer, Schneider (Rupp für Köln) – Stuttgart, 19. 6. – Zuschauer: 71 000 – Schiedsrichter: Biwersi (Bliesransbach).

**1972: FC Schalke 04** (gegen 1. FC Kaiserslautern 5:0 gewonnen): Nigubr – Huhse, Helmut Kremers – Rüßmann, Fichtel, van Haaren – Libuda, Lütkebohmert, Fischer, Scheer, Erwin Kremers. Tore: Helmut Kremers (2), Scheer, Lütkebohmert, Fischer – Hannover, 1. 7. – Zuschauer: 61 000 – Schiedsrichter: Aldinger (Waiblingen).

**1973: Borussia Mönchengladbach** (gegen 1. FC Köln 2:1 n. Verl. gewonnen): Kleff – Bonhof, Michallik – Vogts, Sieloff, Danner – Jensen, Wimmer, Rupp (Stielike), Kulik (Netzer), Heynckes. Tore: Wimmer, Netzer (Herbert Neumann für Köln) – Düsseldorf, 23. 6. – Zuschauer: 69 000 – Schiedsrichter: Tschenscher (Mannheim).

**1974: Eintracht Frankfurt** (gegen Hamburger SV 3:1 n. Verl. gewonnen): Dr. Kunter – Reichel (Müller), Kalb – Trinklein, Körbel, Beverungen – Nickel, Weidle (Kraus), Hölzenbein, Grabowski, Rohrbach. Tore: Trinklein, Hölzenbein, Kraus (Björnmose für Hamburg) – Düsseldorf, 17. 8. – Zuschauer: 52 800 – Schiedsrichter: Weyland (Oberhausen).

**1975: Eintracht Frankfurt** (gegen MSV Duisburg 1:0 gewonnen): Wienhold – Reichel, Neuberger – Körbel, Trinklein, Weidle – Beverungen, Hölzenbein, Grabowski, Nickel, Lorenz. Tor: Körbel – Hannover, 21. 6. – Zuschauer: 43 000 – Schiedsrichter: Horstmann (Groß-Escherde).

**1976: Hamburger SV** (gegen 1. FC Kaiserslautern 2:0 gewonnen): Kargus – Kaltz, Hidien – Blankenburg, Nogly, Memering – Reimann, Zaczyk (Sperlich), Björnmose, Eigl, Volkert. Tore: Nogly, Björnmose – Frankfurt, 26. 6. – Zuschauer: 61 000 – Schiedsrichter: Eschweiler (Euskirchen).

# Europapokal 1977

## Wie der HSV den Europacup gewann

# Triumphe zwischen Machtk

Zwischen Mitternacht und Morgengrauen war es. Da kippten die Spieler in der Amsterdamer Diskothek „Blue Notte" den teuersten Champagner wie Leitungswasser hinunter. Geld spielte keine Rolle. Nur wenige hundert Meter entfernt, im Nobel-Hotel „Marriott" gab es ein denkwürdiges Bild: Da kniete sogar der mächtige Manager Dr. Peter Krohn vor seinem Trainer Kuno Klötzer nieder.

Sie alle hatten Fußball-Geschichte geschrieben. Eine verteufelt schöne Geschichte. Zwischen Skandalen und Siegen – bis zur Sensation: Der Hamburger SV wurde Europacup-Sieger 1977!

Am 11. Mai war es im Amsterdamer Olympia-Stadion. Randvoll gefüllt mit 65 000 Fußballverrückten. 20 000 aus Anderlecht, 20 000 aus Hamburg und 25 000 Holländer, die fanatisch den Cup-Verteidiger RSC Anderlecht zum Sieg peitschen wollten.

Bis zur 79. Minute steht es 0:0. Ein toller Kampf. Gespickt mit herrlichen Kombinationen, energischer Härte – und tückischen Fouls. Wie das an Arno Steffenhagen, dem flinken HSV-Stürmer mit der kessen Berliner Schnauze.

Er entwischt Anderlechts Verteidiger Thissen. Kurvt in den Strafraum. Flitzt an Coeck vorbei. Noch fünf Meter bis zum Tor. Steffenhagen holt aus. Da trifft ihn ein Tritt. Dockx war es. Steffenhagen fällt. Elfmeter!

Trainer Klötzer putzt sich nervös die Brille. Manager Krohn rutscht aufgeregt hin und her.

Das Duell heißt Georg Volkert gegen Torwart Ruiter. Behält der „Schorsch" die Nerven? Holt er den Cup? Den letzten Elfer hat er verschossen ...

Volkert läuft an. Sieben Schritte bis zum Ball. Er täuscht. Der Mann im grünen Pullover fliegt nach links. Aber rechts von ihm schlägt der Ball hart ein. Das Netz beult sich – und das Tor zum Europacup steht weit offen.

Noch elf Minuten. Sekunden vor Schluß marschiert der HSV endgültig zum Triumph. Felix Magath schiebt eine Vorlage von Volkert seelenruhig ins Netz.

# ...mpf und Skandal

Der schrille Pfiff von Schiedsrichter Partridge (England) reißt alle aus der Erstarrung. Die Spieler jubeln, schreien, wälzen sich auf dem Rasen. Auf der Tribüne weinen ihre Frauen vor Glück. Der hartgesottene Trainer Klötzer wischt sich verstohlen eine Träne aus dem Auge, und der kühle Manager Krohn tanzt vor Freude auf dem Rasen.

Der „Pott" ist in Hamburg! Der Preis dafür war hoch. Knochenharter Kampf der 22 Profis um die elf Stammplätze. Rauhe Machtkämpfe zwischen Klötzer und Krohn. Vereinsarzt Dr. Kurt Fischer legte die Arbeit nieder. Da spielte er nicht mehr mit.

Bei jedem Cup-Spiel ein Skandal. Man konnte schon die Uhr danach stellen. Vor der Reise nach Island zu den Amateuren von Keflavik fing's an.

Manager Krohn („Schließlich habe ich einen Stern mehr") wirft seinem Trainer vor: „Er hat kein taktisches Konzept. Im HSV-Spiel fehlen die Finessen!" Bis Weihnachten soll Klötzer ein Konzept vorlegen. Ein Ultimatum!

Klötzer kontert: „Krohn soll sich lieber um die Finanzen kümmern. Ich bin der Trainer..."

Während des Fluges von Hamburg über London nach Island sprechen beide kein Wort miteinander. Doch die erste Cup-Runde wird geschafft. Recht und schlecht. Dem 3:0 in Hamburg folgt ein 1:1 gegen Keflavik. Zwar droht Krohn den Spielern, die 3000-Mark-Siegprämie um die Hälfte zu kürzen, aber es bleibt nur bei der Drohung. Schließlich kassiert er selbst mit.

Dann kommen die wilden Schotten aus Edinburg, die „Hearts of Midlothian", nach Hamburg. 4:2 siegt der HSV. Doch das zweite Gegentor schmerzt sehr. Hoffentlich reicht der Vorsprung für das Rückspiel?

Inzwischen wird die Beurlaubung von Trainer Klötzer geplant. Als Nachfolger sitzt Max Merkel abrufbereit am Telefon. In dieser Stimmung fährt

*„Schorsch" Volkert, ein Veteran auf schnellen Füßen. Für den HSV war er im Europacup-Finale gegen Anderlecht Gold wert – und er verdiente sich damit auch ein Comeback in der Nationalmannschaft.*

der HSV ins naßkalte Edinburg. 24 Stunden vor dem Spiel verkündet Manager Krohn überraschend: „Für Taktik und Aufstellung ist diesmal Herr Klötzer allein verantwortlich!"

Das hat's noch nie gegeben!

Dann geschieht das Wunder vom „Tynecastle Park". Knapp 30 000 Schotten reiben sich verwundert die Augen. Der HSV siegt 4:1! Traum-Fußball. Den „Hearts" fielen ihre Herzen in die Hosen. So schön, so clever, so diszipliniert hat der HSV schon lange nicht mehr aufgetrumpft. Was hätte das für ein schöner Abend werden können ...

Aber als Klötzer gefeiert wird, fühlt sich Krohn gekränkt. Er besteht darauf: „Ich habe doch den Volkert mit viel Überredungskunst aus der Mannschaft genommen, damit unsere Taktik aufgeht." Der Ruhm soll geteilt werden, aber hatte Krohn nicht vorher Klötzer die Alleinverantwortlichkeit zugestanden?

Szenen aus der Sternstunde des Hamburger SV. Links, oben: Kapitän Nogly stoppt den gefährlichen RSC-Stürmer Broos; links: Volkert vollstreckt den spielentscheidenden Elfmeter zum 1:0; ganz rechts: Magath vollendet den Triumph mit dem zweiten HSV-Treffer. Oben: Jubel nach dem 2:0 – obenauf thront Memering.

Dem Manager ist zum Weinen zumute. Und es passiert noch etwas: Als er sich von der Tafel der Funktionäre erhebt, um sich mit Unwohlsein zu entschuldigen, da ertönt aus dem Nebenraum, abgeteilt durch eine spanische Wand, prasselnder Beifall der Spieler. Sie hatten dem Trainer für eine Ansprache gedankt.

Auf dem Rückflug scheint aller Ärger vergessen. Noch in der Chartermaschine nach Hamburg versprechen sich Krohn und Klötzer das „Wir!“ In Zukunft wollen beide gemeinsam auftreten. Ruhm und Lorbeer sollen vereint geerntet werden.

Dann geht Klötzer eigene Wege. Dickschädelig bricht er mit „Buffy“ Ettmayer und Ferdinand Keller. Beide Spieler versauern auf der Tribüne oder auf der Reservebank. Keller ist erbost: „Was soll ich noch in Hamburg? Ich haue ab!“

Konkurrenzkampf in der Mannschaft. Unzufriedenheit, böses Blut. Aber am 2. März holt der HSV in einem enttäuschenden Spiel beim MTK Budapest ein 1:1. Das Halbfinale im Cup ist greifbar nahe. Der Sieg im Rückspiel ist programmiert.

Natürlich geht's nicht ohne Ärger. Wieder liegen sich Krohn und Klötzer in den Haaren. Diesmal streiten sie sich um die Position des Liberos. Klötzers Favorit ist Blankenburg. Krohn will Ripp spielen lassen – und gewinnt.

In einer rosaroten Ballnacht (die Mannschaft läuft in der Modefarbe pink auf) werden 37 000 Fans im Volkspark-Stadion verzaubert. Mit Pfeffer und Paprika werden die Ungarn gescheucht. Der

HSV siegt 4:1.

Das schönste Geschenk zum 44. Geburtstag von Krohn. Noch in der Nacht nach dem Spiel hatte er zur Party geladen. Und wie immer war auch dort was los. Diesmal eine Schlacht am kalten Büfett. Nach einem Handgemenge fliegt ein ungebetener, betrunkener Gast, von Ripp gezielt getroffen, in die Salatschüsseln.

Der Gegner im Halbfinale wird in Zürich ausgelost: Es ist Atletico Madrid. Gespickt mit Super-Stars. Mit dem Brasilianer Pereira, mit dem Argentinier Ayala und dem spanischen Super-Torjäger Ruben Cano. Das erste Spiel steigt am 6. April im Calderon-Stadion zu Madrid – und die Vorbereitungen laufen auf Hochtouren. Trainer Klötzer und

*Heimkehr der Gladiatoren. Blumen für die HSV-Spieler auf dem Flughafen Fuhlsbüttel (rechts), Begeisterung für den Cup – und Ute Klötzer wischt sich am Arm ihres Vaters (rechts) eine Freudenträne aus dem Augenwinkel.*

Assistent Krause fliegen nach Spanien und nehmen Atletico unter die Lupe.

Aber was kommt dabei heraus? Krach! Bei der Abschlußbesprechung schmeißt Klötzer dann Krause aus der Kabine. Gekränkte Eitelkeit, Machtkampf. Manager Krohn bedauert: „Schade, daß es zu diesem Vorfall gekommen ist!"

Aber ein Riesenskandal steht dem HSV noch bevor. Am Abend vor dem Spiel läßt Manager Krohn den Mannschaftsbus ohne Klötzer, Krause und die Spieler Kargus, Volkert und Kovacic zur Flutlichtprobe abfahren. Sie hatten sich um ein paar Minuten verspätet.

Nächsten Mittag geht in der Halle des IFA-Hotels

das Theater weiter. Gerade ereifert sich Krohn: „Ein Trainer hat als erster am Bus zu sein!", da kommt Klötzer dazu und poltert los: „Der HSV ist ja ein Touristik-Unternehmen. Peter, du würdest nicht mal die Prüfung zum B-Schein schaffen." Peter Krohn brüllt zurück: „Warte nur ab, Kuno! Das wird ein Nachspiel haben."

Aber erst geht einmal das Spiel mit 1:3 verloren. Und der HSV hat noch Glück, daß er keine sechs Tore reinbekam. Dafür zielten die Spanier zu schlecht.

Kaum in Hamburg, spitzt sich der Skandal zu. Die Spieler Kargus, Volkert und Kovacic werden wegen ihrer Bummelei verhört. Der Stuhl von Trainer Klötzer wackelt mal wieder – und Kargus trumpft auf: „Wenn Krohn sich nicht ändert, dann verlasse ich den HSV!" Kapitän Nogly und Nationalspieler Kaltz stehen ihm bei und erklären öffentlich: „Eine solche Zusammenarbeit zwischen Manager, Trainer und Spielern, wie sie momentan herrscht, ist untragbar!"

Endlich kehrt Ruhe ein. Es sind ja nur noch vier Tage bis zum Rückspiel.

Und dann hat Manager Krohn eine wirklich gute Idee: Mit vier Sturmspitzen Steffenhagen, Keller, Volkert und Reimann muß Madrids Abwehr geknackt werden.

Sie wird. Wie ein Orkan fällt der HSV über die Spanier her. 19. Minute: Capon lenkt Kaltz' Freistoß zum 1:0 ins Netz. 22. Minute: Willi Reimann schiebt Torwart Reina den Ball durch die Beine – 2:0! 28. Minute: Ferdinand Keller drückt den Ball mit der Brust zum 3:0 über die Linie.

Ganz Deutschland bewundert den HSV. Er ist im Finale. Und am 11. Mai freut sich ganz Europa mit den Hamburgern: Sie sind Europacup-Sieger. Eine lange Saison. Von Skandalen, über Siege bis zur Seligkeit im Fußball...

**Schorsch Volkert**

# Zauberer am linken Flügel

Er war glücklich, aber müde. Unsagbar müde. Es war der 12. Mai 1977, der Tag nach dem Europacup-Sieg des HSV – und Georg Volkert hatte den Triumph bis zur Neige ausgekostet. Wieder zu Hause hörte er seinen automatischen Anrufbeantworter ab und wurde plötzlich hellwach. „Bitte gleich Bundestrainer Helmut Schön anrufen!", hatte HSV-Manager Dr. Krohn auf Band gesprochen.

Der „Schorsch" tat's – und Minuten später war er wieder im Kreis der Nationalspieler. Nach acht Jahren Verbannung!

Gleich nach dem 2:0 im Cup-Finale über Anderlecht hatte Helmut Schön die Rückkehr von Volkert in die National-Elf angedeutet: „In dieser Form ist Volkert wohl der beste Linksaußen der Bundesliga!" Mit 31 Jahren durfte sich Volkert dann während der Südamerika-Reise viermal das Trikot mit dem Bundesadler überstreifen.

Nach acht Jahren Verbannung.

Am 6. März 1968 hatte Volkert, damals noch beim 1. FC Nürnberg, seinen Einstand gefeiert. Und wie: In Brüssel war er in 21 Minuten dreimal am Ball und hämmerte den Belgiern zwei Tore ins Netz. Dann spielte Volkert noch fünfmal für Deutschland. Aber mit seinem fränkischen Dickschädel verbaute er sich erst mal seine Karriere.

Dezember 1968 im Mannschaftsquartier Hotel „Carrera Hilton" in Santiago de Chile. Volkert macht die drückende Hitze verrückt. Nachts zischt er auf dem Hotel-Dachgarten ein kühles Bier. Als der Bundestrainer auftaucht, verkriecht sich Volkert unterm Tisch. Schön sieht ihn – und dann war ziemlich schnell Ende mit der Karriere in der Na-

tional-Elf.

Schön sagte nur: „Du hörst wieder von mir."

Und das war acht Jahre später. Am 12. Mai 1977. Ein halbes Jahr davor brachte Volkert Super-Leistungen. Eine Glanzpartie nach der anderen. Die Fans im Volkspark-Stadion lagen ihm zu Füßen – und Braunschweigs Verteidiger Grzyb meinte es ehrlich: „Wer den Volkert bewachen will, muß erst einen Lehrgang für Brummkreisel bestehen."

Doch um Volkert richtig in Fahrt zu bringen, braucht er Druck. Das war jedenfalls die Meinung seines Lehrmeisters Max Merkel: „Der Schorsch braucht jede Woche ein paar Tritte in den Hintern, dann marschiert er."

Vielleicht hatte Merkel sogar recht. Am 17. April 1976 strippte der „Schorsch" vor 61 000 Zuschauern im Volkspark-Stadion. Als er von HSV-Trainer Klötzer und Manager Krohn ausgewechselt wurde, schmiß er seine Kapitänsbinde auf den Rasen, zog das Trikot aus und feuerte es den beiden Bossen vor die Füße. „Einen Kapitän nimmt man nicht vom Schiff", sagte Volkert zornig.

So richtig in Fahrt brachte ihn dann Manager Krohn. Der HSV-General hatte seine Profis durchnumeriert – und Volkert gehörte plötzlich nicht mehr zu den elf besten.

Das machte den fränkischen Dickkopf rasend. Seine Wut ließ er an seinen Gegnern aus. Volkert dribbelte, stürmte und schoß Tore am Fließband. Der HSV eilte von Sieg zu Sieg.

Volkert: „Ich werd's denen zeigen, die mich abschreiben wollen. Mit mir nicht!"

Volkert gewann. Auf dem Rasen und am Verhandlungstisch. Noch vor dem Europacup-Finale mußte Manager Krohn mit ihm über eine Vertragsverlängerung verhandeln. Der HSV-Linksaußen hatte die Stimme des Volkes hinter sich. Die Fans wählten ihn zum Super-Star des HSV. Volkert konnte fordern: 340 000 Mark pro Jahr.

Krohn bat um Bedenkzeit. Das Cupfinale kam, und „Schorsch" verzauberte mit Tricks, Vorlagen und einem herrlichen Elfmeter gegen Anderlecht Millionen am Bildschirm.

Helmut Schön holte ihn zurück. Krohn blieb hart, Volkert stellte sich stur. Ließ sich sogar auf die Transfer-Liste setzen. 1,5 Millionen Mark Ablöse forderte der HSV-Manager. Ein hitziges Pokern um Geld begann.

Endlich eine Einigung. Volkerts Gehalt wurde nochmals erhöht, angeblich auf 360 000 Mark jährlich. Viel, viel Geld für einen 31jährigen Fußballer, oder? Volkert: „Warum denn? Ich bin wie Wein, je älter er ist, um so besser ist er auch."

Und Bundestrainer Helmut Schön sagt über seinen neuen, alten Linksaußen: „Daß der Volkert Fußballspielen kann, ist ja bekannt, aber wichtig ist auch, daß er jetzt erwachsen geworden ist..."

## Die Borussen im Europacup

# Fünf Millionen – nur zum T

*Am Boden ratlos – Berti Vogts und sein großer Gegenspieler im Finale von Rom: Kevin Keegan (links). Das Duell endete unentschieden.*

Der Europapokal endete für die Gladbacher Borussen, wie er begonnen hatte: Peinlich! Die 1:3-Niederlage in Rom gegen Englands Meister FC Liverpool war zwar im Ergebnis keine Sensation, aber in der Art, wie verloren wurde, das war schon blamabel.

Die Borussen waren im Olympiastadion von Rom genauso hilflos wie bei der 0:1-Niederlage in Wien vor 60 000 Zuschauern gegen Austria/WAC Wien beim Europapokalstart im September '76. In Wien wie in Rom war nichts zu sehen von dem, was die Borussen so berühmt gemacht hatte: Kein Tempofußball, keine rauschenden Kombinationen, keine Torschüsse. Europa war tief enttäuscht.

Bleiben wir beim Finale in Rom. Die Voraussetzungen waren geradezu ideal. Vier Tage vorher hatten die Gladbacher zum fünften Male die deutsche Meisterschaft gewonnen. Aber was für das Endspiel in Rom noch wichtiger war: Die Borussen hatten in München gegen den noch amtierenden Europapokalsieger Bayern München hervorragenden

# tel reicht es nicht

Fußball gespielt, und zwar unter Hitchcock-Bedingungen: Im Nacken die Schalker, die schon die Meisterschaftsfeier vorbereitet hatten. Vor der Brust die Bayern, die sich rehabilitieren wollten. Und dazu Beckenbauer, der zum letzten Male für die Bayern spielte. Doch die Borussen konterten musterhaft, kombinierten kühn und herzerfrischend – Fußball à la Gladbach! 77 000 Fans feierten Borussia nach dem 2:2 wie eine Bayern-Meisterschaft.

Und die Borussen? Sie waren optimistisch. „Jetzt holen wir auch den Cup nach Gladbach", sangen sie.

Statt sich noch vier Tage voll zu konzentrieren, wurde alles locker hingenommen. Jürgen Wittkamp sagte: „Die Engländer müssen gewinnen, wenn sie im Europacup im nächsten Jahr spielen wollen, wir sind schon jetzt dabei. Wir können ohne Belastung aufspielen."

Als sie ins Stadion fuhren, klatschten die Römer am Straßenrand Beifall, denn Borussia war in Italien populär wie keine andere ausländische Mannschaft. Gründe: Ein 3:0-Sieg gegen AS Rom mit brillantem Fußball, das sensationelle 7:1 gegen Inter Mailand, die Siege im Europacup gegen AC Turin und Juventus. „Borussia wunderbar", hieß es in Italien.

Aber als die Gladbacher ins Stadion einliefen, hatten sie plötzlich Blei in den Füßen. Nichts lief. Der eigentliche Vorstopper Frank Schäffer irrte im Mittelfeld genauso planlos umher wie Horst Wohlers. Rainer Bonhof und Jupp Heynckes (der immer noch unter den Nachwirkungen der Meniskusoperation litt) blieben den Beweis schuldig, daß sie Nationalspieler sind. Wimmer schied früh aus, Wittkamp spielte alles – nur keinen Libero. Klinkhammer, Stielike? Na ja, es ging gerade.

*Die Aktion, die zum Sieg hätte führen können. Aber Bonhofs gewaltiger Schuß geht leider an den Pfosten.*

Blieben Kneib, Simonsen und Vogts. Die drei konnten das Debakel (und es war eins) nicht verhindern. Die Engländer waren mit dem wilden Blick gekommen: 0:1 McDermott. 1:1 Simonsen kurz nach der Pause, als Borussia endlich einmal stürmte. Dann der Kopfball von Smith: 1:2. Der Elfmeter (Foul von Vogts an Keegan) zum 3:1 war nur noch die Vollzugsmeldung: Liverpool war der würdige und verdiente Europacup-Sieger.

Dennoch gab es nachher 17 000 Mark Prämie für die Borussen. Das meiste Geld, das sie jemals kassiert hatten.

Wofür? Das Finanzamt sollte den Gewinn nicht wegschnappen. Manager Grashoff: „Da geben wir das Geld lieber den Spielern." Den Spielern war's recht.

In dieses Endspiel waren die Gladbacher mit Ach und Krach gekommen; mit Dusel, aber auch mit Können!

Das erste Spiel: 15. September. 0:1 in Wien gegen Austria/WAC vor 60 000 Zuschauern. Die Gründe für die Pleite: 1. Danner, Stielike, Klinkhammer und Kulik fehlten. 2. Eine miserable Stimmung. 3. Niemand ist gerannt, es wurde Standfußball gespielt. 4. Ein Stürmer wie Henning Jensen wurde schmerzhaft vermißt! Nach dieser unrühmlichen Vorstellung schien der Stuhl von Trainer Udo Lattek etwas zu wackeln. Doch Manager Grashoff stellte klar: „In Mönchengladbach wird kein Trainer gefeuert." Das Rückspiel wurde deutlich mit 3:0 gewonnen. Tore: Stielike, Heynckes, Bonhof.

Die zweite Runde: 2:1-Sieg in Turin gegen Italiens Meister AC. Endlich die alte Borussia. Mit blitzschnellen Kontern. Die Torschützen? Zwei Verteidiger: Vogts und Klinkhammer. Die Prämie von 8000 Mark wurde schon fest verplant. Doch dann wurde das Rückspiel im Düsseldorfer Rheinstadion zum häßlichsten, gemeinsten und bösesten Spiel im Europacup. Die Italiener trafen mehr die Beine als den Ball. Sie säbelten alles um. Sie liefen wirklich Amok.

Der belgische Schiedsrichter Fred Delcourt hatte Mut: fünf gelbe Karten, drei rote: Caporale, Zaccarelli und Castellini mußten vorzeitig in die Kabine. Dennoch: Mit acht Spielern hielten die Turiner ein 0:0. Borussen-Trainer Udo Lattek entschuldigte:

*Entscheidende Tore auf dem Wege der Borussen ins Endspiel. Links: So fällt das einzige Tor im Viertelfinal-Rückspiel in Brügge. „Super-Joker“ Hannes (am Boden hinter Torwart Jensen) erzielt es – Gladbach jubelt. Unten: Zwei zu null durch Wittkamp (in der Luft liegend) – ein Supertor, das Kiews Niederlage in Düsseldorf besiegelt. Gladbach ist im Endspiel.*

„Wenn die anderen so treten, kann man keine Tore schießen.“ Dann fügte er hinzu: „Der Schiedsrichter hat einen Mord verhindert.“

Die dritte Runde: 2:2 in Düsseldorf gegen den FC Brügge. Erst 0:2 hinten. Dann schossen Kulik und Simonsen noch das 2:2 vor 65 000 Zuschauern im Düsseldorfer Rheinstadion (darunter 10 000 Belgier). Es sah böse aus für Borussia. Doch im Rückspiel schlug der erst 19jährige Winfried Hannes zu: In der 83. Minute köpfte er das Tor zum 1:0-Sieg.

Die vierte Runde: 0:1-Niederlage in Kiew. 2:0-Sieg in Düsseldorf beim Rückspiel gegen die Russen. Ein toller Zweikampf Vogts/Blochin (unentschieden), ein herrliches Tor von Wittkamp, das Borussia ins Finale brachte. Einen Freistoß von Bonhof nimmt Wittkamp auf, schießt, abgewehrt, Flanke von Wimmer, ein Hechtsprung von Wittkamp, Kopfball – Tor. Endspiel – zum ersten Mal.

Fünf Millionen Mark kassieren die Borussen im Europacup. Nur zum Titel reichte es nicht.

**Winfried Hannes**

# Das Zwei-Millionen-Tor

Dies sind Augenblicke, von denen selbst abgebrühte Profis noch träumen: Durch ein entscheidendes und spektakuläres Tor mit einem Schlag in aller Munde zu sein. Für den gerade 19jährigen Winfried Hannes war es die Sekunde, in der er aus dem Schatten des unbekannten Ersatzspielers in das Rampenlicht des gefeierten Stars trat.

Am Abend des 16. März 1977 um genau 21.38 Uhr sprach ganz Deutschland von diesem Jungen aus der kleinen rheinischen Stadt Düren. Der Ersatzspieler Winfried Hannes hatte Borussia Mönchengladbach in Brügge gegen Belgiens Meister FC Brügge mit einem Kopfballtor in die nächste Runde des Europapokals geköpft.

*Trostlos für Torwart Jensen und Verteidiger Volders. Hannes' Ball kullert ins Netz. Brügge, nach dem 2:2 voller Hoffnung, verliert auf eigenem Platz 0:1 und muß Gladbach den Vortritt lassen.*

Dieses Tor machte die Borussen um zwei Millionen Mark reicher, denn etwas später kassierten sie gegen Dynamo Kiew 1,6 Millionen Mark. Und im Endspiel in Rom nochmals 400 000 Mark. Es war das Zwei-Millionen-Tor.

Dieses Tor war so ungewöhnlich wie der Mann, der es schließlich köpfte. Als es 20 Minuten vor Schluß immer noch 0:0 stand, sagte Trainer Udo Lattek aufgeregt: „Los, Winnie, lauf dich warm."

Winfried Hannes lockerte die Muskeln, machte ein paar Sprints. Dann gab Lattek den Befehl: „Geh immer in den Strafraum rein." Den anderen rief Lattek zu: „Hohe Flanken, Winnie kommt."

Im Training hatte sich der 1,88 m große Hannes durch seine Kopfballstärke schon einen Namen gemacht. Dabei hat er das Handicap, nur auf einem Auge sehen zu können. Schon vor 13 Jahren verlor er das linke Augenlicht nach einer Tumor-Operation. Aber das Manko gleicht Hannes leicht aus: „Ich habe so viel Instinkt bekommen, daß ich automatisch alles richtig mache."

Das Tor, das ihn für einige Tage zum Star machte, schildert er so: „Uli Stielike schlug den Ball hoch in den Strafraum. Genau, wie Lattek es angeordnet hatte. Ich stand mit dem Rücken zum Tor – etwa an der Strafraumgrenze. Zusammen mit Brügges Torwart Jensen, der so weit herausgelaufen war, sprang ich hoch und erwischte den Ball mit dem Hinterkopf. Als ich mich umdrehte, sah ich, wie Jensen und Verteidiger Denaeghel in Richtung Tor rannten. Aber der Ball war schneller. Es ging alles blitzschnell, für mich aber war es eine Ewigkeit."

Allerdings gab „Goldköpfchen" Hannes auch zu: „Es war reine Glückssache."

Daß sein Gehalt etwas angehoben wurde, war nach diesem Gold-Tor klar. Dennoch blieb der ehemalige Jugendnationalspieler, den Hennes Weisweiler noch nach Gladbach geholt hatte, auf dem Teppich. Er fuhr weiter bescheiden einen gebrauchten Ford Taunus (Baujahr 71, 90 000 Kilometer), und er hat nur einen Anzug im Schrank – denn er trägt nur Jeans.

Drei Tage nach seinem Millionen-Tor saß Winfried Hannes wieder auf der Ersatzbank. Ohne zu murren, still, brav. „Ich bin noch jung, ich kann warten. Der Rainer Bonhof hat in seinem ersten Jahr in Mönchengladbach ja auch keinen Stammplatz gehabt", kommentiert Hannes seine Situation.

Zwei Stunden nach Mitternacht platzte der Verlierer Berti Vogts in die rauschende Siegesfeier des neuen Europapokalsiegers FC Liverpool. Berti steuerte sofort auf seinen großen Gegenspieler zu und sagte: „Hallo, Kevin, laß uns einen trinken.“

Keegan, der strahlende Sieger, schleppte Vogts mit auf das Zimmer von Trainer Paisley, wo der Europapokal stand. Der Pott wurde mit Sekt gefüllt, dann trank Berti aus dem Pokal, den er so gerne gewonnen hätte. Die Engländer: „Du bist einer wie wir.“ Das war das größte Lob für den 30jährigen Kapitän der Borussen, die das Endspiel in Rom so sang- und klanglos verloren hatten.

### Vogts gegen Keegan

# Das Duell von Rom

Hatte auch Berti Vogts das Duell gegen Kevin Keegan verloren? Die Meinungen gehen da weit auseinander. Berti Vogts sah den Zweikampf so: „Bis auf den Elfmeter hat Keegan keine spielentscheidende Szene gehabt. Vielleicht sah er optisch gut aus, wenn er den Ball annahm, aber Zweikämpfe habe ich mehr gewonnen.“

Kevin Keegan, der einen Zentimeter größer ist als Berti Vogts (Vogts ist 1,68 m) hingegen sagte selbstbewußt – den Europapokal vor den Augen: „Diesmal war ich besser. Millionen haben es gesehen.“ Bundestrainer Helmut Schön gab sich salomonisch: „Beide waren Weltklasse. Keiner hat das Duell gewonnen.“

Wie aber war es wirklich, dieses Duell zweier Welt-Stars? Für Udo Lattek hatte es nie einen Zweifel gegeben: „Nur Vogts kann Keegan halten.“ Es war ein ungleiches Duell. Kevin Keegan, der in der Thekenmannschaft entdeckt wurde, hatte zehn entschlossene Kameraden um sich, die nur ein Ziel hatten: den Europapokal.

Berti Vogts indessen stand allein. Da war niemand, auf den sich Vogts verlassen konnte, wenn er einmal überspielt wurde. Die Borussen hatten Angst und Blei in den Knochen. Jeder war sich selbst der Nächste. In diesem desolaten Haufen kämpfte Berti Vogts gegen einen Keegan in Superform. Was Keegan machte, sah elegant und leicht aus. Aber: er schoß nie aufs Tor. Er gab keine Tor-Vorlage. Deshalb war es wohl gar nicht so falsch, wenn Vogts später sagte: „Keegan hat das Spiel nicht entschieden.“

Und der Elfmeter, den Vogts gegen Keegan verursachte und der zum 3:1 für Liverpool führte? Keegan: „Na klar, astrein.“ Vogts sah es anders: „Ich hab' den Ball getroffen, der Keegan ist über mein Bein gestolpert. Aber weil wir so lange nebeneinander herliefen, hat jeder mit dem Elfmeter gerechnet, als Keegan hinfiel. Deshalb hat der Schiedsrichter gepfiffen. Deshalb haben alle geglaubt, das sei korrekt gewesen. Aber was soll's, der Elfmeter hat das Spiel nicht mehr entschieden, der Europapokal war vorher weg.“

Eines haben Berti Vogts und Kevin Keegan gemeinsam: den Willen und Ehrgeiz. Englands Nationalspieler wählten den Liverpool-Stürmer zum Kapitän, Keegan glaubt auch zu wissen, warum: „Weil ich kämpfe. Weil ich mich immer anstrenge.“ Auch Berti Vogts wurde Nationalelf-Kapitän – wohl aus demselben Grund.

## Pleiten im UEFA-Cup

# Kläglich und blamabel

Drei Nationen genießen seit Jahren das Vorrecht, den Wettbewerb im UEFA-Cup mit vier Mannschaften bestreiten zu können: Altmeister England, Italien und die Bundesrepublik. Die anderen 28 Nationen, die sich am Europapokal beteiligen, müssen sich stets mit drei und zwei Teilnehmern oder gar nur einem Teilnehmer begnügen.

Doch die vier DFB-Clubs rechtfertigten das Vertrauen, das die Europäische Fußball-Union mit dieser Vergünstigung in sie setzt, in der Saison 1976/77 nicht. Zwei Mannschaften flogen in der dritten Runde raus, für die anderen beiden kam das vorzeitige Aus schon in Runde 2. So schlecht haben bundesdeutsche Vereine in diesem Wettbewerb schon lange nicht mehr abgeschnitten.

Zuerst erwischte es den 1. FC Kaiserslautern und Eintracht Braunschweig. Kläglich, ja blamabel die Vorstellungen der „roten Teufel" vom Betzenberg. Bereits im Heimspiel gegen Feyenoord Rotterdam sanken die Chancen auf das Weiterkommen auf ein Minimum. Die Männer von der Pfalz konnten einen 1:0-Vorsprung nicht halten und mußten schließlich froh sein, noch zum 2:2 ausgleichen zu können. Der zweifache Torschütze Briegel schwankte zwischen Weltklasse und Kreisklasse und wurde so zum Inbegriff für die Leistung der ganzen Mannschaft.

14 Tage später erlebte der 1. FC Kaiserslautern in der haßerfüllten Atmosphäre des Feyenoord-Stadions von Rotterdam eine Lehrstunde. Unter unverständlichen „Sieg-Heil"- und „Nazi"-Rufen wurden die Deutschen mit 5:0 „vernascht" – und allein dem schwedischen Torhüter Hellström war es zu verdanken, daß die Niederlage nicht noch höher ausfiel.

Am selben Abend mußte Eintracht Braunschweig 1500 Kilometer weiter südlich die Segel streichen. Mit einer 0:2-Niederlage bei Espanol Barcelona. Die Braunschweiger scheiterten an den überharten Spaniern und an Schiedsrichter Clive Thomas aus Wales, bei dem die Spieler von Espanol

*Wolfgang Overath scheint keine rechte Freude zu haben am Ausgleich von Müller im Rückspiel gegen die Queens Park Rangers. Zwar gelingen den Kölnern noch drei weitere Treffer, aber nach dem 0:3 in London sind die Rangers in der dritten Runde Endstation.*

# Der Höhenflug des HSV

**Dieser mächtige Sprung des kleinen Arno Steffenhagen im Europacup-Finale gegen den RSC Anderlecht ist symbolisch für den Höhenflug des Hamburger SV. Da wirkt der bullige Van den Daele wie ein Zwerg.**

# Vorsicht, der Nogly kommt

*Zum gefährlichen Stürmer wurde HSV-Vorstopper Nogly im Europacup-Finale. Zweimal tauchte er überraschend im Strafraum des RSC Anderlecht auf und zwang Torwart Ruiter zu Glanzparaden. Der Abwehrversuch von Broos (rechts) kam zu spät.*

# Da blieb der Schorsch eiskalt

*Anderlecht-Torwart Ruiter fliegt nach links. Rechts von ihm schlägt der Ball halbhoch zum 1:0 für den HSV ins Netz. Schorsch Volkert hatte beim Strafstoß zehn Minuten vor Spielschluß eiskalte Nerven behalten. Überhaupt lieferte der Linksaußen im Europacup-Finale ein Superspiel. Der Lohn: Bundestrainer Helmut Schön rief ihn daraufhin in die Nationalelf zurück.*

9
HSV
HSV

# Im Siegestaumel vergaßen zwei ihre Feindschaft

*Glücklich umarmen sich Reimann, Magath, Keller und Nogly (großes Foto von links). Der Europapokal gehört ihnen. Im Freudentaumel um den grandiosen Sieg lagen sich plötzlich*

*auch Trainer Klötzer und Manager Dr. Krohn lachend in den Armen (kleines Foto). Vergessen war für Sekunden der aufreibende Streit zwischen beiden, der Klötzer zur Kündigung getrieben hatte.*

# Kunos letzter Ritt für den HSV

*Da thront er, hoch auf den Schultern seiner Spieler Reimann und Ripp: Kuno Klötzer, der heimliche Vater des Europacup-Triumphes von Amsterdam. Es war „Ritter Kunos" letzter Ritt für den HSV. Schon vor dem Finale hatte der erfolgreiche Trainer gekündigt. Ein schöneres Abschiedsgeschenk*

*als den Europapokal, den Schorsch Volkert glücklich zeigt (kleines Foto) hätten sich Klötzer und HSV nicht wünschen können.*

Narrenfreiheit genossen.

Die Spanier traten, schlugen und hieben nach allem, was sich bewegte. Nur 38 ihrer Fouls (gegen 16 der Braunschweiger) wurden gepfiffen, aber mindestens doppelt so oft schlugen sie nach, verpaßten den Braunschweigern Leberhaken oder traten sie in die Beine.

Ironie des Schicksals: Die Braunschweiger handelten sich in diesem Spiel nicht nur blaue Flecken, sondern auch die einzige rote Karte ein. In der 59. Minute mußte Merkhoffer nach der zweiten Verwarnung vorzeitig in die Kabine.

Zu diesem Zeitpunkt stand es 1:0 durch ein Tor Jeremias' (39.). Mit zehn gegen zwölf – der Schiedsrichter eingerechnet – war an den Ausgleich natürlich nicht mehr zu denken. Nach dem 2:0 durch Jeremias in der 66. Minute war alles entschieden. „Wir sind eben noch zu grün für internationale Aufgaben", resümierte Präsident Ernst Fricke.

Hart ging es auch her zwischen Schalke 04 und dem belgischen Vertreter RWD Molenbeek. Und auch im Parkstadion von Gelsenkirchen, das nach dem 1:0 von Molenbeek die Entscheidung bringen mußte, ersetzten die Gastgeber mangelnden Kampfgeist durch Unfairneß.

Libero Klaus Fichtel tat sich besonders hervor. In der 51. Minute foulte er den belgischen Mittelstürmer Teugels und trat ihm, als dieser am Boden lag, auch noch gegen den Kopf. Keine Frage: Platzverweis!

Es hatte schon schlecht begonnen für die Schalker. „Jetzt ein Tor, dann sind wir weiter", raunte Molenbeek-Fan Eddy Merckx auf der Tribüne gerade seinem Nebenmann zu, da klingelte es auch schon im Schalker Kasten. Teugels köpfte die erste Ecke der Belgier zum 0:1 ein (25.). Zwar besorgte der sonst enttäuschende Abramczik noch vor Fichtels Platzverweis den Ausgleich, doch zum Sieg reichte es der dezimierten Mannschaft nicht mehr.

40 000 Menschen machten sich mit langen Gesichtern auf den Heimweg und Schalke-Präsident Hütsch tobte über die lasche Einstellung einiger Spieler: „Unglaublich, wie hier die Millionen verschleudert werden."

Unter ganz anderen Vorzeichen kam das Ausscheiden des 1. FC Köln gegen die Queens Park Rangers. Zu wenig Mumm, zu viele verpaßte Chancen, ein unsicherer Torwart (Schumacher), zwei schwache Außenstürmer und ein überragender Stan Bowles führten zur 0:3-Schlappe im Vorspiel. „Wir drehen den Spieß noch um!" versprachen die Kölner Spieler trotzig.

Das Rückspiel begann mit einer kalten Dusche. Givens legte Masson den Ball vor, und es stand 0:1 – nach vier Minuten!

Doch der 1. FC Köln steckte nicht auf. Mit bewundernswerter Energie rannte die Mannschaft dem 0:4-Rückstand nach. Das Tandem Overath–Flohe führte glanzvoll Regie, und die Tore ließen nicht lange auf sich warten: 1:1 durch Müller (25.), 2:1 durch Löhr (34.), 3:1 durch Weber (37.), 4:1 wiederum durch Müller. Die 40 000 Zuschauer standen auf den Bänken und klatschten sich die Finger wund.

Eine halbe Stunde hatten die Kölner noch Zeit, das erlösende fünfte Tor zu schießen. Doch es war zum Verrücktwerden: Das 5:1 wollte und wollte nicht fallen.

Die 1000 Mark Anerkennungsprämie, die Präsident Weiand trotz des Ausscheidens jedem Spieler spendierte, waren nur ein schwacher Trost.

*Bongartz, Fischer, Abramczik – noch jubeln die Schalker, denn Sportul Bukarest gibt ihnen keine Rätsel auf. RWD Molenbeek aber weist Schalke in die Schranken.*

## 1908 bis 1977

# Jubiläumstore der Nationalelf

**1. Tor für Deutschland:** Fritz Bekker (Frankfurter Kickers) erzielte es am 5. April 1908 in Basel. Sein Treffer führte zum 1:0 gegen die Schweiz im 1. deutschen Länderspiel, das die deutsche Elf mit 3:5 verlor. Becker war in diesem Spiel zweifacher Torschütze. 400 Zuschauer. Jede Dame bekam eine Tafel Schokolade. Deutsche Funktionäre mit Zylinder; der DFV-Kassier als Inspizient beim „Kleiderappell" vor dem Spiel. Viele Jahre war dieses Spiel irrtümlich als 2:5-Niederlage in den offiziellen Statistiken geführt worden.

**10. Tor für Deutschland:** Eugen Kipp (Sportfreunde, später auch Stuttgarter Kickers) war der Torschütze des 1:0-Sieges am 4. April 1909 in Karlsruhe im 6. deutschen Länderspiel, dem zweiten gegen die Schweiz. Es war der erste deutsche Fußball-Länderspielsieg. Am gleichen Tag spielte eine zweite deutsche Elf in Budapest gegen Ungarn 3:3. Erstmals drehten Kameramänner einen Fußball-Länderspielfilm. 7000 Zuschauer in der Heimat des amtierenden deutschen Meisters Phönix Karlsruhe.

**25. Tor für Deutschland:** Fritz Förderer (Karlsruher FV), Halbrechter neben seinem Clubkameraden Fuchs, glich beim 1:2 gegen Belgien in Lüttich am 23. April 1911 zum 1:1 aus. Es war das 13. deutsche Länderspiel vor 5000 Zuschauern und das erste gegen Belgien, nachdem wir 9 Tage vorher mit einem 2:2 gegen England in Berlin einen Achtungserfolg erzielt hatten. Die Deutschen beklagten sich hinterher, die Flugzeuge, die dauernd über dem Platz kreisten, hätten sie nervös gemacht.

**50. Tor für Deutschland:** Fritz Förderer (Karlsruher FV), wieder neben seinen Clubkameraden Fuchs und Hirsch, erzielte es im 22. deutschen Länderspiel anläßlich des bisher höchsten Sieges, des 16:0 gegen Rußland im olympischen Fußballturnier von Stockholm am 1. Juli 1912 mit dem 6:0. Nur 600 Zuschauer waren Zeuge der Sensation, als Gottfried Fuchs in diesem Spiel allein 10 Tore (Rekord!) gelangen. Bis 1955 (nun gegen die Sowjetunion in Moskau, 2:3) blieb es das einzige Spiel gegen Rußland.

**100. Tor für Deutschland:** Otto („Tull") Harder (Hamburger SV), der hanseatische „Tank", schoß es am 31. August 1924 im alten Berliner Grunewaldstadion vor 25 000 Zuschauern. Die 1:4-Niederlage gegen den Olympiadritten Schweden (Paris 1924) war nach vier aufeinanderfolgenden Siegen über Norwegen, Österreich, Holland, Norwegen eine „kalte Dusche". Wegen Differenzen mit dem DFB fehlten die Nürnberg/Fürther Meisterspieler. Göteborgs Stadtmannschaft galt damals als stärkste Stadtelf Europas. Schwedische Kritiker bezeichneten ihre Nationalelf als „dritte Garnitur". Es war Deutschlands 49. Länderspiel. Harders Treffer bedeutete das 1:1.

**250. Tor für Deutschland:** Edmund Conen (FV Saarbrücken, später auch Stuttgarter Kickers). Von Rohwedder (Eimsbüttel), Kobierski (Fort. Düsseldorf), links, und Siffling (Waldhof Mannheim), Lehner (Schwaben Augsburg) rechts flankiert, erzielte er die 3:0-Führung der deutschen Mannschaft beim 4:0 gegen die Schweiz, die 1934 WM-Dritter in Italien geworden war. Es war am 17. Januar 1935 Deutschlands 107. Länderspiel vor 60 000 Zuschauern.

**500. Tor für Deutschland:** Albert Sing (Stuttgarter Kickers), wieder ein Stuttgarter, erzielte es nach Ballwechsel mit Fritz Walter am 3. Mai 1942 in Budapest im 18. Spiel gegen Ungarn und beim 1. Sieg in Ungarn. Es war das 5. Tor beim 5:3-Sieg und fiel buchstäblich in letzter Minute des 192. deutschen Länderspiels vor 40 000 Zuschauern. Die Ungarn führten zur Pause 3:1.

**750. Tor für Deutschland:** Wolfgang Overath (1. FC Köln) war der Schütze der 2:0-Führung im achten seiner 81 Länderspiele am 24. Mai 1965 im Gruppen-Ausscheidungsspiel zur WM 1966 gegen Zypern (5:0) in Karlsruhe vor 41 000 Zuschauern. Overath setzte auch den Schlußpunkt mit dem 5:0.

**1000. Tor für Deutschland:** Heinz Flohe (1. FC Köln) erzielte es vor 60 500 Zuschauern in seinem 23. Länderspiel am 17. November 1976 in Hannover im Europameisterschafts-Revanchespiel gegen die CSSR als 1. Treffer beim 2:0-Erfolg. Es wird vom DFB als 1000. Tor registriert, weil die Treffer, die anläßlich des „Elfmeterschießens" im Europameisterschafts-Entscheidungsspiel gegen die CSSR (20. Juni 1976 in Belgrad) geschossen wurden (5:3 11-m-Schießen für die CSSR nach 2:2-Stand nach regulärer Spielzeit), nicht gewertet werden.

# Das Jahr der Nationalelf

## Revanche gegen die CSSR

# Traumhaft sicher tanzte der

Einer konnte sich nicht so recht freuen. Auf seinen Wangen glänzten noch die Spuren der Tränen, die er gerade vor Schmerz und Zorn vergossen hatte.

Nein, dieser 17. November 1976 war für Berti Vogts wahrlich kein Glückstag. Während seine Mannschaftskameraden über den glanzvollen 2:0-Sieg gegen Europameister CSSR jubelten, stand der Mönchengladbacher Kapitän traurig abseits und dachte an die düstere Zukunft: Leistenoperation. Monatelange Zwangspause.

Ausgerechnet in seinem 75. Länderspiel erwischte es den Berti. „Ich bin im Zweikampf gegen Masny reingegrätscht, dann schlug plötzlich der Fuß um. Ich wußte sofort, daß die Leiste hin war“, beschrieb der kleine Abwehr-Star die unglückselige 21. Minute. Bertis Vermutung bestätigte der Arzt nach kurzer Untersuchung in der Kabine: Muskelabriß an der Leiste!

Draußen im Stadion war indessen von depressiver Stimmung nichts zu spüren. Im Gegenteil. Die 60 412 Zuschauer im Niedersachsenstadion in Hannover erlebten einen Freudentag wie schon lange nicht mehr. Sie erlebten eine Revanche, wie sie perfekter kaum sein kann.

Noch allen war das Elfmeter-Drama von Belgrad in Erinnerung. Jenes erregende Finale um die Europameisterschaft 1976, das nach Verlängerung 2:2 stand und das erst durch ein Strafstoß-Schießen zugunsten des krassen Außenseiters CSSR endete.

# Ball

*Sie nahmen Revanche, von links: Beckenbauer, Maier, Schwarzenbeck, Heynckes, Dietz, Rummenigge, Bonhof, Flohe, Beer, Vogts, Hoeneß. Unten: 2:0 durch Beer.*

Verständlicherweise gingen unsere Fußballstars sechs Monate nach dieser deprimierenden Niederlage mit ganz anderer Einstellung in das Spiel gegen die CSSR. Diesmal wußten sie: Da ist kein Außenseiter der Gegner, da kommt eine Mannschaft, die zur Hautevolee im Weltfußball zählt.

So predigte Kapitän Franz Beckenbauer vor seinem 102. Länderspiel in der Kabine: „Freunde, diese Tschechen sind nur zu packen, wenn wir von der ersten Minute an Tempo-Fußball spielen." Und was für ein Tempo unsere Mannschaft dann vorlegte. Ehe sich die CSSR-Stars versahen, war's auch schon geschehen.

Ein Traumtor von Heinz Flohe. Dem Kölner sprang der Ball 15 Meter vor dem Tor nach mißglückter CSSR-Abwehr vor die Füße. Eine schnelle Drehung. Volleyschuß mit links – da gab's für den hervorragenden Torwart Michalik nichts zu halten. 1:0 – das 1000. Tor für die deutsche Nationalelf! Der Europameister hatte sich von diesem Schock gerade erholt, da stand's bereits 2:0. Erich Beer, der Berliner „Not-Bomber" mit der Nummer neun, krönte einen von Kaltz (er kam für Vogts) eingeleiteten Angriffszug durch einen Volleyschuß von der Strafraumgrenze. Mit ungeheurer Wucht schlug der Ball ein – nicht einmal sonderlich placiert. Aber

Torwart Michalik rutschte aus, als er reagieren wollte.

Es blieb bei diesem 2:0. Vielleicht der einzige Schönheitsfehler von Hannover.

Doch das rassige Spiel, das enorme Tempo, die brillanten Spielzüge versöhnten alle. Und es sprach für die Klasse unserer Stars, daß sie bei dieser Hetzjagd noch schnell und präzise abspielten. Traumhaft sicher tanzte der Ball durch die Reihen. Trotz seifigen Rasens erreichten die meisten Bälle haargenau ihr Ziel. Modernster Fußball, wunderschön anzuschauen – und von Ausnahmen in der Schlußphase abgesehen – auch noch zweckmäßig.

„Was immer Helmut Schön auf die Beine stellt, wird gut. Die Deutschen scheinen im Moment auf der Welt unschlagbar zu sein", schwärmte Italiens Fachblatt „Tutto Sport" am nächsten Tag und lobte insbesondere einen Mann: Kapitän Franz Beckenbauer, der in Hannover eines seiner stärksten Länderspiele überhaupt lieferte.

Der „Kaiser" war einmal mehr das große Vorbild. Er kurbelte an, riß mit, wehrte ab. Technisch so unnachahmlich wie immer, kämpferisch so stark wie selten zuvor.

Allein schon seinem Trikot sah man's an. Hemd und Hose starrten nach den neunzig Minuten vor Dreck. Der Fußball-„Kaiser" war sich nicht zu schade, durch den Schlamm zu rutschen. Zögernd gestand er hinterher ein, daß gerade die CSSR seinen persönlichen Ehrgeiz besonders angestachelt hatte.

Verständlich, schließlich hatten die Tschechoslowaken dem Franz in Belgrad ausgerechnet sein hundertstes Länderspiel vermasselt. Glücklich kommentierte Beckenbauer nach der geglückten Revanche: „Dieser Sieg bringt uns zwar den Europameistertitel nicht mehr zurück, aber wir haben heute bewiesen, daß wir bei etwas mehr Glück in Belgrad noch heute Europameister sein könnten."

Glücklich auch Bundestrainer Helmut Schön, der 560 Tage vor Beginn der WM in Argentinien strahlte: „Wir werden von Spiel zu Spiel stärker." Zuvor hatte er sich in der Kabine mit einem kräftigen Händedruck bei jedem einzelnen Spieler bedankt: „Leute, ihr habt wirklich prima gespielt."

Stimmt, viel besser geht's in der Tat nicht...

## Das tausendste Tor

# „Mensch, war das ein Ding“

Das tausendste Tor der deutschen Fußball-Nationalmannschaft fiel am 17. November 1976 in Hannover im Spiel gegen den Europameister Tschechoslowakei beim 2:0-Sieg. Diesen in der Statistik so herausragenden Treffer schoß keiner der sonst so gefeierten Torjäger, sondern ein Techniker, der Kölner Ball-Zauberer Heinz Flohe.

Es war nicht nur ein statistisch interessantes, sondern auch ein ästhetisch schönes Tor – wie es eigentlich nur ein Spieler mit Ballgefühl schießen kann.

So fiel dieser herrliche Treffer: Ecke für Deutschland; es schießt Rainer Bonhof aus Mönchengladbach, der Spezialist, bei dem jeder Eckball ein halbes Tor ist. Er schießt sie mal lang, mal kurz, aber immer angeschnitten und mit Wucht. So auch an diesem 17. November im Niedersachsenstadion. Der Ball kommt mit jenem Bonhof-Effet in den Strafraum. Der tschechische Torwart Michalik und der Gladbacher Jupp Heynckes springen hoch. Michalik wehrt ab. Zu kurz. Wie gut, daß Heynckes ihn gestört hatte.

Der Ball tropft Flohe vor die Füße – etwa zwölf Meter vor dem Tor. Eine schnelle Drehung des Köl-

*Das tausendste Tor der Nationalelf – ein Triumph für Heinz „Flocke“ Flohe. So fiel der Treffer im Länderspiel gegen die CSSR am 17. November 1976 in Hannover: Flohe ist hinter einem CSSR-Spieler fast nicht zu sehen, Jupp Heynckes noch halb gespannt und schon halb überzeugt, daß der Ball unhaltbar ist.*

ners, ein Volley-Schuß wie aus dem Lehrbuch. Wie ein Torpedo zischt der Ball ins Netz. Michalik ahnt noch die Ecke, er hechtet. Zu spät. Flohe hatte geradezu optimal getroffen.

Als der Kölner nach seinem 23. Länderspiel in die Kabine marschierte, lachte er: „Mensch, bin ich glücklich. Erst hab' ich bei der Europameisterschaft zweimal als Auswechselspieler das Ding noch mit umgerissen, jetzt das 1000. Tor – das ist doch was – oder?“

Es war nicht nur das tausendste Tor. Es war mehr. Flohe war endlich Herr im Mittelfeld. Ein Ballzauberer, der kämpfen konnte. Und nicht nur das. Flohe schoß auch – nicht nur das Tor. Kritiker schrieben nach dem 2:0-Sieg gegen die CSSR: „Das war Flohes bestes Länderspiel. Wir haben einen neuen Spielmacher. Nach Overath und Netzer.“

Doch Flohe wehrte ab: „Spielmacher – nee, das bin ich nicht.“ Der Techniker Flohe sagte etwas Ungewöhnliches: „Im Mittelfeld muß man decken und rennen.“ Flohe hatte die Zeichen der Zeit erkannt – wohl durch seinen Trainer Hennes Weisweiler.

Als er an diesem 17. November kurz vor Mitternacht nach Hause kam, umarmte ihn seine strahlende Frau Ulla: „Es war ein tolles Tor, Heinz. Jetzt hast du es in der Nationalmannschaft geschafft.“

Das hatte Flohe auch gedacht. Jahre hatte er im Schatten von Overath und Netzer gestanden – die Nummer 10 war vergeben. Aber jetzt war die Zahl 10 frei – für Flohe?

Flohe schoß im Training wie ein Weltmeister. Mal rechts oben in den Winkel, dann links. Oder flach und halbhoch – fast immer zappelte der Ball im Netz. Sepp Maier im Tor sagte: „He, Flocke, du bist ja unheimlich.“ Auch Bundestrainer Helmut Schön sah dies: „Mann, Heinz, hau doch auch mal im Spiel so drauf!“

Er hat draufgehauen, volley, mit dem Spann, mit links, halbhoch in die linke Ecke. 1:0 gegen die Tschechoslowakei. Flohe glücklich wie ein Junge: „Mensch, war das ein Ding ...“ Wirklich, es war ein tolles Tor, dieser tausendste Treffer der Nationalelf.

### Ohne Beckenbauer ...?

# Keine Angst vor der Zukunft

Zuerst sah's nur aus wie ein „Urlaub“ von zwei Länderspielen. Doch dann machte Bundestrainer Helmut Schön allen Spekulationen ein jähes Ende: „Ich rechne nicht mehr mit Franz Beckenbauer. Ich habe ihn aus meinen Planungen für die Weltmeisterschaft in Argentinien gestrichen.“

Das war in jenen turbulenten Tagen im April, als sich unsere Nationalmannschaft in der Sportschule Hennef auf die beiden Länderspiele gegen Nordirland (in Köln) und Jugoslawien (in Belgrad) vorbereitete. Beginn der „kaiserlosen Zeit“. Erstmals seit 1970 fehlte Fußball-Star Franz Beckenbauer.

Der ganze Rummel um den Transfer zu Cosmos und das undurchsichtige Pokerspiel Beckenbauers hatten natürlich auch im Kreis der Nationalmannschaft ihre Spuren hinterlassen, zu einem gewissen Grad von Verärgerung geführt. Berti Vogts, von Schön zum neuen Kapitän erkoren, erklärte schließlich bissig: „Wir wollen Ruhe in der Mannschaft und von der gesamten Geschichte nichts mehr hören.“

Bundestrainer Schön nutzte das ganze Tamtam um Beckenbauer zu einem geschickten Schachzug: Er hievte Skandalsünder Klaus Fischer zur Überraschung aller in die Mannschaft für das Spiel gegen Nordirland in Köln. Bekannte Schön Wochen später: „Ich hab' mir gedacht, solange die Leute noch mit dem Beckenbauer-Transfer beschäftigt waren, würden sie sich nicht den Mund über Fischers Nationalelf-Debüt zerfransen.“

Aber die Leute redeten trotzdem über den Schalker Mittelstürmer. Allerdings in den höchsten Tönen des Lobes. Mit zwei Kopfballtoren feierte Fischer einen glanzvollen Einstand, unterstrich im direkten Vergleich mit Kölns Torjäger Dieter Müller, daß er zweifelsohne der wertvollere Mann auf dem Mittelstürmerposten ist.

Mit 5:0 Toren (neben Fischer waren Bonhof, Müller und Flohe erfolgreich) wurden die biederen Nordiren förmlich vom Platz gefegt. Und neben Fischer ging an diesem Abend des 27. April 1977 noch ein Stern auf: Sein Schalker Vereinskamerad Rüdiger Abramczik zeigte auf dem rechten Flügel, was so ein echter Außenstürmer alles anrichten kann. Abramczik flankte, dribbelte, schoß, daß einem das Herz höher sprang.

„Schaut nur, wie respektlos der junge Dachs mit den alten Hasen umspringt", applaudierte Bundestrainer Schön, und sein Assistent Jupp Derwall schwärmte: „Einen solch bombigen Einstand hatte in den letzten zehn Jahren kein anderer Spieler."

*Am 27. April 1977 in Köln. Für die deutsche Nationalelf beginnt die Zeitrechnung „nach Beckenbauer". Berti Vogts führt diese Mannschaft (links) gegen Nordirland, von links: Vogts, Maier, Kaltz, Nogly, Bonhof, Hölzenbein, Fischer, Dietz, Abramczik, Müller und Flohe. Und drei Tage später begrüßt Vogts in Zagreb Branko Oblak zum Länderspiel gegen Jugoslawien. Beide Begegnungen werden gewonnen. „Keine Angst vor der Zukunft", heißt danach die Losung, nicht zuletzt dank der beiden Schalker Fischer und Abramczik (unten rechts im Zweikampf mit Buljan). Die deutsche Mannschaft trägt Trauerflor wegen des Todes von Sepp Herberger.*

Doch wie sah's hinten aus? Wie schlug sich Manfred Kaltz vom HSV in der Beckenbauer-Rolle als Libero? „Du hast deine Sache gut gemacht", lobte Bundestrainer Schön. Beweis dafür, daß Kaltz auch künftig die Nummer eins auf dem Libero-Posten sein würde. In der ersten Halbzeit spielte der Hamburger eine solide Partie, blieb hinten (wie's Schön befohlen hatte) – dann, als das deutsche Spiel auf Hochtouren lief, zeigte Kaltz seine Offensiv-Qualitäten, war torgefährlich – mit etwas mehr Glück hätte er sogar zwei Tore machen können.

Zögernd gestand der Hamburger nach seinem vierten Länderspiel: „Ja, ich hatte ganz schön Bammel vor diesem Spiel. Immer an Beckenbauer gemessen zu werden, das ist schon eine große Belastung."

Doch kaltschnäuzig streifte Kaltz den Schatten Beckenbauer ab. Drei Tage nach dem 5:0 in Köln gegen Nordirland war der Hamburger beim 2:1-Erfolg in Belgrad gegen Jugoslawien einer der besten Spieler auf dem Platz.

Helmut Schön hatte die erfolgreiche Elf von Köln auf drei Positionen geändert: Rüßmann für Nogly als Vorstopper, Tenhagen für Dietz als linker Verteidiger und Beer für Hölzenbein im Mittelfeld.

Jugoslawien – das war schon ein anderer Gegner als die Nordiren. Da wurde härter gedeckt, da war nicht so viel Spielraum für unsere Sturm-Asse, und da mußte die Abwehr bei den schnellen Gegenstößen höllisch aufpassen.

So war denn auch in der 59. Minute (mittlerweile waren Kargus für Maier und Magath für Flohe eingewechselt worden) die Führung unserer Elf (durch Müller in der 12. Minute) futsch. Kargus wurde von Peruzovic so hart angesprungen, daß ihm der Ball aus den Händen rutschte und vor die Füße von Bajevic kullerte, der problemlos einschoß.

Doch dann in der 72. Minute das Siegtor. Abramczik wurde im Strafraum gefoult. Elfmeter-Spezialist Bonhof verwandelte eiskalt. 2:1 – und Bundestrainer Schön zog das Fazit einer aufschlußreichen und erfolgreichen Woche: „Gegen Nordirland hat unsere Mannschaft zeitweise berauschend, gegen Jugoslawien hat sie clever gespielt. Diese Mannschaft hat Zukunft . . .“

Eine Zukunft ohne Franz Beckenbauer? Schön: „Wir müssen vorwärts blicken. So wie sich die Situation derzeit stellt, muß ich so tun, als stünde uns der Franz für die Weltmeisterschaft nicht zur Verfügung.“

**Klaus Fischer**

# Auf Tore fünf Jahre Garantie

Fußballstar Günter Netzer zog seine Schuhe aus und schleuderte sie in die Ecke. Dann warf er einen bedeutungsvollen Blick auf seinen Herrn und Meister Hennes Weisweiler und sagte verächtlich: „Nee, Chef. Das ist keiner . . .“ Und der Chef nickte dazu. Soeben hatte Borussia Mönchengladbach Deutschlands kommenden Torjäger Nr. 1 nach achttägigem Probetraining nach Hause geschickt.

Das war 1969. Ein Jahr später holte Schalke 04 den Münchner Torjäger Klaus Fischer für 100 000 Mark Ablösesumme. Acht Jahre später holte ihn der Bundestrainer in die Nationalelf, Fischers Club Schalke 04 verlängerte den Vertrag des Bombers um weitere fünf Jahre. Und Treue wird in Schalke anständig bezahlt: Man garantierte dem Mittelstürmer 1,2 Millionen Mark für diese sechzig Monate. Ein Tagesverdienst von 666,67 DM.

Sein Wert auf dem Transfermarkt: so rund 3 Millionen Mark. Aber ans Verkaufen denken die Schalker gar nicht. Denn Fischer ist für sie die Garantie für Tore – auf fünf Jahre.

Seit dem 27. April (Länderspiel gegen Nordirland) hat er auch die Garantiekarte für einen weiteren Arbeitgeber: die Fußballnation . . .

Millionen jubeln ihm zu. Millionen feiern seine Tore im Trikot der deutschen Elf.

Mit Klaus Fischer hatte der Bundestrainer nach dem Abschied von Gerd Müller (1974) endlich wieder einen Torjäger gefunden . . . Sieben Treffer in fünf Länderspielen. Das hatte nicht einmal der Bomber der Nation geschafft.

Gerührt warf der Fischer-Klaus am 27. April noch einmal einen Blick ins Kölner Stadion, in die ausgehenden Lichter. Eine halbe Stunde vorher hatten ihm hier 60 000 bei seinen zwei Treffern ge-

*Klaus Fischer: Torjäger für Schalke – ein neuer „Bomber der Nation"?*

gen die Nordiren zugejubelt. Dann sagte er: „So muß es weitergehen ..."

Siebzig Kilometer vom „Tatort" entfernt, Gelsenkirchen, Bergmannstraße, erste Etage (105-Quadratmeter-Mietwohnung), trank seine Frau Margit stolz ein Schlückchen Sekt. Die beiden Kinder Sven (6) und Mirja (2) durften an diesem Abend aufbleiben. „Das hat sich der Papi so gewünscht", erklärte die schlanke, blonde Frau, die der Klaus vor zehn Jahren auf dem Kirchweih-Fest in seiner Heimatstadt Zwiesel im Bayerischen Wald kennengelernt hatte.

Fünf Jahre lang hatte Margit mit ihrem Klaus auf das erste Länderspiel gehofft. Vor fünf Jahren allerdings hatte bei den Fischers so recht keiner daran geglaubt. Denn der Klaus war ein „Sünder" des Bundesligaskandals. Hatte 2300 Mark kassiert – für eine Niederlage. Hatte anschließend unter Eid ausgesagt, daß er nicht kassiert habe.

Die Folgen: ein Jahr Sperre! 9960 DM Geldstrafe wegen Meineids. Ganz zu schweigen vom finanziellen Verlust. „So rund 250 000 Mark", rechnet Fischer, der gelernte Glasbläser. Und dann der Bannstrahl des Deutschen Fußball-Bundes: Gesperrt für die Nationalelf!

Fischer rächte sich auf seine Weise: Er schoß Tor auf Tor. 1975 – das Tor des Jahres. 1976: Torjäger der Bundesliga mit 28 Treffern. Ende der Saison 1977 hatte er für Schalke 24mal ins Schwarze getroffen.

Die Rufe nach Fischer für die Nationalelf wurden immer lauter. Selbst Franz Beckenbauer forderte: „Der Klaus gehört ins Länderspiel-Aufgebot.“ Bundestrainer Helmut Schön druckste: „Solange ich vom Präsidium des DFB kein grünes Licht bekomme, werde ich ihn nicht einsetzen.“ Sein Assistent Jupp Derwall (50): „Helmut, wir brauchen ihn...“ Bis schließlich zu Weihnachten 1976 der DFB und Schalke Frieden schlossen: Der Weg für den Sünder war frei...

Klaus Fischer streifte sein Büßergewand ab, schlüpfte in das weiße Trikot der Nationalelf. Und dann staunte die Nation und mit ihr die legendären Bomber Uwe Seeler und Gerd Müller.

Nach seinen zwei Toren in der Wasserschlacht von Mexiko (2:2) sagte „uns Uwe“: „Wie der hochsteigt, wie er Kopfbälle nimmt – das erinnert doch sehr an Uwe Seeler.“ Und Gerd Müller über seinen Nachfolger: „Ich habe ja immer gesagt: Der Klaus kommt mir am nächsten. Wie der sich im Strafraum dreht, wie er die Chancen förmlich riecht. Das erinnert doch an Gerd Müller...“

Und der Klaus selbst: „Uwe ist mein Vorbild. Meine Spielweise ähnelt ihm. Aber dennoch glaube ich, daß ich wie Klaus Fischer spiele.“

Und wie macht er's? Klaus Fischer lacht still in sich hinein. Und dann erzählt er mit tiefer Stimme in der weichen Melodie seiner bayerischen Heimat. Schiebt die rechte Schulter vor, dreht den Oberkörper nach links; einmal, zweimal, dann andersherum, täuscht noch mal und sagt: „Wenn der Mann so kommt, dann gehe ich andersherum.“ Pause – und dann mit ehrlichem, klarem Blick: „Ist doch klar!“

Klar schon, aber nachmachen kann's ihm keiner. Und wenn er vorbeischießt? „Dann rufen die Schalker immer – ‚mein Gott, Walter!‘“ lächelt er. Klaus Fischer heißt nämlich bei seinen Mannschaftskameraden Walter...

## Die Nationalelf in Südamerika

# Eine neue Mannschaft wurde gefunden

Das nahezu feierliche Ritual hat fast schon Tradition: Stets auf dem Heimflug von einem Länderspiel greift DFB-Boß Hermann Neuberger zum Bordmikrofon. – So auch am Morgen des 17. Juni hoch über den Wellen des Atlantischen Ozeans.

„Fußball-Deutschland kann stolz auf diese Nationalmannschaft sein“, befand der DFB-Präsident. „Sie hat in den letzten zwei Monaten ihr Gesicht und nun im Ausland auch ihr Gewicht gefunden.“

Das Lob war angemessen. Schließlich kehrten unsere Fußball-Stars von einer überaus erfolgreichen WM-Generalprobe zurück. In Südamerika gab's in vier Länderspielen nicht eine Niederlage: Zwei Siege (3:1 gegen Argentinien, 2:0 gegen Uruguay) und zwei Unentschieden (1:1 gegen Brasilien, 2:2 gegen Mexiko) – eine Bilanz, die man wahrlich zuvor nicht erwarten durfte. Hatte doch Rainer Bonhof kurz vor dem Abflug noch gefeixt: „In Südamerika werden wir wohl die Hucke vollbekommen...“

Ein traumhaftes Ergebnis, aber keine Traumreise. 35 000 Flugkilometer, 60 Flugstunden, vier schwere Länderspiele. Das alles in 15 Tagen. Nein, das war wahrlich keine Erholung mehr. Das ging an die Grenzen der Belastbarkeit. Zumal die harte und schwere Bundesliga-Saison auch schon reichlich Kraft gekostet hatte.

Doch der Reihe nach. Nehmen wir die vier Spiele im Stenogramm unter die Lupe:

**Das 3:1 gegen Argentinien:** 60 000 im Hexenkes-

sel des Boca-Junior-Stadions brüllen sich die Kehlen heiser. Volkert feiert nach acht Jahren sein Comeback. Franke steht für den verletzten Maier im Tor. Das Spielfeld: ein Stück holperige Pampa. Unsere Elf wird damit fertig. 8. Minute: Volkert flankt, Torwart Gatti verfehlt. Abramczik setzt nach. Im Fallen köpft Fischer ein. 1:0.

Wilde Konter der Argentinier. Doch die Abwehr (mit dem überragenden Vorstopper Rüßmann) steht. Doppelschlag in der 60. und 69. Minute: Abramczik-Flanke – Fischer köpft das 2:0; Kaltz-Flanke – Hölzenbein köpft das 3:0. Das 3:1 durch Passarella – ein Schönheitsfehler.

**Das 2:0 gegen Uruguay:** 60 000 auch im Centenario-Stadion in Montevideo. Torwart Burdenski bestreitet sein erstes Länderspiel. Magath, Nogly, Flohe, Müller und Rummenigge kommen zu ihrem ersten Südamerika-Einsatz. Tiefer Boden, ein Flatterball – und knüppelharte „Urus". Ein mittelmäßiges Spiel.

Gut: Bonhofs Einwürfe über 50 Meter, Kaltz als überragender Libero, Rüßmanns Kopfballstärke.

Schwach: Magath, an dem das Spiel völlig vorbeilief; Volkert, der sich erschöpft auswechseln ließ; Müller, dem außer dem 2:0 (90.) wenig gelang. Das 1:0 schoß Flohe.

**Das 1:1 gegen Brasilien:** 160 000 im Maracana-Stadion von Rio. Erster Südamerika-Einsatz von Sepp Maier, der in seinem 75. Länderspiel eine Weltklasseleistung bietet.

Helmut Schön bringt ansonsten wieder die Mannschaft von Argentinien – also mit Fischer und Abramczik. Zusammen mit Rüßmann, Vogts und Maier sind sie die stärksten Spieler. In der 54. Minute geht unsere Elf 1:0 in Führung. Bonhof spielt Fischer an, der läßt Amaral, Ze Maria und Pereira aussteigen – keine Chance für Torwart Leao. In der 87. Minute dann das 1:1 durch Rivelino.

*Südamerikanische Impressionen: Länderspiel unter Militär-Bewachung in Buenos Aires (linke Seite). Foul an Fischer (oben) – der Täter heißt Gatti. Links: Tor durch Müller – Deutschland gewinnt in Montevideo 2:0 gegen Uruguay.*

Lob der brasilianischen Presse: „Deutschland erteilte eine Fußball-Lektion . . .“

**Das 2:2 gegen Mexiko:** Nur 40 000 Zuschauer erleben im Azteken-Stadion die „Wasserschlacht des Jahres“. Erster Einsatz für Bongartz, auch die Kölner Flohe und Müller erhalten wieder eine Chance.

Überragend: Klaus Fischer, der aus dem 0:2-Rückstand (0:1 Isiordia 18.; 0:2 de la Torre 41.) durch zwei Tore (53. und 65.) noch ein 2:2 macht. Klasse aber auch Kaltz und Beer, dessen Treffer in der 74. Minute vom mexikanischen (!) Schiedsrichter Dorantes aus rätselhaften Gründen nicht anerkannt wird. Bonhof konnte hingegen ebensowenig überzeugen wie Flohe, Müller und Volkert.

Zehn Stunden nach der Wasserschlacht von Mexiko zog Bundestrainer Helmut Schön in der stechenden Morgensonne am Swimming-pool des Hotels Camino Real die Bilanz der Südamerika-Tortur.

„Wir haben eine Mannschaft gefunden, die nicht nur kämpfen, sondern auch spielen kann“, befand der Bundestrainer. Und was ihn besonders freute: „Wir haben gute Ersatzspieler. Spieler, die es verkraften, nur fürs Einspringen da zu sein, die trotz ihrer undankbaren Rolle keinen Unmut äußern.“

Und es mußten einige zurück ins zweite Glied. Spieler wie beispielsweise die Kölner Dieter Müller und Heinz Flohe, die zu den Verlierern der Südamerika-Reise zählen.

Als Mannschaft der Stunde kristallisierte sich nämlich folgende Elf heraus: Maier im Tor; Vogts, Rüßmann, Kaltz, Dietz in der Abwehr; Bonhof, Beer, Hölzenbein im Mittelfeld; Abramczik, Fischer, Volkert (mit einigen Abstrichen) im Sturm.

Zu diesem Befund kam auch Bundestrainer Helmut Schön, nachdem er die einzelnen Mannschaftsteile gründlich durchleuchtete:

**Torhüter:** Maier bleibt die Nummer eins. Schön: „Ohne ihn wären wir nicht ungeschlagen heimgekommen.“ Franke und Burdenski erwiesen sich als hervorragende Stellvertreter.

**Außenverteidiger:** Da sieht's noch nicht optimal aus. Schön: „Der eine oder andere wird noch ge-

*Vergnügen und Härtetest in Rio de Janeiro. Ein Abstecher zur Copacabana gehört einfach dazu. Volkert, Rummenigge, Bongartz, Abramczik und ein kleiner Negerjunge haben viel Spaß im Wellenbad (unten). Weniger vergnüglich waren für Beer die Duelle mit Zico, der rücksichtslos zur Sache geht (rechts).*

*Planschbecken Strafraum. Fischer erzielt den Anschlußtreffer gegen Mexiko. Die Begegnung endet 2:2 – befriedigender Abschluß einer weiten Reise, die wertvolle Erkenntnisse bringt.*

sucht." Das heißt: neue Chance für Paul Breitner!

**Vorstopper:** Rüßmann hat sich einen Stammplatz erobert. Schön: „Der soll nicht bei jedem Fehler Angst haben, daß er wieder aus der Mannschaft fliegt."

**Libero:** Kaltz hat sich klar als Nummer eins nach Beckenbauer entpuppt. Schön: „Er läßt Beckenbauer schon heute vergessen. Wir müssen uns aber sicherheitshalber nach einem guten zweiten und dritten Libero umsehen."

**Mittelfeld:** Bonhof („Einer der wertvollsten Eckpfeiler unserer Elf"), Beer („Ein typischer Mannschaftsspieler") und Hölzenbein („Ein frecher Hund, ein cleverer Bursche") erwiesen sich als erste Wahl. Flohe („Etwas mehr Beständigkeit wäre erwünscht") verlor an Boden, Tenhagen („Ein sehr vielseitiger Mann") und Bongartz („Das ist ein Guter") behaupteten sich als Anwärter. Noch gesucht: „Einer wie Bonhof" (Schön).

**Angriff:** Abramczik („Der kann in Argentinien den Rahn von 1954 und den Libuda 1970 kopieren") und Fischer („Unsere Nummer eins. In der Nationalelf noch stärker als im Verein") sind aus der Nationalelf nicht mehr wegzudenken.

Müller wird kämpfen müssen („Er ist noch zu labil"). Volkert ist noch unsicherer Kantonist („Mal abwarten"). Auf Linksaußen könnte sich möglicherweise Rummenigge („Früher war er ein Träumer, das hat er abgelegt") etablieren.

Der Bundestrainer, eigentlich kein Freund euphorischer Ausbrüche, war rundum happy. Er hatte wieder eine Mannschaft gefunden, die genau den Stil verkörpert, den sich der Bundestrainer schon immer erträumte. Das schnelle, direkte Spiel aus der Abwehr heraus. Schön: „Man kann's ohne Überheblichkeit getrost den deutschen Stil nennen."

## Rolf Rüßmann

# ...einmal den Adler auf der Brust

Eine lange Hand griff zur Trainingsjacke des Bundestrainers. Helmut Schön sah in die hoffnungsvollen blauen Augen eines blonden Riesen. „Herr Schön", fragte Schalkes Vorstopper Rolf Rüßmann (26), „bin ich jetzt dran?"

„Ja", nickte der lange Sachse. Die blauen Augen verklärten sich. Der große Wunsch eines fußballverrückten Jungen aus Schwelm war in Erfüllung gegangen. Es war der 28. April 1977. Zwei Tage später trug Rolf Rüßmann zum erstenmal das Trikot der deutschen Fußball-Nationalelf. Beim 2:1-Sieg in Belgrad über Jugoslawien.

Zehn Minuten nach dieser Szene mit dem Bundestrainer war der lange Rolli in die Telefonzelle gehuscht. Zehn Minuten später verkündete er seiner Frau: „Eva, es ist soweit..."

Jahrelang hatte der lange Vorstopper mit dem besten Kopfball in der Schalker Mannschaft jedem, der es hören oder auch nicht hören wollte, versichert: „Einmal den Adler auf der Brust. Nur einmal..." Fünf Jahre Bundesliga-Skandalzeit hatten dieses Ereignis immer verhindert.

Und dann kam dieser 30. April...

Der Schiedsrichter hatte das Länderspiel noch nicht angepfiffen, da hatte sich der ehemalige Sparkassenangestellte fast in Schweiß aufgelöst. Vor lauter Lampenfieber, vor lauter Erregung...

„Eine riesige Entdeckung!" jubelte ARD-Reporter Rudi Michel nach 45 Minuten. Und nach weiteren 30 Minuten: „Der Schalker hat sich einen Stammplatz erkämpft."

Rolf Rüßmann kämpfte wie ein Berserker. Warf sich dazwischen, flog durch die Luft und köpfte, räumte im eigenen Strafraum auf wie ein Schauermann im Hamburger Hafen. Kurzum: Er wurde

zum „Bügeleisen der Nation". Ein Gütezeichen ...

Acht Jahre vorher war er schon einmal so genannt worden. Damals allerdings mit umgekehrten Vorzeichen.

Drei Wochen lang hatte sich Schalkes Trainer Rudi Gutendorf Anfang der Saison 1969 den langen Abwehrspieler angesehen. Und nach drei Wochen stand sein Urteil fest: „Junge", sagte er dem freundlichen Burschen, der mit einem Sanella-Karton nach Schalke gekommen war, „das wird wohl nichts. Du hast ja keine Füße – du hast statt dessen Bügeleisen."

Völlig verzweifelt hatte sich Rolf Rüßmann daraufhin in seine kleine Bude zurückgezogen, hatte in sein Kopfkissen geheult.

Nach drei Tagen sah man ihn wieder beim Training. Morgens um acht Uhr, als seine Kameraden noch schliefen. Zwei Stunden Schußtraining mit dem linken Bügeleisen. Zwei Stunden Training mit dem rechten Bügeleisen. Füße blutig, der Spann vereitert ... Bis der Trainer nach einem Jahr die erlösenden Worte sprach: „Langer, ich glaube, das wird noch ..."

In der Nacht zum 1. Mai 1977, als Rüßmann glücklich und zufrieden nach seinem ersten Länderspieleinsatz in der Hotelhalle saß, fühlte er sich plötzlich auf die Schulter geklopft. Hinter ihm: Trainer Gutendorf. „Langer", sagte der Riegel-Rudi, „ich nehme alles zurück. Phantastisch, wie du gespielt und gekämpft hast ..."

Rolf Rüßmann grinste. Zehn Minuten später lag er im Bett und träumte das Märchen eines kleinen Jungen mit dem weißen Trikot und dem Adler auf der Brust.

*„Eine riesige Entdeckung", jubelt Rudi Michel nach Rüßmanns brillanter Partie gegen Jugoslawien am 30. April. Nach Jahren im Büßergewand erspielt sich der Schalker einen Stammplatz in der Nationalelf.*

# Reif für den Zirkus

*Akrobatische Einlage von Bayern-Stürmer Rummenigge im Weltpokalspiel gegen Belo Horizonte. Auf schneebedecktem Boden setzt der Münchner zum perfekten Fallrückzieher an.*

# Hoppla, jetzt kommen wir

Mit einem Riesensatz und mit wuchtigen Schritten überrumpeln Simonsen und Klinkhammer die Abwehr von Brügge. Doch gegen die cleveren Belgier reichte es in Düsseldorf im ersten Europacupspiel nur zu einem 2:2. Alles schien verloren. Doch die Gladbacher trumpften dann in Brügge mit einem 1:0-Sieg auf und qualifizierten sich fürs Halbfinale.

ELEFELD
11

# Jimmy, der Kraftprotz

*Wie gebannt schaut 1860-Verteidiger Jimmy Hartwig dem Ball nach. Aus sieben Metern hat er wuchtig abgezogen. Lienen (Nr. 11) und Eilenfeld kommen zu spät. Für Bielefelds Torwart Stein gab's nichts zu halten: 1:0 im dritten Aufstiegsspiel gegen Arminia Bielefeld.*

# „Mufti" läßt die Puppen tanzen

*Einmal mehr bewies Bielefelds Spielmacher „Mufti" Moors in Frankfurt seine Extra-Klasse am Ball. Münchens Nielsen, Kohlhäufl (am Boden) und Haunstein (Nr. 9) verfolgen erstaunt das Ballgetändel. Doch am Ende war's brotlose Kunst. Moors und Bielefeld müssen weiter in der 2. Liga spielen.*

FRUCADE

# Der Kaiser im neuen Gewand

*Sein Leben lang hat er mit der Nummer fünf gespielt – aber Amerika pfeift auf Traditionen. Franz Beckenbauer trägt in seinem ersten Spiel für Cosmos (2:4 bei den Tampa Bay Rowdies) das Trikot mit der Nummer sechs.*

## Das Jahr der Amateure

# Achtmal ohne Gegentor

Es war am 8. Juli 1975. Deutschlands Amateur-Nationalmannschaft auf Ostasien-Reise. Länderspiel in Singapur gegen die dortige Landesauswahl: 4:1-Sieg – das einzige Gegentor in der 71. Minute. Und das letzte bis zum Saisonende 1977.

Acht Spiele hat unsere Amateur-Nationalmannschaft nach jenem heißen Juli-Tag 1975 bestritten. Achtmal verließ sie als Sieger den Platz. Achtmal blieb sie ohne Gegentor – genau 738 Minuten lang.

Immerhin: Die DFB-Elf ist schließlich seit 1974 amtierender Europameister der Amateure. Auch wenn sie diesen Titel mit den Jugoslawen teilen muß. Denn damals in Rijeka fiel das Endspiel aus, weil der Rasen am entscheidenden Tage nicht bespielbar war. Und deshalb wurde „geteilt“.

Die Frage nach dem wahren (wenn auch natürlich nicht amtlichen) Europameister aber wurde in der letzten Saison geklärt: Deutschland heißt er. Am 27. Oktober 1976 verloren die Jugoslawen in Augsburg mit 0:2 (0:0). Tore: Heinz Traser (1. FC Saarbrücken) und Ewald Hammes (Wattenscheid).

1978 sind wieder Europameisterschaften. Die Mannschaft von Jupp Derwall, dem Assistenten Helmut Schöns, ist auf dem besten Wege zur Titelverteidigung. Ihre beiden Vorrundenspiele gewann sie jedenfalls souverän – noch dazu im Ausland.

Belgien verlor am 9. März 1977 in Tongeren 0:3 (0:2). Für Frankreich kam es am 11. Mai 1977 noch knüppeldicker: 0:5 (0:2) in Mülhausen.

Der Mann, der die DFB-Amateure zur erfolgreichen Titelverteidigung schießen könnte, ist nicht etwa ein Bundesliga-Star. Er spielt für einen mittelmäßigen Zweitligisten: Ewald Hammes, 27jähriger Torjäger von Wattenscheid 09. Der Student aus Koblenz, der von den elf Toren in den letzten vier Länderspielen allein fünf schoß, widerstand bisher den verlockendsten Angeboten aus der Bundesliga. Die Ausbildung zum Lehrer an der Univer-

*Fünf von elf Toren für die Amateur-Nationalelf: Ewald Hammes erzielt das 2:0 gegen Jugoslawien in Augsburg.*

*Schoß das entscheidende Tor in den beiden Endspielen um die deutsche Frauen-Fußballmeisterschaft: Ingrid Gebauer von Bergisch-Gladbach mit der Meisterschaftstrophäe.*

*Bayerns Amateur-Auswahl, zum 12. Male Gewinner des Länderpokals. Stehend von links: L. Müller, Seufert, Schettenbrunner, Markert, Kirschner, Schenk, Augenthaler, Thaumüller. Sitzend: Weißberger, Wohland, Hampl, Huber, Dimler, Metzger, Hartmann.*

sität Bochum und eine gut dotierte Position bei Wattenscheids Mäzen Klaus Steilmann (48), einem der deutschen Textil-Riesen (300 Millionen Mark Jahresumsatz), sind ihm wichtiger.

Und der Mann, der dafür sorgte, daß die Elite-Amateure zuletzt ohne Gegentor blieben, stammt ebenfalls aus Wattenscheid: Heinz Josef Koitka (25). Seit Herbst 1975 spielt er allerdings für Eintracht Frankfurt. Als die Hessen mit 21 Spielen ohne Niederlage in der letzten Saison einen neuen Rekord aufstellten, ließ er in 18 Begegnungen ganze 19 Tore zu.

Für Frankfurts Trainer, den eigenwilligen Ungarn Gyula Lorant (54), heißt das nicht viel. Er sagte über seinen Schlußmann Koitka: „Der ist der unwichtigste Mann bei uns. Wenn das System nicht stimmt, kann auch er uns nicht mehr helfen."

Gäbe man viel auf die Worte des ungarischen WM-Stoppers von 1954, müßte das wohl heißen: Sein DFB-Kollege Derwall hat stets das richtige System gefunden.

Eine ganz schön schwierige Aufgabe, wenn man Jahr für Jahr vor neue Probleme gestellt wird. Denn meistens können die talentierten Amateure im Gegensatz zu einem Ewald Hammes den Verlockungen der Bundesliga-Clubs nicht widerstehen. So unterschrieb vor Saisonbeginn 1976/77 Rudi Seliger beim MSV Duisburg einen Profivertrag, und Vereinskamerad Werner Schneider (22) wanderte zum 1. Juli 1977 für 800 000 Mark Ablösesumme und 220 000 Mark Jahreseinkommen zu Borussia Dortmund. Ade, Amateur-Nationalmannschaft.

Andere Clubs kaufen nicht die Amateur-Stars weg; sie züchten selbst: Man nehme nur die deutsche Meisterschaft der Fußball-Amateure. Gewinner: Fortuna Düsseldorf nach einem 1:0-Sieg und 2:2 über den SV Sandhausen. Der erste Titel für den Bundesliga-Club nach 44 Jahren. Damals die großen Stars wie Paul Janes (71 Länderspiele), Stanislaus Kobierski (26), Jakob Bender (9) und Theo Breuer (2) – heute Namen wie Ach, Eickels, Weikl oder Schmitz.

Nachwuchsarbeit war in Düsseldorf in den letzten Jahren groß geschrieben worden. Doch der Mann, der sie leistete, konnte den größten Triumph, den Gewinn der deutschen Meisterschaft, nicht auskosten: Manfred Krafft. Acht Monate vorher war er das Wagnis eingegangen, den 1. FC Saarbrücken vor dem Bundesliga-Abstieg zu retten. Aus Verbitterung darüber, daß das Fortuna-Präsidium ihm zwar immer dann die Verantwortung übertragen hatte, wenn der Club sich vorzeitig von einem Trainer (Lucas, Piontek) getrennt hatte, zur neuen Saison jedoch stets einen neuen Mann holte.

Nach der Amateurmeisterschaft zahlte Krafft es seinem alten Club heim: Für 22 500 Mark holte er den Amateur-Torjäger Conny Eickels (21) nach Saarbrücken. Ein Mann, der von Cheftrainer Weise verschmäht worden war.

Fortuna Düsseldorf Deutscher Amateurmeister, Fortuna Düsseldorf Meister am Niederrhein. Deshalb durfte der dortige Zweitplacierte 1. FC Bocholt an der Aufstiegsrunde zur zweiten Liga Nord teilnehmen. Ein Jahr zuvor war man als Meister um ein zu wenig geschossenes Tor gegenüber dem Bonner SC gescheitert. Diesmal wurde das Ziel nach zwei Entscheidungsspielen (1:0, 1:0) gegen Mittelrhein-Vertreter Siegburg 04 erreicht. Bocholt – das war der letzte Sieger eines großen Fußball-Jahres.

Bocholt – das war der siebte Neuling im bezahlten deutschen Fußball. Vor dem Club aus dem idyllischen 60 000-Einwohner-Städtchen an der holländischen Grenze hatten den Aufstieg in die zweite Liga im Süden bereits Kickers Würzburg, VfR Bürstadt, Freiburger FC und Wormatia Worms, im Norden Bremerhaven 93 und Rot-Weiß Lüdenscheid geschafft.

Und noch einen Meister gab es zum Saisonausklang: SG Bergisch Gladbach. Der Club gewann in Hin- und Rückspielen den Titel bei den Damen: 0:0 und 1:0 gegen „Oberst Schiel" Frankfurt, eine Truppe, die sich ihren Namen nach einem Offizier des ersten Weltkrieges gegeben hatte. Und Bergisch-Gladbach feierte „seinen Meistermacher". Anne Trabant, Spielertrainerin der SG, war 1974 bereits mit der TSG Wörrstadt und 1975 mit Bayern München Deutscher Meister gewesen. Nach dem Sieg von Bergisch Gladbach aber erklärte der „Wandervogel": „Jetzt werde ich heimisch."

Übrigens: Den Länderpokal der Amateure gewann zum 12. Mal Bayern (4:2 über Südwest).

*Fortuna Düsseldorf – deutscher Meister der Amateure; von links: Helmreich, Ach, Biesenkamp, Albrecht, Stiller, Bungert, Lubberich, Fischer, Weikl, Schmitz und Eickels.*

## Hansi Müller

# Der Amateur des Jahres

Wenn die Frauen im Stuttgarter Neckarstadion wieder mal nur auf einen Mann schauen, darf man rätseln: Weil der „Hansi“ so schön ist? – Oder weil er so gut spielt?

Hans heißt er, mit dem vielversprechenden Nachnamen Müller – der Mann mit der Nummer 10 im Trikot des VfB Stuttgart und vielleicht auch bald in der Nationalelf.

Der 1,80 Meter große, schlanke, 19 Jahre junge Mann hat es den Damen angetan. Manche Teenager kommen nur seinetwegen zum Spiel oder zum Training. Sie himmeln ihn an und schreiben ihm glühende Liebesbriefe: „Hansi, ich bin immer für Dich da!“

Doch die Zeiten, in denen sich der Junge mit dem schwarzen Haar in dieser Verehrung sonnte, sind vorbei. Er will in die Nationalmannschaft. Da lenkt ihn keine ab. Und wenn er wirklich mal Lust zum Tanzen hat, ist seine Schulfreundin Claudia erste Wahl.

Als der pfiffige, ballgewandte Müller beim 5:0 der deutschen Amateure im Europameisterschaftsspiel gegen Frankreich vier Tore vorbereitete und die Zuschauer von seinen Kabinettstückchen begeistert waren, nominierte ihn DFB-Trainer Jupp Derwall sofort für die Reise der B-Nationalmannschaft nach Mittel- und Nordamerika. Olympia-Amateur Müller war als einziger Spieler aus der zweiten Liga dabei. Er wurde in allen vier Spielen eingesetzt.

Nach dieser Reise weiß Hansi Müller, der sich für die Fußballkünste eines Heinz Flohe begeistern kann, was ihm noch zum Klassespieler fehlt: „Ich muß noch antrittschneller und spritziger, noch härter und konditionsstärker werden.“ Auch in der Bundesliga wird Müller „Amateur“ bleiben. Das hat er Jupp Derwall versprochen, damit er den DFB-Amateuren bei der Europameisterschaft weiter gute Dienste leisten kann. Dieses Ehrenwort hat auch seine Entscheidung mit beeinflußt, dem Deutschen Meister Borussia Mönchengladbach, der ihm ein großzügiges Angebot machte, einen Korb zu geben.

Hansi Müller kommt vom Vorortverein SV Rot. Mit 13 spielte das kleine Talent zum ersten Male im Dreß des VfB. Von der A-Jugend aufwärts gab es Fahrgeld, ein Essen nach dem Training, die Fußballschuhe umsonst (der Verein steckt jährlich eine halbe Million Mark in die Jugend- und Amateurarbeit).

Müller, der zum Ende der Saison sein Abitur bestand, gehörte im vergangenen Jahr zu den bestverdienenden Schülern Deutschlands: Über 100 000 Mark brachten ihm seine Kickkünste ein – und in der Bundesliga dürften es noch mehr werden. Was machte der Hansi mit dem vielen Geld?

Als guter Schwabe trug er es auf die Bank. Prämiensparen, Bausparen und so: „Das Geld muß arbeiten.“ Und er selbst arbeitet auch.

Denn Müller möchte Jupp Derwall nicht enttäuschen, der von ihm behauptet: „Das wird noch einmal ein ganz Großer!“

# Die Welt des Fußballs

## Beckenbauers Transfer nach New York

# Tagebuch einer Affäre

**17. September 1976:** Vor dem Bundesligaspiel gegen den VfL Bochum knüpft Cosmos-Präsident Clive Toye („Ich bin ausgezogen, einen Fisch zu fangen") im Bayern-Trainingsquartier „Hotel Krummenweg" in Breitscheid bei Düsseldorf die ersten Kontakte zu Franz Beckenbauer.

**1. November 1976:** Cosmos-Star Pele erklärt in einem Interview in Sao Paulo: „Cosmos hat Franz Bekkenbauer ein Angebot gemacht. Der Münchner hat für den Wechsel nach New York 6,2 Millionen Mark gefordert." Einige Tage später verhandeln Toye und ein Finanzberater in München mit Beckenbauer.

**22. Dezember 1976:** Während des Weltpokalspiel in Belo Horizonte verlangt der Bayern-Kapitän ein schriftliches Angebot.

**24. Dezember 1976:** Ein Kurier übergibt Beckenbauer die Offerte.

**25. Dezember 1976:** Gegen fünf Uhr morgens bekundet Beckenbauers persönlicher Manager Robert Schwan in einem Telefongespräch mit Clive Toye das Interesse seines Schützlings an diesem Angebot.

**20. Januar 1977:** Die Münchner Steuerfahnder holen Akten und Belege aus der Grünwalder Villa des Fußball-Kaisers. Beckenbauer soll eine Million Mark Steuern schuldig geblieben sein.

**Anfang Februar 1977:** Beckenbauer erklärt seine Bereitschaft zur Übersiedlung nach New York.

**23. Februar 1977:** Der Nationalmannschafts-Kapitän gibt Cosmos telegrafisch einen Korb, nachdem ihm der DFB den Posten des Bundestrainers angeboten und die Sportschuhfabrik adidas sein Repräsentanten-Honorar verdoppelt hatte.

**Mitte März 1977:** Clive Toye läßt nicht locker. Er versucht über Robert Schwan zu einem weiteren persönlichen Gespräch mit Beckenbauer zu kommen – diesmal in New York. Beide vereinbaren einen Kurzbesuch für den 18. April 1977.

*Lange blieb die Idylle vom Traumpaar, hier dargestellt für den Fotografen in einem Münchner Park, unangetastet. Dann kamen Beckenbauers Seitensprünge ans Tageslicht. Aber von Scheidung wollten er und erst recht nicht seine Frau etwas wissen.*

**6. April 1977:** Unter der Überschrift „Sorgen um Franz Beckenbauer – doch früher nach Amerika?" schreibt „Die Welt" u. a.: „Unglücklicherweise ist gerade zu diesem Zeitpunkt Beckenbauers Privatleben belastet. Der Münchner hat sich in eine Münchner Fotografin verliebt. Und um den privaten Schwierigkeiten zu entfliehen, so vermuten Mannschaftskameraden, sei Bekkenbauer offenbar geneigt, das USA-Angebot etwas voreilig zu akzeptieren."

**7. April 1977:** Die Münchner „Abendzeitung" fragt auf Seite 1: „Läßt Beckenbauer sich scheiden?" und schreibt dann: „. . . inzwischen wird in München ganz offen von einer Trennung des Ehepaares gesprochen. Und Eingeweihte wollen sogar wissen, daß Prominentenanwalt Josef Heindl bereits eingeschaltet ist." Am gleichen Tag schreibt „BILD" auf Seite 1: „Beckenbauer trotz allem ‚Keine Scheidung!'" Zu der Verbindung mit der Fotografin äußerte sich Beckenbauer gegenüber BILD nicht („Kein Kommentar"), aber zu den Verhandlungen mit Cosmos.

Beckenbauer: „Ich habe von Cosmos New York ein Angebot bekommen. Ich wäre ein schlechter Geschäftsmann, wenn ich mir die Offerte nicht anhören würde. Aber ich bleibe dabei: Wenn überhaupt, dann gehe ich frühestens nach der WM 1978 nach Amerika."

**11. April 1977:** Bayern-Präsident Wilhelm Neudecker zu Beckenbauers Cosmos-Plänen: „Ich gebe Bekkenbauer nicht frei. Er hat einen Vertrag, der ihn bis 1979 an uns bindet."

**12. April 1977:** „Um 6.55 Uhr kehrt Franz Beckenbauer mit seinem Manager Schwan von geheimen Verhandlungen aus New York zurück. Beide bestätigen die Gespräche mit Cosmos, leugnen aber einen Wechsel zum Saisonende. Schwan: „Franz kann vor der WM Deutschland nicht verlassen. Wir haben Werbeverträge abgeschlossen." Cosmos-Boß Toye nach dem Zweitage-Besuch: „Wir reichten uns die Hände – alles andere ist nur noch eine Angelegenheit für die Rechtsanwälte."

**16. April 1977:** Unter der Überschrift „Franz Beckenbauer und seine Affäre mit Heidi Brühl" verrät die Münchner „Abendzeitung" das in Nationalmannschafts-Kreisen lange bekannte Techtelmechtel des „Kaisers" mit dem Show-Star während der WM 1974.

**17. April 1977:** DFB-Präsident Hermann Neuberger erklärt: „Der Plan, Beckenbauer nach seiner Laufbahn in Deutschland als DFB-Trainer zu beschäftigen, würde scheitern, wenn er nach New York geht."

**19. April 1977:** „BILD" schreibt als erste Zeitung: „Beckenbauer Aus! Franz ist schon weg. WM ohne ihn." Der Münchner Star-Spieler erhält für einen Dreijahres-Vertrag 7 Millionen Mark. 20 Prozent davon kassiert sein Manager Robert Schwan.

**19. April 1977:** Im Aufgebot von Bundestrainer Helmut Schön für die beiden Länderspiele gegen Nordirland (27. 4.) und Jugoslawien (30. 4.) fehlt der Name Beckenbauer. Der DFB hat hart auf die Abwanderung des Kapitäns reagiert. Die offizielle Erklärung liest sich jedoch so:

„Im Einvernehmen mit Franz Bekkenbauer und auf dessen eigenen Wunsch hat Bundestrainer Helmut Schön den Kapitän und Rekord-Nationalspieler nicht ins Aufgebot für die beiden Länderspiele gegen Nordirland und Jugoslawien berufen. Beckenbauer hatte diese Bitte wegen der Entwicklungen in den letzten Wochen und der persönlichen Belastungen ausgesprochen, denen er in dieser Zeit ausgesetzt war . . ."

**19. April 1977,** 20.30 Uhr: „Da Bayern-Manager Robert Schwan auch noch an diesem Tag versichert, daß von einem Wechsel Beckenbauers nach New York gar keine Rede sein könne, platzt DFB-Boß Neuberger der Kragen. Er erklärt: „Franz Beckenbauer hat mir am Samstag (16. April) erklärt, daß er bereits am 28. Mai dieses Jahres sein erstes Spiel für Cosmos bestreiten werde. Was sollen also diese Lügen?"

**20. April 1977:** Die Münchner „TZ" berichtet in großen Lettern auf Seite 1: „DFB-Elf ab sofort ohne Beckenbauer! Doch Franz sagt: Ehrenwort, ich will bleiben!" Im Text heißt es u. a.: „Ich brauche wegen der persönlichen Belastung in den letzten Wochen eine Ruhepause. Aber, Ehrenwort – ich will bis 1978 in München bleiben und bei der WM für Deutschland spielen."

**21. April 1977:** Beckenbauer kämpft bei seinem Präsidenten um eine möglichst niedrige Ablösesumme. Doch Wilhelm Neudecker bleibt hart: „Wir haben einen gültigen Vertrag mit Beckenbauer bis 1979. Würde er ihn erfüllen, hätten wir dann keine Ablöse mehr gefordert. Aber da er vorzeitig gehen will, geben wir ihn nicht unter 2,5 Millionen Mark her."

**21. April 1977:** Bayern-Mitglieder stellen Ultimatum: Entweder Manager Schwan wird entlassen, oder wir treten aus. „Hängt ihn", „Lyncht ihn" oder „Haut ihn raus", brüllt am Trainingsplatz die aufgebrachte Menge, die in Schwan den Schuldi-

*Die Stunde des Abschieds im Olympiastadion. Die Fans bringen auf Transparenten ihren „Dank an Kaiser Franz" zum Ausdruck. Bayern-Präsident Wilhelm Neudecker ehrt den Kapitän – Franz Beckenbauer zum letztenmal im Dreß des FC Bayern.*

gen des Beckenbauer-Transfers sieht.

**21. April 1977:** Robert Schwan in der Münchner „TZ“: „Franz bleibt bis 1978 beim FC Bayern. Ich war in Amerika bei den Gesprächen dabei und nicht Herr Neuberger. Im Moment will Beckenbauer überhaupt nicht weg.“

**21. April 1977:** Die „Bunte Illustrierte“ macht sich zum Anwalt Beckenbauers. In dem Artikel „Ein Kaiser in den Wechseljahren“ heißt es u. a.: „Die geheimnisvolle Diane heißt mit Namen Sandmann, ist geschieden und wurde in der Tat oft in Beckenbauers Nähe gesehen. Seit eineinhalb Jahren hat sie den FC Bayern auf fast allen Auslandsreisen begleitet, sie fotografierte am eifrigsten den Franz, saß auch bisweilen im Hotel oder im Flugzeug neben ihm. Aber das alles kann man von einer Sportfotografin, die ihren Beruf ernst nimmt, eigentlich auch erwarten.“ Die „Bunte“ war es aber auch gewesen, die zum erstenmal von einer angeblichen Ehekrise der Bekkenbauers berichtet hatte. Am 20. November 1975 kommentierte die Illustrierte das Fehlen von Brigitte Beckenbauer bei der Vorstellung des „Kaiser“-Buches „Einer wie ich“ so: „Sie ließ sich offiziell mit 39,4 Fieber entschuldigen. Freunde der Familie sahen darin allerdings eine faule Ausrede. Und die Bestätigung ihrer Beckenbauer-Beobachtungen, daß es in der nach außen hin bislang so harmonischen Ehe plötzlich kriseln soll.“

**22. April 1977:** Bayern München feuert seinen Manager Robert Schwan. Franz Beckenbauer bestätigt erstmals offiziell, daß er im Mai nach Amerika geht. Er will jedoch erbittert um seinen Platz in der Nationalmannschaft kämpfen. Franz: „Ich stehe dem DFB jederzeit für Länderspiele zur Verfügung. Eine entsprechende Klausel soll in meinen Vertrag eingearbeitet werden.“

**23. April 1977:** Bundestrainer Helmut Schön erklärt, daß er für die WM 1978 ohne Beckenbauer plane. Schön: „Der Franz hat mir doch selbst erklärt, daß durch seinen Transfer zu Cosmos seine internationale Laufbahn beendet sei.“

**24. April 1977:** Von Präsidium und Beirat läßt sich Präsident Neudecker die 2,5 Millionen Mark Ablöse absegnen. Cosmos erklärt sich nur zur Zahlung von einer Million bereit.

**25. April 1977:** Der Wechsel nach New York ist gefährdet. Clive Toye weigert sich, 2,5 Millionen Mark für Beckenbauer zu zahlen. Neudecker aber beharrt auf dieser Summe.

**28. April 1977:** Unter dem Titel „Jetzt rede ich“ erklärt Franz Bekkenbauer im „Stern“: „Es gibt für mich tatsächlich eine Reihe von Motiven, nach Amerika zu wollen, und ich will um die nicht herumreden. Ausschlaggebend für meinen schnellen Entschluß war sicherlich die Pressekampagne ... Aber entscheidend ist das, worüber ich sonst sehr ungern rede: Das Geld ...“

**28. April 1977,** 18 Uhr: Im Münchner Hotel „Vier Jahreszeiten“ verhandeln Bayern-Boß Neudecker und eine dreiköpfige Cosmos-Delegation über die Ablösesumme. Neudecker verlangt zwei Millionen Mark. Clive Toye bietet zuerst die Hälfte und dann 1,4 Millionen Mark. Die Entscheidung wird vertagt.

**30. April 1977:** Neudecker geht um 250 000 Mark zurück.

**2. Mai 1977,** 14 Uhr: Unter größter Geheimhaltung treffen sich Beckenbauer und Schwan mit den Cosmos-Leuten im Hotel Astoria in Luzern. Nach der Abschluß-Besprechung wird bekannt, daß Franz Bekkenbauer den Unterschiedsbetrag (350 000 Mark) zwischen Bayern-Forderung und Cosmos-Angebot aus eigener Tasche zahlt.

**3. Mai 1977:** In Sanern am Vierwaldstätter See (Schweiz) besichtigt Beckenbauer eine Penthouse-Wohnung, die in Zukunft sein europäischer Wohnsitz sein soll.

**21. Mai 1977:** Im Spiel gegen Borussia Mönchengladbach trägt Franz Beckenbauer zum letzten Mal das Bayern-Trikot.

**24. Mai 1977:** Um 11.40 Uhr verläßt Franz Beckenbauer seine Heimatstadt München in Richtung New York.

**29. Mai 1977:** Beckenbauers erstes Spiel in Amerika endet mit einer Niederlage. Vor 45 288 Zuschauern verliert Cosmos bei Tampa Bay Rowdies 2:4. Beckenbauer schießt ein Tor und verschuldet einen Elfmeter, als er den Ball auf der Linie mit der Hand abwehrt.

*Am 26. Mai in New York – Franz Beckenbauer trainiert zum erstenmal mit der Mannschaft von Cosmos – noch ist er irritiert von der neuen Umgebung. Und manches am Fußball made in USA verwirrt noch das deutsche Fußball-Genie.*

### Supercup und Weltpokal

# Schwarzer Tag und letzte Bescherung

Es war wie verhext. Europapokale sammelten die Bayern wie andere Leute Briefmarken. Aber über dem Supercup, um den der Champ der Landesmeister gegen den Champ der Pokalsieger kämpft, schien ein Fluch zu liegen.

1975 scheiterte der FC Bayern an Dynamo Kiew. Man hatte die Russen unterschätzt.

1976 sollte gegen den RSC Anderlecht alles besser werden. Aber die Voraussetzungen waren schon ungünstig. Die UEFA stoppte die Fernseh-Übertragung, und ins Olympia-Stadion kamen nur 40 000 Zuschauer.

Die aber sahen am 17. August ein Superspiel, einen Super-Beckenbauer, einen Super-Müller und Super-Belgier verstärkt durch Super-Holländer.

*Zwei Tore von Müller (oben: das 1:1) führen zum 2:1 über Anderlecht – aber das genügt nicht. RSC holt sich den Supercup.*

Super-Star Rob Rensenbrink war zwar bei Schwarzenbeck gut aufgehoben, aber sein Landsmann Arie Haan brachte Anderlecht 1:0 in Führung. Müller schoß den Ausgleich und zwei Minuten vor Schluß den Siegestreffer.

„Das reicht uns", meinte der Bomber. „Das reicht nicht fürs Rückspiel. Wir werden die Bayern überfahren", tönte Rob Rensenbrink und hielt Wort.

Obwohl Neudecker die Prämie auf 7500 Mark erhöht hatte (Anderlecht bot nur 3000 Mark), erlebten die Bayern 14 Tage später eine bittere Fußball-Lektion. 35 000 im überfüllten Mini-Stadion Astrid-Park, ein lila-weißes Fahnenmeer, Hexenkessel-Atmosphäre.

Schwarzer Tag für Torwart Maier und rabenschwarzer Tag für Katsche Schwarzenbeck. Sein

Gegner Rensenbrink schießt zwei Tore. Van der Elst und Haan treffen je einmal. Stürmische Bayern-Proteste bei Haans Treffer. Müller: „Der Ball war im Aus.“ Er will den Platz verlassen, schießt dann aber wenigstens das Ehrentor. Hoeneß ein Totalausfall. Schlußpfiff 1:4 – der Supercup ist futsch.

Gleich nach dem Spiel fordert Präsident Neudecker: „Jetzt muß der Weltpokal her!“

Der Weg zu dieser Trophäe, die den klangvollsten Namen hat, über deren Wert sich aber streiten läßt, war mit Steinen gepflastert oder, genauer gesagt, mit Eis in München und mit glühendem Rasen in Brasilien, bei Cruzeiro Belo Horizonte.

Am 23. November erlebte München den Wintereinbruch. Cruzeiro-Kapitän Piazza fragte angesichts des Schneegestöbers: „Ist das der Weltuntergang?“

Die Brasilianer wollten das Spiel verschieben. Die meisten hatten noch nie Schnee gesehen. Sie ahnten nicht, daß der Rasen noch zu ihrem Vorteil werden sollte. Denn die emsigen Stadion-Inspektoren ließen den Schnee kurzentschlossen wegspritzen, das Thermometer sank überraschend unter den Nullpunkt. Was übrigblieb, war eine Eisfläche. Und auf dem glatten Parkett konnten sich die Bewegungskünstler aus Brasilien geschickter entfalten als die steifen Europäer. Zudem blieben die Bayern-Fans im Schnee stecken. Nur 18 000 verloren sich im Olympia-Stadion.

Es schien eine Katastrophe zu geben. Die Brasilianer mauerten. Die Bayern probierten es mit Kurzpaß. Sie wollten Tempo machen – aber wie, auf Glatteis? Palinha, Nelinho, Jairzinho machten Sepp Maier bei Kontern das Leben zur Hölle. Wie ein Wunder die Wende: 80. Minute: Müller stoppt links, haut den Ball mit dem rechten Fuß rein, 1:0. Zwei Minuten später: Kapellmann zieht ab: 2:0.

Abenteuerlich die Reise zum Rückspiel. Am Sonntag, dem 19. Dezember, bleiben die Bayern bei Nebel in München-Riem sitzen. Am Montag starten sie über Paris und Rio de Janeiro nach Belo Horizonte. 26 Stunden im Flugzeug. Viele können nicht schlafen, betäuben sich mit Whisky. Trainer Cramer erkrankt an Seitenstrang-Angina.

Fünf Stunden vor Spielbeginn steigen die Spieler kaputt aus dem Flugzeug. 34 Grad Hitze schlagen ihnen entgegen: Sommeranfang! Kurzer Schlaf. Ein Sandwich und rein in die Hölle von 113 000 Zuschauern.

Abwehrschlacht, toller Maier, Beckenbauer hält trotz Verletzung durch. 0:0, der Weltpokal ist da. Die Spieler gehen bis zu fünf Kilo leichter vom Platz. Franz: „Wir haben Unmenschliches geleistet.“ Die Brasilianer feiern Bayern, veranstalten ein Feuerwerk.

Und in München nach 22 Stunden Rückreise: Keine Fahne, nur elf Anhänger warten auf die Helden.

Es war der Tag vor Heiligabend ...

Für Bayern aber war der Weltpokal die vorläufig letzte große Bescherung.

*Kurzpaßspiel auf Glatteis – im Heimspiel gegen Belo Horizonte scheint sich eine Katastrophe anzubahnen. Aber dann gelingt den Bayern doch ein 2:0-Erfolg (links: Kapellmann erzielt den zweiten Treffer) – und das 0:0 in Brasilien bringt den Bayern Genugtuung. Jetzt gehört ihnen auch der Weltpokal.*

*Nach der Fußball-Gala in Müngersdorf: Blumen für Wolfgang Overath*

### Overaths Abschied

# Ein Festival in Nostalgie

Während Franz Beckenbauer, begleitet von Zorn und Mißverständnissen, in die USA zog und Günter Netzer in Zürich fast lautlos seine Fußball-Stiefel an den Nagel hängte, bereitete der dritte deutsche Super-Star, der 1977 die europäische Fußball-Bühne verließ, sich und seinen Fans noch einmal ein rauschendes Fest.

Wolfgang Overath feierte seinen Abschied nach 14 Jahren Profi-Fußball standesgemäß:

- mit der kompletten Weltmeister-Elf von 1974 als Spielpartner;
- mit sieben ehemaligen Trainern, früheren Mannschaftskameraden, der kompletten DFB-Funktionärsspitze und 60 000 Anhängern als Zuschauer.

Am 17. Mai zeigten die 74er-WM-Jungs (zum erstenmal nach ihrem Titelgewinn wieder komplett) Tricks und Technik, Kampf und Klamauk.

Kein deutscher Fußball-Star ist jemals so glanzvoll verabschiedet worden wie der 81malige Nationalspieler Overath. Der dreifache WM-Teilnehmer, deutsche Meister (1964) und deutsche Pokalsieger (1968) kassierte brutto 700 000 Mark aus dem Spektakel. Nach Abzug aller Unkosten blieben dem Kölner Mannschaftskapitän noch knapp 300 000 Mark fürs eigene Bankkonto.

Seine WM-Freunde spielten ohne Gage gegen den 1. FC Köln. Overath schenkte jedem zum Dank für den Auftritt in der Gala-Schau eine goldene Uhr.

Beim Festbankett (es gab Meeresfrüchtecocktail, Tournedos Rossini, Erdbeeren in Sahne und Wodka und dazu einen 73er Mertesdorfer Herrenberg – Ruwer Kabinett) lobte Frankfurts Trainer Gyula Lorant: „Der Wolfgang sollte noch nicht aufhören. Der ist körperlich noch 100prozentig fit.“

Tatsächlich wirbelte Overath eine Halbzeit lang. Er schoß beim 4:1-Sieg der WM-Elf ein Tor, bereitete ein anderes vor.

Die Weltmeister harmonierten nach Startschwierigkeiten so gut zusammen, daß Bundestrainer Helmut Schön festellte: „Diese Jungs sind einmalig.“

Breitners wuchtige Vorstöße, Beckenbauers elegante Abspiele, die Dribblings von Hölzenbein, der Kampfgeist von Berti Vogts und der Witz von Sepp Maier (der Bayern-Torwart holte den Kölner Geißbock „Hennes“ ins Tor) – das alles erlebten die 60 000.

Fußball-Nostalgie im Müngersdorfer Stadion.

Eine prächtige Fußball-Demonstration und ein prächtiger Abschied für einen Spieler, der zu den markantesten Persönlichkeiten in der noch jungen Bundesliga-Geschichte zählen wird.

Wolfgang Overath – einer der temperamentvollsten unter Deutschlands Bundesliga-Stars trat ab; ein Hauch von Wehmut erfaßte alle.

## Fußball in den USA

# Wie Hamburger mit Ketchup

*Hoch das Bein – Show ist fast alles im amerikanischen Fußball, dort Soccer genannt. Vor jedem Spiel Revue und Musik und viel Klamauk.*

Das Bemerkenswerte am Fußball in Europa ist – der Fußball. Das Bemerkenswerte am Fußball in den Staaten ist – die Show.

So einfach ist der Unterschied! Und um das einmal zu beweisen, wollen wir uns eines Vergleiches bedienen.

Hierzulande ist ein Fußballspiel wie ein gutes Stück Fleisch. Man ißt es, möglichst natur, um sich den reinen Geschmack nicht zu verderben. Also: Anpfiff, 90 Minuten voller Saft und Kraft, Abpfiff. In den USA aber ist ein Fußballspiel wie der berühmt-berüchtigte Hamburger. Der schmeckt amerikanischen Zungen nur, wenn man ihn so mit Ketchup und Beilagen bekleistert, daß man den Fleischgeschmack nicht mehr wahrnehmen kann.

Und gerade so will man drüben auch ein Fußballspiel: mit so viel Sauce, Gewürz und Mixtur drumherum, daß Spiel und Show gemeinsam leicht hinunterrutschen.

Franz Beckenbauer hat das bei seinem ersten Spiel für Cosmos New York zum erstenmal genossen – und sich fast den Magen dabei verdorben.

So wie damals in Tampa/Florida ist es überall auf US-Fußballfeldern: Die Spielfläche ist farbig. Bei Kunststoffrasen kein Problem. Bei Naturrasen wird das Gras halt eingefärbt. Auf einer mächtigen Anzeigetafel wird Reklame gezeigt – ein ununterbrochenes Flimmern. Dazu das Getöse des Stadionsprechers, der mit Sprüchen wie „Seid ihr endlich bereit für Fußball?“ und „Freunde, heute fahren wir mit dem Gegner Schlitten ...“ Stimmung macht. Das alles braucht seine Zeit.

Endlich die Spieler. Sie kommen einzeln herein. Jeder wird mit einem Spruch angekündigt: „Der italienische Hengst, der eiserne Fuß aus England, der Kaiser aus Deutschland, der brasilianische Zauberer ...“ Genau das will das Publikum hören. Es kommt in Fahrt.

Doch plötzlich Stille. Die Nationalhymne.

Immer wird sie live von einem jungen Künstler gesungen. Dann kommen wichtige Leute, Bürgermeister, Kongreß-Abgeordnete, und verteilen Ehrenbürgerschaften, Fahnen, Bilder und ähnliche kostbare Dinge.

Abmarsch der hohen Herren, Aufmarsch von jungen Mädchen. Die schwenken Beine und Fähnchen, lassen Luftballons steigen, bilden Formationen und singen. Eine halbe Stunde vergeht, die Spieler warten derweil geduldig auf den Anpfiff. Und dann geht's endlich los. Der Ball rollt.

Dazu wimmert eine Hammondorgel. Mal fröhlich bei einem Angriff der Heimmannschaft, mal ängstlich bei einem Konter der Gäste. Mal ein Marsch, mal ein Tango. Und über allem tönt der Stadionsprecher: „Freunde, gebt dem Spieler mal einen ordentlichen Applaus!“ oder „Habt ihr das gesehen? Das war gut, nicht wahr?“ Zwischendurch wird er seriös. Dann erklärt er: „Das war Abseits, weil ...“ oder „Einwurf gibt es, weil ...“

Fußball auf amerikanisch!

So ist er halt! In der Pause geht es auf dem Spielfeld zu wie im Zirkus: Akrobaten, Tänzer, Musik-

Kapellen. In den Gewölben des Stadions spielen Beatbands und Jazzkapellen. Man tanzt, man schunkelt...

Der Wiederanpfiff ist fast eine Störung. Nach Spielschluß wird der Spieler des Tages gekürt. Der muß dann auf dem Platz noch ein Interview geben. Ein ausgeloster Zuschauer darf ein paar Elfmeter schießen, Musik. Ende...

„Fußball ist bei uns in erster Linie Entertainment", erklärt Clive Toye, inzwischen gefeuerter Präsident von Cosmos New York. „Wir legen Wert darauf, daß es ein Familiensport ist", sagt der Liga-Kommissar Phil Woosnam, „wir sprechen besonders Frauen an, zu uns zu kommen."

Mit Erfolg übrigens, jeder vierte Zuschauer ist weiblichen Geschlechts.

Und denen muß schließlich was ganz Besonderes geboten werden. Ein schlichtes Fußballspiel wie überall sonst auf der Welt tut es da nicht. Deshalb hat man in der North American Soccer-League (NASL), der amerikanischen Bundesliga, auch ganz spezielle, sehr publikumswirksame Regeln. So gibt es zum Beispiel kein Unentschieden. Steht es nach 90 Minuten remis, geht es zuerst einmal in die Verlängerung. Bringt die auch keine Entscheidung, gibt es den sogenannten „shoot-out": Von jeder Elf stehen fünf Schützen parat. Einer nach dem anderen muß dabei das Kunststück fertigbringen, aus 30 Metern allein gegen den Torwart anzulaufen und innerhalb von fünf Sekunden den Ball im Netz zu haben.

Pele hat dabei ein fast unfehlbares Rezept entwickelt: Er läuft an, legt sich den Ball fünfzehn bis zwanzig Meter vor, läuft so schnell er kann hinterher und wuchtet ihn dann rein. Bei seinen ersten Penalty-Versuchen benötigte Franz Beckenbauer immer zu viel Zeit, mit dem Ball am Fuß in Tornähe zu gelangen. Wenn er dann schoß, waren die fünf Sekunden schon vorbei.

Ein Novum ist auch die Wertung. In den Staaten gibt es nicht zwei Punkte für den Sieg und einen fürs Unentschieden. Da gibt es für einen Sieg bis zu drei Toren sechs, und für einen mit mehr als drei Toren neun Punkte als Maximum. Ein 2:1-Sieg wird also mit 6:1 Punkten, ein 4:3-Sieg mit 9:3 Punkten gewertet.

Kurios auch sind die Mannschaften zusammengesetzt. In dem zur Zeit besten amerikanischen Team, Cosmos, stammen die Spieler aus nicht weniger als zwölf Ländern. Auch in den meisten anderen Vereinen wirken jede Menge Ausländer, vor allem aus englischsprechenden Nationen, mit. Die Spieler verdingen sich meist während der europäischen Fußballpause in den Staaten für ein durchschnittliches Monatseinkommen von 6000 Mark.

Ausnahmen sind natürlich die Superstars Bekkenbauer, Pele, Chinaglia, die ehemaligen englischen Nationalspieler Rodney Marsh, Gordon Banks und George Best. Apropos, Best. Dieser spielt von April bis August Fußball bei den Los Angeles Aztecs, die dem Popstar Elton John gehören – typisch für den Fußball in den USA: Die Clubs sind durch die Bank im Besitz von Privatleuten und großen Konzernen. Die aber wollen Gewinne, und Gewinne im Sportgeschäft lassen sich drüben halt nur mit Show verdienen. Womit wir wieder beim Anfang wären...

### Fritz Walter zum Tode Sepp Herbergers

# Er war wie ein Stück von uns allen

Für meine Frau und für mich lebt der Chef immer noch. Ich kann mich einfach nicht an den Gedanken gewöhnen, daß er nicht mehr da ist.

In meinem ganzen Leben habe ich nie eine wichtige Entscheidung gefällt, ohne ihn um Rat zu fragen. Zwischen Sepp Herberger und mir bestand so etwas wie ein „Vater-Sohn-Verhältnis".

Am 28. April hatte kurz nach Mitternacht das Herz Sepp Herbergers aufgehört zu schlagen. Der Herrgott hat ihm einen friedlichen Tod beschert.

Genau einen Monat vorher, am 28. März, hatte er seinen 80. Geburtstag und noch einmal alle seine ihm liebgewordenen Freunde gesehen.

Gerade nach seinem 80. Geburtstag sorgte er sich besonders um mich. Er wußte von meiner bevorstehenden Hüftoperation. „Geben Sie mir Bescheid, Friedrich, wenn die Operation vorbei ist", sagte er mir, als ich mich auf den Weg in Prof. Weigerts Klinik nach Berlin machte.

Am Tag vor der Operation bei Prof. Weigert, am 14. April, abends 20 Uhr, rief Sepp Herberger an. „Hallo Friedrich", meinte er, „eine gute Nacht wünsche ich. Schlafen Sie sich in einen guten Tag und in eine gute Form. Überstehen Sie die Operation gut."

Das rührte mich. Vor allen Länderspielen hat er, wenn er am Abend noch einmal in mein Zimmer schaute, genauso zu mir gesprochen. Er hat es mit seinen 80 Jahren nicht vergessen.

Gleich nach meiner Operation, als ich aus der Narkose aufwachte, bat ich Prof. Weigert, Sepp Herberger Bescheid zu geben. Der Chef freute sich riesig. Wir telefonierten jeden Tag ein- oder zweimal.

Typisch für den Chef: Er machte sich Gedanken um den Aufenthalt meiner Frau in Berlin während meiner Operation. Das koste doch alles Geld, meinte er. Ich sagte ihm: „Chef, das geht doch alles in Ordnung." Trotzdem ließ ihm das keine Ruhe, und er überwies 500 Mark an uns. Den Abschnitt trage ich jederzeit – auch in Zukunft – in meinem Portemonnaie.

Am Mittwoch, dem 27. April, rief der Chef zum letzten Mal an. Es war 12:30 Uhr. „Allez Friedrich! Wie geht es?" Ich sagte ihm, daß ich morgen nach Hause, nach Alsenborn, fahren dürfe. Ich erzählte ihm, daß ich 14 Tage ohne Krücken gegangen sei, daß Prof. Weigert jetzt aber darauf bestand, daß ich den Krückstock zu Hilfe nehmen solle. Prof. Weigert habe gemeint: „Sie sind Weltmeister im Fußball, jetzt müssen Sie nicht auch noch Weltmeister im Gehen werden. Machen Sie langsam!"

Antwortete der Chef: „Ich fühle mich auch nicht gut. Wir werden beide älter Friedrich, machen wir beide ein bißchen langsamer!"

Das waren Sepp Herbergers letzte Worte an mich.

Donnerstag früh, 7:00 Uhr, rasselte im Krankenhaus das Telefon: Bert Schreiber war dran, ein guter Freund. „Halte dich fest, Fritz, der Chef ist tot!" sagte er.

Mir liefen sofort die Tränen. Die Schwester brachte mir Herztabletten. Ich rang mühsam nach Fassung. Als erstes rief ich Italia an. Wir weinten beide am Telefon. Dann sprach ich mit Frau Herberger.

Den geplanten Kuraufenthalt in Italien verschob ich bis nach Sepp Herbergers Beerdigung am 4. Mai.

Natürlich stehe ich mit Frau Herberger in enger Verbindung. Wir sprechen oft miteinander.

Am 4. Juli, dem 23. Jahrestag der Erringung der Fußball-Weltmeisterschaft, bestellte ich Blumen fürs Grab. Alle „Vierundfünfziger" haben bei Frau Herberger angerufen. Bruder Ottmar war mit Ev am Grab des großen alten Mannes.

Er war wie ein Stück von uns allen.

**Robert Schwan**

# Beneidet, gehaßt, gefeuert

Ein Hauch von Mephisto umgab ihn schon immer, doch plötzlich zeigten sich auch unverkennbare Züge eines Judas: Robert Schwan (55), heimlicher Drahtzieher des Wechsels von Franz Beckenbauer zu Cosmos New York, verfing sich in seinen eigenen Schlingen. Er wurde als Manager des FC Bayern München, dem er 13 Jahre lang treu gedient hatte, gefeuert.

Der Volkszorn obsiegte. Schwan wurde zum Buhmann der Nation. Bayern-Boß Wilhelm Neudecker geriet in Zugzwang. Flugs zog er die Konsequenzen und entließ seinen engsten Vertrauten in Sachen Fußball vorzeitig aus dem bis 1978 laufenden Vertrag.

Freilich, ohne den Druck aus der Mitgliederschaft hätte Neudecker vermutlich weiter zu Schwan gehalten. Schließlich duldete er elf Jahre lang Schwans unheilvolle Doppelrolle als Bayern- und Beckenbauer-Manager.

„Ein Manager, der Beckenbauer nach Amerika verhökert, ist für uns untragbar", grollten die Mitglieder und beschimpften Schwan in aller Öffentlichkeit auf das Unflätigste. Selbst Bayern-Vizepräsident Karl Pfab, der es ansonsten tunlichst vermeidet, seinem Präsidenten vorzugreifen, tobte: „Wenn es stimmt, daß Schwan beim Beckenbauer-Transfer mitverdient hat, dann ist er für den Verein nicht mehr tragbar."

Zweifelsohne mußte Robert Schwan zwangsläufig über den Interessenkonflikt Bayern – Beckenbauer stolpern. Verwunderlich, daß es immerhin elf Jahre glatt ging (Schwan schloß den Vertrag mit Beckenbauer 1966 – also zwei Jahre, nachdem er zum hauptamtlichen Bayern-Manager ernannt worden war). Das mag aber in erster Linie an Schwan gelegen haben, der in seinem Geschäftsgebaren als Meister seines Fachs gilt. Tüchtig, rücksichtslos, gewandt, aalglatt. Wer sich mit ihm einließ, zog meist den kürzeren.

Doch die penetrante Hartnäckigkeit, die oft schon an Arroganz grenzte, zahlte sich zweifelsohne aus. Schwan schraubte den Werbewert seines

Mandanten Franz Beckenbauer stetig nach oben. 1966 bei der Weltmeisterschaft in England hatte sich Jung-Beckenbauer noch für tausend Mark auf „Lebzeit" einer Haarcreme-Firma verdingt.

Schwan boxte ihn mit List aus diesem Vertrag heraus und übernahm nun selbst die Vermarktung des populären Fußball-Stars. Sehr zum Vorteil von Franz Beckenbauer, aber auch sehr zum Vorteil von Robert Schwan.

Denn der alerte Manager, der 1964 den Direktoren-Sessel einer renommierten Versicherungsgesellschaft mit der Fußballbranche vertauschte, ließ sich seine Nebentätigkeit (als Bayern-Manager bekam er monatlich 6000 DM) fürstlich honorieren. Zwischen zehn und zwanzig Prozent, je nach Kondition des Geschäfts um den Werbegiganten Bekkenbauer (geschätzte Einnahme im WM-Jahr 1974 knapp eine Million DM), wanderten auf Schwans Konto.

So auch beim Cosmos-Transfer, bei dem Schwan aus eigennützigen Motiven fleißig mitbastelte. Geht man von zwanzig Prozent Honorar aus, dann dürfte Schwan dabei um 1,4 Millionen DM reicher geworden sein. Eine stolze Altersversorgung. Glorreiche Krönung eines geschickten Fußball-Managements.

Interessenkonflikte will Schwan auch heute noch nicht eingestehen. „Man kann doch durchaus zwei Herren dienen, ohne einem zu schaden", beteuert der Mann, der ein Stück Bundesliga-Geschichte geworden ist.

Schwans Aufstieg zu Macht, Geld und Erfolg ähnelt der einer Senkrechtstarter-Karriere, erinnert an jenes aus Amerika überlieferte Halbmärchen vom Schuhputzer, der sich zum Millionär hochboxte. Nun, in den Schoß gefallen ist dem Robert Hermann Schwan (am 20. November 1921 in Würzburg geboren) freilich nichts.

„Ja, ich war ein armes Vorstadtkind. Ganz kleine Verhältnisse, und die, die sich darüber mokieren, können mich am Arsch lecken", explodiert Schwan meist, wenn man in seiner Vergangenheit stochert und dabei den Obst- und Gemüsehändler Schwan entdeckt. Doch die Zeiten, da er lauthals Gurken und Tomaten feilbieten mußte, sind vorbei. Geblieben ist das Vulgärvokabular aus jener Zeit, das dem eines Seemannes durchaus ebenbürtig erscheint.

Irgendwie gerät er immer wieder in den Zwiespalt: Genießt einerseits die Erfolge des Alters, der Erfahrung, sucht andererseits die Elastizität und Spannkraft der Vergangenheit. So umgibt ihn, den Fastsechziger, immer noch ein jugendlicher Habitus: 70 000-DM-Porsche, Jeans-Look, eine Ehefrau (übrigens die dritte), die um 27 Jahre jünger ist.

Ein Kind von Traurigkeit war Robert Schwan nie. Möglicherweise hat sein Lebensstil auch etwas auf Franz Beckenbauer abgefärbt. Obwohl der Franz den Schwan siezt und der ältere den jüngeren duzt, bestätigen beide einhellig: „Jawohl, wir sind Freunde ..."

Die Bande der Freundschaft zerrissen auch nicht im fernen Amerika. Schwan begleitete seinen Schützling anfangs nach New York und spann dort für ihn neue Geschäftskontakte. In einem noblen Büro in München hat Schwan begonnen, im Auftrage Beckenbauers Immobilien-Projekte in den USA an zahlungskräftige deutsche Kunden zu verhökern. Gegen Prozente, versteht sich ...

*Ein Fastsechziger im Twen-Look; sorgsam gepflegtes Haar, ein wenig Playboy und auch Narziß. Robert Schwan, von den Bayern gefeuert – aber mit Beckenbauer im Geschäft geblieben.*

# Zahlen und Daten

## 1. Spieltag 14. August 1976

**Eintr. Braunschweig – Eintr. Frankfurt 3:1 (1:1)**
BRAUNSCHWEIG: Franke, Grzyb, Haebermann, Hollmann, Merkhoffer, Zembski, Handschuh (68. Holzer), Dremmler (68. Ristic), Gersdorff, Popivoda, Frank. FRANKFURT: Koitka, Reichel, Neuberger, Körbel, Müller, Kraus, Weidle, Nickel, Hölzenbein (85. Borchers), Grabowski, Wenzel (25. Bihn). Schiedsrichter: Kindervater (Köln); Zuschauer: 23 000; Tore: 1:0 Frank (17.), 1:1 Bihn (42.), 2:1 Frank (82.), 3:1 Popivoda (90.)

**Bor. Mönchengladbach – MSV Duisburg 1:1 (1:1)**
MÖNCHENGLADBACH: Kneib, Vogts, Wittkamp, Bonhof, Klinkhammer, Danner, Wimmer (46. Schäffer), Kulik, Simonsen, Heidenreich, Heynckes. DUISBURG: Heinze, Schneider (46. Bella), Bregman, Pirsig, Dietz, Jara, Bücker, Büssers, Seliger, Worm, Thies (77. Weber). Schiedsrichter: Redelfs (Hannover); Zuschauer: 23 500; Tore: 0:1 Bregman (13.), 1:1 Heynckes (15.).

**Karlsruher SC – Hertha BSC Berlin 0:3 (0:2)**
KARLSRUHE: Wimmer, Bredenfeld, Struth, Ulrich, Kalb, Trenkel, Schäfer, Kübler, Krauth (46. Vogel), Flindt, Janzon. HERTHA: Nigbur, Sziedat, Brück, Kliemann, Weiner, Hermandung, Beer, Horr, Diefenbach, Szymanek, Grau. Schiedsrichter: Fork (Unna); Zuschauer: 30 000; Tore: 0:1 Szymanek (23.), 0:2 Brück (36.), 0:3 Horr (78.).

**1. FC Saarbrücken – Vfl Bochum 0:1 (0:0)**
SAARBRÜCKEN: Ferner, Cremer (70. Semlitsch), E. Schmitt, Zech, Bender, E. Traser, Denz, P. Schmidt, Hayduk, Berdoll (59. H. Traser), Greth. BOCHUM: Scholz, Gerland, Franke, Herget, Lameck, Köper, Tenhagen, Trimhold (80. Balte), Eggert (75. Miss), Pochstein, Kaczor. Schiedsrichter: Klauser (Vaterstetten); Zuschauer: 29 000; Tor: 0:1 Trimhold (51.).

**Hamburger SV – Borussia Dortmund 3:4 (0:3)**
HAMBURG: Kargus, Kaltz, Blankenburg (43. Memering), Ripp, Hidien, Björnmose, Eigl (68. Ettmayer), Zaczyk, Steffenhagen, Reimann, Volkert. DORTMUND: Bertram, Huber, Nerlinger, Meyer, Ackermann, Wolf (78. Wagner), Segler, Hartl (89. Kasperski), Geyer, Kostedde, Lippens. Schiedsrichter: Dreher (Darmstadt); Zuschauer: 48 000; Tore: 0:1 Hartl (4.), 0:2 Geyer (29.), 0:3 Kostedde (38.), 1:3 Steffenhagen (53.), 2:3 Reimann (58.), 2:4 Kostedde (60.), 3:4 Volkert (74., Handelfmeter).

**Tennis Borussia Berlin – Rot-Weiß Essen 2:2 (1:1)**
TENNIS: Birkenmeier, Kraus, Schmitz (75. Schneider), Eggert, Sprenger, Jakobs, Hanisch (71. Zimmer), Berkemeier, Schulz, Wendt, Sackewitz. ESSEN: Blasey, Neues, Wieczorkowski, Wörmer, Huhse, Dörre, Lorant, Fürhoff, Lund (65. Lindner), Hrubesch, Böninghausen. Schiedsrichter: Niemann (Hamburg); Zuschauer 20 000; Tore: 1:0 Wendt (13.), 1:1 Dörre (22.), 2:1 Wendt (55.), 2:2 Hrubesch (74.).

**Bayern München – Fortuna Düsseldorf 2:1 (0:1)**
MÜNCHEN: Maier, Andersson (40. Torstensson), Beckenbauer, Schwarzenbeck, Horsmann, Weiß, Dürnberger, Kapellmann, Hoeneß, Müller, Rummenigge. DÜSSELDORF: Woyke, Baltes, Zewe, Zimmermann, Kriegler, Bommer (78. Köhnen), Brei, Hickersberger, Geye, Seel, Allofs (78. Mattsson). Schiedsrichter: Schröder (Lahnstein); Zuschauer: 36 000; Tore: 0:1 Bommer (3.), 1:1 Dürnberger (69.), 2:1 Müller (74.).

**Schalke 04 – Werder Bremen 3:2 (2:1)**
SCHALKE: Maric, Thiele (54. Dubski), Fichtel, Rüßmann, H. Kremers, Lütkebohmert, Sobieray, Oblak, Bongartz (78. Gede), Fischer, E. Kremers. BREMEN: Burdenski, Höttges, Roentved, Siegmann, Kamp, Röber, Hiller, Bracht, Müllner (78. Mense), Görts, Ohling (71. Weist). Schiedsrichter: Gabor (Berlin); Zuschauer: 27 000; Tore: 1:0 Oblak (15.), 2:0 Bongartz (24.), 2:1 Kamp (40.), 3:1 Fischer (67.), 3:2 Roentved (86.).

**1. FC Köln – 1. FC Kaiserslautern 3:1 (2:0)**
KÖLN: Schumacher, Zimmermann, Gerber, Weber, Konopka, Simmet, Flohe (62. Neumann), Overath, van Gool, Müller, Löhr (82. Kößling). KAISERSLAUTERN: Hellström, Ritschel, Melzer, Scheller, Diehl, Meier, Riedl, Scheer, Wilhelmi (63. Groh), Toppmöller, Sandberg. Schiedsrichter: Frickel (München); Zuschauer: 37 000; Tore: 1:0 Müller (39.), 2:0 Müller (42.), 2:1 Melzer (47.), 3:1 Konopka (63.).

## 2. Spieltag 20./21. August

**Eintr. Frankfurt – Tennis Borussia Berlin 7:1 (3:0)**
FRANKFURT: Koitka, Reichel, Neuberger, Körbel, Müller, Weidle, Kraus, Nickel (71. Bihn), Hölzenbein, Grabowski, Wenzel (56. Borchers). TENNIS: Birkenmeier, Kraus, Eggert, Schmitz (59. Zimmer), Sprenger, Jakobs, Schneider, Berkemeier, Schulz (62. Subkleve), Wendt, Sackewitz. Schiedsrichter: Eschweiler (Euskirchen); Zuschauer: 12 000; Tore: 1:0 Hölzenbein (14.), 2:0 Nickel (31.), 3:0 Kraus (37.), 4:0 Hölzenbein (53., Foulelfmeter), 5:0 Grabowski (54.), 5:1 Berkemeier (61.), 6:1 Hölzenbein (70.), 7:1 Kraus (79.).

**Borussia Dortmund – 1. FC Saarbrücken 2:1 (2:0)**
DORTMUND: Bertram, Huber, Nerlinger, Meyer, Ackermann, Wolf (60. Vöge), Segler, Hartl (46. Wagner), Geyer, Kostedde, Lippens. SAARBRÜCKEN: Ferner, Semlitsch, E. Schmitt, Zech, Bender, Spasovski, Denz (66. Finkler), H. Traser, Hayduk, Berdoll, Greth (57. P. Schmidt). Schiedsrichter: Redelfs (Hannover); Zuschauer: 43 000; Tore: 1:0 Hartl (16.), 2:0 Huber (34., Foulelfmeter), 2:1 Berdoll (82.).

**1. FC Kaiserslautern – Schalke 04 2:0 (0:0)**
KAISERSLAUTERN: Hellström, Ritschel, Melzer, Schneller, Diehl, Meier, Scheer (84. Wilhelmi), Schwarz, Pirrung, Toppmöller, Riedl. SCHALKE: Maric, Sobieray, Fichtel, Rüßmann, H. Kremers, Lütkebohmert, Oblak, Bongartz, Thiele (65. Gede), Fischer, E. Kremers. Schiedsrichter: Ohmsen (Hamburg); Zuschauer: 28 000; Tore: 1:0 Toppmöller (47.), 2:0 Diehl (52., Foulelfmeter).

**Rot-Weiß Essen – 1. FC Köln 0:3 (0:1)**
ESSEN: Blasey, Neues, Wieczorkowski, Wörmer, Huhse, Lorant, Dörre (80. Strauch), Fürhoff (80. Surau), Lund, Hrubesch, Böninghausen. KÖLN: Schumacher, Konopka, Gerber (67. Strack), Weber, Zimmermann, Simmet, Flohe, Overath, van Gool, Müller, Löhr (74. Kößling). Schiedsrichter: Quindeau (Ludwigshafen); Zuschauer: 20 000; Tore: 0:1 van Gool (16.), 0:2 Müller (76.), 0:3 Zimmermann (83.).

**Werder Bremen – Hamburger SV 2:2 (1:1)**
BREMEN: Burdenski, Kamp, Siegmann, Roentved, Höttges, Röber, Hiller, Bracht, Konschal (60. Ohling, 77. Müllner), Meininger, Görts. HAMBURG: Kargus, Björnmose, Kaltz, Ripp, Memering, Zaczyk, Bertl, Magath, Sperlich (46. Mackensen), Reimann, Steffenhagen. Schiedsrichter: Hennig (Duisburg); Zuschauer: 36 000; Tore: 0:1 Steffenhagen (30.), 1:1 Röber (40., Foulelfmeter), 1:2 Steffenhagen (56.), 2:2 Konschal (60.).

**Fortuna Düsseldorf – Eintr. Braunschweig 1:3 (1:2)**
DÜSSELDORF: Woyke, Kriegler, Zewe, Zimmermann, Balte, Bommer (46. Mattsson), Brei, Hickersberger, Geye, Seel, Allofs. BRAUNSCHWEIG: Franke, Zembski, Haebermann, Hollmann, Merkhoffer, Ristic, Handschuh, Dremmler, Popivoda (82. Holzer), Frank, Gersdorff. Schiedsrichter: Gabor (Berlin); Zuschauer: 18 000; Tore: 1:0 Seel (2.), 1:1 Frank (22.), 1:2 Gersdorff (35.), 1:3 Frank (57.).

**Hertha BSC Berlin – Mönchengladbach 0:1 (0:1)**
HERTHA: Nigbur, Sziedat, Brück, Kliemann, Weiner, Hermandung (88. Rasmussen), Diefenbach, Beer, Szymanek, Horr, Grau (54. Gründel). MÖNCHENGLADBACH: Kneib, Klinkhammer, Wittkamp, Bonhof, Vogts, Danner, Wimmer (70. Schäffer), Kulik (77. Ringels), Simonsen, Heidenreich, Heynckes, Schiedsrichter: Biwersi (Bliesransbach); Zuschauer: 78 000; Tor: 0:1 Heynckes (43.).

**MSV Duisburg – Bayern München 5:2 (3:1)**
DUISBURG: Heinze, Schneider, Bregman, Pirsig, Dietz, Jara, Bücker, Büssers (68. Bella), Seliger, Worm, Thies (86. Weber). MÜNCHEN: Maier, Schwarzenbeck, Beckenbauer, Dürnberger, Horsmann, Weiß, Torstensson, Rummenigge, Hoeneß, Müller, Künkel. Schiedsrichter: Jensen (Schönkirchen); Zuschauer: 33 000; Tore: 0:1 Torstensson (2.), 1:1 Bregman (8.), 2:1 Thies (21.), 3:1 Seliger (34.), 4:1 Dietz (63.), 4:2 Rummenigge (69.), 5:2 Schneider (87.).

**VfL Bochum – Karlsruher SC 1:0 (1:0)***
BOCHUM: Scholz, Gerland, Tenhagen, Herget, Lameck, Köper, Trimhold, Eggert (75. Balte), Kaczor, Pochstein (64. Eggeling), Ellbracht. KARLSRUHE: Wimmer, Ulrich, Kalb, Bredenfeld, Radau, Komorowski, Schäfer, Trenkel, Kübler (76. Vogel), Berger, Janzon. Schiedsrichter: Lutz (Bremen); Zuschauer: 13 000; Tor: 1:0 Tenhagen (43.).
*am 5. Oktober nachgeholt

## 3. Spieltag 27./28. August

### Tennis Bor. Berlin – Fortuna Düsseldorf 4:2 (2:1)

TENNIS: Birkenmeier, Kraus, Hanisch, Schneider, Sprenger, Jakobs, Berkemeier (63. Bruckhoff), Zimmer (55. Schmitz), Schulz, Subkleve, Wendt. DÜSSELDORF: Woyke, Baltes, Zimmermann, Kriegler, Köhnen, Brei, Schmitz (46. Mattsson), Hickersberger, Geye, Seel, Allofs (46. Bommer). Schiedsrichter: Meßmer (Mannheim); Zuschauer: 10 000; Tore: 1:0 Wendt (5.), 2:0 Wendt (33.), 2:1 Brei (35., Foulelfmeter), 2:2 Geye (51.), 3:2 Wendt (68.), 4:2 Wendt (78.).

### Bayern München – Eintr. Braunschweig 2:2 (0:0)

MÜNCHEN: Maier, Andersson, Beckenbauer, Schwarzenbeck, Horsmann, Dürnberger, Torstensson, Kapellmann, Rummenigge, Müller, Hoeneß. BRAUNSCHWEIG: Franke, Zembski, Haebermann, Hollmann, Merkhoffer, Ristic, Handschuh, Dremmler, Popivoda, Frank, Gersdorff. Schiedsrichter: Hennig (Duisburg); Zuschauer: 35 000; Tore: 0:1 Hollmann (52.), 1:1 Hoeneß (60.), 2:1 Dürnberger (62.), 2:2 Frank (77.).

### Karlsruher SC – Borussia Dortmund 2:1 (0:0)

KARLSRUHE: Wimmer, Bredenfeld, Struth, Ulrich, Kalb, Schäfer, Trenkel, Komorowski, Janzon, Flindt (75. Berger), Kübler (59. Vogel). DORTMUND: Bertram, Huber, Nerlinger, Meyer (72. Wagner), Ackermann, Wolf (73. Schildt), Segler, Hartl, Geyer, Kostedde, Lippens. Schiedsrichter: Engel (Reimsbach); Zuschauer: 35 000; Tore: 0:1 Lippens (47.), 1:1 Flindt (62.), 2:1 Janzon (67.).

### 1. FC Köln – Eintracht Frankfurt 2:0 (1:0)

KÖLN: Schumacher, Glowacz, Weber, Zimmermann, Konopka, Simmet, Overath, Flohe, van Gool, Müller, Löhr (73. Kößling). FRANKFURT: Koitka, Müller, Trinklein, Reichel, Neuberger, Körbel, Kraus (58. Weidle), Nickel, Hölzenbein, Grabowski, Bihn (68. Wenzel). Schiedsrichter: Linn (Altendiez); Zuschauer: 51 000; Tore: 1:0 van Gool (10.), 2:0 Kößling (86.).

### 1. FC Saarbrücken – Werder Bremen 2:0 (1:0)

Saarbrücken: Ferner, Semlitsch, E. Schmitt, Zech (63. Förster), Bender, Spasovski, Denz, H. Traser (70. Finkler), Hayduk, Berdoll, Greth. BREMEN: Burdenski, Kamp, Roentved, Siegmann, Höttges, Röber, Petrovic (75. Mense), Hiller, Bracht, Meininger (46. Weist), Görts. Schiedsrichter: Waltert (Paderborn); Zuschauer: 25 000; Tore: 1:0 Roentved (3., Eigentor), 2:0 Roentved (85., Eigentor).

### Schalke 04 – Rot-Weiß Essen 3:0 (3:0)

SCHALKE: Maric, Sobieray, Fichtel, Rüßmann, H. Kremers, Lütkebohmert, Bongartz, Oblak, Abramczik (67. Gede), Fischer, E. Kremers (74. Thiele). ESSEN: Blasey, Neues, Wieczorkowski, Wörmer, Huhse, Dörre, Lorant, Surau, Fürhoff, Lund (55. Mill), Böninghausen. Schiedsrichter: Zuchantke (Berlin); Zuschauer: 32 000; Tore: 1:0 Abramczik (2.), 2:0 E. Kremers (19.), 3:0 E. Kremers (45.).

### Borussia Mönchengladbach – VfL Bochum 4:2 (1:1)

MÖNCHENGLADBACH: Kneib, Vogts, Wittkamp, Bonhof, Klinkhammer, Danner (27. Ringels), Wimmer, Simonsen, Del'Haye, Heidenreich (77. Nielsen), Heynckes. BOCHUM: Scholz, Gerland, Franke, Herget, Lameck, Köper, Tenhagen, Eggert, Trimhold (71. Ellbracht), Kaczor, Pochstein. Schiedsrichter: Joos (Stuttgart); Zuschauer: 20 000; Tore: 0:1 Kaczor (30.), 1:1 Bonhof (31.), 2:1 Heynckes (58.), 2:2 Kaczor (60.), 3:2 Heynckes (62.), 4:2 Heynckes (85.).

### Hamburger SV – 1. FC Kaiserslautern 1:0 (0:0)

HAMBURG: Kargus, Kaltz, Blankenburg, Ripp, Hidien, Zaczyk, Memering, Magath, Steffenhagen (67. Sperlich), Reimann, Volkert. KAISERSLAUTERN: Hellström, Ritschel, Melzer, Scheller, Diehl, Meier, Scheer, Schwarz, Pirrung (32. Briegel), Toppmöller, Riedl. Schiedsrichter: Hilker (Bochum); Zuschauer: 30 000; Tor: 1:0 Reimann (57.).

### MSV Duisburg – Hertha BSC Berlin 1:1 (1:0)

DUISBURG: Heinze, Schneider, Bregman, Pirsig, Dietz, Jara, Bücker, Büssers (62. Bella), Seliger, Worm, Thies. HERTHA: Nigbur, Sziedat, Brück, Kliemann, Weiner, Hermandung, Diefenbach, Beer, Szymanek, Horr, Grau. Schiedsrichter: Walz (Waiblingen); Zuschauer: 22 000; Tore: 1:0 Dietz (19., Foulelfmeter), 1:1 Kliemann (89.).

## 4. Spieltag 3./4. September

### Fortuna Düsseldorf – 1. FC Köln 1:3 (0:1)

DÜSSELDORF: Woyke, Baltes, Zewe, Zimmermann, Kriegler, Köhnen, Seel, Brei, Geye, Mattsson, Allofs. KÖLN: Schumacher, Glowacz, Weber, Zimmermann, Konopka, Simmet, Overath, Flohe, van Gool, Müller, Löhr. Schiedsrichter: Antz (Wahlen); Zuschauer: 35 000; Tore: 0:1 Müller (42.), 0:2 Flohe (51.), 0:3 Müller (53.), 1:3 Mattsson (65.).

### Borussia Dortmund – Bor. Mönchengladbach 0:0

DORTMUND: Bertram, Huber, Nerlinger, Meyer, Ackermann, Wolf, Segler, Hartl (84. Wagner), Geyer, Kostedde, Lippens. MÖNCHENGLADBACH: Kneib, Klinkhammer, Wittkamp, Schäffer, Vogts, Bonhof, Simonsen, Wimmer, Kulik (70. Ringels), Heidenreich (67. Del'Haye), Heynckes. Schiedsrichter: Schmoock (Reichenau); Zuschauer: 54 000.

### Eintr. Braunschweig – Tennis Bor. Berlin 3:1 (2:0)

BRAUNSCHWEIG: Franke, Zembski, Haebermann, Hollmann, Merkhoffer, Ristic, Handschuh, Dremmler, Popivoda, Frank, Gersdorff (62. Holzer). TENNIS: Birkenmeier, Kraus, Eggert, Hanisch, Schneider, Sprenger (20. Zimmer, 78. Bruckhoff), Jakobs, Berkemeier, Schulz, Wendt, Subkleve. Schiedsrichter: Wichmann (Gelsenkirchen); Zuschauer: 24 000; Tore: 1:0 Dremmler (37.), 2:0 Frank (38.), 2:1 Wendt (54.), 3:1 Popivoda (85.).

### Eintracht Frankfurt – Schalke 04 6:3 (0:2)

FRANKFURT: Koitka, Müller, Trinklein, Reichel, Neuberger, Körbel, Nickel, Grabowski, Hölzenbein, Wenzel, Bihn (46. Kraus). SCHALKE: Maric, Thiele, Fichtel, Rüßmann, Sobieray, Lütkebohmert, Oblak, H. Kremers, Abramczik, Fischer, Schütte. Schiedsrichter: Horstmann (Nordstemmen); Zuschauer: 27 000; Tore: 0:1 Abramczik (28.), 0:2 H. Kremers (29.), 1:2 Kraus (48.), 2:2 Nickel (59.), 3:2 Grabowski (74.), 4:2 Hölzenbein (75.), 4:3 Lütkebohmert (82.), 5:3 Grabowski (86.), 6:3 Hölzenbein (89.).

### 1. FC Kaiserslautern – 1. FC Saarbrücken 1:0 (0:0)

KAISERSLAUTERN: Hellström, Scheller, Melzer, Diehl, Schwarz, Meier, Scheer (66. Groh), Riedl, Ritschel, Toppmöller, Pirrung. SAARBRÜKKEN: Ferner, Bender (46. E. Traser), E. Schmitt, Zech, Semlitsch, Spasovski, Denz, Finkler, Hayduk, Berdoll (67. Acimovic), P. Schmidt. Schiedsrichter: Roth (Salzgitter); Zuschauer: 32 000; Tor: 1:0 Toppmöller (35.).

### VfL Bochum – MSV Duisburg 2:1 (2:1)

BOCHUM: Scholz, Gerland, Franke, Herget, Lameck, Eggert (88. Pochstein), Köper, Trimhold, Tenhagen, Kaczor, Balte (46. Miss). DUISBURG: Heinz, W. Schneider, Bregman, Pirsig, Dietz, Jara, Bücker, Büssers, Seliger, Worm, Thies (76. Bella). Schiedsrichter: Dölfel (Fürth); Zuschauer: 16 000; Tore: 0:1 Thies (13.), 1:1 Trimhold (16.), 21: Trimhold (19.).

### Rot-Weiß Essen – Hamburger SV 1:2 (1:1)

ESSEN: Blasey, Neues, Wieczorkowski, Wörmer, Huhse, Strauch, Dörre, Fürhoff, Lorant, Lund, Böninghausen. HAMBURG: Kargus, Kaltz, Blankenburg, Ripp, Hidien, Memering, Zaczyk, Magath (76. Björnmose), Steffenhagen, Reimann, Volkert. Schiedsrichter: Haselberger (Reutlingen); Zuschauer: 10 000; Tore: 0:1 Reimann (15.), 1:1 Dörre (25.), 1:2 Reimann (82.).

### Werder Bremen – Karlsruher SC 1:1 (1:1)

BREMEN: Burdenski, Kamp, Roentved, Siegmann, Höttges, Hiller, Röber, Bracht, Konschal (71. Meininger), Weist (75. Petrovic), Görts. KARLSRUHE: Wimmer, Bredenfeld, Struth, Ulrich, Kalb, Komorowski, Schäfer, Trenkel, Janzon, Flindt (60. Vogel), Kübler. Schiedsrichter: Burgers (Essen); Zuschauer: 12 000; Tore: 0:1 Janzon (15.), 1:1 Roentved (24.).

### Hertha BSC Berlin – Bayern München 1:1 (0:1)

HERTHA: Nigbur, Sziedat (46. Sidka), Brück, Kliemann, Weiner, Hermandung, Diefenbach, Beer, Szymanek, Horr, Grau. MÜNCHEN: Maier, Andersson, Beckenbauer, Schwarzenbeck, Horsmann, Dürnberger, Torstensson, Kapellmann, Hoeneß, Müller, Rummenigge. Schiedsrichter: Eschweiler (Euskirchen); Zuschauer: 65 000; Tore: 0:1 Hoeneß (33.), 1:1 Szymanek (86., Foulelfmeter).

## 5. Spieltag 10./11. September

### Hertha BSC Berlin – Vfl Bochum 2:0 (1:0)
HERTHA: Nigbur, Sziedat, Brück, Kliemann, Weiner, Hermandung, Diefenbach, Beer, Szymanek (38. Sidka), Horr (63. Rasmussen), Grau. BOCHUM: Scholz, Gerland, Franke, Herget, Lameck, Köper, Tenhagen, Eggert (70. Pochstein), Miss, Trimhold, Kaczor. Schiedsrichter: Roth (Salzgitter); Zuschauer: 18 000; Tore: 1:0 Kliemann (20.), 2:0 Grau (85.).

### Bor. Mönchengladbach – Werder Bremen 3:1 (2:0)
MÖNCHENGLADBACH: Kneib, Ringels, Wittkamp, Schäffer, Vogts, Bonhof, Wimmer, Stielike (69. Del'Haye), Simonsen, Köppel, Heynckes. BREMEN: Burdenski, Siegmann, Roentved, Höttges, Kamp, Hiller, Röber, Bracht, Petrovic, Mense (73. Konschal), Görts. Schiedsrichter: Meßmer (Mannheim); Zuschauer: 12 000; Tore: 1:0 Bonhof (24., Foulelfmeter), 2:0 Köppel (35.), 2:1 Mense (54.), 3:1 Del'Haye (81.).

### Karlsruher SC – 1. FC Kaiserslautern 1:1 (0:0)
KARLSRUHE: Wimmer, Bredenfeld, Struth, Ulrich, Kalb, Komorowski, Schäfer, Trenkel, Janzon, Flindt, Kübler. KAISERSLAUTERN: Hellström, Ritschel, Melzer, Diehl, Scheller, Schwarz, Riedl, Meier, Pirrung, Toppmöller, Stickel. Schiedsrichter: Wichmann (Gelsenkirchen); Zuschauer: 38 000; Tore: 1:0 Janzon (58.), 1:1 Ritschel (59., Foulelfmeter).

### 1. FC Köln – Eintracht Braunschweig 3:0 (0:0)
KÖLN: Schumacher, Glowacz, Weber, Zimmermann, Konopka, Simmet, Overath, Flohe, van Gool, Müller, Löhr. BRAUNSCHWEIG: Franke, Grzyb, Haebermann, Hollmann, Merkhoffer, Handschuh, Zembski, Ristic, Popivoda, Frank, Gersdorff. Schiedsrichter: Aldinger (Waiblingen); Zuschauer: 57 000; Tore: 1:0 Overath (60), 2:0 Löhr (81.), 3:0 Overath (86.).

### MSV Duisburg – Borussia Dortmund 0:0
DUISBURG: Heinze, Schneider, Pirsig, Bregman, Dietz, Jara, Bücker, Büssers, Seliger, Worm, Thies (75. Weber). DORTMUND: Bertram, Huber, Meyer, Nerlinger, Ackermann, Wolf, Segler, Hartl (73. Wagner), Geyer, Kostedde (85. Kasperski), Lippens. Schiedsrichter: Frickel (München); Zuschauer: 31 000.

### Schalke 04 – Fortuna Düsseldorf 2:1 (1:1)
SCHALKE: Schubert, Thiele (84. Bittcher), Fichtel, Rüßmann, Sobieray, Lütkebohmert, H. Kremers, Oblak, Abramzik (65. Dubski), Fischer, E. Kremers. DÜSSELDORF: Woyke, Baltes, Hickersberger, Zimmermann, Kriegler, Köhnen, Seel, Brei, Geye, Mattsson, Allofs (75. Bommer). Schiedsrichter: Meuser (Ingelheim); Zuschauer: 18 000; Tore: 1:0 Fischer (11.), 1:1 Mattsson (23.), 2:1 E. Kremers (86.).

### 1. FC Saarbrücken – Rot-Weiß Essen 2:1 (0:0)
SAARBRÜCKEN: Ferner, Semlitsch, E. Schmitt, Zech, Bender, Spasovski, Denz, H. Traser, Hayduk (56. Kress), Berdoll, Greth (68. P. Schmidt). ESSEN: Spott, Neues, Wieczorkowski, Wörmer, Huhse, Dörre (66. Surau), Lorant, Fürhoff (66. Strauch), Lund, Bast, Böninghausen. Schiedsrichter: Gabor (Berlin); Zuschauer: 29 000; Tore: 0:1 Bast (63.), 1:1 Denz (65.), 2:1 H. Traser (82., Foulelfmeter).

### Bayern München – Tennis Borussia Berlin 9:0 (4:0)
MÜNCHEN: Maier, Andersson, Beckenbauer, Schwarzenbeck, Horsmann (46. Weiß), Dürnberger (53. Kirschner), Torstensson, Kapellmann, Hoeneß, Müller, Rummenigge. TENNIS: Birkenmeier, Schneider, Schmitz, Hanisch, Kraus, Zimmer (25. Stade), Schulz, Bruckhoff, Subkleve, Eggert, Sackewitz. Schiedsrichter: Quindeau (Ludwigshafen); Zuschauer: 15 000; Tore: 1:0 Kapellmann (23.), 2:0 Rummenigge (30.), 3:0 Müller (35.), 4:0 Müller (39.), 5:0 Müller (48.), 6:0 Müller (57.), 7:0 Rummenigge (77.), 8:0 Müller (86.), 9:0 Rummenigge (89.).

### Hamburger SV – Eintracht Frankfurt 3:1 (0:0)
HAMBURG: Kargus, Kaltz, Blankenburg, Ripp, Hidien, Zaczyk (74. Björnmose), Memering (84. Bertl), Magath, Steffenhagen, Reimann, Volkert. FRANKFURT: Koitka, Müller, Trinklein, Reichel, Neuberger (6. Simons), Körbel, Kraus, Nickel, Hölzenbein (26. Bihn), Grabowski, Wenzel. Schiedsrichter: Waltert (Paderborn); Zuschauer: 44 000; Tore: 1:0 Steffenhagen (53.), 2:0 Volkert (63., Handelfmeter), 3:0 Reimann (82.), 3:1 Wenzel (87.).

## 6. Spieltag 17./18. September

### Fortuna Düsseldorf – Hamburger SV 2:0 (0:0)
DÜSSELDORF: Woyke, Hickersberger, Baltes, Zimmermann, Kriegler, Köhnen, Brei, Allofs (76. Bommer), Geye, Mattsson, Seel. HAMBURG: Kargus, Blankenburg, Kaltz, Ripp, Hidien, Zaczyk, Björnmose, Magath, Steffenhagen, Reimann, Volkert. Schiedsrichter: Walz (Waiblingen); Zuschauer: 20 000; Tore: 1:0 Zimmermann (87.), 2:0 Seel (89).

### Borussia Dortmund – Hertha BSC Berlin 2:1 (1:0)
DORTMUND: Bertram, Huber, Meyer, Nerlinger, Ackermann, Wolf, Segler, Hartl (62. Wagner), Geyer (77. Schildt), Kostedde, Lippens. HERTHA: Nigbur, Sziedat, Brück, Kliemann, Weiner, Sidka (61. Diefenbach), Beer, Hermandung, Grau, Granitza, Kristensen. Schiedsrichter: Schröder (Lahnstein); Zuschauer: 46 500; Tore: 1:0 Kostedde (32.), 1:1 Granitza (81.), 2:1 Segler (85.).

### Tennis Borussia Berlin – 1. FC Köln 3:2 (2:0)
TENNIS: Birkenmeier, Kraus, Hanisch, Jakobs, Savkovic, Schneider (83. Schmitz), Berkemeier, Schulz, Subkleve, Sackewitz, Wendt (67. Eggert). KÖLN: Schumacher, Glowacz, Weber, Zimmermann, Konopka (61. Gerber), Simmet, Flohe, Overath, van Gool, Müller, Löhr. Schiedsrichter: Lutz (Bremen); Zuschauer: 20 000; Tore: 1:0 Wendt (2.), 2:0 Schulz (13.), 3:0 Subkleve (55.), 3:1 Löhr (88.). 3:2 Müller (90.).

### Vfl Bochum – Bayern München 5:6 (3:0)
BOCHUM: Scholz, Gerland, Franke (12. Ellbracht), Herget, Lameck, Miss, Tenhagen, Eggert, Kaczor, Trimhold, Pochstein. MÜNCHEN: Maier, Andersson, Schwarzenbeck, Beckenbauer, Horsmann, Dürnberger, Torstensson (85. Künkel), Hoeneß, Rummenigge, Müller, Kapellmann. Schiedsrichter: Horstmann (Nordstemmen); Zuschauer: 18 000; Tore: 1:0 Ellbracht (24.), 2:0 Kaczor (39.), 3:0 Ellbracht (43.), 4:0 Pochstein (53.), 4:1 Rummenigge (54.), 4:2 Schwarzenbeck (56.), 4:3 Müller (64.), 4:4 Müller (73., Foulelfmeter), 4:5 Hoeneß (76.), 5:5 Trimhold (80.), 5:6 Hoeneß (89.).

### 1. FC Kaiserslautern – Mönchengladbach 1:2 (1:0)
KAISERSLAUTERN: Hellström, Ritschel, Diehl, Melzer, Groh, Meier (80. Wilhelmi), Stickel (60. Scheller), Schwarz, Pirrung, Toppmöller, Riedl. MÖNCHENGLADBACH: Kneib, Ringels (60. Wohlers), Schäffer, Wittkamp, Vogts, Wimmer (75. Del'Haye), Bonhof, Köppel, Stielike, Simonsen, Heynckes. Schiedsrichter: Dreher (Darmstadt); Zuschauer: 22 500; Tore: 1:0 Toppmöller (23.), 1:1 Köppel (50.), 1:2 Wimmer (56.).

### Eintracht Braunschweig – Schalke 04 1:0 (0:0)
BRAUNSCHWEIG: Franke, Grzyb, Hollmann, Haebermann, Merkhoffer, Zembski, Handschuh (46. Dremmler), Ristic, Popivoda, Frank, Gersdorff. SCHALKE: Schubert, Sobieray, Rüßmann, Fichtel, Thiele, H. Kremers, Lütkebohmert (85. Schütte), Oblak, Abramczik (69. Gede), Fischer, E. Kremers. Schiedsrichter: Klauser (Vaterstetten); Zuschauer: 25 000; Tor: 1:0 Popivoda (52.).

### Werder Bremen – MSV Duisburg 2:2 (1:1)
BREMEN: Burdenski, Kamp, Siegmann, Roentved, Höttges, Hiller, Röber, Bracht (73. Petrovic), Konschal, Mense (60. Weist), Görts. DUISBURG: Heinze, Schneider, Bregman, Pirsig, Dietz, Jara, Bücker, Büssers, Bella, Seliger, Worm. Schiedsrichter: Joos (Stuttgart); Zuschauer: 15 000; Tore: 0:1 Worm (10.), 1:1 Seliger (40., Eigentor), 1:2 Dietz (60.), 2:2 Hiller (75.).

### Rot-Weiß Essen – Karlsruher SC 3:2 (0:0)
ESSEN: Spott, Neues, Wieczorkowski, Wörmer, Huhse, Lorant, Fürhoff, Strauch, Dörre (80. Surau), Lund, Bast. KARLSRUHE: Wimmer, Bredenfeld, Struth, Ulrich, Jung (46. Krauth), Komorowski, Schäfer, Trenkel, Flindt (65. Berger), Kübler, Janzon. Schiedsrichter: Jensen (Schönkirchen); Zuschauer: 13 000; Tore: 1:0 Fürhoff (57.), 2:0 Bast (59.), 3:0 Dörre (65.), 3:1 Janzon (78.), 3:2 Janzon (87.).

### Eintracht Frankfurt – 1. FC Saarbrücken 2:1 (2:1)
FRANKFURT: Koitka, Reichel, Trinklein, Körbel, Müller, Weidle, Kraus, Nickel (16. Beverungen), Wenzel, Grabowski, Bihn. SAARBRÜCKEN: Ferner, Bender, Zech, E. Schmitt, E. Traser, Finkler, Spasovski, Acimovic (63. Greth), Hayduk (60. Kress), Marek, H. Traser. Schiedsrichter: Hilker (Bochum); Zuschauer: 15 000; Tore: 1:0 Körbel (9.), 1:1 H. Traser (40., Foulelfmeter), 2:1 Beverungen (45.).

## 7. Spieltag 21./24./25. September

### MSV Duisburg – 1. FC Kaiserslautern 1:0 (0:0)

DUISBURG: Heinze, Schneider, Bregman, Pirsig, Dietz, Jara, Bücker, Bella, Büssers (62. Thies), Seliger, Worm. KAISERSLAUTERN: Hellström, Ritschel, Melzer, Diehl, Stickel (68. Pirrung), Riedl, Groh, Schwarz, Meier, Toppmöller, Briegel (77. Wilhelmi). Schiedsrichter: Haselberger (Reutlingen); Zuschauer: 18 000; Tor: 1:0 Bücker (63.).

### Bor. Mönchengladbach – Rot-Weiß Essen 6:0 (3:0)

MÖNCHENGLADBACH: Kneib, Vogts, Wittkamp, Schäffer, Wohlers, Bonhof, Wimmer, Stielike (80. Ringels), Simonsen, Köppel (72. Heidenreich), Heynckes. ESSEN: Spott, Neues, Wieczorkowski, Wörmer, Huhse, Lorant, Surau (60. Strauch), Dörre, Fürhoff (65. Mill), Lund, Bast. Schiedsrichter: Klauser (Vaterstetten); Zuschauer: 21 000; Tore: 1:0 Heynckes (22.), 2:0 Köppel (34.), 3:0 Wittkamp (38.), 4:0 Heynckes (52.), 5:0 Heynckes (57.), 6:0 Heidenreich (75.).

### Karlsruher SC – Eintracht Frankfurt 2:0 (1:0)

KARLSRUHE: Wimmer, Kalb, Bredenfeld, Ulrich, Komorowski, Trenkel, Schäfer, Kübler, Berger (79. Kraut), Flindt (46. Vogel), Janzon. FRANKFURT: Koitka, Reichel, Neuberger (57. Trinklein), Simons, Müller, Weidle, Körbel, Grabowski, Stradt, Wenzel, Borchers (46. Bihn). Schiedsrichter: Antz (Wahlen); Zuschauer: 25 000; Tore: 1:0 Trenkel (43.), 2:0 Janzon (87.).

### Bayern München – 1. FC Köln 4:1 (2:0)

MÜNCHEN: Maier, Andersson, Beckenbauer, Schwarzenbeck, Horsmann, Dürnberger, Torstensson (76. Roth), Kapellmann, Hoeneß, Müller, Rummenigge. KÖLN: Schumacher, Konopka, Gerber, Weber, Zimmermann, Simmet, Flohe, Overath, van Gool, Müller, Löhr. Schiedsrichter: Biwersi (Bliesransbach); Zuschauer: 77 000; Tore: 1:0 Rummenigge (9.), 2:0 Hoeneß (41.), 2:1 Overath (60.), 3:1 Hoeneß (78.), 4:1 Dürnberger (79.).

### Hamburger SV – Eintracht Braunschweig 0:2 (0:0)

HAMBURG: Kargus, Kaltz, Winkler, Ripp, Hidien, Björnmose, Zaczyk, Magath (66. Bertl), Steffenhagen, Reimann, Volkert. BRAUNSCHWEIG: Franke, Grzyb, Haebermann, Hollmann, Merkhoffer, Zembski, Ristic, Handschuh, Popivoda, Frank, Gersdorff. Schiedsrichter: Fork (Unna); Zuschauer: 50 000; Tore: 0:1 Hollmann (53.), 0:2 Frank (90.).

### 1. FC Saarbrücken – Fortuna Düsseldorf 0:0

SAARBRÜCKEN: Ferner, Förster, E. Schmitt, Zech, E. Traser, H. Traser (60. Bender), Marek (55. Finkler), Acimovic, Kress, Berdoll, Greth. DÜSSELDORF: Woyke, Baltes, Hickersberger (71. Busch), Zimmermann, Kriegler, Köhnen, Brei, Seel, Allofs, Geye, Mattsson (77. Bommer). Schiedsrichter: Aldinger (Waiblingen); Zuschauer: 28 000.

### VfL Bochum – Borussia Dortmund 2:1 (2:0)

BOCHUM: Scholz, Gerland, Tenhagen, Herget, Lameck, Eggert, Trimhold (88. Miss), Kaczor, Köper, Pochstein (70. Balte), Ellbracht. DORTMUND: Bertram, Huber, Nerlinger, Meyer, Ackermann, Wagner, Segler, Hartl (55. Votava), Schildt (46. Kasperski), Kostedde, Lippens. Schiedsrichter: Meßmer (Mannheim); Zuschauer: 17 000; Tore: 1:0 Ellbracht (5.), 2:0 Ellbracht (38.), 2:1 Segler (56.).

### Schalke 04 – Tennis Borussia Berlin 5:4 (3:1)

SCHALKE: Schubert, Sobieray, Fichtel, Rüßmann, Thiele, Lütkebohmert (46. Bongartz), Oblak, Gede (61. Bittcher), H. Kremers, Fischer, E. Kremers. TENNIS: Birkenmeier, Savkovic (57. Schmitz), Jakobs, Hanisch, Kraus, Schneider, Berkemeier, Schulz, Sackewitz, Wendt, Subkleve. Schiedsrichter: Dölfel (Fürth); Zuschauer: 17 000; Tore: 1:0 E. Kremers (19.), 2:0 Schulz (33., Eigentor), 3:0 Fischer (33.), 3:1 Schneider (44.), 3:2 Schneider (51.), 3:3 Subkleve (54.), 4:3 Fischer (57.), 4:4 Wendt (63.), 5:4 Oblak (70.).

### Hertha BSC Berlin – Werder Bremen 2:1 (1:0)

HERTHA: Nigbur, Sziedat, Brück, Kliemann, Weiner, Hermandung, Sidka (72. Horr), Beer, Grau, Granitza, Kristensen. BREMEN: Burdenski, Kamp, Siegmann, Roentved, Höttges, Geils, Hiller, Röber, Konschal, Petrovic (79. Bracht), Görts. Schiedsrichter: Ahlenfelder (Oberhausen); Zuschauer: 15 700; Tore: 1:0 Granitza (17.), 1:1 Hiller (50.), 2:1 Granitza (82.).

## 8. Spieltag 1./2. Oktober

### Fortuna Düsseldorf – Karlsruher SC 3:0 (0:0)

DÜSSELDORF: Woyke, Baltes, Hickersberger (81. Busch), Zimmermann, Kriegler, Brei, Allofs, Köhnen, Geye, Bommer, Seel. KARLSRUHE: Wimmer, Kalb, Bredenfeld, Ulrich, Komorowski, Schäfer, Trenkel (74. Niedermayer), Kübler, Berger, Flindt (61. Vogel), Janzon. Schiedsrichter: Linn (Altendiez); Zuschauer: 16 000; Tore: 1:0 Zimmermann (50.), 2:0 Zimmermann (72.), 3:0 Brei (75.).

### Eintracht Frankfurt – Mönchengladbach 1:3 (1:2)

FRANKFURT: Koitka, Reichel, Neuberger, Simons, Müller, Körbel (54. Borchers), Grabowski, Nickel, Weidle, Wenzel, Bihn (59. Stradt). MÖNCHENGLADBACH: Kneib, Vogts, Wittkamp, Schäfer, Köppel, Wohlers, Wimmer (73. Hannes), Stielike, Simonsen, Heidenreich, Heynckes. Schiedsrichter: Ohmsen (Hamburg); Zuschauer: 44 000; Tore: 1:0 Weidle (20.), 1:1 Simonsen (35.), 1:2 Wittkamp (40.), 1:3 Simonsen (52.).

### Werder Bremen – VfL Bochum 2:0 (1:0)

BREMEN: Burdenski, Geils, Roentved, Höttges, Kamp, Hiller, Röber, Petrovic (81. Bracht), Konschal, Meininger (81. Weist), Görts. BOCHUM: Scholz, Herget, Tenhagen, Gerland, Lameck, Köper, Eggert, Trimhold (78. Balte), Kaczor, Ellbracht, Pochstein. Schiedsrichter: Schmook (Reichenau); Zuschauer: 15 000; Tore: 1:0 Röber (40.), 2:0 Kamp (47.).

### 1. FC Kaiserslautern – Hertha BSC Berlin 0:2 (0:1)

KAISERSLAUTERN: Hellström, Ritschel, Melzer, Diehl, Schwarz, Meier, Groh, Riedl, Pirrung, Toppmöller, Briegel (73. Wilhelmi). HERTHA: Nigbur, Sziedat, Kliemann, Brück, Diefenbach, Weiner, Beer, Hermandung, Grau, Granitza, Kristensen. Schiedsrichter: Kindervater (Köln); Zuschauer: 17 000; Tore: 0:1 Beer (45.), 0:2 Granitza (71., Foulelfmeter).

### Rot-Weiß Essen – MSV Duisburg 1:5 (0:0)

ESSEN: Granzow, Strauch, Wieczorkowski, Wörmer, Huhse, Dörre, Lorant, Fürhoff (65. Surau), Bast, Lund (65. Mill), Hrubesch. DUISBURG: Heinze, Schneider (46. Büssers), Bregman, Pirsig, Dietz, Jara, Bücker, Bella, Seliger, Worm, Thies (76. Fruck). Schiedsrichter: Niemann (Hamburg); Zuschauer: 17 000; Tore: 0:1 Seliger (54.), 0:2 Dietz (61., Foulelfmeter), 0:3 Bücker (72.), 0:4 Büssers (74.), 1:4 Hrubesch (79.), 1:5 Fruck (83.).

### Tennis Borussia Berlin – Hamburger SV 1:1 (0:0)

TENNIS: Birkenmeier, Kraus, Hanisch, Jakobs, Savkovic, Schneider, Schulz, Berkemeier (88. Zimmer), Sackewitz, Wendt, Subkleve (88. Schmitz). HAMBURG: Kargus, Kaltz, Ripp, Blankenburg, Hidien, Björnmose, Eigl, Bertl, Steffenhagen, Reimann, Volkert. Schiedsrichter: Burgers (Essen); Zuschauer: 37 500; Tore: 1:0 Wendt (57., Foulelfmeter), 1:1 Eigl (66.).

### Borussia Dortmund – Bayern München 3:3 (0:1)

DORTMUND: Bertram, Huber, Nerlinger, Schwarze, Ackermann, Meyer, Segler, Wagner (77. Votava), Hartl, Kostedde, Schildt (43. Vöge). MÜNCHEN: Maier, Andersson, Beckenbauer, Schwarzenbeck, Horsmann, Dürnberger, Torstensson, Hoeneß, Kapellmann, Rummenigge, Müller. Schiedsrichter: Roth (Salzgitter); Zuschauer: 53 000; Tore: 0:1 Rummenigge (44.), 0:2 Müller (54.), 1:2 Vöge (60.), 1:3 Rummenigge (77.), 2:3 Kostedde (80.), 3:3 Hartl (89.).

### 1. FC Köln – Schalke 04 2:0 (0:0)

KÖLN: Schumacher, Zimmermann, Gerber, Weber, Glowacz, Simmet, Overath, Flohe, van Gool, Müller, Kößling (62. Löhr). SCHALKE: Maric, Thiele, Fichtel, Rüßmann, Sobieray, Lütkebohmert, Bongartz (69. Abramczik), Oblak, H. Kremers, Fischer, E. Kremers. Schiedsrichter: Walz (Waiblingen); Zuschauer: 55 000; Tore: 1:0 Gerber (76.), 2:0 Müller (88.).

### Eintr. Braunschweig – 1. FC Saarbrücken 1:0 (0:0)

BRAUNSCHWEIG: Franke, Grzyb, Haebermann, Hollmann, Merkhoffer, Zembski, Handschuh (46. Dremmler), Ristic (46. Holzer), Popivoda, Frank, Gersdorff. SAARBRÜCKEN: Ferner, Förster, E. Schmitt, Zech, (56. Bender), E. Traser, Spasovski, Finkler, H. Traser, Cremer (61. Kress), Berdoll, Greth. Schiedsrichter: Ahlenfelder (Oberhausen); Zuschauer: 17 000; Tor: 1:0 Popivoda (51.).

## 9. Spieltag 8./9. Oktober

### Mönchengladbach – Fortuna Düsseldorf 3:1 (1:1)

MÖNCHENGLADBACH: Kneib, Vogts, Wittkamp, Schäffer, Bonhof, Wohlers, Wimmer (20. Heidenreich), Stielike, Simonsen, Köppel, Heynckes. DÜSSELDORF: Woyke, Kriegler, Hickersberger, Zimmermann, Baltes, Seel, Brei, Köhnen (78. Busch), Allofs (75. Schmitz), Bommer, Geye. Schiedsrichter: Kindervater (Köln); Zuschauer: 29 000; Tore: 0:1 Zimmermann (2.), 1:1 Heynckes (11.), 2:1 Stielike (61.), 3:1 Vogts (66.).

### Hamburger SV – 1. FC Köln 2:1 (1:0)

HAMBURG: Kargus, Kaltz, Blankenburg, Ripp, Hidien, Eigl, Björnmose, Zaczyk, Steffenhagen, Reimann, Volkert (46. Sperlich). KÖLN: Schumacher, Glowacz, Gerber, Weber, Zimmermann, Simmet, Flohe, Overath, van Gool (2. Löhr), Müller, Kößling (79. Nicot), Schiedsrichter: Frickel (München); Zuschauer: 58 000; Tore: 1:0 Eigl (42.), 1:1 Müller (50.), 2:1 Zimmermann (77., Eigentor).

### Hertha BSC Berlin – Rot-Weiß Essen 2:1 (0:0)

HERTHA: Nigbur, Sziedat, Brück, Kliemann, Weiner (52. Horr), Hermandung, Diefenbach (61. Sidka), Beer, Grau, Granitza, Kristensen. ESSEN: Granzow, Strauch, Wieczorkowski, Wörmer, Huhse, Dörre, Surau (69. Fürhoff), Lorant, Bast, Hrubesch, Krostina (77. Lund). Schiedsrichter: Engel (Reimsbach); Zuschauer: 19 000; Tore: 1:0 Hermandung (56.), 1:1 Surau (58.), 2:1 Kristensen (75.).

### Bayern München – Schalke 04 0:7 (0:2)

MÜNCHEN: Maier, Horsmann, Beckenbauer, Schwarzenbeck (46. Arbinger), Weiß, Dürnberger, Kapellmann, Rummenigge, Hoeneß, Müller, Künkel (46. Seneca). SCHALKE: Maric, Thiele, Fichtel, Rüßmann, Sobieray, Lütkebohmert, Dubski (81. Bruns), Bongartz, Abramczik, Fischer, E. Kremers (51. Gede). Schiedsrichter: Linn (Altendiez); Zuschauer: 48 000; Tore: 0:1 Fischer (11.), 0:2 E. Kremers (44.), 0:3 Fischer (46.), 0:4 Dubski (64.), 0:5 Fischer (67.), 0:6 Abramczik (74.), 0:7 Fischer (82.).

### MSV Duisburg – Eintracht Frankfurt 4:3 (2:1)

DUISBURG: Heinze, Schneider, Bregman (61. Bruckmann), Pirsig, Dietz, Jara, Bücker, Bella (61. Worm), Seliger, Büssers, Thies. FRANKFURT: Koitka, Müller, Neuberger, Trinklein, Reichel, Weidle (78. Borchers), Kraus, Nickel, Wenzel (46. Bihn), Grabowski, Hölzenbein. Schiedsrichter: Schröder (Lahnstein); Zuschauer: 19 000; Tore: 0:1 Wenzel (17.), 1:1 Jara (29.), 2:1 Büssers (34.), 2:2 Bihn (47.), 2:3 Nickel (68., Foulelfmeter), 3:3 Worm (80.), 4:3 Jara (88.).

### 1. FC Saarbrücken – Tennis Borussia Berlin 0:0

SAARBRÜCKEN: Ferner, Semlitsch, E. Schmitt, Förster, E. Traser, Spasovski, Denz, H. Traser, Kress (59. P. Schmidt), Berdoll, Greth. TENNIS: Birkenmeier, Kraus (46. Subkleve), Hanisch, Jakobs, Savkovic, Schneider, Berkemeier, Schmitz, Schulz, Zimmer, Sackewitz (80. Eggert). Schiedsrichter: Hennig (Duisburg); Zuschauer: 25 000.

### Karlsruher SC – Eintracht Braunschweig 1:1 (1:0)

KARLSRUHE: Wimmer, Kalb, Bredenfeld, Ulrich, Radau, Komorowski, Schäfer, Trenkel, Berger (43. Flindt), Janzon, Kübler. BRAUNSCHWEIG: Franke, Grzyb, Haebermann, Hollmann, Merkhoffer, Zembski, Handschuh, Ristic (46. Dremmler), Stolzenburg, Frank, Gersdorff. Schiedsrichter: Hilker (Bochum); Zuschauer: 22 000; Tore: 1:0 Kübler (8.), 1:1 Stolzenburg (73.).

### VfL Bochum – 1. FC Kaiserslautern 1:0 (1:0)

BOCHUM: Scholz, Gerland, Fromm, Herget, Lameck, Köper, Eggert, Tenhagen, Trimhold (81. Balte), Kaczor, Ellbracht (69. Pochstein). KAISERSLAUTERN: Stabel, Ritschel, Schwarz, Diehl, Groh, Melzer (69. Wilhelmi), Scheer, Riedl, Stickel, Toppmöller, Sandberg (69. Briegel). Schiedsrichter: Zuchantke (Berlin); Zuschauer: 14 000; Tor: 1:0 Kaczor (15.).

### Borussia Dortmund – Werder Bremen 2:4 (2:2)

DORTMUND: Bertram, Huber, Nerlinger, Meyer, Ackermann, Wagner, Segler, Hartl (32. Kasperski), Vöge (77. Votava), Kostedde, Schildt. BREMEN: Burdenski, Geils, Roentved, Höttges, Kamp (24. Siegmann), Hiller, Konschal, Röber, Bracht, Meininger, Görts (50. Mense). Schiedsrichter: Haselberger (Reutlingen); Zuschauer: 49 500; Tore: 1:0 Ackermann (4.), 1:1 Konschal (11.), 2:1 Vöge (34.), 2:2 Roentved (35.), 2:3 Meininger (64.), 2:4 Konschal (87.).

## 10. Spieltag 23. Oktober

### Tennis Borussia Berlin – Karlsruher SC 4:2 (3:0)

TENNIS: Birkenmeier, Kraus, Hanisch (49. Zimmer), Jakobs, Savkovic, Schneider, Berkemeier, Schulz, Schmitz, Wendt, Subkleve. KARLSRUHE: Wimmer, Radau, Bredenfeld, Ulrich (46. Krauth), Kalb, Struth, Schäfer, Trenkel, Vogel (69. Flindt), Kübler, Janzon. Schiedsrichter: Redelfs (Hannover); Zuschauer: 17 000; Tore: 1:0 Wendt (7.), 2:0 Wendt (37.), 3:0 Schmitz (42.), 3:1 Trenkel (58.), 3:2 Janzon (62.), 4:2 Schneider (90.).

### 1. FC Köln – 1. FC. Saarbrücken 5:1 (1:0)

KÖLN: Schumacher, Konopka, Gerber, Weber, Strack, Glowacz, Simmet, Overath, van Gool, Müller, Löhr. SAARBRÜCKEN: Ferner, E. Traser, E. Schmitt, Zech, Bender, Denz, Finkler, H. Traser, Spasovski (80. Cremer), Hayduk, Marek. Schiedsrichter: Horstmann (Nordstemmen); Zuschauer: 28 000; Tore: 1:0 Löhr (10.), 2:0 Strack (50.), 3:0 Löhr (60., Foulelfmeter), 3:1 H. Traser (73., Foulelfmeter), 4:1 Müller (84.), 5:1 Konopka (88., Foulelfmeter).

### Fortuna Düsseldorf – MSV Duisburg 2:0 (0:0)

DÜSSELDORF: Woyke, Baltes, Hickersberger, Zimmermann, Kriegler, Brei, Köhnen, Allofs, Geye, Bommer, Seel. DUISBURG: Heinze, Schneider, Bruckmann, Pirsig, Dietz, Jara, Bücker, Bella, Seliger (75. Thies), Worm, Büssers. Schiedsrichter: Eschweiler (Euskirchen); Zuschauer: 15 000; Tore: 1:0 Allofs (86.), 2:0 Geye (89.).

### Eintr. Braunschweig – Mönchengladbach 1:1 (0:0)

BRAUNSCHWEIG: Franke, Grzyb, Hollmann, Zembski, Merkhoffer, Ristic, Handschuh, Dremmler, Popivoda, Frank, Holzer. MÖNCHENGLADBACH: Kneib, Klinkhammer, Wittkamp, Schäffer, Vogts, Stielike, Bonhof, Köppel (89. Hannes), Simonsen, Heidenreich, Heynckes. Schiedsrichter: Frickel (München); Zuschauer: 32 000; Tore: 1:0 Frank (73.), 1:1 Simonsen (86.).

### Eintracht Frankfurt – Hertha BSC Berlin 3:3 (1:2)

FRANKFURT: Koitka, Stepanovic, Neuberger, Reichel, Müller, Körbel, Kraus, Nickel, Wenzel, Grabowski, Hölzenbein. HERTHA: Nigbur, Weiner, Brück, Sidka, Kliemann, Diefenbach (68. Sziedat), Hermandung, Beer, Grau, Granitza (46. Szymanek), Kristensen. Schiedsrichter: Quindeau (Ludwigshafen); Zuschauer: 16 000; Tore: 0:1 Kristensen (7.), 0:2 Hermandung (17.), 1:2 Nickel (40., Foulelfmeter), 2:2 Wenzel (63.), 3:2 Nickel (73.), 3:3 Kristensen (92.).

### 1. FC Kaiserslautern – Borussia Dortmund 2:1 (1:0)

KAISERSLAUTERN: Hellström, Ritschel, Melzer, Diehl, Stickel, Meier, Groh, Riedl (59. Scheer), Pirrung (71. Wilhelmi), Toppmöller, Briegel. DORTMUND: Bertram, Huber, Nerlinger, Schwarze (56. Hartl), Ackermann, Meyer, Segler, Wagner (66. Schildt), Votava, Kostedde, Vöge. Schiedsrichter: Aldinger (Waiblingen); Zuschauer: 15 000; Tore: 1:0 Toppmöller (4.), 1:1 Toppmöller (67., Eigentor), 2:1 Wilhelmi (73.).

### Rot-Weiß Essen – VfL Bochum 3:3 (1:2)

ESSEN: Granzow, Strauch, Wieczorkowski, Wörmer, Huhse, Dörre (46. Lund), Lorant, Surau, Krostina (75. Fürhoff), Hrubesch, Bast. BOCHUM: Scholz, Gerland, Franke, Fromm, Lameck, Herget, Köper, Eggert, Tenhagen, Kaczor, Eggeling (51. Pochstein). Schiedsrichter: Biwersi (Bliesransbach); Zuschauer: 15 000; Tore: 0:1 Kaczor (4.), 0:2 Eggeling (9.), 1:2 Bast (39.), 2:2 Hrubesch (49.), 3:2 Hrubesch (53., Foulelfmeter), 3:3 Kaczor (68.).

### Werder Bremen – Bayern München 2:3 (1:1)

BREMEN: Burdenski, Geils, Roentved, Höttges, Kamp, Hiller, Röber, Bracht (76. Ohling), Konschal, Meininger (30. Weist), Petrovic. MÜNCHEN: Maier, Andersson, Beckenbauer, Schwarzenbeck (56. Arbinger), Horsmann, Dürnberger, Rummenigge, Torstensson, Kapellmann, Müller, Hoeneß. Schiedsrichter: Fork (Unna); Zuschauer: 38 000; Tore: 0:1 Müller (19.), 1:1 Weist (36.), 1:2 Dürnberger (68.), 1:3 Geils (73., Eigentor), 2:3 Röber (88.).

### Schalke 04 – Hamburger SV 1:0 (0:0)

SCHALKE: Maric, Sobieray, Fichtel, Rüßmann, Thiele, Lütkebohmert, H. Kremers (75. Gede), Bongartz, Dubski, Abramczik, Fischer. HAMBURG: Kargus, Kaltz, Winkler, Björnmose, Ripp, Magath, Zaczyk, Eigl, Sperlich, Reimann, Steffenhagen (14. Bertl). Schiedsrichter: Meßmer (Mannheim); Zuschauer: 60 000. Tor: 1:0 Fischer (80.).

## 11. Spieltag 29./30. Oktober

### Werder Bremen – 1. FC Kaiserslautern 2:0 (0:0)

BREMEN: Burdenski, Geils, Roentved, Höttges (46. Siegmann), Kamp, Hiller, Röber, Bracht, Konschal, Weist, Görts (81. Petrovic). KAISERSLAUTERN: Hellström, Ritschel, Melzer, Diehl, Scheller, Meier, Groh, Wilhelmi, Riedl, Toppmöller, Briegel (58. Scheer). Schiedsrichter: Hennig (Duisburg); Zuschauer: 13 000; Tore: 1:0 Bracht (53.), 2:0 Konschal (60.).

### Mönchengladbach – Tennis Bor. Berlin 3:0 (1:0)

MÖNCHENGLADBACH: Kneib, Vogts, Wittkamp, Schäffer, Bonhof, Wohlers (67. Klinkhammer), Wimmer (75. Heidenreich), Stielike, Simonsen, Köppel, Heynckes. TENNIS: Birkenmeier, Kraus, Jakobs, Eggert, Savkovic, Schneider, Zimmer, Schmitz, Berkemeier, Schulz (74. Subklceve), Wendt (52. Sackewitz). Schiedsrichter: Antz (Wahlen); Zuschauer: 20 000; Tore: 1:0 Heynckes (45.), 2:0 Heynckes (48.), 3:0 Stielike (73.).

### MSV Duisburg – Eintracht Braunschweig 1:1 (1:0)

DUISBURG: Heinze, Schneider, Bregman, Pirsig, Dietz, Jara, Büssers, Bruckmann, Seliger, Worm, Thies. BRAUNSCHWEIG: Franke, Grzyb, Frank, Zembski, Merkhoffer, Ristic, Dremmler, Gersdorff (22. Stolzenburg), Handschuh (70. Erler), Popivoda, Holzer. Schiedsrichter: Dreher (Darmstadt); Zuschauer: 19 000; Tore: 1:0 Worm (40.), 1:1 Holzer (85.).

### Bayern München – Hamburger SV 6:2 (1:1)

MÜNCHEN: Maier, Horsmann, Beckenbauer, Torstensson, Andersson, Arbinger, Dürnberger, Kapellmann, Hoeneß, Müller, Rummenigge. HAMBURG: Kargus, Kaltz, Winkler, Ripp, Björnmose, Bertl, Zaczyk, Eigl, Sperlich, Reimann, (65. Magath), Volkert. Schiedsrichter: Kindervater (Köln); Zuschauer: 35 000; Tore: 1:0 Müller (35.), 1:1 Reimann (43.), 2:1 Torstensson (49.), 2:2 Björnmose (54.), 3:2 Müller (61.), 4:2 Kapellmann (73.), 5:2 Müller (82.), 6:2 Müller (89).

### Karlsruher SC – 1. FC Köln 2:1 (0:1)

KARLSRUHE: Wimmer, Kalb, Bredenfeld, Ulrich, Radau, Struth, Balevski, Schäfer, Krauth (66. Berger), Janzon, Kübler. KÖLN: Schumacher, Konopka, Gerber, Weber, Strack, Glowacz, Simmet, Overath (70. Flohe), van Gool, Müller, Löhr (67. Rohde). Schiedsrichter: Niemann (Hamburg); Zuschauer: 35 000; Tore: 0:1 Müller (13.), 1:1 Struth (49.), 2:1 Janzon (85.).

### Borussia Dortmund – Rot-Weiß Essen 4:2 (1:1)

DORTMUND: Bertram, Huber, Nerlinger, Meyer (75. Wagner), Ackermann (75. Votava), Hartl, Segler, Burgsmüller, Vöge, Kostedde, Lippens. ESSEN: Granzow, Strauch, Wieczorkowski, Wörmer (46. Neues), Huhse, Dörre, Lorant, Surau (83. Lund), Bast, Hrubesch, Krostina. Schiedsrichter: Walther (Würzburg); Zuschauer: 45 000; Tore: 0:1 Lorant (20.), 1:1 Lippens (24.), 2:1 Hartl (64.), 2:2 Surau (67.), 3:2 Kostedde (83.), 4:2 Huber (90., Foulelfmeter).

### Hertha BSC Berlin – Fortuna Düsseldorf 4:0 (1:0)

HERTHA: Nigbur, Diefenbach, Brück, Kliemann, Weiner, Hermandung, Horr, Beer, Grau, Granitza, Kristensen (66. Sidka). DÜSSELDORF: Woyke, Baltes, Hickersberger, Zimmermann, Kriegler, Köhnen, Brei, Allofs, Geye, Seel, Bommer. Schiedsrichter: Aldinger (Waiblingen); Zuschauer: 13 000; Tore: 1:0 Hermandung (10.), 2:0 Beer (58., Foulelfmeter), 3:0 Granitza (60.), 4:0 Horr (69.).

### VfL Bochum – Eintracht Frankfurt 3:1 (1:0)

BOCHUM: Scholz, Gerland, Fromm, Franke, Herget, Köper, Tenhagen, Trimhold, Eggert, Kaczor, Eggeling (58. Pochstein). FRANKFURT: Koitka, Reichel, Neuberger, Körbel, Müller, Nickel, Stepanovic (66. Trinklein), Kraus (25. Weidle), Hölzenbein, Grabowski, Wenzel. Schiedsrichter: Gabor (Berlin); Zuschauer: 13 000; Tore: 1:0 Tenhagen (9.), 2:0 Eggert (73.), 2:1 Nickel (77.), 3:1 Köper (79.).

### 1. FC Saarbrücken – Schalke 04 2:3 (2:1)

SAARBRÜCKEN: Ferner, Semlitsch, E. Schmitt, E. Traser, Bender (75. Cremer), Spasovski, Denz, H. Traser, Hayduk (76. Berdoll), Ellbracht, Greth. SCHALKE: Maric, Thiele, Fichtel, Rüßmann, Sobieray, Lütkebohmert, Oblak (74. H. Kremers), Bongartz, Dubski (46. Gede), Abramczik, Fischer. Schiedsrichter: Ohmsen (Hamburg); Zuschauer: 25 000; Tore: 1:0 Denz (15.), 2:0 Semlitsch (30.), 2:1 Abramczik (38.), 2:2 Rüßmann (59.), 2:3 Fischer (66.).

## 12. Spieltag 6. November

### Tennis Borussia – MSV Duisburg 1:5 (0:4)

TENNIS: Birkenmeier, Savkovic, Jakobs, Eggert (46. Schwidrowski), Baake, Schmitz, Berkemeier, Zimmer, Schulz, Wendt (46. Sackewitz), Subkleve. DUISBURG: Heinze, Schneider, Bregman, Pirsig, Bella, Bruckmann, Jara, Büssers (59. Bücker), Seliger, Worm, Weber (71. Fruck). Schiedsrichter: Ohmsen (Hamburg); Zuschauer: 15 000; Tore: 0:1 Büssers (9.), 0:2 Büssers (12.), 0:3 Worm (25.), 0:4 Büssers (29.), 1:4 Zimmer (50.), 1:5 Worm (90.).

### Braunschweig – Hertha BSC Berlin 2:2 (1:1)

BRAUNSCHWEIG: Franke, Grzyb, Frank, Zembski, Merkhoffer, Ristic (49. Handschuh), Dremmler, Erler, Popivoda, Stolzenburg, Holzer. HERTHA: Nigbur, Diefenbach, Bruck, Kliemann, Weiner, Hermandung, Beer, Horr (53. Sidka), Grau, Granitza, Kristensen. Schiedsrichter: Burgers (Essen); Zuschauer: 22 000; Tore: 1:0 Frank (34., Foulelfmeter), 1:1 Granitza (43.), 2:1 Handschuh (65.), 2:2 Sidka (77.).

### Hamburger SV – 1. FC Saarbrücken 0:0

HAMBURG: Kargus, Kaltz, Winkler, Ripp, Zaczyk, Bertl (70. Ettmayer), Björnmose, Magath, Eigl, Sperlich, Reimann. SAARBRÜCKEN: Ferner, E. Schmitt, Zech, E. Traser, H. Traser, Cremer, Denz (85. Förster), Semlitsch, Acimovic, Berdoll, Ellbracht. Schiedsrichter: Wichmann (Gelsenkirchen); Zuschauer: 19 000.

### 1. FC Köln – Borussia Mönchengladbach 0:3 (0:1)

KÖLN: Schumacher, Gerber, Cullmann, Weber, Glowacz, Simmet, Overath, Flohe, van Gool, Müller (78. Rohde), Larsen (78. Löhr). MÖNCHENGLADBACH: Kneib, Klinkhammer, Wittkamp, Schäffer, Vogts, Bonhof, Wohlers, Wimmer (46. Köppel), Stielike (78. Hannes), Simonsen, Heynckes. Schiedsrichter: Meßmer (Mannheim); Zuschauer: 61 000; Tore: 0:1 Heynckes (43.), 0:2 Bonhof (74.), 0:3 Heynckes (83.).

### Rot-Weiß Essen – Werder Bremen

ESSEN: Granzow, Huhse, Wieczorkowski, Strauch, Neues, Dörre (61. Krostina), Lorant, Surau, Lund (77. Mill), Hrubesch, Bast. BREMEN: Burdenski, Kamp, Roentved, Siegmann, Geils, Hiller, Röber, Konschal, Bracht, Weist, Görts (37. Petrovic). Schiedsrichter: Frickel (München); Zuschauer: 8000.

### Fortuna Düsseldorf – VfL Bochum 1:0 (1:0)

DÜSSELDORF: Woyke, Baltes, Hickersberger, Zimmermann, Kriegler, Köhnen, Brei, Allofs (72. Bommer), Geye, Szymanek, Seel. BOCHUM: Scholz, Gerland, Fromm, Franke, Herget, Köper, Tenhagen, Balte, Eggert, Kaczor, Eggeling (56. Pochstein). Schiedsrichter: Klauser (Vaterstetten); Zuschauer: 15 000; Tor: 1:0 Szymanek (11.).

### Eintracht Frankfurt – Borussia Dortmund 1:4 (1:1)

FRANKFURT: Koitka, Müller (72. Stepanovic), Trinklein, Reichel, Neuberger, Körbel (67. Weidle), Kraus, Nickel, Hölzenbein, Grabowski, Wenzel. DORTMUND: Bertram, Huber, Nerlinger, Meyer, Ackermann, Wolf (83. Votava), Segler, Burgsmüller, Vöge (83. Wagner), Kostedde, Lippens. Schiedsrichter: Redelfs (Hannover); Zuschauer: 23 000; Tore: 1:0 Wenzel (6.), 1:1 Burgsmüller (42.), 1:2 Kostedde (53.), 1:3 Burgsmüller (69.), 1:4 Huber (87.).

### Schalke 04 – Karlsruher SC 2:2 (1:0)

SCHALKE: Maric, Thiele (58. H. Kremers), Fichtel, Rüßmann, Sobieray, Lütkebohmert, Oblak, Bongartz (78. Gede), Abramczik, Fischer, E. Kremers. KARLSRUHE: Wimmer, Ulrich, Bredenfeld, Radau (70. Niedermayer), Kalb, Struth, Schäfer, Kübler, Balevski (74. Krauth), Berger, Janzon. Schiedsrichter: Quindeau (Ludwigshafen); Zuschauer: 25 000; Tore: 1:0 Oblak (34.), 1:1 Schäfer (53.), 2:1 Fischer (64.), 2:2 Schäfer (71.).

### 1. FC Kaiserslautern – Bayern München 1:1 (0:1)

KAISERSLAUTERN: Hellström, Diehl, Melzer, Meier, Ritschel, Groh, Toppmöller, Riedl, Sandberg (78. Metzler), Pirrung, Briegel. MÜNCHEN: Maier, Andersson, Beckenbauer, Schwarzenbeck, Dürnberger, Arbinger (69. Roth), Torstensson, Kapellmann, Hoeneß, Müller, Rummenigge. Schiedsrichter: Waltert (Paderborn); Zuschauer: 32 000; Tore: 0:1 Müller (36.), 1:1 Pirrung (51.).

## 13. Spieltag 12./13. November

### Werder Bremen – Eintracht Frankfurt 2:1 (1:1)

BREMEN: Burdenski, Geils, Höttges, Roentved, Kamp, Hiller, Röber, Bracht, Konschal, Weist (75. Ohling), Petrovic (63. Meininger). FRANKFURT: Koitka, Müller (55. Stepanovic), Trinklein, Körbel, Weidle, Neuberger, Grabowski, Nickel, Kraus, Hölzenbein, Wenzel. Schiedsrichter: Engel (Reimsbach); Zuschauer: 16 500; Tore: 1:0 Weist (4.), 1:1 Hölzenbein (20.), 2:1 Bracht (49.).

### Bayern München – 1. FC Saarbrücken 5:1 (1:1)

MÜNCHEN: Maier, Arbinger (66. Roth), Schwarzenbeck, Beckenbauer, Horsmann, Dürnberger, Torstensson, Kapellmann, Hoeneß, Müller, Rummenigge. SAARBRÜCKEN: Ferner, E. Traser, Zech, E. Schmitt, Förster, Semlitsch, Cremer, Acimovic (24. Marek), Denz, Ellbracht, Berdoll. Schiedsrichter: Jensen (Schönkirchen); Zuschauer: 21 000; Tore: 0:1 Cremer (22., Handelfmeter), 1:1 Müller (31.), 2:1 Dürnberger (50.), 3:1 Beckenbauer (66.), 4:1 Hoeneß (77.), 5:1 Müller (89., Foulelfmeter).

### 1. FC Kaiserslautern – Rot-Weiß Essen 7:1 (1:1)

KAISERSLAUTERN: Hellström, Ritschel (76. Stickel), Toppmöller, Melzer, Groh, Meier, Diehl, Riedl, Sandberg, Pirrung, Briegel (46. Metzler). ESSEN: Granzow, Strauch, Wörmer, Wieczorkowski, Huhse, Lund, Lorant, Surau (31. Fürhoff), Bast, Hrubesch, Krostina (76. Böninghausen). Schiedsrichter: Walz (Waiblingen); Zuschauer: 11 000; Tore: 1:0 Pirrung (6.), 1:1 Fürhoff (38.), 2:1 Riedl (47.), 3:1 Metzler (54.), 4:1 Metzler (59.), 5:1 Toppmöller (68.), 6:1 Toppmöller (75.), 7:1 Sandberg (81.).

### Borussia Mönchengladbach – Schalke 04 2:0 (1:0)

MÖNCHENGLADBACH: Kneib, Klinkhammer, Schäffer, Wittkamp, Vogts, Bonhof, Wohlers, Köppel (82. Hannes), Simonsen, Del'Haye, Heynckes. SCHALKE: Maric, Sobieray (82. Gede), Rüßmann, Fichtel, Thiele, Oblak, Bongartz, Lütkebohmert (82. H. Kremers), Abramczik, Fischer, E. Kremers. Schiedsrichter: Lutz (Bremen); Zuschauer: 34 500; Tore: 1:0 Wittkamp (38.), 2:0 Heynckes (78.).

### Karlsruher SC – Hamburger SV 2:2 (0:0)

Karlsruhe: Wimmer, Radau, Ulrich, Bredenfeld, Kalb, Struth, Balevski (75. Krauth), Schäfer, Berger (75. Flindt), Janzon, Kübler. HAMBURG: Kargus, Hidien, Ripp, Kaltz, Björnmose, Magath, Eigl, Zaczyk, Steffenhagen, Reimann, Volkert. Schiedsrichter: Zuchantke (Berlin); Zuschauer: 30 000; Tore: 1:0 Berger (51.), 1:1 Eigl (59.), 1:2 Reimann (65.), 2:2 Kübler (90).

### Borussia Dortmund – Fortuna Düsseldorf 1:2 (0:1)

DORTMUND: Bertram, Huber, Meyer, Nerlinger, Ackermann, Wolf, Segler, Burgsmüller, Vöge (46. Hartl), Kostedde, Lippens. DÜSSELDORF: Woyke, Baltes, Hickersberger, Zimmermann, Kriegler, Köhnen, Brei, Zewe (54. Bommer), Allofs, Szymanek (56. Geye), Seel. Schiedsrichter: Dreher (Darmstadt); Zuschauer: 42 000; Tore: 0:1 Szymanek (36.), 0:2 Seel (68.), 1:2 Lippens (70.).

### MSV Duisburg – 1. FC Köln 1:1 (1:1)

DUISBURG: Heinze, Schneider, Pirsig, Bregman, Dietz, Jara, Bella, Bruckmann, Büssers (70. Bücker), Seliger, Worm. KÖLN: Schumacher, Glowacz, Weber, Gerber, Konopka, Flohe, Simmet, Cullmann, van Gool, Müller, Larsen. Schiedsrichter: Linn (Altendiez); Zuschauer: 26 000; Tore: 0:1 Larsen (34.), 1:1 Büssers (45.).

### VfL Bochum – Eintracht Braunschweig 1:1 (0:1)

BOCHUM: Scholz, Gerland, Fromm, Franke, Herget, Köper, Tenhagen, Eggert, Trimhold, Kaczor, Eggeling (59. Pochstein). BRAUNSCHWEIG: Franke, Grzyb, Frank, Zembski, Merkhoffer, Dremmler, Handschuh, Grobe, Holzer, Stolzenburg, Erler. Schiedsrichter: Walther (Würzburg); Zuschauer: 15 000; Tore: 0:1 Grobe (31.), 1:1 Trimhold (84.).

### Hertha BSC Berlin – Tennis Bor. Berlin 2:0 (0:0)

HERTHA: Nigbur, Diefenbach, Brück, Kliemann, Weiner, Hermandung, Horr, Beer, Grau, Granitza, Kristensen (58. Sidka). TENNIS: Birkenmeier, Savkovic, Jakobs, Eggert (60. Zimmer), Schmitz, Schneider, Schulz, Berkemeier, Baake, Wendt, Sackewitz (73. Schwidrowski). Schiedsrichter: Hilker (Bochum); Zuschauer: 74 800; Tore: 1:0 Hermandung (49.), 2:0 Beer (73.).

## 14. Spieltag 20. November

### Schalke 04 – MSV Duisburg 3:2 (2:0)

SCHALKE: Maric, Thiele, Fichtel, Rüßmann, H. Kremers, Lütkebohmert, Oblak, Gede (60. Dubski), Bongartz (81. Sobieray), Abramczik, E. Kremers. DUISBURG: Heinze (60. Schüller), Schneider, Bregman, Pirsig, Dietz, Jara (46. Bücker), Bruckmann, Bella, Büssers, Seliger, Worm. Schiedsrichter: Kindervater (Köln); Zuschauer: 28 000; Tore: 1:0 Bongartz (30.), 2:0 Rüßmann (39.), 2:1 Büssers (63.), 3:1 Bongartz (65.), 3:2 Dietz (87.).

### Eintr. Braunschweig – Bor. Dortmund 3:1 (1:1)

BRAUNSCHWEIG: Franke, Grzyb, Frank, Zembski, Merkhoffer, Ristic (46. Dremmler), Grobe, Handschuh, Erler, Stolzenburg, Holzer. DORTMUND: Bertram, Huber, Nerlinger (7. Wagner), Meyer, Ackermann, Wolf, Segler, Vöge, Votava, Burgsmüller, Lippens. Schiedsrichter: Dölfel (Fürth); Zuschauer: 21 000; Tore: 1:0 Frank (8.), 1:1 Wolf (32.), 2:1 Frank (72.), 3:1 Handschuh (76.).

### Rot-Weiß Essen – Bayern München 1:4 (0:1)

ESSEN: Granzow, Strauch, Wieczorkowski (82. Huhse), Wörmer, Böninghausen, Lorant, Krostina, Fürhoff, Lund, Mill, Bast. MÜNCHEN: Maier, Dürnberger, Beckenbauer, Schwarzenbeck, Horsmann, Arbinger, Torstensson, Kapellmann, Hoeneß, Müller, Rummenigge. Schiedsrichter: Schröder (Lahnstein); Zuschauer: 15 000; Tore: 0:1 Müller (21.), 0:2 Beckenbauer (50.), 0:3 Müller (76.), 0:4 Hoeneß (78.), 1:4 Bast (79.).

### Hamburger SV – Bor. Mönchengladbach 4:1 (1:0)

Hamburg: Kargus, Kaltz, Nogly, Hidien, Björnmose, Ripp, Eigl, Magath, Steffenhagen, Reimann, Volkert. MÖNCHENGLADBACH: Kneib, Klinkhammer, Wittkamp, Schäffer, Bonhof, Wimmer, Stielike (39. Hannes), Wohlers, Köppel, Simonsen (70. Del'Haye), Heynckes. Schiedsrichter: Meuser (Ingelheim); Zuschauer: 60 000; Tore: 1:0 Reimann (9.), 2:0 Björnmose (58.), 3:0 Volkert (69.), 4:0 Eigl (74.), 4:1 Hannes (83.).

### Eintracht Frankfurt – 1. FC Kaiserslautern 2:0 (1:0)

FRANKFURT: Koitka, Reichel (78. Müller), Trinklein, Körbel, Stepanovic (46. Weidle), Kraus, Grabowski, Neuberger, Hölzenbein, Wenzel, Nikkel. KAISERSLAUTERN: Hellström, Ritschel, Melzer, E. Diehl (46. Schwarz), Groh, Meier, Toppmöller, Riedl (55. Stickel), Metzler, Pirrung, Sandberg. Schiedsrichter: Eschweiler (Euskirchen); Zuschauer: 18 000; Tore: 1:0 Hölzenbein (19.), 2:0 Hölzenbein (54).

### Tennis Borussia Berlin – VfL Bochum 1:1 (0:1)

TENNIS: Birkenmeier, Schneider, Schmitz, Jakobs, Savkovic, Baake, Schulz (46. Subkleve), Berkemeier, Heun, Stradt (75. Zimmer), Wendt. BOCHUM: Scholz, Herget, Fromm (46. Balte), Franke, Gerland, Köper, Tenhagen, Trimhold, Eggert, Kaczor, Pochstein (79. Eggeling). Schiedsrichter: Horstmann (Nordstemmen); Zuschauer: 9500; Tore: 0:1 Kaczor (20.), 1:1 Wendt (78.).

### Fortuna Düsseldorf – Werder Bremen 3:2 (2:0)

DÜSSELDORF: Woyke, Baltes, Hickersberger, Zimmermann, Kriegler, Brei, Köhnen (80. Zewe), Allofs, Geye, Szymanek (70. Bommer), Seel. BREMEN: Burdenski, Geils, Roentved, Höttges, Kamp, Röber, Hiller, Bracht, Konschal (63. Petrovic), Weist (46. Görts), Meininger. Schiedsrichter: Gabor (Berlin); Zuschauer: 18 000; Tore: 1:0 Allofs (2.), 2:0 Szymanek (31.), 3:0 Szymanek (59.), 3:1 Röber (71.), 3:2 Görts (85.).

### 1. FC Köln – Hertha BSC Berlin 3:2 (2:1)

KÖLN: Schumacher, Glowacz, Gerber, Weber, Konopka, Simmet, Flohe, Cullmann (67. Zimmermann), van Gool, Müller, Larsen. HERTHA: Nigbur, Weiner, Brück, Kliemann, Diefenbach, Sidka, Hermandung, Beer, Grau, Granitza, Kristensen. Schiedsrichter: Biwersi (Bliesransbach); Zuschauer: 24 000; Tore: 1:0 Gerber (5.), 2:0 Müller (16.), 2:1 Sidka (21.), 3:1 Flohe (57., Foulelfmeter), 3:2 Hermandung (88.).

### 1. FC Saarbrücken – Karlsruher SC 1:1 (1:0)

SAARBRÜCKEN: Ferner, E. Traser, E. Schmitt, Zech, Semlitsch, Förster, Denz, Acimovic, Berdoll (70. Hayduk), Ellbracht, Greth. KARLSRUHE: Wimmer, Radau, Bredenfeld, Ulrich, Kalb, Struth, Schäfer, Balevski, Kübler (78. Flindt), Berger, Janzon. Schiedsrichter: Fork (Unna); Zuschauer: 28 000; Tore: 1:0 Acimovic (28.), 1:1 Berger (64.).

## 15. Spieltag 27. November

### Karlsruher SC – Bayern München 1:2 (0:1)

KARLSRUHE: Wimmer, Kalb, Bredenfeld, Ulrich, Radau, Schäfer, Struth (76. Krauth), Balevski (60. Flindt), Berger, Janzon, Kübler. MÜNCHEN: Maier, Andersson, Beckenbauer (46. Roth), Schwarzenbeck, Horsmann, Dürnberger, Torstensson, Kapellmann, Rummenigge, Müller, Hoeneß. Schiedsrichter: Ahlenfelder (Oberhausen); Zuschauer: 46 000; Tore: 0:1 Horsmann (41.), 0:2 Rummenigge (50.), 1:2 Struth (60., Foulelfmeter).

### Hertha BSC Berlin – Schalke 04 2:1 (0:1)

HERTHA: Nigbur, Diefenbach, Brück, Kliemann, Weiner, Hermandung, Sidka, Beer, Grau, Horr, Kristensen (64. Granitza). SCHALKE: Maric, Thiele, Fichtel, Rüßmann, Sobieray, Lütkebohmert, H. Kremers, Bongartz, Abramczik, Oblak, E. Kremers. Schiedsrichter: Meuser (Ingelheim); Zuschauer: 20 000; Tore: 0:1 Bongartz (44.), 1:1 Horr (74.), 2:1 Beer (90.).

### 1. FC Kaiserslautern – Fort. Düsseldorf 0:1 (0:0)*

KAISERSLAUTERN: Hellström, Ritschel, Melzer, Schwarz, Groh (74. Stickel), Meier (20. Scheer), Toppmöller, Riedl, Metzler, Pirrung, Sandberg. DÜSSELDORF: Woyke, Kriegler, Hickersberger, Zewe, Baltes, Zimmermann, Köhnen, Brei, Seel, Szymanek, Allofs. Schiedsrichter: Frickel (München); Zuschauer: 10 000; Tor: 0:1 Zewe (56.).

* Spiel abgebrochen; die Begegnung wird mit 2:0 Punkten und 2:0 Toren für Düsseldorf gewertet.

### Mönchengladbach – 1. FC Saarbrücken 3:0 (1:0)

MÖNCHENGLADBACH: Kneib, Wohlers (71. Heidenreich), Wittkamp, Schäffer, Klinkhammer, Bonhof, Stielike (46. Hannes), Wimmer, Del'Haye, Köppel, Simonsen. SAARBRÜCKEN: Ferner, E. Traser, E. Schmitt, Zech, Förster, Acimovic, Semlitsch, Denz, Greth, Ellbracht (68. Hayduk), P. Schmidt. Schiedsrichter: Niemann (Hamburg); Zuschauer: 16 000; Tore: 1:0 Stielike (26), 2:0 Hannes (47.), 3:0 Simonsen (86.).

### Werder Bremen – Eintr. Braunschweig 2:2 (2:0)

BREMEN: Burdenski, Geils, Roentved, Höttges, Kamp, Hiller, Röber, Bracht, Konschal, Meininger (78. Siegmann), Görts. BRAUNSCHWEIG: Franke, Grzyb, Hollmann, Zembski, Merkhoffer, Fremmler, Handschuh, Grobe (46. Ristic), Holzer, Frank, Erler (78. Gersdorff). Schiedsrichter: Waltert (Paderborn); Zuschauer: 20 000; Tore: 1:0 Röber (7.), 2:0 Meininger (44.), 2:1 Erler (55.), 2:2 Frank (90).

### MSV Duisburg – Hamburger SV 0:0

DUISBURG: Schreiner, Schneider, Bregman, Pirsig, Dietz, Jara, Bruckmann (72. Bücker), Bella, Seliger (79. Thies), Worm, Büssers. HAMBURG: Kargus, Kaltz, Nogly, Ripp, Hidien, Björnmose, Magath (63. Zaczyk), Eigl, Steffenhagen, Reimann, Volkert. Schiedsrichter: Joos (Stuttgart); Zuschauer: 18 000.

### Borussia Dortmund – Tennis Bor. Berlin 4:0 (2:0)

DORTMUND: Bertram, Huber, Wagner, Meyer, Ackermann, Wolf, Segler (70. Votava), Hartl, Vöge (72. Schildt), Burgsmüller, Lippens. TENNIS: Birkenmeier, Savkovic, Jakobs, Schmitz, Baake, Schneider, Berkemeier, Schulz (76. Bruckhoff), Stradt, Wendt, Heun. Schiedsrichter: Linn (Altendiez); Zuschauer: 28 500; Tore: 1:0 Vöge (14.), 2:0 Burgsmüller (45.), 3:0 Hartl (60.), 4:0 Huber (78.).

### Eintracht Frankfurt – Rot-Weiß Essen 3:1 (2:0)

FRANKFURT: Koitka, Weidle, Trinklein, Körbel (54. Müller), Neuberger, Stepanovic, Kraus, Nickel, Grabowski, Hölzenbein, Wenzel. ESSEN: Granzow, Strauch, Huhse, Wörmer, Böninghausen, Lorant (46. Dörre), Lund, Fürhoff, Bast, Krostina (46. Wieczorkowski), Mill. Schiedsrichter: Roth (Salzgitter); Zuschauer: 8000; Tore: 1:0 Hölzenbein (11.), 2:0 Hölzenbein (18.), 3:0 Müller (88.), 3:1 Mill (90.).

### VfL Bochum – 1. FC Köln 1:2 (1:0)

BOCHUM: Scholz, Gerland, Fromm, Franke, Lameck, Köper, Eggert, Tenhagen, Trimhold (64. Pochstein), Herget, Kaczor. KÖLN: Schumacher, Konopka, Gerber, Weber, Zimmermann (83. Hein), Glowacz, Flohe, Simmet, van Gool, Müller, Larsen (62. Kößling). Schiedsrichter: Schröder (Lahnstein); Zuschauer: 17 000; Tore: 1:0 Fromm (44.), 1:1 Müller (63.), 1:2 Flohe (73.).

## 16. Spieltag 3./4. Dezember

### Hamburger SV – Hertha BSC Berlin 2:0 (1:0)

HAMBURG: Kargus, Kaltz, Nogly, Ripp, Hidien, Björnmose, Zaczyk (70. Magath), Eigl, Steffenhagen, Reimann, Volkert. HERTHA: Nigbur, Sziedat, Brück, Kliemann, Diefenbach, Hermandung, Sidka, Beer, Granitza, Grau, Horr (65. Kristensen). Schiedsrichter: Antz (Wahlen); Zuschauer: 29 000; Tore: 1:0 Reimann (44.), 2:0 Nogly (77.).

### Braunschweig – 1. FC Kaiserslautern 2:1 (1:1)

BRAUNSCHWEIG: Franke, Grzyb, Hollmann, Zembski, Merkhoffer, Ristic, Handschuh, Dremmler, Stolzenburg, Frank, Holzer. KAISERSLAUTERN: Hellström, Ritschel, Melzer (46. Scheller), Schwarz, Stickel, Meier, Toppmöller, Groh, Pirrung, Metzler (60. Briegel), Sandberg. Schiedsrichter: Hennig (Duisburg); Zuschauer: 14 000; Tore: 0:1 Sandberg (8.), 1:1 Handschuh (36.), 2:1 Frank (54.).

### Tennis Borussia Berlin – Werder Bremen 2:4 (2:1)

TENNIS: Birkenmeier, Savkovic, Berkemeier, Jakobs, Schmitz, Schneider, Baake (80. Heun), Schulz (76. Zimmer), Subkleve, Stradt, Wendt. BREMEN: Burdenski, Geils, Höttges, Siegmann, Kamp, Hiller, Röber, Bracht, Konschal, Weist (67. Meininger), Görts. Schiedsrichter: Eschweiler (Euskirchen); Zuschauer: 8000; Tore: 0:1 Siegmann (6.), 1:1 Subkleve (39.), 2:1 Schulz (44.), 2:2 Görts (47.), 2:3 Kamp (76.), 2:4 Siegmann (79.).

### Karlsruher SC – Bor. Mönchengladbach 4:0 (3:0)

KARLSRUHE: Wimmer, Radau, Struth, Ulrich, Kalb, Schäfer, Balevski, Bredenfeld, Berger, Kübler (81. Flindt), Janzon. MÖNCHENGLADBACH: Kneib, Klinkhammer, Wittkamp, Schäffer, Wohlers, Bonhof, Wimmer, Hannes (75. Kulik), Simonsen, Köppel, Heidenreich (46. Del'Haye). Schiedsrichter: Linn (Altendiez); Zuschauer: 46 000; Tore: 1:0 Berger (5.), 2:0 Struth (25.), 3:0 Berger (31.), 4:0 Janzon (76.).

### Bayern München – Eintracht Frankfurt 0:3 (0:1)

MÜNCHEN: Maier, Andersson, Schwarzenbeck, Torstensson, Horsmann, Roth, Dürnberger, Kapellmann, Hoeneß, Müller, Rummenigge. FRANKFURT: Koitka, Müller (52. Dörr), Trinklein, Kraus, Neuberger, Weidle, Nickel, Grabowski, Stepanovic, Hölzenbein, Wenzel. Schiedsrichter: Horstmann (Nordstemmen); Zuschauer: 25 000; Tore: 0:1 Nickel (30.), 0:2 Hölzenbein (74., Foulelfmeter), 0:3 Hölzenbein (77.).

### 1. FC Köln – Borussia Dortmund 1:1 (0:0)

KÖLN: Schumacher, Konopka, Gerber (65. Neumann), Weber, Zimmermann, Simmet, Flohe, Glowacz, van Gool, Müller, Larsen (46. Kößling). DORTMUND: Bertram, Huber, Wagner, Meyer, Ackermann, Wolf, Segler, Hartl (81. Votava), Burgsmüller, Vöge, Lippens. Schiedsrichter: Gabor (Berlin); Zuschauer: 40 000; Tore: 0:1 Hartl (53.), 1:1 van Gool (57.).

### Fortuna Düsseldorf – Rot-Weiß Essen 4:4 (3:2)

DÜSSELDORF: Woyke, Baltes, Zewe, Zimmermann, Kriegler, Köhnen, Brei, Allofs, Geye, Szymanek, Seel. ESSEN: Blasey, Böninghausen, Huhse, Wörmer, Neues, Dörre (46. Surau), Wieczorkowski, Fürhoff, Bast, Lund, Mill (46. Krostina). Schiedsrichter: Wichmann (Gelsenkirchen); Zuschauer: 16 000; Tore: 0:1 Wieczorkowski (5.), 0:2 Mill (14.), 1:2 Brei (30.), 2:2 Brei (35., Foulelfmeter), 3:2 Geye (40.), 4:2 Zimmermann (67.), 4:3 Böninghausen (74.), 4:4 Surau (79., Foulelfmeter).

### Schalke 04 – VfL Bochum 3:1 (1:0)

SCHALKE: Maric, Sobieray, Fichtel, Rüßmann, H. Kremers, Lütkebohmert, Oblak, Bongartz, Abramczik (46. Gede), Fischer, E. Kremers. BOCHUM: Scholz, Gerland (71. Fromm), Tenhagen, Franke, Lameck, Köper, Herget, Eggert, Trimhold, Kaczor, Eggeling (54. Pochstein). Schiedsrichter: Engel (Reimsbach); Zuschauer: 25 000; Tore: 1:0 Lütkebohmert (6.), 1:1 Trimhold (73.), 2:1 E. Kremers (76.), 3:1 E. Kremers (78.).

### 1. FC Saarbrücken – MSV Duisburg 1:0 (0:0)*

SAARBRÜCKEN: Ferner, Semlitsch, E. Schmitt, E. Traser, Förster, Cremer, Denz, Acimovic, Hayduk, Ellbracht, Stegmayer. DUISBURG: Heinze, Bella, Bregman, Pirsig, Dietz, Jara, Bruckmann, Büssers, Worm, Seliger (46. Bücker), Thies (77. Fruck). Schiedsrichter: Dreher (Darmstadt); Zuschauer: 26 000; Tor: 1:0 Ellbracht (58.).

* Am 15. Dezember nachgeholt.

## 17. Spieltag 10./11. Dezember

### Rot-Weiß Essen – Eintracht Braunschweig 2:1 (2:0)

ESSEN: Blasey, Neues, Huhse, Wörmer, Böninghausen, Wieczorkowski, Lorant, Bast, Fürhoff, Hrubesch, Lund. BRAUNSCHWEIG: Franke, Grzyb, Hollmann, Zembski, Merkhoffer, Ristic, Handschuh, Dremmler, Erler, Frank, Holzer. Schiedsrichter: Joos (Stuttgart); Zuschauer: 8000; Tore: 1:0 Lorant (8.), 2:0 Wieczorkowski (17.), 2:1 Handschuh (77.).

### Werder Bremen – 1. FC Köln 2:1 (0:1)

BREMEN: Burdenski, Geils, Roentved, Höttges, Kamp, Hiller, Röber, Bracht, Konschal, Meininger (79. Petrovic), Görts. KÖLN: Schumacher, Konopka, Gerber, Zimmermann, Hein, Simmet, Flohe, Neumann, van Gool (79. Rohde), Müller, Larsen (74. Kößling). Schiedsrichter: Aldinger (Waiblingen); Zuschauer: 23 000; Tore: 0:1 Müller (28.), 1:1 Roentved (52.), 2:1 Röber (53.).

### Hertha BSC Berlin – 1. FC Saarbrücken 1:1 (0:0)

HERTHA: Nigbur, Sziedat (78. Diefenbach), Brück, Kliemann, Weiner, Hermandung, Sidka, Beer, Gersdorff, Granitza (46. Horr), Grau. SAARBRÜCKEN: Ferner, Semlitsch, E. Schmitt, Zech, Cremer, Acimovic (83. Bender), Förster, Denz, E. Traser, Ellbracht, Hayduk (72. Berdoll). Schiedsrichter: Redelfs (Hannover); Zuschauer: 10 000; Tore: 1:0 Sidka (49.), 1:1 Hayduk (56.).

### Bor. Mönchengladbach – Bayern München 1:0 (0:0)

MÖNCHENGLADBACH: Kneib, Klinkhammer, Wohlers, Schäffer, Bonhof, Kulik, Wimmer, Stielike (79. Ringels), Simonsen, Köppel, Hannes. MÜNCHEN: Maier, Andersson, Beckenbauer, Schwarzenbeck, Horsmann, Dürnberger, Torstensson, Kapellmann, Rummenigge, Müller, Hoeneß (73. Roth). Schiedsrichter: Roth (Salzgitter); Zuschauer: 34 500; Tor: 1:0 Simonsen (52.).

### Borussia Dortmund – Schalke 04 2:2 (1:2)

DORTMUND: Bertram, Huber, Wagner, Meyer, Ackermann, Wolf, Segler, Hartl (74. Schildt), Burgsmüller, Vöge (74. Kostedde), Lippens. SCHALKE: Maric, Thiele, Fichtel, H. Kremers, Schipper, Dubski, Gede, Bongartz, Abramczik (81. Schütte), E. Kremers, Bittcher. Schiedsrichter: Jensen (Schönkirchen); Zuschauer: 54 000; Tore: 0:1 Bongartz (5.), 1:1 Hartl (26.), 1:2 Meyer (35., Eigentor), 2:2 Lippens (77.).

### 1. FC Kaiserslautern – Tennis Bor. Berlin 3:1 (1:1)

KAISERSLAUTERN: Hellström, Ritschel, Schwarz, Scheller, Stickel (65. Wilhelmi), Meier, Groh, Pirrung, Riedl, Toppmöller, Sandberg. TENNIS: Birkenmeier, Savkovic, Jakobs, Hochheimer, Schmitz (84. Stradt), Schneider (72. Heun), Berkemeier, Baake, Schulz, Wendt, Subkleve. Schiedsrichter: Ahlenfelder (Oberhausen); Zuschauer: 8500; Tore: 1:0 Pirrung (1.), 1:1 Wendt (26.), 2:1 Pirrung (82.), 3:1 Toppmöller (89.).

### Eintracht Frankfurt – Fortuna Düsseldorf 1:1 (1:1)

FRANKFURT: Koitka, Weidle, Trinklein, Körbel, Neuberger, Stepanovic, Kraus, Nickel, Grabowski, Hölzenbein, Wenzel (57. Reichel). DÜSSELDORF: Woyke, Baltes, Hickersberger, Zimmermann, Kriegler, Köhnen, Brei, Zewe, Allofs (54. Geye), Seel, Szymanek. Schiedsrichter: Biwersi (Bliesransbach); Zuschauer: 12 000; Tore: 0:1 Seel (27.), 1:1 Kraus (30.).

### VfL Bochum – Hamburger SV 4:2 (3:1)

BOCHUM: Scholz, Gerland, Tenhagen, Franke, Lameck, Köper, Eggert, Trimhold, Herget, Pochstein, Kaczor. HAMBURG: Kargus, Kaltz, Nogly, Ripp, Hidien, Björnmose, Zaczyk, Eigl (27. Volkert), Magath, Steffenhagen, Reimann (84. Keller). Schiedsrichter: Schmoock (Reichenau); Zuschauer: 15 000; Tore: 1:0 Köper (1.), 2:0 Kaczor (25.), 2:1 Steffenhagen (35.), 3:1 Kaczor (37.), 3:2 Steffenhagen (55.), 4:2 Kaczor (73.).

### MSV Duisburg – Karlsruher SC 3:1 (1:0)

DUISBURG: Schreiner, Schneider, Bregman, Pirsig, Dietz, Jara, Bruckmann, Bella, Seliger (54. Thies), Worm (72. Bücker), Büssers. KARLSRUHE: Wimmer, Radau (46. Niedermayer), Struth, Ulrich, Kalb, Bredenfeld, Schäfer, Balevski, Kübler, Berger, Janzon. Schiedsrichter: Lutz (Bremen); Zuschauer: 13 000; Tore: 1:0 Jara (43.), 2:0 Büssers (51.), 2:1 Bredenfeld (75.), 3:1 Thies (85.).

## 18. Spieltag 15. Januar 1977

### Werder Bremen – Schalke 04 1:1 (1:1)

BREMEN: Burdenski, Geils, Roentved, Höttges, Kamp, Hiller, Röber, Petrovic, Konschal, Meininger (82. Siegmann), Görts. SCHALKE: Maric, Sobieray, Fichtel, Rüßmann, Schipper, Lütkebohmert, Bongartz, H. Kremers, Abramczik, Fischer, Oblak. Schiedsrichter: Haselberger (Reutlingen); Zuschauer: 15 000; Tore: 0:1 Fischer (26.), 1:1 Meininger (33.).

### Fortuna Düsseldorf – Bayern München 0:0

DÜSSELDORF: Woyke, Baltes, Hickersberger, Zimmermann, Kriegler, Brei, Allofs, Zewe, Geye, Szymanek, Seel. MÜNCHEN: Maier, Weiß, Beckenbauer, Schwarzenbeck, Gruber (83. Seneca), Roth (46. Kirschner), Schenk, Kapellmann, Torstensson, Müller, Hoeneß. Schiedsrichter: Redelfs (Hannover); Zuschauer: 38 000.

### MSV Duisburg – Bor. Mönchengladbach 3:2 (1:1)

DUISBURG: Heinze, Schneider, Bregman, Bella, Dietz, Jara, Bücker, Bruckmann, Seliger (63. Weber), Worm, Büssers. MÖNCHENGLADBACH: Kneib, Schäffer, Wittkamp, Bonhof, Klinkhammer, Kulik (77. Del' Haye), Wimmer, Wohlers, Stielike, Simonsen, Köppel (61. Hannes). Schiedsrichter: Antz (Wahlen); Zuschauer: 22 000; Tore: 0:1 Bonhof (14.), 1:1 Worm (42.), 2:1 Bruckmann (62.), 3:1 Büssers (69.), 3:2 Simonsen (85.).

### Borussia Dortmund – Hamburger SV 4:4 (2:3)

DORTMUND: Bertram, Huber, Wagner, Meyer, Ackermann, Wolf (46. Hartl), Segler, Burgsmüller, Vöge (46. Kostedde), Geyer, Lippens. HAMBURG: Kovacic, Kaltz, Blankenburg, Nogly, Ripp, Björnmose, Bertl, Magath, Steffenhagen, Reimann, Memering. Schiedsrichter: Aldinger (Waiblingen); Zuschauer: 42 000; Tore: 0:1 Reimann (9.), 1:1 Burgsmüller (21.), 1:2 Steffenhagen (23.), 2:2 Geyer (25.), 2:3 Huber (26., Eigentor), 3:3 Burgsmüller (57.), 3:4 Bertl (59.), 4:4 Huber (85., Foulelfmeter).

### VfL Bochum – 1. FC Saarbrücken 1:2 (1:2)

BOCHUM: Scholz, Gerland, Franke, Tenhagen, Lameck, Eggert (56. Herget), Köper, Holz, Trimhold, Pochstein, Kaczor. SAARBRÜCKEN: Ferner, Semlitsch, Schmitt, E. Traser, H. Traser, Denz, Cremer, Förster, Acimovic, Ellbracht, Stegmayer. Schiedsrichter: Horstmann (Nordstemmen); Zuschauer: 11 000; Tore: 1:0 Kaczor (32.), 1:1 Förster (41.), 1:2 Ellbracht (44.).

### Rot-Weiß Essen – Tennis Borussia Berlin 1:0 (0:0)

ESSEN: Blasey, Neues, Huhse, Wörmer, Böninghausen, Wieczorkowski, Lorant, Fürhoff, Bast, Lund, Hrubesch. TENNIS: Groß, Schneider, Hochheimer, Jakobs, Savkovic, Baake, Berkemeier, Schulz, Stradt, Wendt, Subkleve. Schiedsrichter: Meuser (Ingelheim); Zuschauer: 8000; Tor: 1:0 Wieczorkowski (90.).

### 1. FC Kaiserslautern – 1. FC Köln 4:2 (0:2)

KAISERSLAUTERN: Hellström, Scheller, Melzer, Diehl, Ritschel, Wilhelmi, Stickel (77. Schwarz), Riedl, Pirrung, Toppmöller, Sandberg (70. Metzler). KÖLN: Topalovic, Konopka, Gerber, Weber, Hein, Simmet (73. Neumann), Flohe, Overath, van Gool, Müller, Löhr (67. Zimmermann). Schiedsrichter: Joos (Stuttgart); Zuschauer: 15 000; Tore: 0:1 Scheller (38., Eigentor), 0:2 Müller (42.), 1:2 Toppmöller (46.), 2:2 Riedl (48.), 3:2 Toppmöller (69.), 4:2 Riedl (81.).

### Hertha BSC Berlin – Karlsruher SC 1:1 (1:1)*

HERTHA: Nigbur, Sziedat, Brück, Hermandung, Weiner, Rasmussen, Sidka, Beer, Grau, Granitza, Gersdorff. KARLSRUHE: Wimmer, Komorowski, Struth, Ulrich, Kalb, Bredenfeld, Schäfer, Kübler, Balevski, Berger, Janzon. Schiedsrichter: Hennig (Duisburg); Zuschauer: 5000; Tore: 1:0 Grau (13.), 1:1 Janzon (30.).

* Am 1. Februar nachgeholt

### Eintr. Frankfurt – Eintr. Braunschweig 3:0 (2:0)*

FRANKFURT: Wienhold, Weidle, Trinklein, Körbel, Neuberger, Reichel, Stepanovic (70. Kraus), Grabowski, Hölzenbein, Nickel, Wenzel. BRAUNSCHWEIG: Franke, Grzyb, Haebermann, Hollmann, Merkhoffer, Zembski, Dremmler, Handschuh, Popivoda, Frank, Holzer. Schiedsrichter: Ahlenfelder (Oberhausen); Zuschauer: 35 000; Tore: 1:0 Hölzenbein (12.), 2:0 Wenzel (15.), 3:0 Wenzel (61.).

* Am 1. März nachgeholt

## 19. Spieltag 22. Januar

### 1. FC Köln – Rot-Weiß Essen 2:2 (1:2)

KÖLN: Schumacher, Konopka, Weber, Gerber, Zimmermann, Simmet (85. Glowacz), Overath, Flohe, van Gool, Müller, Löhr. ESSEN: Blasey, Lorant, Huhse, Wörmer, Böninghausen, Wieczorkowski, Fürhoff, Lund, Bast, Mill (83. Zedler), Hrubesch. Schiedsrichter: Waltert (Paderborn); Zuschauer: 15 000; Tore: 1:0 Müller (18.), 1:1 Hrubesch (22.), 1:2 Wieczorkowski (24.), 2:2 Overath (72.).

### Hamburger SV – Werder Bremen 5:3 (1:1)

HAMBURG: Kovacic, Kaltz, Blankenburg, Nogly, Ripp, Björnmose, Memering, Magath, Steffenhagen, Reimann, Volkert. BREMEN: Burdenski, Geils, Roentved, Höttges (12. Siegmann), Kamp, Röber, Petrovic (69. Meininger), Hiller, Bracht, Konschal, Görts. Schiedsrichter: Eschweiler (Euskirchen); Zuschauer: 18 000; Tore: 1:0 Memering (19.), 1:1 Görts (45.), 2:1 Volkert (67.), 3:1 Steffenhagen (70.), 4:1 Volkert (72.), 4:2 Bracht (82.), 5:2 Reimann (88.), 5:3 Meininger (89.).

### Mönchengladbach – Hertha BSC Berlin 2:1 (2:0)

MÖNCHENGLADBACH: Kneib, Klinkhammer, Schäffer, Wittkamp, Bonhof, Stielike, Wimmer, Wohlers, Köppel, Simonsen, Hannes. HERTHA: Nigbur, Weiner (46. Rasmussen), Brück, Kliemann, Sziedat, Beer, Hermandung (46. Grau), Sidka, Gersdorff, Krämer, Kristensen. Schiedsrichter: Walz (Waiblingen); Zuschauer: 22 000; Tore: 1:0 Simonsen (21.), 2:0 Wimmer (24.), 2:1 Krämer (50.).

### Schalke 04 – 1. FC Kaiserslautern 5:2 (3:1)

SCHALKE: Maric, Sobieray, Rüßmann, Fichtel, H. Kremers, Lütkebohmert (21. Dubski), Oblak, Bongartz, Bittcher, Abramczik, Fischer. KAISERSLAUTERN: Hellström, Diehl, Melzer, Scheller (78. Schwarz), Ritschel, Wilhelmi (57. Scheer), Stickel, Riedl, Pirrung, Toppmöller, Sandberg. Schiedsrichter: Dreher (Darmstadt); Zuschauer: 18 000; Tore: 1:0 Fischer (10.), 2:0 Fischer (20., Foulelfmeter), 3:0 Fischer (40.), 3:1 Stickel (45.), 4:1 Dubski (58.), 4:2 Toppmöller (63.), 5:2 Bittcher (87.).

### Karlsruher SC – VfL Bochum 2:1 (1:1)

KARLSRUHE: Wimmer, Radau (25. Komorowski), Ulrich, Struth (62. Flindt), Kalb, Bredenfeld, Schäfer, Kübler, Berger, Sjöberg, Janzon. BOCHUM: Scholz, Gerland, Franke, Tenhagen, Lameck, Köper, Herget, Holz, Trimhold (79. Eggert), Kaczor, Pochstein. Schiedsrichter: Roth (Salzgitter); Zuschauer: 18 000; Tore: 0:1 Kaczor (26.), 1:1 Bredenfeld (36.), 2:1 Berger (90.).

### Bayern München – MSV Duisburg 2:2 (1:2)

MÜNCHEN: Maier, Weiß, Schwarzenbeck, Beckenbauer, Gruber (83. Kirschner), Roth, Torstensson, Kapellmann, Hoeneß, Müller, Önal. DUISBURG: Heinze, Schneider, Pirsig, Bregman, Dietz, Jara, Bücker, Bruckmann, Büssers, Seliger (67. Weber), Worm. Schiedsrichter: Biwersi (Bliesransbach); Zuschauer: 18 000; Tore: 0:1 Worm (6.), 0:2 Worm (9.), 1:2 Müller (33.), 2:2 Torstensson (58.).

### 1. FC Saarbrücken – Borussia Dortmund 2:2 (1:1)*

SAARBRÜCKEN: Ferner, Semlitsch, E. Schmitt, Cremer, Bender (85. Acimovic), Förster, H. Traser, Schuster, Denz (75. Hayduk), Ellbracht, Stegmayer. DORTMUND: Bertram, Huber, Nerlinger, Wagner, Ackermann, Hartl (46. Meyer), Segler (81. Votava), Burgsmüller, Geyer, Kostedde, Lippens. Schiedsrichter: Meßmer (Mannheim); Zuschauer: 24 000; Tore: 0:1 Lippens (13.), 1:1 Förster (13.), 1:2 Burgsmüller (56.), 2:2 Stegmayer (90.).

* Am 16. Februar nachgeholt

### Eintr. Braunschweig – Fortuna Düsseldorf 0:0*

BRAUNSCHWEIG: Franke, Grzyb, Haebermann, Hollmann, Merkhoffer (58. Ristic), Zembski, Handschuh, Dremmler, Erler, Stolzenburg, Holzer. DÜSSELDORF: Woyke, Baltes, Hickersberger, Zimmermann, Kriegler, Köhnen, Brei, Zewe, Geye, Szymanek, Seel. Schiedsrichter: Schmook (Reichenau); Zuschauer: 22 000.

* Am 18. Februar nachgeholt

### Tennis Borussia Berlin – Eintr. Frankfurt 1:1 (0:0)*

Tennis: Groß, Savkovic, Hochheimer, Jakobs, Sprenger, Baake, Schneider (83. Schmitz), Schulz, Stradt, Berkemeier, Wendt. FRANKFURT: Koitka, Weidle, Trinklein, Körbel, Neuberger, Stepanovic, Reichel, Grabowski, Hölzenbein, Nickel, Wenzel. Schiedsrichter: Meuser (Ingelheim); Zuschauer: 8000; Tore: 1:0 Wendt (59., Foulelfmeter), 1:1 Wenzel (62.).

* Am 15. März nachgeholt

## 20. Spieltag 29. Januar

### Eintracht Frankfurt – 1. FC Köln 4:0 (1:0)

FRANKFURT: Koitka, Weidle, Trinklein, Körbel, Neuberger, Stepanovic, Kraus, Grabowski (80. Krobbach), Nickel, Hölzenbein, Wenzel. KÖLN: Topalovic, Konopka, Zimmermann, Cullmann, Gerber, Simmet, Glowacz (73. Strack), Neumann (73. van Gool), Overath, D. Müller, Larsen. Schiedsrichter: Jensen (Schönkirchen); Zuschauer: 24 000; Tore: 1:0 Wenzel (40.), 2:0 Wenzel (63.), 3:0 Wenzel (69.), 4:0 Wenzel (76.).

### Werder Bremen – 1. FC Saarbrücken 1:0 (1:0)

BREMEN: Burdenski, Geils, Roentved, Höttges, Kamp, Hiller, Röber, Bracht, Konschal, Meininger, Görts (80. Petrovic). SAARBRÜCKEN: Ferner, E. Traser (13. Finkler, 80. Hayduk), E. Schmitt, Semlitsch, Förster, Cremer, H. Traser, Denz, Acimovic, Ellbracht, Stegmayer. Schiedsrichter: Kindervater (Köln); Zuschauer: 12 000; Tor: 1:0 Meininger (34.).

### Borussia Dortmund – Karlsruher SC 7:2 (4:1)

DORTMUND: Bertram, Huber, Nerlinger, Wagner, Ackermann (72. Wolf), Hartl (58. Vöge), Segler, Burgsmüller, Geyer, Kostedde, Lippens. KARLSRUHE: Wimmer, Komorowski, Bredenfeld, Ulrich, Kalb, Struth, Schäfer, Kübler, Berger (72. Flindt), Sjöberg (55. Balevski), Janzon. Schiedsrichter: Redelfs (Hannover); Zuschauer: 33 000; Tore: 1:0 Geyer (13.), 2:0 Burgsmüller (20.), 3:0 Kalb (28., Eigentor), 3:1 Janzon (39.), 4:1 Segler (45.), 5:1 Burgsmüller (47.), 6:1 Lippens (66.), 6:2 Janzon (67.), 7:2 Segler (72.).

### Fortuna Düsseldorf – Tennis Borussia Berlin 0:0

DÜSSELDORF: Woyke, Baltes, Hickersberger, Zimmermann, Kriegler (69. Köhnen), Brei, Zewe, Allofs, Geye, Szymanek (59. Bommer), Seel. TENNIS: Groß, Savkovic, Hochheimer, Jakobs, Schneider, Baake (75. Zimmer), Berkemeier, Schulz, Sprenger, Stradt (53. Schmitz), Wendt. Schiedsrichter: Biwersi (Bliesransbach); Zuschauer: 14 000.

### 1. FC Kaiserslautern – Hamburger SV 2:0 (0:0)

KAISERSLAUTERN: Hellström, Scheller, Melzer, Diehl, Ritschel, Wilhelmi (62. Scheer), Stickel, Riedl, Pirrung, Toppmöller, Sandberg (76. Metzler). HAMBURG: Kovacic, Ripp (46. Blankenburg), Kaltz, Nogly, Memering, Björnmose, Bertl, Magath, Steffenhagen, Reimann, Volkert. Schiedsrichter: Wichmann (Gelsenkirchen); Zuschauer: 18 500; Tore: 1:0 Riedl (78.), 2:0 Ritschel (87., Foulelfmeter).

### Hertha BSC Berlin – MSV Duisburg 2:4 (0:2)

HERTHA: Nigbur, Sziedat, Brück, Hermandung, Grau, Sidka, Gersdorff (58. Rasmussen), Beer, Krämer, Horr (46. Granitza), Kristensen. DUISBURG: Heinze, Schneider, Bregman, Pirsig, Dietz, Jara, Bücker, Bruckmann, Büssers, Weber (52. Thies), Worm. Schiedsrichter: Niemann (Hamburg); Zuschauer: 13 000; Tore: 0:1 Weber (31.), 0:2 Büssers (33.), 0:3 Thies (56.), 1:3 Kristensen (66.), 2:3 Rasmussen (72.), 2:4 Bücker (85.).

### Eintr. Braunschweig – Bayern München 1:0 (0:0)

BRAUNSCHWEIG: Franke, Grzyb, Haebermann, Hollmann, Merkhoffer, Zembski, Handschuh, Dremmler, Popivoda, Frank, Holzer. MÜNCHEN: Maier, Weiß, Beckenbauer, Schwarzenbeck, Gruber, Roth, Torstensson, Kirschner, Schenk, Rummenigge, Hoeneß. Schiedsrichter: Hilker (Bochum); Zuschauer: 30 000; Tor: 1:0 Handschuh (49.).

### VfL Bochum – Borussia Mönchengladbach 0:0

BOCHUM: Scholz, Gerland, Franke, Tenhagen, Lameck, Köper, Holz, Trimhold, Eggert (47. Herget), Pochstein, Kaczor. MÖNCHENGLADBACH: Kneib, Klinkhammer, Wittkamp, Schäffer, Bonhof, Wohlers, Wimmer, Stielike, Köppel (79. Heidenreich), Simonsen, Hannes. Schiedsrichter: Haselberger (Reutlingen); Zuschauer: 25 000.

### Rot-Weiß Essen – Schalke 04 2:2 (1:2)*

ESSEN: Blasey, Neues, Bast, Wörmer, Böninghausen, Wieczorkowski, Dörre, Fürhoff (85. Patzke), Lund, Mill, Hrubesch. SCHALKE: Maric, Sobieray, Fichtel, Rüßmann, H. Kremers, Bittcher, Oblak, Bongartz (72. Thiele), Abramczik, Fischer, E. Kremers (51. Dörmann). Schiedsrichter: Walz (Waiblingen); Zuschauer: 30 000; Tore: 0:1 Bittcher (12.), 1:1 Hrubesch (34.), 1:2 H. Kremers (40.), 2:2 Lund (55.).

* Am 1. März nachgeholt

## 21. Spieltag 5. Februar

### MSV Duisburg – VfL Bochum 0:0

DUISBURG: Heinze, Schneider, Bregman, Pirsig, Dietz, Jara, Bücker, Bruckmann, Weber (46. Thies), Worm, Büssers. BOCHUM: Scholz, Gerland, Tenhagen, Franke, Lameck, Köper (66. Eggert), Holz, Herget, Trimhold, Kaczor, Pochstein. Schiedsrichter: Quindeau (Ludwigshafen); Zuschauer: 22 000.

### Bayern München – Hertha BSC Berlin 1:0 (0:0)

MÜNCHEN: Maier, Schwarzenbeck, Beckenbauer, Gruber, Roth, Torstensson, Önal, Kapellmann, Hoeneß, Künkel (70. Kirschner), Rummenigge. HERTHA BSC: Nigbur, Sziedat, Brück, Hermandung, Weiner, Sidka, Beer, Rasmussen, Gersdorff, Granitza, Grau. Schiedsrichter: Burgers (Essen); Zuschauer: 18 000; Tor: 1:0 Gruber (83.).

### Tennis Borussia Berlin – Eintr. Braunschweig 0:0

TENNIS: Groß, Savkovic, Hochheimer, Jakobs, Schneider, Baake, Berkemeier, Schulz, Stradt, Wendt (81. Subkleve), Sprenger. BRAUNSCHWEIG: Franke, Grzyb, Haebermann, Hollmann, Merkhoffer, Zembski, Dremmler, Handschuh, Popivoda, Frank, Erler. Schiedsrichter: Fork (Unna); Zuschauer: 11 000.

### 1. FC Köln – Fortuna Düsseldorf 2:2 (2:1)

KÖLN: Topalovic, Konopka, Cullmann, Gerber, Zimmermann, Simmet, Glowacz (61. Neumann), Overath, van Gool (75. Larsen), Müller, Löhr. DÜSSELDORF: Woyke, Baltes (46. Allofs), Hickersberger, Zimmermann, Kriegler, Köhnen (61. Bommer), Brei, Zewe, Geye, Szymanek, Seel. Schiedsrichter: Lutz (Bremen); Zuschauer: 19 000; Tore: 1:0 Löhr (8.), 2:0 Müller (10.), 2:1 Szymanek (29.), 2:2 Seel (88.).

### Hamburger SV – Rot-Weiß Essen 5:3 (3:2)

HAMBURG: Kovacic, Ripp, Kaltz, Nogly, Memering, Zaczyk, Björnmose, Magath, Steffenhagen, Reimann, Volkert. ESSEN: Blasey, Lorant, Huhse, Wörmer, Böninghausen, Wieczorkowski, Fürhoff (87. Krostina), Bast, Lund, Hrubesch, Mill (73. Dörre). Schiedsrichter: Gabor (Berlin); Zuschauer: 48 000; Tore: 1:0 Zaczyk (7.), 2:0 Zaczyk (23.), 2:1 Hrubesch (35.), 2:2 Hrubesch (43.), 3:2 Volkert (45., Foulelfmeter), 4:2 Kaltz (55.), 5:2 Volkert (72.), 5:3 Hrubesch (83.).

### 1. FC Saarbrücken – 1. FC Kaiserslautern 2:2 (0:1)

SAARBRÜCKEN: Ferner, Förster, E. Schmitt, Finkler (30. Cremer), Semlitsch, H. Traser (40. Bender), Denz, Acimovic, Hayduk, Ellbracht, Stegmayer. KAISERSLAUTERN: Hellström, Scheller, Melzer, Diehl, Ritschel, Wilhelmi (70. Meier), Stickel, Riedl, Pirrung (46. Metzler), Toppmöller, Sandberg. Schiedsrichter: Aldinger (Waiblingen); Zuschauer: 32 000; Tore: 0:1 Toppmöller (27.), 0:2 Sandberg (56.), 1:2 Ellbracht (58.), 2:2 Ellbracht (70.).

### Schalke 04 – Eintracht Frankfurt 1:1 (0:1)

SCHALKE: Maric, Sobieray (78. Dubski), Fichtel, Rüßmann, H. Kremers, Bittcher, Oblak (78. Gede), Bongartz, Abramczik, Fischer, E. Kremers. FRANKFURT: Koitka, Weidle, Trinklein, Körbel, Neuberger, Grabowski, Stepanovic, Kraus (54. Reichel), Nickel, Hölzenbein, Wenzel. Schiedsrichter: Engel (Reimsbach); Zuschauer: 23 000; Tore: 0:1 H. Kremers (30., Eigentor), 1:1 Rüßmann (50.).

### Karlsruher SC – Werder Bremen 3:1 (1:0)

KARLSRUHE: Wimmer, Kalb, Struth, Ulrich, Bredenfeld, Komorowski, Schäfer, Kübler, Berger (46. Flindt), Balevski, Janzon. BREMEN: Burdenski, Geils, Roentved, Höttges, Kamp (83. Ohling), Hiller, Röber, Bracht, Konschal (74. Weist), Meininger, Görts. Schiedsrichter: Ahlenfelder (Oberhausen); Zuschauer: 18 000; Tore: 1:0 Struth (24.), 2:0 Balevski (60.), 3:0 Schäfer (78.), 3:1 Meininger (90.).

### Bor. Mönchengladbach – Bor. Dortmund 1:1 (0:0)*

MÖNCHENGLADBACH: Kneib, Klinkhammer, Bonhof, Wittkamp, Vogts, Wohlers, Wimmer (83. Schäffer), Kulik (65. Del'Haye), Stielike, Simonsen, Hannes. DORTMUND: Bertram, Wolf, Meyer, Huber, Ackermann, Hartl (78. Vöge), Segler, Burgsmüller, Geyer, Kostedde (88. Votava), Lippens. Schiedsrichter: Dreher (Darmstadt); Zuschauer: 32 000; Tore: 1:0 Wittkamp (61.), 1:1 Huber (85., Foulelfmeter).

* Nachgeholt am 30. März

## 22. Spieltag 12. Februar

### 1. FC Kaiserslautern – Karlsruher SC 3:1 (1:1)

KAISERSLAUTERN: Hellström, Scheller, Melzer, Diehl, Ritschel, Wilhelmi, Stickel (74. Schwarz), Riedl, Pirrung, Toppmöller, Sandberg (82. Metzler). KARLSRUHE: Wimmer, Bredenfeld, Struth, Ulrich, Kalb, Komorowski, Schäfer, Kübler (72. Sjöberg), Berger, Balevski, Janzon. Schiedsrichter: Kindervater (Köln); Zuschauer: 22 000; Tore: 1:0 Sandberg (14.), 1:1 Schäfer (36.), 2:1 Toppmöller (47.), 3:1 Stickel (58.).

### Eintr. Frankfurt – Hamburger SV 2:1 (0:1)

FRANKFURT: Koitka, Weidle, Trinklein, Körbel, Neuberger, Stepanovic, Kraus (68. Reichel), Nickel, Grabowski, Hölzenbein, Wenzel. HAMBURG: Kargus, Kaltz, Nogly, Björnmose, Ripp, Zaczyk (82. Sperlich), Magath (74. Reimann), Bertl, Memering, Steffenhagen, Volkert. Schiedsrichter: Antz (Wahlen); Zuschauer: 29 000; Tore: 0:1 Volkert (26.), 1:1 Hölzenbein (55.), 2:1 Wenzel (66.).

### Eintracht Braunschweig – 1. FC Köln 4:2 (1:1)

BRAUNSCHWEIG: Franke, Grzyb, Haebermann, Hollmann, Merkhoffer, Zembski, Handschuh, Dremmler, Popivoda, Frank, Holzer. KÖLN: Topalovic, Konopka, Strack, Gerber, Zimmermann, Cullmann, Overath, Simmet, Glowacz, Müller, van Gool. Schiedsrichter: Walther (Würzburg); Zuschauer: 22 000; Tore: 1:0 Holzer (10.), 1:1 van Gool (23.), 2:1 Frank (61.), 3:1 Hollmann (66.), 4:1 Frank (77.), 4:2 Glowacz (85.).

### Tennis Borussia Berlin – Bayern München 3:1 (1:0)

TENNIS: Groß, Savkovic, Hochheimer, Jakobs, Schneider (76. Schmitz), Baake, Schulz, Berkemeier, Stradt (89. Zimmermann), Wendt, Sprenger. MÜNCHEN: Maier, Gruber, Beckenbauer, Schwarzenbeck, Horsmann, Roth (46. Weiß), Hoeneß, Torstensson, Rummenigge, Önal (63. Kirschner), Kapellmann. Schiedsrichter: Waltert (Paderborn); Zuschauer: 40 000; Tore: 1:0 Wendt (43.), 2:0 Baake (52.), 3:0 Wendt (76.), 3:1 Kirschner (83.).

### Rot-Weiß Essen – 1. FC Saarbrücken 1:0 (1:0)

ESSEN: Blasey, Neues (46. Dörre), Huhse, Wörmer, Böninghausen, Lorant, Wieczorkowski, Bast, Fürhoff, Lund, Hrubesch. SAARBRÜCKEN: Ferner, Semlitsch, Schmitt, Cremer, Bender, Förster, Denz, Acimovic (70. Greth), Berdoll (46. Hayduk), Ellbracht, Stegmayer. Schiedsrichter: Ohmsen (Hamburg); Zuschauer: 10 000; Tor: 1:0 Hrubesch (19.).

### Werder Bremen – Bor. Mönchengladbach 1:0 (0:0)

BREMEN: Burdenski, Geils, Roentved, Höttges, Kamp, Hiller, Röber, Bracht, Konschal, Meininger (81. Petrovic), Görts. MÖNCHENGLADBACH: Kneib, Vogts, Wittkamp, Schäffer, Klinkhammer, Bonhof, Wimmer (67. Hannes), Stielike, Wohlers, Simonsen, Heidenreich. Schiedsrichter: Joos (Stuttgart); Zuschauer: 29 000; Tor: 1:0 Meininger (46.).

### Borussia Dortmund – MSV Duisburg 2:1 (2:0)

DORTMUND: Bertram, Huber, Nerlinger, Wagner (70. Meyer), Ackermann, Hartl, Segler, Burgsmüller, Kostedde (76. Vöge), Geyer, Lippens. DUISBURG: Heinze, Schneider, Bregman, Pirsig, Dietz, Jara, Bücker, Bruckmann (46. Suchanek), Büssers, Seliger (83. Fruck), Worm. Schiedsrichter: Linn (Altendiez); Zuschauer: 45 000; Tore: 1:0 Kostedde (6.), 2:0 Burgsmüller (14.), 2:1 Seliger (70.).

### Fortuna Düsseldorf – Schalke 04 1:2 (0:1)

DÜSSELDORF: Woyke, Baltes, Hickersberger, Zimmermann, Kriegler, Brei, Zewe, Allofs, Geye, Szymanek, Seel. SCHALKE: Maric, Dubski, Rüßmann, Fichtel (61. Lütkebohmert), Schipper, Bongartz, Bittcher, H. Kremers, Abramczik, Fischer, E. Kremers (46. Sobieray). Schiedsrichter: Eschweiler (Euskirchen); Zuschauer: 29 000; Tore: 0:1 H. Kremers (8.), 1:1 Seel (49.), 1:2 Bongartz (85.).

### VfL Bochum – Hertha BSC Berlin 4:2 (3:1)

BOCHUM: Scholz, Gerland, Franke, Fromm, Lameck, Tenhagen, Holz, Trimhold, Herget, Kaczor, Eggeling (55. Pochstein). HERTHA: Nigbur, Sziedat, Brück, Hermandung (37. Diefenbach), Weiner, Sidka, Rasmussen, Beer, Grau, Granitza, Gersdorff (59. Krämer). Schiedsrichter: Lutz (Bremen); Zuschauer: 18 000; Tore: 1:0 Kaczor (7.), 1:1 Grau (8.), 2:1 Kaczor (9.), 3:1 Kaczor (30.), 3:2 Granitza (73.), 4:2 Trimhold (83.).

## 23. Spieltag 26. Februar

### Hertha BSC Berlin – Bor. Dortmund 3:2 (2:1)

HERTHA: Nigbur, Sziedat, Brück, Kliemann, Weiner, Diefenbach (77. Hermandung), Sidka, Gersdorff, Grau, Granitza, Horr (85. Gründel). DORTMUND: Bertram, Huber (65. Votava), Nerlinger, Wagner, Ackermann (77. Vöge), Meyer, Segler, Burgsmüller, Geyer, Kostedde, Lippens. Schiedsrichter: Haselberger (Reutlingen); Zuschauer: 30 000; Tore: 1:0 Granitza (25.), 1:1 Nerlinger (32.), 2:1 Gersdorff (36.), 3:1 Gersdorff (52.), 3:2 Segler (73.).

### Bor. Mönchengladbach – 1. FC Kaiserslautern 0:0

MÖNCHENGLADBACH: Kneib, Vogts, Wittkamp, Bonhof, Klinkhammer, Wohlers, Stielike, Wimmer, Simonsen, Hannes (46. Del' Haye), Heidenreich. KAISERSLAUTERN: Hellström, Scheller, Melzer, Diehl, Ritschel (30. Schwarz), Riedl, Stickel (81. Metzler), Wilhelmi, Pirrung, Toppmöller, Sandberg. Schiedsrichter: Roth (Salzgitter); Zuschauer: 17 000.

### Bayern München – VfL Bochum 1:1 (1:1)

MÜNCHEN: Maier, Andersson, Beckenbauer, Gruber, Weiß, Roth (70. Kirschner), Torstensson, Kapellmann, Hoeneß, Künkel, Rummenigge. BOCHUM: Scholz, Fromm, Franke, Eggert, Lameck, Holz, Tenhagen, Trimhold, Herget, Kaczor, Eggeling (51. Pochstein). Schiedsrichter: Niemann (Hamburg); Zuschauer 16 000; Tore: 0:1 Kaczor (13.), 1:1 Künkel (26.).

### Schalke 04 – Eintracht Braunschweig 2:3 (0:1)

SCHALKE: Maric, Dubski (46. Dörmann), Fichtel, Rüßmann, Schipper (72. Höfer), Bittcher, H. Kremers, Bongartz, Abramczik, Fischer, E. Kremers. BRAUNSCHWEIG: Franke, Grzyb, Haebermann, Hollmann, Merkhoffer, Zembski, Dremmler, Handschuh, Popivoda, Frank, Holzer. Schiedsrichter: Aldinger (Waiblingen); Zuschauer: 52 000; Tore: 0:1 Holzer (2.), 0:2 Frank (50.), 1:2 Abramczik (56.), 2:2 Fischer (57.), 2:3 Popivoda (60.).

### 1. FC Saarbrücken – Eintr. Frankfurt 2:2 (0:2)

SAARBRÜCKEN: Ferner, Semlitsch, E. Schmitt, Cremer, Förster, H. Traser, Acimovic (32. Hayduk), Schuster, Denz, Ellbracht, Stegmayer. FRANKFURT: Wienhold, Weidle, Körbel, Trinklein, Neuberger, Stepanovic, Reichel, Kraus, Grabowski, Nickel, Wenzel (85. Krobbach). Schiedsrichter: Hennig (Duisburg); Zuschauer: 24 000; Tore: 0:1 Grabowski (31.), 0:2 Stepanovic (45.), 1:2 Ellbracht (80.), 2:2 Stegmayer (85.).

### Karlsruher SC – Rot-Weiß Essen 1:1 (1:0)

KARLSRUHE: Wimmer, Kalb, Struth, Ulrich, Bredenfeld, Komorowski, Schäfer, Kübler, Berger, Balevski, Janzon. ESSEN: Blasey, Neues, Bast, Wörmer, Böninghausen, Wieczorkowski, Dörr, Fürhoff, Mill (76. Patzke), Hrubesch, Lund. Schiedsrichter: Horstmann (Nordstemmen); Zuschauer: 17 000; Tore: 1:0 Berger (37.), 1:1 Wieczorkowski (80.).

### MSV Duisburg – Werder Bremen 3:0 (2:0)

DUISBURG: Heinze, Schneider, Bregman, Pirsig, Dietz, Jara, Brücker, Bruckmann, Seliger, Worm, Büssers. BREMEN: Burdenski, Kamp, Roentved, Höttges, Geils, Hiller, Röber, Bracht, Konschal, Meininger (56. Ohling, 69. Weist), Görts. Schiedsrichter: Meuser (Ingelheim); Zuschauer: 13 000; Tore: 1:0 Bücker (13.), 2:0 Seliger (28.), 3:0 Dietz (48.).

### 1. FC Köln – Tennis Borussia Berlin 8:4 (4:2)

KÖLN: Topalovic, Glowacz, Cullmann, Gerber, Hein (46. Zimmermann), Simmet, Overath, Flohe, van Gool, Müller, Löhr (81. Konopka). TENNIS: Groß, Schneider, Hochheimer, Jakobs, Savkovic, Berkemeier, Schmitz, Schulz, Sprenger (52. Stade), Stradt, Wendt (63. Subkleve). Schiedsrichter: Meßmer (Mannheim); Zuschauer: 14 000; Tore: 0:1 Hochheimer (2.), 1:1 Müller (5.), 2:1 Müller (7.), 3:1 Simmet (20.), 4:1 Overath (25.), 4:2 Stradt (44.), 5:2 Simmet (49.), 6:2 Müller (67.), 6:3 Berkemeier (68.), 6:4 Subkleve (74.), 7:4 Müller (82.), 8:4 Flohe (85.).

### Hamburger SV – Fortuna Düsseldorf 1:1 (1:0)

HAMBURG: Kargus, Ripp, Nogly, Kaltz, Memering (53. Hidien), Björnmose, Zaczyk, Magath, Steffenhagen, Reimann (72. Keller), Volkert. DÜSSELDORF: Woyke, Baltes, Zimmermann, Hickersberger, Kriegler (55. Allofs), Köhnen, Zewe, Brei, Geye, Bommer (77. Szymanek), Seel. Schiedsrichter: Dölfel (Fürth); Zuschauer: 16 000; Tore: 1:0 Volkert (17.), 1:1 Seel (88.).

## 24. Spieltag 5. März

### Tennis Borussia Berlin – Schalke 04 1:3 (1:2)

TENNIS: Groß, Savkovic, Hochheimer, Jakobs, Schneider, Baake, Berkemeier, Schulz, Stradt, Wendt (13. Subkleve), Sprenger (77. Stade). SCHALKE: Maric, Dubski, Fichtel, Rüßmann, Schipper, Oblak, Bongartz (88. Thiele), H. Kremers, Bittcher, Abramczik (88. Gede), Fischer. Schiedsrichter: Dölfel (Fürth); Zuschauer: 13 000; Tore: 1:0 Rüßmann (3., Eigentor), 1:1 Rüßmann (28.), 1:2 Abramczik (30.), 1:3 H. Kremers (86.).

### Eintr. Braunschweig – Hamburger SV 0:1 (0:1)

BRAUNSCHWEIG: Franke, Grzyb, Haebermann (62. Stolzenburg), Hollmann, Merkhoffer, Dremmler, Ristic (46. Grobe), Zembski, Popivoda, Frank, Holzer. HAMBURG: Kargus, Kaltz, Blankenburg, Nogly, Hidien (46. Ripp), Bertl, Memering, Magath, Steffenhagen, Reimann (82. Björnmose), Volkert. Schiedsrichter: Quindeau (Ludwigshafen); Zuschauer: 31 000; Tor: 0:1 Reimann (20.).

### Eintr. Frankfurt – Karlsruher SC 3:2 (1:1)

FRANKFURT: Wienhold, Weidle, Trinklein, Körbel, Neuberger, Stepanovic, Reichel, Grabowski, Hölzenbein, Nickel, Wenzel. KARLSRUHE: Wimmer, Bredenfeld, Struth, Komorowski, Ulrich, Kübler (60. Trenkel), Schäfer, Flindt, Berger, Balevski, Janzon. Schiedsrichter: Wichmann (Gelsenkirchen); Zuschauer: 19 000; Tore: 1:0 Hölzenbein (37.), 1:1 Struth (39., Handelfmeter), 2:1 Hölzenbein (56., Foulelfmeter), 3:1 Nickel (68.), 3:2 Janzon (73.).

### Rot-Weiß Essen – Bor. Mönchengladbach 1:0 (0:0)

ESSEN: Blasey, Neues, Bast, Wörmer, Böninghausen, Dörre (46. Krostina), Wieczorkowski, Lorant, Fürhoff, Lund, Hrubesch. MÖNCHENGLADBACH: Kneib, Klinkhammer, Wittkamp, Bonhof, Vogts, Wohlers, Wimmer (53. Schäffer), Stielike, Kulik (79. Köppel), Del'Haye, Simonsen. Schiedsrichter: Schmook (Reichenau); Zuschauer: 23 000; Tor: 1:0 Hrubesch (73.).

### Borussia Dortmund – VfL Bochum 0:2 (0:1)

DORTMUND: Bertram, Huber, Nerlinger, Wagner, Ackermann (46. Votava), Meyer (46. Hartl), Segler, Burgsmüller, Kostedde, Geyer, Lippens. BOCHUM: Scholz, Gerland (25. Fromm), Franke, Tenhagen, Lameck, Eggert, Herget, Holz, Trimhold, Kaczor, Eggeling (61. Pochstein). Schiedsrichter: Ohmsen (Hamburg); Zuschauer: 47 500; Tore: 0:1 Kaczor (18.), 0:2 Eggert (76.).

### Fortuna Düsseldorf – 1. FC Saarbrücken 5:1 (2:0)

DÜSSELDORF: Woyke, Baltes, Hickersberger, Zimmermann, Köhnen, Brei, Zewe, Allofs, Geye, Szymanek, Seel. SAARBRÜCKEN: Ferner, Semlitsch, E. Schmitt, Cremer (57. Bender), Förster, H. Traser, Finkler (57. Hayduk), Schuster, Denz, Ellbracht, Stegmayer. Schiedsrichter: Joos (Stuttgart); Zuschauer: 17 000; Tore: 1:0 Schmitt (33., Eigentor), 2:0 Szymanek (38.), 3:0 Szymanek (48.), 4:0 Szymanek (75.), 4:1 Ellbracht (79.), 5:1 Allofs (83.).

### Werder Bremen – Hertha BSC Berlin 1:0 (1:0)

BREMEN: Burdenski, Geils, Höttges, Siegmann, Kamp, Hiller, Röber, Bracht, Konschal, Meininger, Petrovic. HERTHA: Nigbur, Sziedat, Brück, Kliemann, Weiner (75. Hermandung), Diefenbach, Sidka, Beer, Gersdorff, Granitza, Grau (46. Horr). Schiedsrichter: Hilker (Bochum); Zuschauer: 14 000; Tor: 1:0 Höttges (33., Foulelfmeter).

### 1. FC Kaiserslautern – MSV Duisburg 2:0 (0:0)

KAISERSLAUTERN: Hellström, Meier, Melzer, Diehl (72. Groh), Schwarz, Wilhelmi, Stickel, Riedl, Pirrung, Toppmöller, Sandberg (85. Metzler). DUISBURG: Heinze, Schneider, Bregman, Pirsig, Dietz, Jara, Bücker, Bruckmann, Seliger, Worm, Büssers. Schiedsrichter: Walther (Würzburg); Zuschauer: 20 000; Tore: 1:0 Toppmöller (56.), 2:0 Pirrung (82.).

### 1. FC Köln – Bayern München 3:0 (2:0)

KÖLN: Topalovic, Konopka, Cullmann (61. Strack), Gerber, Zimmermann, Simmet, Overath, Flohe, van Gool, Müller, Löhr (76. Prestin). MÜNCHEN: Maier, Andersson, Beckenbauer, Schwarzenbeck, Horsmann, Roth (71. Kirschner), Torstensson (61. Önal), Gruber, Kapellmann, Rummenigge, Künkel. Schiedsrichter: Engel (Reimsbach); Zuschauer: 60 000; Tore: 1:0 van Gool (8.), 2:0 van Gool (17.), 3:0 Beckenbauer (57., Eigentor).

## 25. Spieltag 12. März

### Hertha BSC Berlin – 1. FC Kaiserslautern 2:0 (2:0)
HERTHA: Nigbur, Sziedat, Brück, Kliemann, Diefenbach, Hermandung (79. Weiner), Sidka, Beer, Gersdorff, Horr, Gründel (61. Grau). KAISERSLAUTERN: Hellström, Scheller, Schwarz, Melzer, Meier, Scheer, Stickel, Riedl, Pirrung, Toppmöller, Sandberg (73. Metzler). Schiedsrichter: Fork (Unna); Zuschauer: 20 000; Tore: 1:0 Gründel (6.), 2:0 Horr (43.).

### Bor. Mönchengladbach – Eintr. Frankfurt 1:3 (0:1)
MÖNCHENGLADBACH: Kneib, Klinkhammer, Bonhof, Wittkamp, Vogts, Stielike, Simonsen, Kulik, Del'Haye (53. Heynckes), Köppel (74. Hannes), Wimmer. FRANKFURT: Koitka, Weidle, Körbel, Trinklein, Neuberger, Reichel (65. Kraus), Grabowski, Nickel, Stepanovic, Hölzenbein, Wenzel. Schiedsrichter: Linn (Altendiez); Zuschauer: 25 000; Tore: 0:1 Wenzel (25.), 0:2 Stepanovic (60.), 0:3 Nickel (89., Foulelfmeter), 1:3 Hannes (90.).

### Karlsruher SC – Fortuna Düsseldorf 1:1 (0:1)
KARLSRUHE: Wimmer, Bredenfeld, Ulrich, Struth, Kalb, Komorowski, Schäfer, Flindt (67. Sjöberg), Berger (46. Trenkel), Balevski, Janzon. DÜSSELDORF: Woyke, Baltes, Zimmermann, Hickersberger, Kriegler, Köhnen, Brei, Zewe, Geye, Allofs (67. Szymanek), Seel. Schiedsrichter: Engel (Reimsbach); Zuschauer: 24 000; Tore: 0:1 Zewe (33.), 1:1 Struth (85.).

### 1. FC Saarbrücken – Eintr. Braunschweig 1:2 (0:1)
SAARBRÜCKEN: Ferner, Semlitsch, H. Traser, E. Schmitt, Förster, Denz, Acimovic, Schuster, Hayduk (56. Berdoll), Ellbracht, Stegmayer. BRAUNSCHWEIG: Franke, Grzyb, Hollmann, Haebermann, Merkhoffer, Zembski, Dremmler, Grobe, Erler, Popivoda, Frank. Schiedsrichter: Eschweiler (Euskirchen); Zuschauer: 23 000; Tore: 0:1 Frank (10.), 1:1 Denz (56.), 1:2 Frank (72.).

### VfL Bochum – Werder Bremen 0:2 (0:1)
BOCHUM: Scholz, Eggert (74. Kursinski), Fromm, Franke, Lameck, Herget, Holz, Tenhagen, Trimhold, Kaczor, Pochstein. BREMEN: Burdenski, Kamp, Höttges, Siegmann, Geils, Röber, Hiller, Bracht, Petrovic, Konschal, Meininger. Schiedsrichter: Walz (Waiblingen); Zuschauer: 18 000; Tore: 0:1 Röber (22.), 0:2 Meininger (86.).

### MSV Duisburg – Rot-Weiß Essen 4:0 (1:0)
DUISBURG: Heinze, Bella, Pirsig, Bregman, Schneider, Jara, Bücker, Bruckmann (82. Suchanek), Seliger, Worm, Büssers (55. Fruck). ESSEN: Blasey, Neues (73. Dörre), Wörmer, Bast, Böninghausen, Fürhoff, Lorant, Wieczorkowski, Lund, Hrubesch, Mill (31. Patzke). Schiedsrichter: Klauser (Vaterstetten); Zuschauer: 23 000; Tore: 1:0 Worm (3.), 2:0 Jara (79.), 3:0 Jara (90.), 4:0 Pirsig (91.).

### Hamburger SV – Tennis Borussia Berlin 2:1 (0:0)
HAMBURG: Kargus, Kaltz, Blankenburg, Ripp, Hidien, Memering, Bertl (56. Keller), Magath, Steffenhagen, Reimann, Volkert. TENNIS: Groß, Savkovic, Hochheimer, Jakobs, Sprenger, Baake (83. Subkleve), Schulz, Schneider, Stradt, Berkemeier (78. Schmitz), Heun. Schiedsrichter: Hennig (Duisburg); Zuschauer: 27 000; Tore: 0:1 Schulz (49.), 1:1 Volkert (68.), 2:1 Keller (85.).

### Bayern München – Borussia Dortmund 1:2 (1:1)
MÜNCHEN: Maier, Andersson, Horsmann, Beckenbauer, Gruber, Weiß, Roth, Torstensson, Kirschner (46. Hoeneß), Künkel, Rummenigge. DORTMUND: Bertram, Huber, Wagner (50. Votava), Nerlinger, Ackermann, Hartl (75. Wolf), Segler, Burgsmüller, Geyer, Kostedde, Lippens. Schiedsrichter: Jensen (Schönkirchen); Zuschauer: 27 000; Tore: 1:0 Künkel (20.), 1:1 Kostedde (29.), 1:2 Huber (89.).

### Schalke 04 – 1. FC Köln 1:1 (1:1)
SCHALKE: Maric, Sobieray, Rüßmann, Fichtel, Thiele, H. Kremers, Bittcher, Bongartz, Oblak, Abramczik, Fischer (37. Gede). KÖLN: Topalovic (29. Schumacher), Konopka, Gerber, Cullmann, Zimmermann, Simmet, Flohe, Overath, van Gool, Müller, Löhr (79. Strack). Schiedsrichter: Frikkel (München); Zuschauer: 60 000; Tore: 0:1 Zimmermann (21.), 1:1 Abramczik (28.).

## 26. Spieltag 18./19. März

### 1. FC Köln – Hamburger SV 3:3 (3:0)
KÖLN: Schumacher, Konopka (76. Strack), Cullmann, Gerber, Zimmermann, Simmet, Flohe, Overath, van Gool, Müller, Löhr (64. Larsen). HAMBURG: Kargus, Kaltz, Ripp, Nogly, Hidien, Memering, Bertl. Magath, Steffenhagen (62. Zaczyk), Reimann, Volkert. Schiedsrichter: Klauser (Vaterstetten); Zuschauer: 35 000; Tore: 1:0 Müller (10.), 2:0 Müller (21.), 3:0 Müller (33.), 3:1 Bertl (56.), 3:2 Volkert (64.), 3:3 Memering (76.).

### Fort. Düsseldorf – Bor. Mönchengladbach 0:1 (0:0)
DÜSSELDORF: Woyke, Baltes, Hickersberger, Zimmermann (23. Köhnen), Kriegler, Brei, Allofs, Zewe, Geye, Szymanek (77. Bommer), Seel. MÖNCHENGLADBACH: Kneib, Vogts, Wittkamp, Bonhof, Klinkhammer, Wimmer, Stielike, Wohlers, Kulik (69. Hannes), Simonsen, Heynckes (73. Köppel). Schiedsrichter: Hilker (Bochum); Zuschauer: 40 000; Tore: 0:1 Simonsen (51.).

### Eintracht Frankfurt – MSV Duisburg 3:1 (1:1)
FRANKFURT: Koitka, Weidle, Trinklein, Körbel, Neuberger, Stepanovic, Reichel, Nickel, Grabowski, Hölzenbein, Wenzel. DUISBURG: Heinze, Schneider, Bregman, Pirsig, Dietz, Bella, Jara, Bücker. Worm, Seliger (85. Fruck), Büssers (77. Suchanek). Schiedsrichter: Lutz (Bremen); Zuschauer: 25 000; Tore: 1:0 Hölzenbein (8.), 1:1 Worm (10.), 2:1 Hölzenbein (87.), 3:1 Wenzel (89.).

### Rot-Weiß Essen – Hertha BSC Berlin 2:2 (1:1)
ESSEN: Blasey, Neues, Bast, Wörmer, Böninghausen, Lorant, Fürhoff, Wieczorkowski (57. Patzke), Lund, Hrubesch, Mill. HERTHA: Nigbur, Sziedat, Brück, Kliemann, Diefenbach, Hermandung, Beer, Sidka (82. Grau), Weiner, Gründel, Horr (82. Granitza). Schiedsrichter: Meßmer (Mannheim); Zuschauer: 12 000; Tore: 1:0 Hrubesch (41.), 1:1 Horr (45.), 1:2 Horr (66.), 2:2 Hrubesch (74., Foulelfmeter).

### Schalke 04 – Bayern München 0:0
SCHALKE: Maric, Sobieray, Fichtel, Rüßmann, Thiele (36. Dubski), H. Kremers, Oblak, Bongartz (64. E. Kremers), Bittcher, Abramczik, Fischer. MÜNCHEN: Maier, Andersson, Beckenbauer, Schwarzenbeck, Gruber, Roth (69. Kirschner), Horsmann, Torstensson, Kapellmann, Rummenigge, Künkel. Schiedsrichter: Antz (Wahlen); Zuschauer: 70 000.

### Eintr. Braunschweig – Karlsruher SC 3:3 (1:0)
BRAUNSCHWEIG: Franke, Grzyb, Haebermann, Hollmann, Merkhoffer, Zembski, Grobe, Dremmler (61. Stolzenburg), Erler (61. Holzer), Popivoda, Frank. KARLSRUHE: Wimmer, Bredenfeld, Struth, Kalb, Ulrich, Schäfer, Niedermayer, Trenkel, Flindt, Kübler, Janzon. Schiedsrichter: Hennig (Duisburg); Zuschauer: 19 000; Tore: 1:0 Popivoda (31.), 1:1 Janzon (46.), 1:2 Janzon (52.), 2:2 Popivoda (57.), 3:2 Stolzenburg (69.), 3:3 Schäfer (81.).

### Tennis Bor. Berlin – 1. FC Saarbrücken 1:1 (0:0)
TENNIS: Groß, Savkovic, Schmitz, Jakobs, Sprenger, Baake, Schneider, Schulz, Berkemeier, Stradt, Wendt (31. Bruckhoff, 78. Zimmer). SAARBRÜCKEN: Ferner, Semlitsch, E. Schmitt, Zech, Förster, H. Traser, Acimovic, Denz (78. Finkler), Schuster (89. Bender), Ellbracht, Stegmayer. Schiedsrichter: Wichmann (Gelsenkirchen); Zuschauer: 11 500; Tore: 0:1 Traser (68.), 1:1 Schneider (75.).

### Werder Bremen – Borussia Dortmund 3:0 (1:0)
BREMEN: Burdenski, Geils, Höttges, Siegmann, Kamp, Hiller, Röber, Bracht, Petrovic, Konschal, Meininger. DORTMUND: Bertram, Huber, Nerlinger, Votava, Ackermann (46. Wagner), Wolf (64. Vöge), Segler, Burgsmüller, Geyer, Kostedde, Lippens. Schiedsrichter: Quindeau (Ludwigshafen); Zuschauer: 30 000; Tore: 1:0 Meininger (18.), 2:0 Höttges (74., Foulelfmeter), 3:0 Konschal (90.).

### 1. FC Kaiserslautern – VfL Bochum 2:0 (0:0)
KAISERSLAUTERN: Hellström, Scheller, Melzer, Schwarz, Meier, Wilhelmi, Stickel (75. Scheer), Riedl, Pirrung, Toppmöller, Sandberg (60. Metzler). BOCHUM: Scholz, Eggert, Gerland, Franke, Lameck, Herget, Tenhagen, Holz, Trimhold, Kaczor (47. Kursinski), Pochstein. Schiedsrichter: Haselberger (Reutlingen); Zuschauer: 20 000; Tore: 1:0 Meier (75.), 2:0 Schwarz (78.).

## 27. Spieltag 25./26. März

### Mönchengladbach – Eintr. Braunschweig 1:1 (1:0)

MÖNCHENGLADBACH: Kneib, Klinkhammer, Wittkamp, Bonhof, Vogts, Wohlers, Stielike (55. Hannes), Wimmer, Simonsen, Kulik (73. Köppel), Heynckes. BRAUNSCHWEIG: Franke, Grzyb, Haebermann, Hollmann, Merkhoffer, Zembski, Dremmler, Ristic, Erler, Popivoda, Frank. Schiedsrichter: Walther (Würzburg); Zuschauer: 34 500; Tore: 1:0 Bonhof (23.), 1:1 Frank (84.).

### Hertha BSC Berlin – Eintracht Frankfurt 2:3 (2:0)

HERTHA: Nigbur, Sziedat, Brück, Kliemann, Diefenbach (62. Weiner), Hermandung (79. Gersdorff), Sidka, Beer, Grau, Granitza, Horr. FRANKFURT: Koitka, Reichel, Trinklein, Körbel, Neuberger, Stepanovic (46. Kraus), Weidle, Grabowski, Nickel, Hölzenbein, Wenzel. Schiedsrichter: Jensen (Schönkirchen); Zuschauer: 20 000; Tore: 1:0 Granitza (3.), 2:0 Kliemann (26.), 2:1 Kraus (58.), 2:2 Kraus (77.), 2:3 Hölzenbein (87.).

### Borussia Dortmund – 1. FC Kaiserslautern 5:2 (0:1)

DORTMUND: Bertram, Huber, Nerlinger, Wagner (77. Meyer), Ackermann (82. Vöge), Wolf, Segler, Burgsmüller, Geyer, Kostedde, Lippens. KAISERSLAUTERN: Hellström, Meier, Melzer, Scheller, Groh, Wilhelmi (78. Briegel), Stickel, Riedl, Pirrung, Toppmöller, Metzler (65. Sandberg). Schiedsrichter: Zuchantke (Berlin); Zuschauer: 34 000; Tore: 0:1 Stickel (19.), 1:1 Geyer (48.), 2:1 Kostedde (63.), 3:1 Burgsmüller (72.), 3:2 Melzer (74.), 4:2 Lippens (76.), 5:2 Kostedde (86.).

### Bayern München – Werder Bremen 1:0 (0:0)

MÜNCHEN: Maier, Gruber, Beckenbauer, Schwarzenbeck, Andersson, Roth, Horsmann, Torstensson, Kapellmann, Künkel, Reisinger (70. Kirschner). BREMEN: Burdenski, Geils, Höttges, Siegmann, Kamp, Hiller, Röber, Bracht, Konschal, Meininger, Petrovic (74. Görts). Schiedsrichter: Hennig (Duisburg); Zuschauer: 24 000; Tor: 1:0 Roth (66.).

### Hamburger SV – Schalke 04 2:2 (0:0)

HAMBURG: Kargus, Kaltz, Ripp, Nogly, Hidien, Zaczyk, Memering, Magath, Steffenhagen, Reimann (61. Keller), Volkert. SCHALKE: Maric, Sobieray, Fichtel, Rüßmann, H. Kremers (42. Dubski), Bittcher, Bongartz, Oblak, Abramczik (80. Gede), Fischer, E. Kremers. Schiedsrichter: Joos (Stuttgart); Zuschauer: 38 000; Tore: 0:1 Fischer (55.), 1:1 Steffenhagen (60.), 2:1 Steffenhagen (83.), 2:2 Rüßmann (84.).

### 1. FC Saarbrücken – 1. FC Köln 3:1 (1:1)

SAARBRÜCKEN: Ferner, Semlitsch, E. Schmitt, Zech, Förster, H. Traser, Denz, Schuster (73. Berdoll), Acimovic, Ellbracht, Stegmayer. KÖLN: Schumacher, Glowacz, Strack, Gerber, Zimmermann, Simmet, Flohe, Overath (46. Konopka), Prestin 77. Rohde), Müller, Löhr. Schiedsrichter: Schmoock (Reichenau); Zuschauer: 25 000; Tore: 0:1 Prestin (18.), 1:1 Stegmayer (45.), 2:1 Stegmayer (50.)? 3:1 Stegmayer (67.).

### MSV Duisburg – Fortuna Düsseldorf 1:0 (1:0)

DUISBURG: Heinze, Schneider, Bregman, Pirsig, Dietz, Jara, Bella, Suchanek, Seliger (67. Weber), Worm, Bücker. DÜSSELDORF: Daniel, Brei, Hickersberger, Busch, Baltes, Zewe, Allofs, Seel, Geye, Szymanek, Bommer. Schiedsrichter: Wichmann (Gelsenkirchen); Zuschauer: 18 000; Tore: 1:0 Worm (17.).

### VfL Bochum – Rot-Weiß Essen 2:1 (0:0)

BOCHUM: Scholz, EKGGERT, Franke, Gerland, Lameck, Herget, Tenhagen, Holz (76. Euteneuer), Trimhold, Kaczor, Balte (69. Pochstein). ESSEN: Blasey, Neues, Bast, Wörmer, Böninghausen, Lorant, Wieczorkowski, Fürhoff, Krostina (66. Mill), Lund, Hrubesch. Schiedsrichter: Dreher (Darmstadt); Zuschauer: 16 000; Tore: 1:0 Kaczor (62.), 2:0 Holz (63.), 2:1 Lund (67.).

### Karlsruher SC – Tennis Borussia Berlin 4:1 (3:0)

KARLSRUHE: Wimmer, Bredenfeld, Struth, Ulrich, Kalb, Niedermayer, Schäfer, Trenkel, Berger (69. Sjöberg), Flindt (75. Balevski), Janzon. TENNIS: Groß, Savkovic, Hochheimer, Jakobs, Sprenger, Schneider, Baake (46. Zimmer), Schulz, Stradt, Berkemeier (74. Schmitz), Heun. Schiedsrichter: Kindervater (Köln); Zuschauer: 26 000; Tore: 1:0 Flindt (13.), 2:0 Flindt (20.), 3:0 Struth (35., Foulelfmeter), 4:0 Janzon (84.), 4:1 Jakobs (85.).

## 28. Spieltag 1./2. April

### Tennis Bor. Berlin – Mönchengladbach 0:1 (0:0)

TENNIS: Groß, Savkovic, Hochheimer, Jakobs, Schneider, Baake (80. Zimmer), Berkemeier, Schulz (84. Heun), Stradt, Wendt, Sprenger. MÖNCHENGLADBACH: Kneib, Vogts, Wittkamp, Bonhof, Klinkhammer, Wohlers, Wimmer, Stielike, Simonsen, Kulik (65. Hannes), Heynckes (46. Del' Haye). Schiedsrichter: Klauser (Vaterstetten); Zuschauer: 15 000; Tor: 0:1 Simonsen (63.).

### 1. FC Köln – Karlsruher SC 4:1 (3:0)

KÖLN: Schumacher, Konopka (76. Hein), Gerber, Strack, Zimmermann, Nicot, Simmet, Flohe, Glowacz, Müller, Löhr. KARLSRUHE: Wimmer, Bredenfeld, Struth, Ulrich (46. Krauth), Kalb, Niedermayer, Kübler, Schäfer, Trenkel, Flindt, Janzon (85. Sjöberg). Schiedsrichter: Jensen (Schönkirchen); Zuschauer: 8000; Tore: 1:0 Müller (1.), 2:0 Gerber (14.), 3:0 Müller (36.), 3:1 Struth (70., Handelfmeter), 4:1 Müller (73.).

### 1. FC Kaiserslautern – Werder Bremen 4:2 (0:1)

KAISERSLAUTERN: Hellström, Scheller, Melzer, Groh, Meier (84. Scheer), Wilhelmi, Stickel, Riedl (76. Schwarz), Pirrung, Toppmöller, Metzler. BREMEN: Burdenski, Siegmann, Roentved, Höttges, Geils, Kamp, Hiller, Röber (43. Petrovic), Bracht, Konschal, Meininger (80. Görts). Schiedsrichter: Dölfel (Fürth); Zuschauer: 15 000; Tore: 0:1 Kamp (23.), 1:1 Pirrung (46.), 2:1 Toppmöller (55.), 3:1 Toppmöller (65.), 4:1 Toppmöller (75.), 4:2 Bracht (77.).

### Eintracht Braunschweig – MSV Duisburg 1:1 (1:1)

BRAUNSCHWEIG: Franke, Zembski, Haebermann, Hollmann, Merkhoffer, Ristic, Dremmler, Erler, Popivoda, Frank, Holzer (76. Grobe). DUISBURG: Heinze, Schneider, Bregman, Pirsig, Dietz, Bella, Jara, Bücker, Büssers, Seliger, Worm. Schiedsrichter: Aldinger (Waiblingen); Zuschauer: 22 000; Tore: 0:1 Bücker (11.), 1:1 Ristic (15.).

### Fortuna Düsseldorf – Hertha BSC Berlin 2:3 (1:1)

DÜSSELDORF: Daniel, Baltes, Hickersberger, Busch (46. Köhnen), Zimmermann, Brei, Zewe, Allofs (63. Szymanek), Geye, Bommer, Seel. HERTHA: Nigbur, Sziedat, Brück, Kliemann, Weiner, Hermandung, Sidka, Beer, Gersdorff, Granitza, Horr. Schiedsrichter: Biwersi (Bliesransbach); Zuschauer: 13 000; Tore: 1:0 Bommer (10.), 1:1 Granitza (23.), 1:2 Beer (66.), 1:3 Granitza (69.), 2:3 Seel (86.).

### Hamburger SV – Bayern München 5:0 (2:0)

HAMBURG: Kargus, Kaltz, Ripp, Nogly, Hidien, Memering, Zaczyk, Magath, Steffenhagen, Reimann (58. Keller), Volkert. MÜNCHEN: Maier, Andersson, Beckenbauer, Schwarzenbeck, Gruber, Horsmann (63. Kirschner), Roth, Torstensson (68. Önal), Kapellmann, Rummenigge, Künkel. Schiedsrichter: Burgers (Essen); Zuschauer: 51 000; Tore: 1:0 Zaczyk (19.), 2:0 Reimann (21.), 3:0 Memering (55.), 4:0 Volkert (67., Foulelfmeter), 5:0 Steffenhagen (73.).

### Eintracht Frankfurt – VfL Bochum 2:2 (2:1)

FRANKFURT: Koitka, Weidle (72. Stepanovic), Trinklein, Körbel, Neuberger, Kraus, Reichel, Nickel, Grabowski, Hölzenbein, Wenzel. BOCHUM: Scholz, Franke, Gerland, Lameck, Eggert, Tenhagen, Herget, Holz (67. Pochstein), Trimhold, Kaczor, Eggeling. Schiedsrichter: Redelfs (Hannover); Zuschauer: 21 000; Tore: 1:0 Nickel (15.), 1:1 Tenhagen (42.), 2:1 Kraus (44.), 2:2 Lameck (69., Foulelfmeter).

### Schalke 04 – 1. FC Saarbrücken 0:1 (0:0)

SCHALKE: Maric, Sobieray (73. Gede), Fichtel, Rüßmann, H. Kremers, Bittcher, Oblak, Bongartz, Abramczik, Fischer, E. Kremers. SAARBRÜCKEN: Ferner, Förster, E. Schmitt, Zech, Bender, H. Traser, Denz, Acimovic, Schuster (84. Cremer), Ellbracht, Stegmayer. Schiedsrichter: Niemann (Hamburg); Zuschauer: 15 000; Tor: 0:1 Ellbracht (78.).

### Rot-Weiß Essen – Borussia Dortmund 1:5 (0:2)

ESSEN: Blasey, Neues, Bast, Wörmer, Böninghausen, Dörre (55. Mill), Wieczorkowski, Lorant, Fürhoff, Lund, Hrubesch. DORTMUND: Bertram, Meyer (80. Wagner), Huber, Segler, Wolf, Ackermann, Hartl (62. Votava), Burgsmüller, Geyer, Kostedde, Lippens. Schiedsrichter: Frickel (München); Zuschauer: 18 000; Tore: 0:1 Lippens (40.), 0:2 Burgsmüller (41.), 1:2 Hrubesch (56.), 1:3 Votava (67.), 1:4 Burgsmüller (78.), 1:5 Votava (85.).

## 29. Spieltag 7./9./12. April

### Karlsruher SC – Schalke 04 1:7 (0:3)
KARLSRUHE: Wimmer, Kalb, Bredenfeld, Struth, Ulrich, Trenkel (54. Balevski), Schäfer, Kübler, Berger, Flindt, Janzon. SCHALKE: Maric, Sobieray, Rüßmann, Fichtel, H. Kremers, Lütkebohmert, Bongartz, Bittcher, Abramczik, Fischer, Oblak. Schiedsrichter: Linn (Altendiez); Zuschauer: 40 000; Tore: 0:1 Fischer (9.), 0:2 Abramczik (22.), 0:3 Fischer (25.), 0:4 Fischer (54.), 1:4 Struth (71., Foulelfmeter), 1:5 Bongartz (75.), 1:6 Rüßmann (83.), 1:7 Rüßmann (86.).

### MSV Duisburg – Tennis Borussia Berlin 1:1 (0:0)
DUISBURG: Heinze, Schneider, Bregman, Pirsig, Dietz, Jara, Bücker, Bella, Seliger, Worm, Büssers (69. Weber). TENNIS: Groß, Savkovic, Hochheimer, Jakobs, Sprenger, Schneider, Berkemeier, Schulz, Stradt, Wendt, Heun (81. Baake). Schiedsrichter: Quindeau (Ludwigshafen); Zuschauer: 13 000; Tore: 1:0 Seliger (50., Foulelfmeter), 1:1 Wendt (57.).

### Bayern München – 1. FC Kaiserslautern 3:0 (2:0)
MÜNCHEN: Maier, Andersson, Beckenbauer, Schwarzenbeck, Gruber, Roth, Önal (75. Torstensson), Kapellmann, Rummenigge, Müller, Künkel. KAISERSLAUTERN: Hellström, Scheller, Melzer, Meier, Stickel, Groh, Wilhelmi (72. Schwarz), Riedl, Pirrung, Toppmöller, Metzler (46. Scheer). Schiedsrichter: Roth (Salzgitter); Zuschauer: 19 000; Tore: 1:0 Müller (1.), 2:0 Rummenigge (9.), 3:0 Önal (57.).

### VfL Bochum – Fortuna Düsseldorf 1:2 (1:0)
BOCHUM: Scholz, Gerland, Franke, Tenhagen, Lameck, Herget, Eggert, Holz, Trimhold, Kaczor, Eggeling (54. Pochstein). DÜSSELDORF: Woyke, Baltes, Zimmermann, Hickersberger, Köhnen, Zewe, Bommer (73. Geye), Brei, Allofs, Szymanek, Seel. Schiedsrichter: Horstmann (Nordstemmen); Zuschauer: 15 000; Tore: 1:0 Eggeling (28.), 1:1 Zewe (67.), 1:2 Allofs (79.).

### Borussia Mönchengladbach – 1. FC Köln 3:1 (0:0)
MÖNCHENGLADBACH: Kneib, Klinkhammer, Wittkamp, Bonhof, Vogts, Wimmer, Stielike (46. Hannes), Wohlers, Simonsen, Kulik, Heynckes (77. Heidenreich). KÖLN: Schumacher, Glowacz (58. Löhr), Gerber, Strack, Zimmermann, Nicot, Flohe, Simmet, Konopka, Prestin (46. van Gool), Müller. Schiedsrichter: Ohmsen (Hamburg); Zuschauer: 30 000; Tore: 1:0 Bonhof (58.), 2:0 Simonsen (70.), 2:1 Flohe (75.), 3:1 Kulik (77.).

### Werder Bremen – Rot-Weiß Essen 3:1 (1:1)
BREMEN: Burdenski, Geils, Roentved, Siegmann, Höttges (19. Petrovic), Kamp, Hiller, Röber, Konschal, Meininger, Görts (78. Weist). ESSEN: Blasey, Neues, Huhse, Wörmer, Böninghausen, Zedler (68. Dörre), Lorant, Fürhoff, Bast, Hrubesch, Lund. Schiedsrichter: Walther (Würzburg); Zuschauer: 12 000; Tore: 1:0 Roentved (15.), 1:1 Hrubesch (38.), 2:1 Röber (47.), 3:1 Wörmer (76., Eigentor).

### 1. FC Saarbrücken – Hamburger SV 3:2 (1:2)
SAARBRÜCKEN: Ferner, Semlitsch, E. Schmitt, Zech, Förster, H. Traser, Denz, Acimovic, Schuster, Ellbracht, Stegmayer. HAMBURG: Kargus, Kaltz, Ripp (67. Bertl), Nogly (46. Blankenburg), Hidien, Memering, Magath, Björnmose, Steffenhagen, Reimann, Volkert. Schiedsrichter: Hilker (Bochum); Zuschauer: 34 000; Tore: 0:1 Memering (34.), 0:2 Steffenhagen (44.), 1:2 Denz (45.), 2:2 Denz (53.), 3:2 Schuster (71.).

### Borussia Dortmund – Eintracht Frankfurt 2:2 (1:1)
DORTMUND: Bertram, Votava, Huber, Meyer (64. Wagner), Ackermann, Wolf (46. Nerlinger), Segler, Burgsmüller, Geyer, Kostedde, Lippens. FRANKFURT: Koitka, Reichel (89. Stepanovic), Trinklein, Körbel, Neuberger, Kraus, Weidle, Nickel, Grabowski, Wenzel, Hölzenbein. Schiedsrichter: Gabor (Berlin); Zuschauer: 52 000; Tore: 1:0 Kostedde (5.), 1:1 Wenzel (28.), 1:2 Hölzenbein (49.), 2:2 Segler (90.).

### Hertha BSC Berlin – Eintr. Braunschweig 2:1 (2:1)
HERTHA: Nigbur, Sziedat, Brück, Kliemann, Weiner, Hermandung, Sidka, Beer, Gersdorff, Granitza (88. Grau), Horr. BRAUNSCHWEIG: Franke, Grzyb, Haebermann, Hollmann, Merkhoffer, Zembski, Dremmler, Ristic (46. Grobe), Popivoda, Frank, Erler. Schiedsrichter: Antz (Wahlen); Zuschauer: 17 500; Tore: 0:1 Popivoda (3.), 1:1 Sidka (20.), 2:1 Granitza (32.).

## 30. Spieltag 15./16. April

### Eintracht Braunschweig – VfL Bochum 2:0 (1:0)
BRAUNSCHWEIG: Franke, Grzyb, Hollmann, Zembski, Merkhoffer, Grobe, Erler, Dremmler, Popivoda, Frank, Holzer. BOCHUM: Scholz, Eggert, Tenhagen, Franke, Lameck, Gerland, Herget, Holz, Trimhold (60. Fromm), Kaczor, Eggeling. Schiedsrichter: Frickel (München); Zuschauer: 15 000; Tore: 1:0 Popivoda (40.) 2:0 Frank (65.).

### Hamburger SV – Karlsruher SC 2:1 (1:1)
HAMBURG: Kargus, Kaltz, Ripp, Nogly, Hidien, Zaczyk (46. Keller), Memering, Magath, Steffenhagen, Reimann, Volkert. KARLSRUHE: Wimmer, Kalb, Struth, Ulrich, Bredenfeld, Niedermayer, Schäfer, Kübler, Flindt (66. Krauth), Balevski, Janzon. Schiedsrichter: Eschweiler (Euskirchen); Zuschauer: 14 000; Tore: 0:1 Struth (33.), 1:1 Volkert (37.), 2:1 Memering (61.).

### 1. FC Köln – MSV Duisburg 5:2 (3:1)
KÖLN: Topalovic, Zimmermann, Gerber, Strack, Nicot, Simmet, Overath, Flohe, van Gool, Müller, Löhr. DUISBURG: Heinze, Schneider, Bregman, Pirsig, Dietz, Jara, Bücker, Bella, Büssers, Seliger, Worm (65. Fruck). Schiedsrichter: Walz (Waiblingen); Zuschauer: 19 000; Tore: 1:0 Löhr (28.), 1:1 Bücker (33.), 2:1 Müller (37.), 3:1 Löhr (43.), 3:2 Seliger (54.), 4:2 Müller (56.), 5:2 van Gool (87.).

### Schalke 04 – Borussia Mönchengladbach 1:0 (1:0)
SCHALKE: Maric, Sobieray, Fichtel, Rüßmann, H. Kremers (75. Gede), Lütkebohmert, Oblak (46. Dubski), Bongartz, Bittcher, Abramczik, Fischer. MÖNCHENGLADBACH: Kneib, Vogts, Wittkamp, Bonhof, Klinkhammer, Wohlers, Wimmer, Kulik (68. Schäffer), Simonsen, Hannes, Heidenreich (46. Del'Haye). Schiedsrichter: Aldinger (Waiblingen); Zuschauer: 70 600; Tor: 1:0 Abramczik (6.).

### Tennis Bor. Berlin – Hertha BSC Berlin 2:0 (0:0)
TENNIS: Groß, Savkovic, Hochheimer, Jakobs, Sprenger, Baake, Schneider, Berkemeier, Schulz, Stradt, Wendt. HERTHA: Nigbur, Sziedat (86. Rasmussen), Brück, Kliemann, Weiner, Hermandung, Sidka, Gersdorff, Grau, Granitza, Horr. Schiedsrichter: Burgers (Essen); Zuschauer: 42 000; Tore: 1:0 Schulz (66.), 2:0 Stradt (83.).

### 1. FC Saarbrücken – Bayern München 6:1 (2:0)
SAARBRÜCKEN: Ferner, Semlitsch, E. Schmitt, Zech, Förster (87. Bender), H. Traser, Denz, Acimovic, Schuster, Ellbracht, Stegmayer. MÜNCHEN: Maier, Andersson, Beckenbauer, Schwarzenbeck, Gruber (62. Künkel), Roth, Önal (56. Torstensson), Weiß, Rummenigge, Müller, Kapellmann. Schiedsrichter: Ahlenfelder (Oberhausen); Zuschauer: 39 000; Tore: 1:0 Stegmayer (21.), 2:0 Stegmayer (40.), 3:0 Stegmayer (60.), 3:1 Müller (70.), 4:1 Stegmayer (75.), 5:1 Denz (80.), 6:1 Schuster (88.).

### Fortuna Düsseldorf – Bor. Dortmund 3:2 (1:1)
DÜSSELDORF: Woyke, Zewe, Hickersberger, Zimmermann, Baltes, Brei, Allofs, Seel, Bommer, Szymanek, Köhnen (65. Geye). DORTMUND: Bertram, Meyer (42. Wagner), Huber, Nerlinger, Ackermann, Votava (88. Vöge), Segler, Burgsmüller, Geyer, Kostedde, Lippens. Schiedsrichter: Dölfel (Fürth); Zuschauer: 21 000; Tore: 0:1 Burgsmüller (20.), 1:1 Szymanek (37.), 1:2 Votava (59.), 2:2 Seel (66.), 3:2 Allofs (83.).

### Rot-Weiß Essen – 1. FC Kaiserslautern 3:2 (1:2)
ESSEN: Blasey, Neues, Huhse, Wörmer (30. Wieczorkowski), Böninghausen (60. Zedler), Lorant, Fürhoff, Bast, Lund, Hrubesch, Mill. KAISERSLAUTERN: Hellström, Meier, Melzer, Schwarz, Groh, Stickel (63. Metzler), Wilhelmi (46. Scheer), Riedl, Toppmöller, Pirrung, Briegel. Schiedsrichter: Redelfs (Hannover); Zuschauer: 4600; Tore: 0:1 Briegel (4.), 1:1 Mill (20.), 1:2 Pirrung (37.), 2:2 Fürhoff (82.), 3:2 Lorant (85.).

### Eintracht Frankfurt – Werder Bremen 7:1 (2:1)
FRANKFURT: Koitka, Weidle, Trinklein, Körbel, Neuberger, Kraus, Reichel, Nickel, Grabowski, Hölzenbein, Wenzel. BREMEN: Burdenski, Geils, Siegmann, Roentved, Kamp, Hiller, Röber (77. Ohling), Petrovic, Konschal, Meininger, Görts. Schiedsrichter: Kindervater (Köln); Zuschauer: 19 000; Tore: 1:0 Kraus (5.), 2:0 Wenzel (13.), 2:1 Meininger (42.), 3:1 Kraus (52.), 4:1 Trinklein (61.), 5:1 Reichel (65.), 6:1 Hölzenbein (76.), 7:1 Wenzel (89.).

## 31. Spieltag 22./23. April

### Bor. Mönchengladbach – Hamburger SV 0:0

MÖNCHENGLADBACH: Kneib, Klinkhammer, Wittkamp, Bonhof, Schäffer, Vogts, Wimmer, Wohlers, Simonsen, Kulik (63. Köppel), Heidenreich (63. Del'Haye). HAMBURG: Kargus, Ripp, Kaltz, Nogly, Björnmose, Memering (46. Bertl), Eigl, Steffenhagen, Keller, Reimann, Volkert (55. Zaczyk). Schiedsrichter: Engel (Reimsbach); Zuschauer: 31 000.

### MSV Duisburg – Schalke 04 2:2 (1:1)

DUISBURG: Heinze, Schneider, Bregman, Pirsig, Dietz, Jara, Bücker, Bella, Seliger, Worm, Büssers. SCHALKE: Maric, Sobieray, Fichtel, Rüßmann, H. Kremers, Lütkebohmert, Bongartz, Bittcher, Abramczik, Fischer, Oblak (31. Dubski). Schiedsrichter: Schmoock (Reichenau); Zuschauer: 26 000; Tore: 0:1 Rüßmann (20.), 1:1 Worm (34.), 1:2 Bücker (55., Eigentor), 2:2 Jara (67.).

### Borussia Dortmund – Eintracht Braunschweig 0:0

DORTMUND: Bertram, Huber, Nerlinger, Wagner, Ackermann, Votava (51. Wolf), Segler, Burgsmüller, Vöge (61. Hartl), Geyer, Lippens. BRAUNSCHWEIG: Franke, Grzyb, Haebermann, Hollmann, Merkhoffer, Zembski, Dremmler, Erler, Grobe, Popivoda, Frank. Schiedsrichter: Klauser (Vaterstetten); Zuschauer: 45 000.

### Bayern München – Rot-Weiß Essen 5:1 (1:0)

MÜNCHEN: Maier, Andersson, Beckenbauer, Schwarzenbeck, Schenk, Roth, Torstensson (70. Önal), Kapellmann, Rummenigge, Müller, Künkel (19. Kirschner). ESSEN: Blasey, Neues, Huhse, Wörmer, Wieczorkowski, Lorant, Bast, Fürhoff (58. Zedler), Mill, Hrubesch, Lund (69. Dörre). Schiedsrichter: Quindeau (Ludwigshafen); Zuschauer: 15 000; Tore: 1:0 Beckenbauer (4.), 2:0 Müller (55.), 3:0 Müller (59.), 3:1 Hrubesch (64.), 4:1 Müller (84., Foulelfmeter), 5:1 Müller (86.).

### Hertha BSC Berlin – 1. FC Köln 2:4 (1:1)

HERTHA: Nigbur, Sziedat, Brück, Weiner, Diefenbach (69. Rasmussen), Hermandung, Sidka, Beer, Grau, Gersdorff (59. Granitza), Horr. KÖLN: Schumacher, Nicot (46. Konopka), Gerber, Strack, Zimmermann, Simmet, Flohe, Neumann, van Gool, Müller, Löhr. Schiedsrichter: Roth (Salzgitter); Zuschauer: 12 500; Tore: 0:1 Müller (10.), 1:1 Gersdorff (21.), 1:2 Strack (54.), 1:3 van Gool (65.), 2:3 Granitza (71.), 2:4 Müller (77.).

### Werder Bremen – Fortuna Düsseldorf 0:2 (0:0)

BREMEN: Burdenski, Geils, Höttges, Siegmann, Kamp, Roentved, Hiller, Röber, Görts (65. Ohling), Meininger, Petrovic (65. Daras). DÜSSELDORF: Woyke, Baltes, Hickersberger, Zimmermann, Kriegler, Zewe, Brei, Köhnen, Allofs, Bommer, Seel. Schiedsrichter: Zuchantke (Berlin); Zuschauer: 10 000; Tore: 0:1 Brei (54., Foulelfmeter), 0:2 Seel (81.).

### VfL Bochum – Tennis Borussia Berlin 2:1 (0:0)

BOCHUM: Scholz, Gerland, Fromm, Franke, Lameck, Herget, Holz (80. Balte), Tenhagen, Trimhold, Kaczor, Pochstein. TENNIS: Groß, Savkovic, Hochheimer, Jakobs, Sprenger, Schneider, Berkemeier (67. Schmitz), Schulz, Heun (58. Subkleve), Stradt, Wendt. Schiedsrichter: Walther (Würzburg); Zuschauer: 12 000; Tore: 1:0 Kaczor (52.), 2:0 Lameck (65.), 2:1 Stradt (72.).

### Karlsruher SC – 1. FC Saarbrücken 3:0 (2:0)

KARLSRUHE: Wimmer, Bredenfeld, Struth, Ulrich, Kalb, Niedermayer, Schäfer, Kübler (80. Krauth), Flindt, Balevski, Janzon. SAARBRÜKKEN: Ferner, Semlitsch, E. Schmitt, Förster, Zech, H. Traser, Acimovic, Schuster, Denz, Ellbracht, Stegmayer (15. Hayduk). Schiedsrichter: Ohmsen (Hamburg); Zuschauer: 46 000; Tore: 1:0 Kübler (16.), 2:0 Kübler (44.), 3:0 Balevski (78.).

### 1. FC Kaiserslautern – Eintr. Frankfurt 2:2 (2:1)

KAISERSLAUTERN: Hellström, Schwarz, Melzer, Groh, Meier, Wilhelmi (87. Scheer), Stickel, Riedl, Pirrung, Toppmöller, Briegel (58. Metzler). FRANKFURT: Koitka, Weidle, Trinklein, Körbel, Neuberger, Reichel, Grabowski, Kraus, Nickel, Hölzenbein, Wenzel. Schiedsrichter: Eschweiler (Euskirchen); Zuschauer: 33 000; Tore: 1:0 Groh (28.), 2:0 Toppmöller (43.), 2:1 Hölzenbein (45.), 2:2 Hölzenbein (75.).

## 32. Spieltag 6./7. Mai

### Eintr. Braunschweig – Werder Bremen 0:1 (0:0)

BRAUNSCHWEIG: Franke, Grzyb, Hollmann, Haebermann, Merkhoffer, Zembski, Handschuh, Dremmler, Erler, Holzer (46. Stolzenburg, 51. Grobe), Frank. BREMEN: Burdenski, Kamp, Roentved, Höttges, Geils, Hiller, Bracht, Röber, Konschal, Meininger (70. Petrovic), Görts. Schiedsrichter: Burgers (Essen); Zuschauer: 18 000; Tor: 0:1 Roentved (49.).

### Fortuna Düsseldorf – 1. FC Kaiserslautern 2:3 (0:1)

DÜSSELDORF: Woyke, Baltes, Hickersberger, Zimmermann, Köhnen, Zewe, Brei, Allofs, Geye, Bommer, Seel. KAISERSLAUTERN: Hellström, Schwarz, Melzer, Diehl, Meier, Groh, Stickel (81. Metzler), Riedl, Pirrung, Toppmöller, Briegel. Schiedsrichter: Joos (Stuttgart); Zuschauer: 13 000; Tore: 0:1 Stickel (33.), 1:1 Geye (51.), 1:2 Pirrung (59.), 1:3 Schwarz (68.), 2:3 Brei (85.).

### Rot-Weiß Essen – Eintracht Frankfurt 1:8 (0:5)

ESSEN: Blasey, Wieczorkowski, Huhse, Bast (75. Patzke), Zedler, Dörre (49. Krostina), Lorant, Fürhoff, Lund, Hrubesch, Mill. FRANKFURT: Koitka, Reichel (47. Krobbach), Körbel, Trinklein, Neuberger, Kraus (88. Beverungen), Weidle, Nickel, Grabowski, Hölzenbein, Wenzel. Schiedsrichter: Lutz (Bremen); Zuschauer: 5000; Tore: 0:1 Kraus (19.), 0:2 Neuberger (31.), 0:3 Wenzel (32.), 0:4 Hölzenbein (42.), 0:5 Wenzel (44.), 0:6 Wenzel (46.), 0:7 Grabowski (69.), 0:8 Grabowski (72.), 1:8 Hrubesch (90., Handelfmeter).

### 1. FC Saarbrücken – Mönchengladbach 2:2 (0:1)

SAARBRÜCKEN: Ferner, Semlitsch, Zech, E. Schmitt, Förster, H. Traser (85. Berdoll), Denz, Acimovic, Schuster, Ellbracht (80. Hayduk), Stegmayer. MÖNCHENGLADBACH: Kneib, Vogts, Schäffer, Wittkamp, Klinkhammer, Bonhof, Wohlers (78. Hannes), Kulik, Simonsen, Köppel, Heidenreich. Schiedsrichter: Gabor (Berlin); Zuschauer: 37 000; Tore: 0:1 Förster (3., Eigentor), 0:2 Heidenreich (55.), 1:2 Schuster (63.), 2:2 Förster (87.).

### Tennis Bor. Berlin – Bor. Dortmund 2:3 (2:2)

TENNIS: Groß, Savkovic, Hochheimer, Jakobs, Sprenger, Schneider (63. Zimmer), Berkemeier, Schulz, Stradt, Wendt, Subkleve (85. Heun). DORTMUND: Bertram, Huber, Nerlinger, Wagner, Ackermann, Votava (46. Wolf), Segler, Burgsmüller, Geyer, Vöge (65. Hartl), Lippens. Schiedsrichter: Dreher (Darmstadt); Zuschauer: 6500; Tore: 1:0 Stradt (18.), 1:1 Vöge (32.), 1:2 Vöge (37.), 2:2 Stradt (42.), 2:3 Huber (89.).

### Bayern München – Karlsruher SC 5:0 (2:0)

MÜNCHEN: Maier, Gruber, Schwarzenbeck, Beckenbauer, Schenk, Torstensson, Önal (62. Seneca), Kapellmann, Hoeneß, Müller, Rummenigge. KARLSRUHE: Wimmer, Bredenfeld (64. Komorowski), Ulrich, Struth, Kalb, Niedermayer, Schäfer, Kübler (62. Krauth), Flindt, Balevski, Janzon. Schiedsrichter: Fork (Unna); Zuschauer: 28 000; Tore: 1:0 Torstensson (37.), 2:0 Kapellmann (42.), 3:0 Müller (67.), 4:0 Kapellmann (88.), 5:0 Hoeneß (89.).

### 1. FC Köln – VfL Bochum 6:1 (5:0)

KÖLN: Schumacher, Konopka, Gerber, Strack (46. Cullmann), Zimmermann, Simmet, Flohe, Neumann, van Gool, Müller, Löhr. BOCHUM: Scholz, Eggert, Fromm, Tenhagen, Lameck, Gerland, Herget (60. Euteneuer), Trimhold (75. Kursinski), Holz, Kaczor, Pochstein. Schiedsrichter: Meuser (Ingelheim); Zuschauer: 12000; Tore: 1:0 Müller (15.), 2:0 Müller (20.), 3:0 Flohe (33.), 4:0 Müller (42.), 5:0 Müller (43.), 6:0 Simmet (60.), 6:1 Kaczor (85.).

### Schalke 04 – Hertha BSC Berlin 4:0 (2:0)

SCHALKE: Maric, Sobieray, Rüßmann, Fichtel, H. Kremers, Lütkebohmert, Bittcher, Bongartz (82. Dubski), Abramczik, Fischer, E. Kremers. HERTHA: Wolter, Sziedat, Brück, Weiner, Rasmussen (82. Diefenbach), Grau, Hermandung, Sidka, Beer (72. Gersdorff), Granitza, Horr. Schiedsrichter: Haselberger (Reutlingen); Zuschauer: 25 000; Tore: 1:0 Sobieray (10.), 2:0 Fischer (12.), 3:0 Fischer (75.), 4:0 Rüßmann (87.).

### Hamburger SV – MSV Duisburg 2:0 (1:0)

HAMBURG: Kargus, Kaltz, Ripp, Nogly, Hidien (52. Björnmose), Memering, Magath, Steffenhagen, Reimann, Keller, Volkert. DUISBURG: Heinze, Schneider, Bregman, Pirsig, Dietz, Jara, Bücker, Bruckmann, Bella, Seliger (58. Weber), Worm. Schiedsrichter: Antz (Wahlen); Zuschauer: 19 000; Tore: 1:0 Keller (8.), 2:0 Steffenhagen (49.).

## 33. Spieltag 13./14. Mai

### Borussia Dortmund – 1. FC Köln 1:2 (1:0)

DORTMUND: Bertram, Huber, Nerlinger, Wagner, Ackermann, Hartl (68. Votova), Segler, Burgsmüller, Wolf, Geyer, Vöge (74. Krauß). KÖLN: Schumacher, Konopka, Gerber, Strack, Zimmermann, Simmet, Flohe, Neumann, van Gool, Müller, Löhr. Schiedsrichter: Burgers (Essen); Zuschauer: 25 000; Tore: 1:0 Burgsmüller (18.), 1:1 Simmet (58.), 1:2 van Gool (89.).

### Bor. Mönchengladbach – Karlsruher SC 5:1 (1:0)

MÖNCHENGLADBACH: Kneib, Klinkhammer, Wittkamp, Vogts, Schäffer, Wohlers, Wimmer, Bonhof, Simonsen, Kulik, Heidenreich. KARLSRUHE: Wimmer, Komorowski, Struth, Schäfer, Ulrich, Trenkel, Kübler, Kalb, Niedermayer, Flindt (58. Berger), Janzon. Schiedsrichter: Zuchantke (Berlin); Zuschauer: 23 000; Tore: 1:0 Simonsen (20.), 2:0 Wittkamp (47.), 3:0 Wohlers (51.), 4:0 Wohlers (67.), 5:0 Simonsen (79.), 5:1 Kübler (84.).

### Hertha BSC Berlin – Hamburger SV 2:1 (1:0)

HERTHA: Nigbur, Sziedat, Brück, Weiner, Rasmussen, Hermandung (44. Diefenbach), Sidka, Beer, Grau, Granitza, Horr. HAMBURG: Kargus, Kaltz, Ripp, Nogly, Björnmose, Memering, Reimann, Magath (62. Bertl), Steffenhagen, Keller (46. Zaczyk), Eigl. Schiedsrichter: Waltert (Paderborn); Zuschauer: 15 000; Tore: 1:0 Granitza (21.), 1:1 Björnmose (49.), 2:1 Granitza (89., Foulelfmeter).

### VfL Bochum – Schalke 04 1:2 (1:1)

BOCHUM: Scholz, Gerland, Fromm, Franke, Lameck, Holz, Eggert, Tenhagen, Herget, Kaczor, Pochstein (46. Trimhold). SCHALKE: Maric, Sobieray, Fichtel, Rüßmann, H. Kremers, Bittcher (68. Oblak), Bongartz, Lütkebohmert (76. Lander), Abramczik, Fischer, E. Kremers. Schiedsrichter: Ahlenfelder (Oberhausen); Zuschauer: 20 000; Tore: 1:0 Eggert (11.), 1:1 Gerland (34., Eigentor), 1:2 Lander (89.).

### Eintracht Frankfurt – Bayern München 2:1 (1:1)

FRANKFURT: Koitka, Weidle, Trinklein, Körbel, Neuberger, Kraus, Reichel, Nickel, Grabowski, Hölzenbein, Wenzel. MÜNCHEN: Maier, Gruber, Beckenbauer, Schwarzenbeck, Schenk, Önal (64. Seneca), Torstensson, Kapellmann, Hoeneß, Müller, Rummenigge. Schiedsrichter: Walz (Waiblingen); Zuschauer: 60 000; Tore: 0:1 Rummenigge (32.), 1:1 Nickel (34.), 2:1 Hölzenbein (52.).

### 1. FC Kaiserslautern – Braunschweig 1:3 (1:2)

KAISERSLAUTERN: Hellström, Schwarz, Melzer, Diehl, Meier, Groh (64. Scheller), Stickel, Riedl, Pirrung, Toppmöller, Briegel (64. Scheer). BRAUNSCHWEIG: Franke, Grzyb, Haebermann, Hollmann, Merkhoffer, Zembski, Dremmler, Handschuh, Erler, Popivoda, Holzer. Schiedsrichter: Meßmer (Mannheim); Zuschauer: 24 000; Tore: 1:0 Toppmöller (3.), 1:1 Handschuh (10.), 1:2 Popivoda (11.), 1:3 Erler (68.).

### Werder Bremen – Tennis Borussia Berlin 0:0

BREMEN: Burdenski, Geils, Roentved, Höttges, Kamp, Hiller, Röber, Bracht, Konschal (76. Ohling), Meininger, Görts (43. Petrovic). TENNIS: Groß, Savkovic, Hochheimer, Jakobs, Sprenger, Schneider, Berkemeier, Schulz, Stradt (23. Subkleve, 85. Zimmer), Wendt, Schmitz. Schiedsrichter: Biwersi (Bliesransbach); Zuschauer: 8000.

### MSV Duisburg – 1. FC Saarbrücken 2:3 (1:1)

DUISBURG: Heinze, Schneider (46. Suchanek), Bregman, Pirsig (78. Fruck), Dietz, Bruckmann, Bücker, Bella, Jara, Seliger, Worm. SAARBRÜCKEN: Ferner, Förster, Schmitt, Zech, Semlitsch, Traser, Denz, Acimovic (84. Finkler), Schuster, Ellbracht, Stegmayer. Schiedsrichter: Klauser (Vaterstetten); Zuschauer: 11 000; Tore: 0:1 Stegmayer (13.), 1:1 Dietz (24.), 1:2 Ellbracht (47.), 2:2 Jara (50.), 2:3 Förster (63.).

### Rot-Weiß Essen – Fortuna Düsseldorf 5:3 (2:1)

ESSEN: Blasey, Neues, Huhse, Wörmer, Böninghausen, Wieczorkowski, Lorant, Fürhoff, Mill (67. Krostina), Hrubesch, Lund. DÜSSELDORF: Woyke, Baltes, Hickersberger, Zimmermann, Köhnen, Zewe, Brei, Allofs, Geye, Bommer, Seel. Schiedsrichter: Kindervater (Köln); Zuschauer: 2200; Tore: 1:0 Hrubesch (21.), 1:1 Allofs (23.), 2:1 Hrubesch (36.), 3:1 Huhse (50.), 4:1 Hrubesch (56.), 4:2 Brei (58., Foulelfmeter), 4:3 Bommer (64.), 5:3 Lorant (73.).

## 34. Spieltag 21. Mai

### Bayern München – Bor. Mönchengladbach 2:2 (1:2)

MÜNCHEN: Maier, Gruber, Beckenbauer, Schwarzenbeck, Schenk, Andersson, Torstensson (81. Seneca), Kapellmann, Hoeneß (74. Künkel), Müller, Rummenigge. MÖNCHENGLADBACH: Kneib, Vogts, Wittkamp, Schäffer, Klinkhammer, Bonhof, Wohlers, Stielike, Wimmer, Simonsen, Heynckes (74. Kulik). Schiedsrichter: Biwersi (Bliesransbach); Zuschauer: 77 500; Tore: 0:1 Heynckes (20.), 0:2 Stielike (22.), 1:2 Müller (36.), 2:2 Wittkamp (90., Eigentor).

### Schalke 04 – Borussia Dortmund 4:2 (2:0)

SCHALKE: Maric, Sobieray (75. Oblak), Fichtel, Rüßmann, H. Kremers, Lütkebohmert (83. Lander), Bittcher, Bongartz, Abramczik, Fischer, E. Kremers. DORTMUND: Bertram, Huber, Nerlinger, Wagner, Wolf, Votava (54. Hartl), Burgsmüller, Segler, Vöge, Ackermann (54. Meyer), Geyer. Schiedsrichter: Waltert (Paderborn); Zuschauer: 70 600; Tore: 1:0 Abramczik (22.), 2:0 Fischer (26.), 3:0 Ackermann (48., Eigentor), 3:1 Segler (61.), 4:1 Fischer (77.), 4:2 Meyer (79.).

### Eintr. Braunschweig – Rot-Weiß Essen 6:0 (1:0)

BRAUNSCHWEIG: Franke, Grzyb, Zembski, Hollmann, Merkhoffer, Dremmler, Handschuh, Erler, Popivoda (46. Ristic), Frank, Holzer. ESSEN: Blasey, Neues, Huhse, Wörmer, Böninghausen, Wieczorkowski, Lorant, Fürhoff, Lund, Hrubesch, Krostina (62. Kaminski, 79. Zedler). Schiedsrichter: Dölfel (Fürth); Zuschauer: 15 000; Tore: 1:0 Frank (13.), 2:0 Frank (49.), 3:0 Grzyb (58., Foulelfmeter), 4:0 Hollmann (65.), 5:0 Frank (74.), 6:0 Frank (87.).

### Hamburger SV – VfL Bochum 5:1 (2:0)

HAMBURG: Kovacic, Kaltz, Ripp, Nogly, Björnmose, Memering (71. Eigl), Zaczyk, Magath (76. Sperlich), Steffenhagen, Reimann, Volkert. BOCHUM: Mager, Gerland, Fromm, Franke, Lameck, Herget, Tenhagen, Holz (46. Euteneuer), Eggert, Kaczor (57. Kursinski), Trimhold. Schiedsrichter: Zuchantke (Berlin); Zuschauer: 19 000; Tore: 1:0 Reimann (22.), 2:0 Reimann (30.), 3:0 Magath (49.), 4:0 Eigl (73.), 4:1 Trimhold (74.), 5:1 Eigl (85.).

### 1. FC Saarbrücken – Hertha BSC Berlin 1:1 (1:1)

SAARBRÜCKEN: Ferner, Semlitsch (75. Finkler), Schmitt, Zech, Bender, H. Traser, Förster, Schuster (25. Hayduk), Denz, Ellbracht, Stegmayer. HERTHA: Nigbur, Sziedat, Brück, Förster, Diefenbach, Weiner, Sidka, Gersdorff, Grau, Granitza (63. Kristensen), Horr. Schiedsrichter: Horstmann (Nordstemmen); Zuschauer: 36 500; Tore: 1:0 Ellbracht (2.), 1:1 Granitza (3.).

### Fortuna Düsseldorf – Eintr. Frankfurt 1:2 (0:1)

DÜSSELDORF: Woyke, Baltes, Hickersberger, Zimmermann, Köhnen, Brei, Zewe, Allofs, Geye, Bommer, Seel (70. Schmitz). FRANKFURT: Koitka, Weidle, Trinklein, Körbel, Neuberger (59. Müller), Grabowski, Kraus, Nickel, Reichel, Hölzenbein (46. Beverungen), Wenzel. Schiedsrichter: Ohmsen (Hamburg); Zuschauer: 10 000; Tore: 0:1 Hölzenbein (8.), 0:2 Beverungen (76.), 1:2 Köhnen (78.).

### Tennis Bor. Berlin – 1. FC Kaiserslautern 4:2 (1:0)

TENNIS: Groß, Savkovic, Hochheimer, Jakobs, Sprenger, Schneider, Berkemeier, Schulz (79. Zimmer), Stradt, Wendt, Schmitz (46. Baake). KAISERSLAUTERN: Stabel, Schwarz, Melzer, Diehl, Meier, Groh, Stickel, Riedl, Pirrung, Toppmöller (66. Scheer), Briegel (66. Metzler). Schiedsrichter: Dreher (Darmstadt); Zuschauer: 4000; Tore: 1:0 Wendt (27.), 2:0 Wendt (48.), 2:1 Toppmöller (56.), 3:1 Schneider (57.), 4:1 Groß (89., Handelfmeter), 4:2 Metzler (90.).

### 1. FC Köln – Werder Bremen 3:0 (2:0)

KÖLN: Schumacher, Konopka, Gerber, Strack (22. Cullmann), Zimmermann (85. Hein), Simmet, Overath, Flohe, van Gool, Müller, Löhr. BREMEN: Burdenski, Siegmann, Roentved, Höttges, Geils, Hiller, Kamp, Röber, Bracht, Konschal, Meininger (73. Görts). Schiedsrichter: Klauser (Vaterstetten); Zuschauer: 14 000; Tore: 1:0 Flohe (10.), 2:0 Overath (29.), 3:0 van Gool (83.).

### Karlsruher SC – MSV Duisburg 2:1 (1:0)

KARLSRUHE: Wimmer, Bredenfeld, Struth, Ulrich, Kalb, Niedermayer (29. Komorowski), Schäfer, Kübler, Flindt, Krauth, Janzon (67. Balevski). DUISBURG: Heinze, Bella, Bregman, Bruckmann, Dietz, Jara, Bücker, Büssers, Seliger, Worm, Weber. Schiedsrichter: Redelfs (Hannover); Zuschauer: 8000; Tore: 1:0 Struth (8., Foulelfmeter), 1:1 Worm (75.), 2:1 Kübler (77.).

# Rangliste der Torjäger

| | Gesamt | Links | Rechts | Kopf | Elfmeter |
|---|---|---|---|---|---|
| 1. Müller (1. FC Köln) | 34 | 3 | 22 | 9 | – |
| 2. Müller (Bayern) | 28 | 4 | 20 | 1 | 3 |
| 3. Hölzenbein (Frankfurt) | 26 | 3 | 16 | 4 | 3 |
| 4. Frank (Braunschw.) | 24 | 4 | 10 | 9 | 1 |
| Fischer (Schalke) | 24 | 4 | 11 | 8 | 1 |
| 6. Kaczor (Bochum) | 21 | 3 | 10 | 8 | – |
| 7. Wendt (TeBe Berlin) | 20 | 14 | 1 | 3 | 2 |
| Wenzel (Frankfurt) | 20 | 6 | 8 | 6 | – |
| Hrubesch (RW Essen) | 20 | 1 | 8 | 8 | 3 |
| 10. Toppmöller (K'lautern) | 19 | 2 | 10 | 7 | – |
| 11. Granitza (Hertha BSC) | 16 | 9 | 2 | 3 | 2 |
| Janzon (KSC) | 16 | 5 | 3 | 8 | – |
| 13. Reimann (HSV) | 15 | 5 | 7 | 3 | – |
| Heynckes (M'gladbach) | 15 | 6 | 3 | 6 | – |
| 15. Burgsmüller (Dortmund) | 14 | 2 | 9 | 3 | – |
| 16. Worm (Duisburg) | 13 | 6 | 6 | 1 | – |
| Steffenhagen (HSV) | 13 | 2 | 7 | 4 | – |
| Volkert (HSV) | 13 | 3 | 5 | 1 | 4 |
| 19. Rummenigge (Bayern) | 12 | 2 | 8 | 2 | – |
| Simonsen (M'gladbach) | 12 | – | 7 | 5 | – |
| 21. Struth (KSC) | 11 | 1 | 4 | – | 6 |
| Kostedde (Dortmund) | 11 | – | 7 | 4 | – |
| Nickel (Frankfurt) | 11 | 4 | 3 | 1 | 3 |
| 24. Abramczik (Schalke) | 10 | 3 | 2 | 5 | – |
| Van Gool (1. FC Köln) | 10 | 1 | 6 | 3 | – |
| Meininger (Werder) | 10 | – | 6 | 4 | – |
| Kraus (Frankfurt) | 10 | 3 | 4 | 3 | – |
| Stegmayer (Saarbrücken) | 10 | 4 | 4 | 2 | – |
| Büssers (Duisburg) | 10 | 2 | 7 | 1 | – |
| 30. Ellbracht (Saarbrücken) | 9 | 2 | 7 | – | – |
| Szymanek (Düsseldorf) | 9 | 2 | 7 | – | – |
| Popivoda (Braunschweig) | 9 | 2 | 6 | 1 | – |
| Hoeneß (Bayern) | 9 | – | 8 | 1 | – |
| Seel (Düsseldorf) | 9 | 2 | 6 | 1 | – |
| Rüßmann (Schalke) | 9 | 1 | 2 | 6 | – |
| 36. Trimhold (Bochum) | 8 | 1 | 7 | – | – |
| Röber (Werder) | 8 | 1 | 6 | – | 1 |
| Pirrung (K'lautern) | 8 | 3 | 5 | – | – |
| Huber (Dortmund) | 8 | – | 4 | – | 4 |
| 40. Lippens (Dortmund) | 8 | 1 | 5 | 2 | – |
| 41. Segler (Dortmund) | 7 | – | 3 | 4 | – |
| Flohe (1. FC Köln) | 7 | 5 | – | 1 | 1 |
| Allofs (Düsseldorf) | 7 | 6 | 1 | – | – |
| Kremers, E. (Schalke) | 7 | – | 3 | 4 | – |
| Brei (Düsseldorf) | 7 | – | 3 | – | 4 |
| Löhr (1. FC Köln) | 7 | 4 | – | 2 | 1 |
| Dietz (Duisburg) | 7 | 2 | 2 | 1 | 2 |
| Jara (Duisburg) | 7 | 6 | 1 | – | – |
| Hartl (Dortmund) | 7 | – | 4 | 3 | – |
| 50. Eigl (HSV) | 6 | 5 | – | 1 | – |
| Overath (1. FC Köln) | 6 | 4 | – | 2 | – |
| Kübler (KSC) | 6 | 5 | 1 | – | – |
| Grabowski (Frankfurt) | 6 | 1 | 5 | – | – |
| Bücker (Duisburg) | 6 | 1 | 4 | 1 | – |
| Roentved (Werder) | 6 | 1 | 3 | 2 | – |
| Bonhof (M'gladbach) | 6 | 1 | 4 | – | 1 |
| Seliger (Duisburg) | 6 | – | 5 | – | 1 |
| Handschuh (Braunschweig) | 6 | – | 6 | – | – |
| Denz (Saarbrücken) | 6 | 1 | 5 | – | – |
| Horr (Hertha) | 6 | 1 | 2 | 3 | – |
| Berger (KSC) | 6 | 2 | 2 | 2 | – |
| Bongartz (Schalke) | 6 | 2 | 4 | – | – |
| 63. Schneider (TeBe Berlin) | 5 | – | 3 | 2 | – |
| Vöge (Dortmund) | 5 | – | 5 | – | – |
| Memering (HSV) | 5 | 3 | 2 | – | – |
| Stradt (TeBe Berlin) | 5 | – | 4 | 1 | – |
| Konschal (Werder) | 5 | – | 4 | 1 | – |
| Wittkamp (M'gladbach) | 5 | – | 3 | 2 | – |
| Hermandung (Hertha BSC) | 5 | – | 4 | 1 | – |
| Stickel (K'lautern) | 5 | – | 2 | 3 | – |
| Schäfer (KSC) | 5 | – | 5 | – | – |
| Zimmermann (Düsseldorf) | 5 | – | 4 | 1 | – |
| Wieczorkowski (RW Essen) | 5 | 1 | 2 | 2 | – |

## Bundesliga

| | Punkte | Tore | Siege | Unentschieden | Niederlagen | Heimspiele Punkte | Tore | Siege | Unentschieden | Niederlagen | Auswärtss Punkte | Tore |
|---|---|---|---|---|---|---|---|---|---|---|---|---|
| Bor. Mönchengladbach | 44:24 | 58:34 | 17 | 10 | 7 | 27:7 | 39:13 | 11 | 5 | 1 | 17:17 | 19:2 |
| Schalke 04 | 43:25 | 77:52 | 17 | 9 | 8 | 26:8 | 40:22 | 11 | 4 | 2 | 17:17 | 37:3 |
| Eintr. Braunschweig | 43:25 | 56:38 | 15 | 13 | 6 | 25:9 | 33:15 | 10 | 5 | 2 | 18:16 | 23:2 |
| Eintr. Frankfurt | 42:26 | 86:57 | 17 | 8 | 9 | 27:7 | 52:25 | 12 | 3 | 2 | 15:19 | 34:3 |
| 1. FC Köln | 40:28 | 83:61 | 17 | 6 | 11 | 28:6 | 55:23 | 12 | 4 | 1 | 12:22 | 28:3 |
| Hamburger SV | 38:30 | 67:56 | 14 | 10 | 10 | 27:7 | 44:21 | 12 | 3 | 2 | 11:23 | 23:3 |
| Bayern München | 37:31 | 74:65 | 14 | 9 | 11 | 24:10 | 49:25 | 10 | 4 | 3 | 13:21 | 25:4 |
| Bor. Dortmund | 34:34 | 73:64 | 12 | 10 | 12 | 20:14 | 41:30 | 7 | 6 | 4 | 14:20 | 32:3 |
| MSV Duisburg | 34:34 | 60:51 | 11 | 12 | 11 | 24:10 | 32:17 | 8 | 8 | 1 | 10:24 | 28:3 |
| Hertha BSC Berlin | 34:34 | 55:54 | 13 | 8 | 13 | 23:11 | 32:22 | 10 | 3 | 4 | 11:23 | 23:3 |
| Werder Bremen | 33:35 | 51:59 | 13 | 7 | 14 | 24:10 | 27:16 | 9 | 6 | 2 | 9:25 | 24:4 |
| Fort. Düsseldorf | 31:37 | 52:54 | 11 | 9 | 14 | 17:17 | 31:26 | 7 | 3 | 7 | 14:20 | 21:2 |
| 1. FC Kaiserslautern | 29:39 | 53:59 | 12 | 5 | 17 | 24:10 | 37:20 | 11 | 2 | 4 | 5:29 | 16:3 |
| 1. FC Saarbrücken | 29:39 | 43:55 | 9 | 11 | 14 | 20:14 | 30:21 | 6 | 8 | 3 | 9:25 | 13:3 |
| VfL Bochum | 29:39 | 47:62 | 11 | 7 | 16 | 20:14 | 31:26 | 9 | 2 | 6 | 9:25 | 16:3 |
| Karlsruher SC*** | 28:40 | 53:75 | 9 | 10 | 15 | 23:11 | 32:24 | 9 | 5 | 3 | 5:29 | 21:5 |
| Tennis Bor. Berlin*** | 22:46 | 47:85 | 6 | 10 | 18 | 18:16 | 32:31 | 6 | 6 | 5 | 4:30 | 15:5 |
| Rot-Weiß Essen*** | 22:46 | 49:103 | 7 | 8 | 19 | 18:16 | 28:42 | 7 | 4 | 6 | 4:30 | 21:6 |

* Das beim Stande von 0:1 abgebrochene Spiel wird mit 2:0 Punkten und 2:0 Toren für Fort. Düsseldor

*Die Meisterkicker von Gladbach; von links: Vogts, Kneib, Heynckes, Klinkhammer, Bonhof, Kulik, Wimmer, Wohlers, Wittkamp, Stielike, Simonsen.*

| Siege | Unentschieden | Niederlagen | Borussia Mönchengladbach | Hamburger SV | Bayern München | 1. FC Köln | Eintracht Braunschweig | Schalke 04 | 1. FC Kaiserslautern | Rot-Weiß Essen | Eintracht Frankfurt | MSV Duisburg | Hertha BSC Berlin | Fortuna Düsseldorf | Werder Bremen | VfL Bochum | Karlsruher SC | 1. FC Saarbrücken** | Tennis Borussia Berlin** | Borussia Dortmund** | |
|---|---|---|---|---|---|---|---|---|---|---|---|---|---|---|---|---|---|---|---|---|---|
| 6 | 5 | 6 | □ | 0:0 | 1:0 | 3:1 | 1:1 | 2:0 | 0:0 | 6:0 | 1:3 | 1:1 | 2:1 | 3:1 | 3:1 | 4:2 | 5:1 | 3:0 | 3:0 | 1:1 | Bor. Mönchengladbach |
| 6 | 5 | 6 | 1:0 | 1:0 | 0:0 | 1:1 | 2:3 | □ | 5:2 | 3:0 | 1:1 | 3:2 | 4:0 | 2:1 | 3:2 | 3:1 | 2:2 | 0:1 | 5:4 | 4:2 | Schalke 04 |
| 5 | 8 | 4 | 1:1 | 0:1 | 1:0 | 4:2 | □ | 1:0 | 2:1 | 6:0 | 3:1 | 1:1 | 2:2 | 0:0 | 0:1 | 2:0 | 3:3 | 1:0 | 3:1 | 3:1 | Eintr. Braunschweig |
| 5 | 5 | 7 | 1:3 | 2:1 | 2:1 | 4:0 | 3:0 | 6:3 | 2:0 | 3:1 | □ | 3:1 | 3:3 | 1:1 | 7:1 | 2:2 | 3:2 | 2:1 | 7:1 | 1:4 | Eintr. Frankfurt |
| 5 | 2 | 10 | 0:3 | 3:3 | 3:0 | □ | 3:0 | 2:0 | 3:1 | 2:2 | 2:0 | 5:2 | 3:2 | 2:2 | 3:0 | 6:1 | 4:1 | 5:1 | 8:4 | 1:1 | 1. FC Köln |
| 2 | 7 | 8 | 4:1 | □ | 5:0 | 2:1 | 0:2 | 2:2 | 1:0 | 5:3 | 3:1 | 2:0 | 2:0 | 1:1 | 5:3 | 5:1 | 2:1 | 0:0 | 2:1 | 3:4 | Hamburger SV |
| 4 | 5 | 8 | 2:2 | 6:2 | □ | 4:1 | 2:2 | 0:7 | 3:0 | 5:1 | 0:3 | 2:2 | 1:0 | 2:1 | 1:0 | 1:1 | 5:0 | 5:1 | 9:0 | 1:2 | Bayern München |
| 5 | 4 | 8 | 0:0 | 4:4 | 3:3 | 1:2 | 0:0 | 2:2 | 5:2 | 4:2 | 2:2 | 2:1 | 2:1 | 1:2 | 2:4 | 0:2 | 7:2 | 2:1 | 4:0 | □ | Bor. Dortmund |
| 3 | 4 | 10 | 3:2 | 0:0 | 5:2 | 1:1 | 1:1 | 2:2 | 1:0 | 4:0 | 4:3 | □ | 1:1 | 1:0 | 3:0 | 0:0 | 3:1 | 2:3 | 1:1 | 0:0 | MSV Duisburg |
| 3 | 5 | 9 | 0:1 | 2:1 | 1:1 | 2:4 | 2:1 | 2:1 | 2:0 | 2:1 | 2:3 | 2:4 | □ | 4:0 | 2:1 | 2:0 | 1:1 | 1:1 | 2:0 | 3:2 | Hertha BSC Berlin |
| 4 | 1 | 12 | 1:0 | 2:2 | 2:3 | 2:1 | 2:2 | 1:1 | 2:0 | 3:1 | 2:1 | 2:2 | 1:0 | 0:2 | □ | 2:0 | 1:1 | 1:0 | 0:0 | 3:0 | Werder Bremen |
| 4 | 6 | 7 | 0:1 | 2:0 | 0:0 | 1:3 | 1:3 | 1:2 | 2:3 | 4:4 | 1:2 | 2:0 | 2:3 | □ | 3:2 | 1:0 | 3:0 | 5:1 | 0:0 | 3:2 | Fort. Düsseldorf |
| 1 | 3 | 13 | 1:2 | 2:0 | 1:1 | 4:2 | 1:3 | 2:0 | □ | 7:1 | 2:2 | 2:0 | 0:2 | 0:X* | 4:2 | 2:0 | 3:1 | 1:0 | 3:1 | 2:1 | 1. FC Kaiserslautern |
| 3 | 3 | 11 | 2:2 | 3:2 | 6:1 | 3:1 | 1:2 | 2:3 | 2:2 | 2:1 | 2:2 | 1:0 | 1:1 | 0:0 | 2:0 | 0:1 | 1:1 | □ | 0:0 | 2:2 | 1. FC Saarbrücken |
| 2 | 5 | 10 | 0:0 | 4:2 | 5:6 | 1:2 | 1:1 | 1:2 | 1:0 | 2:1 | 3:1 | 2:1 | 4:2 | 1:2 | 0:2 | □ | 1:0 | 1:2 | 2:1 | 2:1 | VfL Bochum |
| 0 | 5 | 12 | 4:0 | 2:2 | 1:2 | 2:1 | 1:1 | 1:7 | 1:1 | 1:1 | 2:0 | 2:1 | 0:3 | 1:1 | 3:1 | 2:1 | □ | 3:0 | 4:1 | 2:1 | Karlsruher SC*** |
| 0 | 4 | 13 | 0:1 | 1:1 | 3:1 | 3:2 | 0:0 | 1:3 | 4:2 | 2:2 | 1:1 | 1:5 | 2:0 | 4:2 | 2:4 | 1:1 | 4:2 | 1:1 | □ | 2:3 | Tennis Bor. Berlin*** |
| 0 | 4 | 13 | 1:0 | 1:2 | 1:4 | 0:3 | 2:1 | 2:2 | 3:2 | □ | 1:8 | 1:5 | 2:2 | 5:3 | 0:0 | 3:3 | 3:2 | 1:0 | 1:0 | 1:5 | Rot-Weiß Essen*** |

gewonnen gewertet. ** Aufsteiger 1976 *** Absteiger 1977

## 1860 Münchens Weg in die Bundesliga

Am 29. Mai in Bielefeld:

**Arminia Bielefeld – 1860 München 4:0 (1:0)**

BIELEFELD: Stein, Peitsch, Hey, Berg, Pohl, Eilenfeld (79. Sackewitz), Moors, Wolf, Schilling, Ehrhart, Lienen (86. Angele). MÜNCHEN: Hartmann, Hartwig, Glavovic, Kohlhäufl, Agatha, Nielsen, Bierofka, Haunstein, Metzger, Nachrainer, Falter (46. Herberth). Schiedsrichter: Engel (Reimsbach); Zuschauer: 26 000; Tore: 1:0 Moors (30.), 2:0 Lienen (52.), 3:0 Schilling (57.), 4:0 Eilenfeld (72.).

Am 4. Juni in München:

**1860 München – Arminia Bielefeld 4:0 (2:0)**

MÜNCHEN: Hartmann, Bierofka, Glavovic, Kohlhäufl, Agatha, Hartwig, Nielsen, Haunstein, Metzger, Nachrainer, Falter. BIELEFELD: Stein, Berg, Hey, Moors, Pohl, Peitsch, Eilenfeld, Wolf, Schilling (57. Sakkewitz), Ehrhart, Lienen. Schiedsrichter: Redelfs (Hannover); Zuschauer: 60 000; Tore: 1:0 Nachrainer (23.), 2:0 Haunstein (25.), 3:0 Hartwig (51.), 4:0 Metzger (53., Foulelfmeter).

Am 11. Juni in Frankfurt:

**1860 München – Arminia Bielefeld 2:0 (0:0)**

MÜNCHEN: Hartmann, Bierofka, Glavovic, Kohlhäufl, Agatha (81. Herberth), Haunstein, Nielsen, Hartwig, Nachrainer, Falter, Metzger. BIELEFELD: Stein, Peitsch, Hey, Moors, Berg (25. Mittendorf, 62. Sackewitz), Eilenfeld, Wolf. Pohl, Schilling, Ehrhart, Lienen. Schiedsrichter: Horstmann (Nordstemmen); Zuschauer: 60 000; Tore: 1:0 Hartwig (77.), 2:0 Metzger (88.).

## Zweite Bundesliga
### Gruppe Nord

| | Punkte | Tore | Siege | Unentschieden | Niederlagen | Heimspiele Punkte | Tore | Siege | Unentschieden | Niederlagen | Auswärtsspie[le] Punkte | Tore |
|---|---|---|---|---|---|---|---|---|---|---|---|---|
| FC St. Pauli | 54:22 | 69:36 | 19 | 16 | 3 | 33:5 | 49:18 | 14 | 5 | 0 | 21:17 | 20:18 |
| Arminia Bielefeld | 50:26 | 72:39 | 19 | 12 | 7 | 29:9 | 36:12 | 11 | 7 | 1 | 21:17 | 36:27 |
| Wuppertaler SV | 47:29 | 81:55 | 18 | 11 | 9 | 30:8 | 50:25 | 12 | 6 | 1 | 17:21 | 31:30 |
| Bayer Uerdingen | 43:33 | 78:52 | 16 | 11 | 11 | 26:12 | 48:25 | 12 | 2 | 5 | 17:21 | 30:27 |
| Hannover 96 | 43:33 | 73:48 | 18 | 7 | 13 | 29:9 | 50:17 | 13 | 3 | 3 | 14:24 | 23:31 |
| Preußen Münster | 43:33 | 73:52 | 15 | 13 | 10 | 26:12 | 44:20 | 10 | 6 | 3 | 17:21 | 29:32 |
| Alemannia Aachen | 43:33 | 69:56 | 16 | 11 | 11 | 28:10 | 46:22 | 12 | 4 | 3 | 15:23 | 23:34 |
| Schwarz-Weiß Essen | 43:33 | 63:55 | 16 | 11 | 11 | 28:10 | 34:19 | 11 | 6 | 2 | 15:23 | 29:36 |
| VfL Osnabrück | 43:33 | 84:77 | 18 | 7 | 13 | 29:9 | 54:30 | 13 | 3 | 3 | 14:24 | 30:47 |
| Bayer Leverkusen | 40:36 | 59:58 | 14 | 12 | 12 | 25:13 | 31:18 | 7 | 11 | 1 | 15:23 | 28:40 |
| Westfalia Herne | 39:37 | 77:73 | 15 | 9 | 14 | 23:15 | 42:31 | 9 | 5 | 5 | 16:22 | 35:42 |
| Fortuna Köln | 38:38 | 67:62 | 14 | 10 | 14 | 26:12 | 44:28 | 10 | 6 | 3 | 12:26 | 23:34 |
| Arminia Hannover | 38:38 | 64:62 | 15 | 8 | 15 | 25:13 | 41:27 | 11 | 3 | 5 | 13:25 | 23:35 |
| SC Herford | 36:40 | 62:63 | 12 | 12 | 14 | 22:16 | 37:26 | 8 | 6 | 5 | 14:24 | 25:37 |
| Wattenscheid 09 | 33:43 | 65:80 | 12 | 9 | 17 | 23:15 | 41:29 | 9 | 5 | 5 | 10:28 | 24:51 |
| Bonner SC | 33:43 | 53:72 | 14 | 5 | 19 | 26:12 | 36:21 | 12 | 2 | 5 | 7:31 | 17:51 |
| Göttingen 05*** | 31:45 | 57:67 | 11 | 9 | 18 | 20:18 | 36:27 | 8 | 4 | 7 | 11:27 | 21:40 |
| Wacker 04 Berlin*** | 27:49 | 43:79 | 9 | 9 | 20 | 19:19 | 26:27 | 7 | 5 | 7 | 8:30 | 17:52 |
| Union Solingen*** | 20:56 | 46:96 | 6 | 8 | 24 | 14:24 | 28:38 | 5 | 4 | 10 | 6:32 | 18:58 |
| VfL Wolfsburg*** | 16:60 | 46:119 | 5 | 6 | 27 | 11:27 | 25:43 | 3 | 5 | 11 | 5:33 | 21:76 |

* Abgestiegen aus der Bundesliga  ** Aufgestiegen aus der Amateurliga  *** Absteiger 1977

*Nordmeister FC St. Pauli, stehend von links: Trainer Ferner, Höfert, Gerber, Tune, Oswald, Ferrin, Demuth; knieend: Neumann, Hannebach, Rynio, Rosenfeld, Frosch.*

| Niederlagen | Preußen Münster | Fortuna Köln | Wuppertaler SV | VfL Osnabrück | Schwarz-Weiß Essen | Wattenscheid 09 | Arminia Bielefeld | Westfalia Herne | Göttingen 05 | Alemannia Aachen | Union Solingen | FC St. Pauli | Bayer Leverkusen | Wacker 04 Berlin | Hannover 96* | Bayer Uerdingen* | VfL Wolfsburg** | Arminia Hannover** | SC Herford** | Bonner SC** | |
|---|---|---|---|---|---|---|---|---|---|---|---|---|---|---|---|---|---|---|---|---|---|
| 3 | 4:0 | 2:1 | 2:2 | 3:3 | 0:0 | 4:0 | 3:2 | 4:2 | 1:1 | 3:1 | 1:1 | □ | 3:0 | 3:1 | 2:0 | 1:0 | 3:1 | 4:1 | 4:1 | 2:1 | FC St. Pauli |
| 6 | 2:2 | 1:0 | 1:1 | 3:1 | 2:0 | 4:0 | □ | 1:3 | 2:0 | 2:0 | 3:0 | 1:0 | 1:0 | 0:0 | 2:2 | 0:0 | 5:0 | 1:1 | 1:1 | 4:1 | Arminia Bielefeld |
| 8 | 1:1 | 2:1 | □ | 1:0 | 4:3 | 3:3 | 1:1 | 2:2 | 1:1 | 4:1 | 3:0 | 1:0 | 3:4 | 4:1 | 2:1 | 2:2 | 6:1 | 2:1 | 2:0 | 6:2 | Wuppertaler SV |
| 6 | 2:2 | 3:1 | 2:1 | 3:4 | 3:1 | 4:1 | 2:2 | 0:1 | 2:0 | 2:1 | 6:1 | 0:1 | 2:3 | 6:1 | 2:1 | □ | 3:2 | 4:1 | 0:1 | 2:1 | Bayer Uerdingen |
| 10 | 0:1 | 0:0 | 0:0 | 4:1 | 1:1 | 2:1 | 4:1 | 2:1 | 2:0 | 4:1 | 5:2 | 1:2 | 6:1 | 5:2 | □ | 3:1 | 4:0 | 1:0 | 1:2 | 5:0 | Hannover 96 |
| 7 | □ | 1:1 | 1:0 | 3:4 | 2:3 | 5:0 | 1:0 | 5:2 | 2:1 | 1:1 | 1:0 | 0:0 | 2:3 | 0:0 | 2:1 | 1:1 | 7:0 | 2:1 | 2:2 | 6:0 | Preußen Münster |
| 8 | 1:1 | 3:2 | 2:2 | 0:1 | 2:0 | 2:3 | 0:1 | 3:1 | 4:3 | □ | 4:0 | 1:1 | 2:0 | 5:1 | 3:2 | 1:1 | 3:1 | 3:0 | 4:1 | 3:1 | Alemannia Aachen |
| 9 | 2:0 | 3:2 | 3:1 | 3:1 | □ | 4:4 | 0:2 | 3:3 | 0:0 | 0:0 | 4:1 | 0:0 | 1:0 | 3:1 | 1:1 | 1:0 | 2:0 | 0:1 | 3:2 | 1:0 | Schwarz-Weiß Essen |
| 10 | 0:2 | 2:0 | 2:4 | □ | 4:2 | 5:2 | 1:2 | 4:2 | 4:2 | 5:1 | 3:0 | 2:2 | 1:1 | 4:3 | 3:0 | 2:1 | 4:1 | 4:3 | 1:1 | 3:1 | VfL Osnabrück |
| 11 | 2:1 | 1:1 | 0:0 | 2:1 | 2:2 | 0:0 | 1:0 | 1:1 | 4:0 | 1:0 | 1:1 | 1:1 | □ | 5:0 | 2:2 | 2:2 | 1:2 | 1:1 | 2:1 | 2:2 | Bayer Leverkusen |
| 9 | 3:1 | 4:2 | 0:4 | 5:0 | 1:1 | 3:1 | 1:5 | □ | 2:0 | 0:0 | 2:2 | 2:0 | 3:1 | 0:1 | 2:3 | 2:2 | 8:2 | 1:5 | 0:0 | 3:1 | Westfalia Herne |
| 11 | 0:4 | □ | 0:2 | 3:2 | 2:2 | 1:1 | 1:1 | 3:1 | 7:2 | 1:1 | 4:3 | 0:0 | 3:2 | 1:0 | 0:2 | 3:3 | 3:1 | 4:0 | 3:1 | 5:0 | Fortuna Köln |
| 10 | 2:1 | 2:0 | 3:1 | 1:3 | 3:2 | 4:0 | 1:3 | 2:6 | 3:1 | 0:1 | 6:0 | 0:0 | 4:1 | 2:1 | 1:2 | 1:1 | 3:2 | □ | 1:1 | 2:1 | Arminia Hannover |
| 9 | 1:3 | 2:0 | 2:0 | 5:2 | 1:4 | 3:1 | 2:2 | 2:3 | 1:1 | 2:1 | 1:1 | 0:1 | 1:3 | 5:0 | 2:2 | 1:0 | 5:1 | 1:1 | □ | 0:0 | SC Herford |
| 12 | 1:1 | 2:2 | 1:0 | 4:2 | 2:0 | □ | 2:5 | 1:2 | 3:1 | 2:2 | 3:0 | 2:4 | 3:1 | 4:0 | 1:2 | 0:4 | 5:2 | 0:0 | 1:1 | 4:0 | Wattenscheid 09 |
| 14 | 2:1 | 2:3 | 4:0 | 2:3 | 1:0 | 2:0 | 2:1 | 3:2 | 0:2 | 1:1 | 4:1 | 1:1 | 1:0 | 2:1 | 1:0 | 1:2 | 2:3 | 2:0 | 3:0 | □ | Bonner SC |
| 11 | 2:2 | 3:1 | 5:3 | 0:0 | 2:3 | 2:1 | 1:0 | 1:1 | □ | 1:3 | 1:0 | 0:0 | 2:3 | 0:1 | 2:1 | 2:1 | 9:0 | 1:3 | 1:2 | 1:2 | Göttingen 05*** |
| 13 | 2:2 | 1:2 | 1:3 | 2:2 | 1:2 | 0:3 | 0:1 | 2:0 | 0:0 | 2:3 | 3:2 | 1:2 | 1:0 | □ | 2:0 | 1:1 | 1:0 | 2:2 | 3:2 | 1:0 | Wacker 04 Berlin*** |
| 14 | 1:2 | 0:1 | 1:2 | 3:0 | 1:3 | 2:1 | 1:4 | 0:1 | 1:2 | 2:4 | □ | 3:3 | 1:4 | 1:1 | 1:0 | 1:3 | 2:2 | 2:1 | 4:3 | 1:1 | Union Solingen*** |
| 16 | 4:2 | 0:3 | 0:5 | 0:0 | 2:0 | 1:2 | 3:3 | 3:1 | 1:4 | 1:1 | 3:4 | 2:2 | 0:1 | 2:2 | 0:1 | 2:5 | □ | 0:1 | 1:3 | 0:3 | VfL Wolfsburg*** |

## Aufstiegsrunde Zweite Bundesliga, Nord

### Gruppe A

| | Punkte | Tore | Spiele | Siege | Unentschieden | Niederlagen | RW Lüdenscheid | Siegburg 04 | Holstein Kiel | Union Salzgitter |
|---|---|---|---|---|---|---|---|---|---|---|
| RW Lüdenscheid | 10:2 | 10:4 | 6 | 5 | 0 | 1 | □ | 3:0 | 1:0 | 2:0 |
| Siegburg 04 | 6:6 | 5:7 | 6 | 3 | 0 | 3 | 0:1 | □ | 1:0 | 2:1 |
| Holstein Kiel | 4:8 | 9:11 | 6 | 2 | 0 | 4 | 3:1 | 1:2 | □ | 2:1 |
| Union Salzgitter | 4:8 | 9:11 | 6 | 2 | 0 | 4 | 1:2 | 1:0 | 5:3 | □ |

### Gruppe B

| | Punkte | Tore | Spiele | Siege | Unentschieden | Niederlagen | Bremerhaven 93 | 1. FC Bocholt | Spandauer SV | SVA Gütersloh |
|---|---|---|---|---|---|---|---|---|---|---|
| Bremerhaven 93 | 8:4 | 14:5 | 6 | 4 | 0 | 2 | □ | 4:0 | 2:0 | 5:1 |
| 1. FC Bocholt | 8:4 | 9:9 | 6 | 4 | 0 | 2 | 3:1 | □ | 1:0 | 3:2 |
| Spandauer SV | 5:7 | 5:6 | 6 | 2 | 1 | 1 | 1:0 | 0:1 | □ | 1:1 |
| SVA Gütersloh | 3:9 | 7:15 | 6 | 1 | 1 | 4 | 0:2 | 2:1 | 1:3 | □ |

Entscheidungsspiele für die Gruppenzweiten:
1. FC Bocholt – Siegburg 04 1:0
Siegburg 04 – 1. FC Bocholt 0:1

## Zweite Bundesliga
### Gruppe Süd

| | Punkte | Tore | Siege | Unentschieden | Niederlagen | Heimspiele Punkte | Tore | Siege | Unentschieden | Niederlagen | Auswärtsspi[ele] Punkte | Tore |
|---|---|---|---|---|---|---|---|---|---|---|---|---|
| VfB Stuttgart | 57:19 | 100:36 | 24 | 9 | 5 | 35:3 | 65:17 | 16 | 3 | 0 | 22:16 | 35:19 |
| 1860 München | 56:20 | 78:29 | 24 | 8 | 6 | 33:5 | 47:9 | 15 | 3 | 1 | 23:15 | 31:20 |
| Kickers Offenbach | 53:23 | 86:52 | 22 | 9 | 7 | 31:7 | 52:22 | 15 | 1 | 3 | 22:16 | 34:30 |
| FC Homburg | 49:27 | 84:56 | 23 | 3 | 12 | 36:2 | 58:16 | 18 | 0 | 1 | 13:25 | 26:40 |
| 1. FC Nürnberg | 49:27 | 77:51 | 18 | 13 | 7 | 27:11 | 46:25 | 10 | 7 | 2 | 22:16 | 31:26 |
| Darmstadt 98 | 46:30 | 68:48 | 18 | 10 | 10 | 30:8 | 43:18 | 14 | 2 | 3 | 16:22 | 25:30 |
| FSV Frankfurt | 40:36 | 65:58 | 14 | 12 | 12 | 26:12 | 39:20 | 10 | 6 | 3 | 14:24 | 26:38 |
| SpVgg Fürth | 40:36 | 55:51 | 15 | 10 | 13 | 28:10 | 34:16 | 12 | 4 | 3 | 12:26 | 21:35 |
| FC Augsburg | 40:36 | 72:73 | 17 | 6 | 15 | 26:12 | 38:22 | 11 | 4 | 4 | 14:24 | 34:51 |
| Stuttgarter Kickers | 39:37 | 59:53 | 16 | 7 | 15 | 28:10 | 39:21 | 11 | 6 | 2 | 11:27 | 20:32 |
| SV Waldhof | 37:39 | 70:57 | 16 | 5 | 17 | 29:9 | 50:20 | 13 | 3 | 3 | 8:30 | 20:37 |
| Bayern Hof | 37:39 | 61:53 | 12 | 13 | 13 | 26:12 | 42:16 | 11 | 4 | 4 | 11:27 | 19:37 |
| Würzburg 04 | 37:39 | 49:81 | 14 | 9 | 15 | 24:14 | 30:25 | 8 | 8 | 3 | 13:25 | 19:56 |
| SpVgg Bayreuth | 34:42 | 60:64 | 12 | 10 | 16 | 20:18 | 37:36 | 8 | 4 | 7 | 14:24 | 23:28 |
| KSV Baunatal | 33:43 | 64:82 | 11 | 11 | 16 | 24:14 | 40:33 | 8 | 8 | 3 | 9:29 | 24:49 |
| Röchl. Völklingen**** | 32:44 | 47:71 | 13 | 6 | 19 | 21:17 | 27:25 | 9 | 3 | 7 | 11:27 | 20:46 |
| Eintracht Trier | 28:48 | 46:68 | 12 | 4 | 22 | 19:19 | 21:26 | 8 | 3 | 8 | 9:29 | 25:42 |
| FK Pirmasens | 19:57 | 43:85 | 5 | 9 | 24 | 11:27 | 22:39 | 2 | 7 | 10 | 8:30 | 21:46 |
| Jahn Regensburg*** | 19:57 | 42:87 | 7 | 5 | 26 | 15:23 | 30:35 | 6 | 3 | 10 | 4:34 | 12:52 |
| BSC Schwenningen*** | 15:61 | 31:102 | 4 | 7 | 27 | 12:26 | 21:35 | 4 | 4 | 11 | 3:35 | 10:67 |

* Abgestiegen aus der Bundesliga  ** Aufgestiegen aus der Amateurliga  *** Absteiger 1977

*Südmeister VfB Stuttgart, stehend von links: Trainer Sundermann, Martin, Schäfer, Beck, Wörn, Roleder, Funk, Hadewitz, Ohlicher, Müller, Hitzfeld, Masseur Kun; sitzend: Schmieder, Jank, Hoeneß, Gass, Elmer, Holzer, Günther, Förster, Dietterle.*

| Unentschieden | Niederlagen | 1. FC Nürnberg | FC Homburg | 1860 München | SpVgg Bayreuth | Röchling Völklingen | Darmstadt 98 | SV Waldhof | Bayern Hof | SpVgg Fürth | VfB Stuttgart | FSV Frankfurt | FK Pirmasens | FC Augsburg | Stuttgarter Kickers | Jahn Regensburg | Kickers Offenbach* | Würzburg 04** | KSV Baunatal** | Eintracht Trier** | BSC Schwenningen** | |
|---|---|---|---|---|---|---|---|---|---|---|---|---|---|---|---|---|---|---|---|---|---|---|
| 6 | 5 | 4:0 | 5:1 | 3:2 | 0:0 | 4:3 | 1:1 | 4:3 | 2:0 | 3:0 | □ | 2:0 | 7:2 | 4:1 | 2:1 | 8:0 | 2:2 | 4:0 | 3:1 | 1:0 | 6:0 | VfB Stuttgart |
| 5 | 5 | 3:0 | 1:0 | □ | 2:1 | 6:0 | 2:2 | 1:0 | 2:2 | 1:0 | 0:0 | 6:0 | 0:2 | 3:0 | 3:1 | 2:0 | 4:0 | 4:0 | 2:1 | 2:0 | 3:0 | 1860 München |
| 8 | 4 | 2:0 | 3:1 | 1:3 | 2:1 | 3:0 | 3:3 | 2:1 | 2:1 | 3:1 | 1:2 | 2:1 | 3:0 | 4:1 | 1:2 | 2:0 | □ | 2:0 | 7:0 | 6:3 | 3:2 | Kickers Offenbach |
| 3 | 11 | 0:4 | □ | 2:0 | 3:1 | 2:1 | 4:0 | 4:2 | 3:0 | 2:1 | 3:1 | 6:2 | 4:1 | 5:0 | 2:0 | 1:0 | 2:1 | 4:0 | 3:1 | 3:1 | 5:0 | FC Homburg |
| 6 | 5 | □ | 2:1 | 1:1 | 1:0 | 2:2 | 1:1 | 2:0 | 3:3 | 1:1 | 0:4 | 3:3 | 3:0 | 2:4 | 2:0 | 5:1 | 3:3 | 4:0 | 5:1 | 1:0 | 5:0 | 1. FC Nürnberg |
| 8 | 7 | 1:1 | 3:3 | 0:1 | 1:0 | 3:0 | □ | 4:1 | 1:0 | 1:0 | 2:1 | 1:0 | 5:3 | 1:0 | 1:0 | 4:0 | 1:2 | 0:1 | 3:2 | 5:2 | 6:1 | Darmstadt 98 |
| 6 | 9 | 3:1 | 4:0 | 2:2 | 1:1 | 1:1 | 3:1 | 2:1 | 1:0 | 2:3 | 0:0 | □ | 2:0 | 2:3 | 1:1 | 1:0 | 2:2 | 5:1 | 2:1 | 0:2 | 5:0 | FSV Frankfurt |
| 6 | 10 | 0:2 | 3:0 | 1:0 | 1:1 | 4:1 | 1:0 | 3:1 | 2:2 | □ | 0:0 | 2:1 | 3:2 | 1:1 | 0:1 | 4:0 | 0:2 | 2:0 | 2:0 | 3:2 | 2:0 | SpVgg Fürth |
| 2 | 11 | 1:1 | 3:2 | 1:3 | 5:1 | 2:1 | 2:2 | 1:0 | 2:1 | 1:2 | 1:4 | 1:1 | 2:0 | □ | 2:1 | 3:0 | 0:0 | 5:1 | 3:1 | 0:1 | 3:0 | FC Augsburg |
| 1 | 13 | 3:3 | 4:3 | 0:3 | 1:1 | 4:0 | 1:0 | 2:1 | 1:1 | 2:2 | 0:0 | 2:1 | 3:2 | 1:0 | □ | 3:1 | 0:1 | 8:1 | 3:1 | 0:0 | 1:0 | Stuttgarter Kickers |
| 2 | 14 | 1:2 | 2:1 | 2:1 | 1:2 | 4:1 | 1:0 | □ | 4:0 | 4:1 | 1:2 | 3:2 | 6:0 | 5:2 | 3:0 | 2:0 | 0:0 | 3:3 | 2:2 | 3:1 | 3:0 | SV Waldhof |
| 9 | 9 | 1:1 | 2:3 | 0:0 | 0:3 | 1:1 | 0:1 | 1:0 | □ | 3:1 | 2:1 | 0:0 | 1:0 | 7:2 | 0:1 | 2:1 | 3:0 | 4:0 | 3:0 | 2:0 | 10:1 | Bayern Hof |
| 1 | 12 | 2:2 | 1:1 | 1:1 | 3:2 | 3:1 | 1:1 | 2:1 | 1:2 | 1:1 | 0:3 | 1:2 | 0:0 | 3:2 | 3:1 | 3:2 | 1:1 | □ | 2:1 | 1:0 | 1:1 | Würzburg 04 |
| 6 | 9 | 1:2 | 1:2 | 1:4 | □ | 0:1 | 2:2 | 1:0 | 5:1 | 2:1 | 3:2 | 2:2 | 2:1 | 2:4 | 2:1 | 2:0 | 2:2 | 3:2 | 3:4 | 2:4 | 1:1 | SpVgg Bayreuth |
| 3 | 13 | 2:2 | 0:0 | 2:0 | 0:4 | 4:1 | 2:1 | 2:2 | 1:1 | 2:2 | 0:5 | 0:0 | 2:2 | 1:1 | 4:2 | 5:2 | 0:3 | 5:1 | □ | 5:4 | 3:0 | KSV Baunatal |
| 3 | 12 | 0:2 | 3:2 | 1:2 | 2:0 | □ | 1:2 | 1:2 | 2:2 | 1:0 | 0:3 | 3:2 | 0:1 | 3:2 | 1:0 | 0:0 | 5:2 | 1:2 | 0:0 | 1:0 | 2:1 | Röchl. Völklingen**** |
| 1 | 14 | 1:0 | 0:2 | 0:0 | 1:0 | 1:3 | 1:3 | 0:1 | 3:1 | 3:1 | 0:0 | 0:2 | 1:0 | 2:6 | 2:0 | 1:1 | 1:5 | 0:1 | 2:0 | □ | 2:0 | Eintracht Trier |
| 2 | 14 | 1:3 | 1:2 | 1:4 | 0:0 | 0:1 | 3:3 | 0:1 | 0:0 | 1:1 | 0:4 | 1:1 | □ | 0:3 | 3:2 | 1:2 | 2:2 | 0:2 | 2:5 | 4:1 | 2:2 | FK Pirmasens |
| 2 | 16 | 0:3 | 0:1 | 1:3 | 3:4 | 0:1 | 1:0 | 4:2 | 0:0 | 2:2 | 3:0 | 1:3 | 0:4 | 5:1 | 0:1 | □ | 2:5 | 2:3 | 0:0 | 2:1 | 4:1 | Jahn Regensburg*** |
| 3 | 16 | 0:2 | 2:1 | 0:1 | 1:1 | 2:1 | 0:2 | 1:1 | 2:2 | 0:1 | 3:3 | 2:3 | 2:1 | 0:1 | 0:5 | 3:2 | 0:1 | 0:1 | 2:3 | 1:3 | □ | BSC Schwenningen*** |

* Verzichtete auf die Lizenz

## Aufstiegsrunde Zweite Bundesliga, Süd

Automatisch qualifiziert:
Hessenmeister VfR Bürstadt
Bayernmeister Würzburger Kickers

**Gruppe Baden/Württemberg**

| | Punkte | Tore | Spiele | Siege | Unentsch. | Niederlagen | Freiburg | Reutlingen | Neckargerach | Ulm 46 |
|---|---|---|---|---|---|---|---|---|---|---|
| Freiburger FC | 12:0 | 22:5 | 6 | 6 | 0 | 0 | □ | 5:1 | 6:3 | 5:0 |
| SSV Reutlingen | 6:6 | 8:11 | 6 | 3 | 0 | 3 | 0:2 | □ | 0:1 | 3:1 |
| SV Neckargerach | 3:9 | 7:14 | 6 | 1 | 1 | 4 | 0:2 | 1:2 | □ | 1:1 |
| SSV Ulm 46 | 3:9 | 7:14 | 6 | 1 | 1 | 4 | 1:2 | 1:2 | 3:1 | □ |

**Gruppe Südwest**

| | Punkte | Tore | Spiele | Siege | Unentsch. | Niederlagen | Wormatia | Neunkirchen | Neuendorf |
|---|---|---|---|---|---|---|---|---|---|
| Wormatia Worms | 5:3 | 6:3 | 4 | 1 | 3 | 0 | □ | 3:0 | 1:1 |
| Bor. Neunkirchen | 5:3 | 8:6 | 4 | 2 | 1 | 1 | 1:1 | □ | 3:1 |
| TuS Neuendorf | 2:6 | 4:9 | 4 | 0 | 2 | 2 | 1:1 | 1:4 | □ |

## VIERTELFINALE

Am 9. Februar 1977 in Köln:

**1. FC Köln – 1. FC Nürnberg 4:2 (1:1)**

KÖLN: Topalovic, Konopka, Cullmann, Gerber, Zimmermann, Simmet, Glowacz, Overath, van Gool, Müller, Löhr. NÜRNBERG: Müller, Täuber, Hannakampf, Stocker, Pechtold, Geinzer (66. Petrovic), Eder, Majkowski, Nüssing, Zivaljevic (79. Lieberwirth), Walitza. Schiedsrichter: Roth (Salzgitter); Zuschauer: 16 000; Tore: 1:0 Müller (4.), 1:1 Eder (24.), 2:1 Müller (48.), 3:1 Cullmann (56.), 4:1 Müller (84.), 4:2 Petrovic (88.).

Am 19. Februar in Berlin:

**Hertha BSC Berlin – Bayern München 4:2 (0:1, 1:1) n. V.**

BERLIN: Nigbur, Sziedat, Brück, Kliemann, Weiner, Diefenbach (97. Gersdorff), Sidka, Beer, Grau, Granitza, Kristensen (38. Horr). MÜNCHEN: Maier, Andersson, Beckenbauer, Horsmann, Gruber, Roth, Torstensson, Arbinger (91. Weiß), Rummenigge, Kirschner (116. Künkel), Kapellmann. Schiedsrichter: Kindervater (Köln); Zuschauer: 42 000; Tore: 0:1 Kapellmann (6.), 1:1 Granitza (51., Foulelfmeter), 1:2 Weiß (95.), 2:2 Granitza (100.), 3:2 Horr (107.), 4:2 Gersdorff (116.).

Am 19. Februar in Uerdingen:

**Bayer Uerdingen – Eintracht Frankfurt 6:3 (1:1, 3:3) n. V.**

UERDINGEN: Hesselbach, Lurz, Hahn, Brinkmann, Stieber (69. Klohs), Mostert, Funkel, Raschid, Wloka, Mattsson, Riege (56. Franke). FRANKFURT: Koitka, Weidle, Trinklein, Körbel, Neuberger, Stepanovic (96. Krobbach), Kraus (46. Reichel), Nickel, Grabowski, Hölzenbein, Wenzel. Schiedsrichter: Zuchantke (Berlin); Zuschauer: 18 000; Tore: 1:0 Mattsson (23.), 1:1 Weidle (38.), 1:2 Neuberger (51.), 1:3 Nickel (69.), 2:3 Funkel (84.), 3:3 Mattsson (91.), 4:3 Wloka (95.), 5:3 Hahn (105.), 6:3 Hahn (120.).

Am 19. Februar in Bayreuth:

**SpVgg Bayreuth – Rot-Weiß Essen 1:2 (0:1)**

BAYREUTH: Hillmann, Hofmann, Damjanoff, Kaul, Bleckert, Brand, Horn, Brendel, Breuer, Größler, Milardovic. ESSEN: Blasey, Neues, Huhse (33. Mill), Wörmer, Böninghausen, Dörre, Wieczorkowski, Fürhoff, Bast, Lund, Hrubesch. Schiedsrichter: Quindeau (Ludwigshafen); Zuschauer: 10 000; Tore: 0:1 Böninghausen (18.), 1:1 Milardovic (73.), 1:2 Lund (82.).

## SEMIFINALE

Am 9. April in Uerdingen:

**Bayer Uerdingen – Hertha BSC Berlin 0:1 (0:1)**

UERDINGEN: Hesselbach, Lurz, Brinkmann, Hahn, Steffensen, Mostert, Funkel, Köstner, Wloka (75. Franke), Mattsson, Raschid. BERLIN: Nigbur, Sziedat, Brück, Kliemann, Weiner, Hermandung, Sidka, Beer, Gersdorff (81. Grau), Granitza, Horr. Schiedsrichter: Aldinger (Waiblingen); Zuschauer: 27 000; Tor: 0:1 Weiner (28.).

Am 9. April in Köln:

**1. FC Köln – Rot-Weiß Essen 4:0 (3:0)**

KÖLN: Schumacher, Konopka, Gerber, Strack, Zimmermann, Nicot (71. Neumann), Simmet, Flohe, Glowacz (50. Prestin), Müller, Löhr. ESSEN: Blasey, Neues, Bast, Wörmer, Böninghausen, Lorant, Wieczorkowski, Lund, Fürhoff, Hrubesch (77. Patzke), Mill. Schiedsrichter: Horstmann (Nordstemmen); Zuschauer: 30 000; Tore: 1:0 Zimmermann (7.), 2:0 Simmet (34.), 3:0 Müller (44.), 4:0 Prestin (67.).

## ENDSPIEL

Am 28. Mai in Hannover:

**1. FC Köln – Hertha BSC Berlin 1:1 (1:0, 1:1) n. V.**

KÖLN: Schumacher, Konopka, Zimmermann, Strack, Gerber, Simmet, Overath (91. Neumann), Flohe, van Gool, Müller, Löhr (81. Larsen). BERLIN: Nigbur, Sziedat, Kliemann, Brück, Weiner, Hermandung (68. Gersdorff), Sidka, Beer, Grau (112. Förster), Granitza, Horr. Schiedsrichter: Frickel (München); Zuschauer: 54 000; Tore: 1:0 Müller (44.), 1:1 Horr (64.).

Wiederholung am 30. Mai in Hannover:

**1. FC Köln – Hertha BSC Berlin 1:0 (0:0)**

KÖLN: Schumacher, Konopka, Strack, Gerber, Zimmermann, Simmet, Neumann (77. Cullmann), Flohe, van Gool, Müller, Löhr. BERLIN: Nigbur, Sziedat, Kliemann, Brück, Weiner, Hermandung (80. Kristensen), Sidka (70. Gersdorff), Beer, Grau, Granitza, Horr. Schiedsrichter: Ohmsen (Hamburg); Zuschauer: 32 000; Tor: 1:0 Müller (70.).

| Erste Runde | Zweite Runde |
|---|---|
| 1. FC Köln — Itzehoer SV 7:0<br>Fortuna Düsseldorf — Eintracht Trier 3:1 | 1. FC Köln<br>Fort. Düsseldorf |
| Tennis Bor. Berlin — Sparta Bremerhaven 5:0<br>Olympia Bocholt — VfR Pforzheim 3:2 | TeBe Berlin 4<br>Olympia Bocholt 4 |
| FC Homburg/Saar — SpVgg Erkenschwick 2:1<br>Karlsruher SC — 1. FC Bocholt 2:0 | FC Homburg<br>Karlsruher SC |
| DJK Gütersloh — Hertha BSC Berlin (A) 2:0<br>TuS Feuchtwangen — SV Weißkirchen 4:3 | DJK Gütersloh<br>TuS Feuchtwang. |
| 1. FC Nürnberg — Werder Bremen (A) 3:0<br>Wacker 04 Berlin — FC 08 Villingen 1:0 | 1. FC Nürnberg<br>Wacker 04 Berlin |
| Waldhof Mannheim — Bremer SV 6:0<br>Victoria Hamburg — FC Ensdorf 1:0 | Waldh. Mannheim<br>Vict. Hamburg |
| VfL Osnabrück — Union 06 Berlin 12:1<br>SG Egelsbach — 1. FC Mülheim-Styrum 3:0 | VfL Osnabrück<br>SG Egelsbach |
| Borussia Dortmund — Concordia Haaren 10:0<br>Alemannia Aachen — FC Konstanz 2:0 | Bor. Dortmund 0<br>Alem. Aachen 0 |
| Rot-Weiß Essen — SV Meppen 3:2<br>1. FC Saarbrücken — Preußen Hameln 5:0 | Rot-Weiß Essen<br>1. FC Saarbrücken |
| VfL Bochum — SpVgg Steinhagen 3:0<br>Bremerhaven 93 — VfR Neuss 3:0 | VfL Bochum<br>Bremerhaven 93 |
| Arminia Bielefeld — FC Passau 6:2<br>SVO Germaringen — VfR Laboe 9:0 | Arm. Bielefeld<br>SVO Germaringen |
| FK Pirmasens — Preußen Münster 5:1<br>SV Neckargerach — SSV Ulm 3:1 | FK Pirmasens<br>SV Neckargerach |
| SpVgg Bayreuth — Kickers Offenbach 4:4 4:1<br>SSV Reutlingen — TSV Güntersleben 2:1 | SpVgg Bayreuth<br>SSV Reutlingen |
| Hassia Bingen — 1. FC Schweinfurt 05 3:2<br>Eisbachtaler Spfr. — TSG Leihgestern 1:1 2:0 | Hassia Bingen<br>Eisbachtaler Spfr. |
| FC Augsburg — VfL Pinneberg 4:0<br>Wormatia Worms — Göttingen 05 2:1 | FC Augsburg<br>Wormatia Worms |
| 1860 München — Wuppertaler SV 1:0<br>Hanau 93 — FV Faurndau 4:1 | 1860 München<br>Hanau 93 |
| Phönix Lübeck — Eintr. Bad Kreuznach 0:2<br>SpVgg Freudenstadt — FSV Frankfurt 0:5 | E. Bad Kreuznach<br>FSV Frankfurt |
| Lüner SV — SG Ellingen-Bonefeld 0:1<br>SV Wiesbaden — Schalke 04 1:3 | Ellingen-Bonef.<br>Schalke 04 |
| Bor. M'gladbach — Eintr. Braunschweig 0:2<br>1. FC Köln (A) — Röchling Völklingen 1:2 | E. Braunschweig<br>Röch. Völklingen |
| TuS Mayen — Hertha Zehlendorf Berlin 0:1<br>Saar 05 Saarbrücken — Eintr. Frankfurt 1:6 | Hertha Zehlendf.<br>Eintr. Frankfurt |
| Urania Hamburg — FC St. Pauli 1:6<br>IF Tönning — Bayer Leverkusen 0:4 | FC St. Pauli<br>Bayer Leverkusen |
| Tura Harksheide — SG Wattenscheid 09 1:5<br>Südwest Ludwigshafen — Werder Bremen 0:4 | Wattenscheid 09<br>Werder Bremen |
| SC Freiburg — Stuttgarter Kickers 1:6<br>VfR Mannheim — 1. FC Kaiserslautern 0:1 | Stuttgart. Kick. 1<br>1. FC Kaisersl. 1 |
| SpVgg Andernach — Mainz 05 1:1 0:3<br>VfB Weidenau — Bayer Uerdingen 0:6 | Mainz 05<br>Bayer Uerdingen |
| VfR Frankenthal — Union Solingen 1:1 0:1<br>SpVgg Fürth — VfB Stuttgart 0:3 | Union Solingen<br>VfB Stuttgart |
| Hülser SC — SF Salzgitter 1:2<br>SSV Dillenburg — Bayern München (A) 1:3 | SF Salzgitter<br>Bay. München (A) |
| BV Bad Lippspringe — VfR Achern 0:2<br>SG Dielheim — TV Unterboihingen 2:8 | VfR Achern<br>Unterboihingen |
| Schwarz-Weiß Essen — Hamburger SV 1:4<br>Hannover 96 (A) — Bayern München 0:10 | Hamburger SV<br>Bayern München |
| VfR Heilbronn — Jahn Regensburg 1:3<br>Westfalia Herne — Fortuna Köln 1:4 | Jahn Regensburg<br>Fortuna Köln |
| Preußen Berlin — VfB Theley 0:2<br>Hannover 96 — MSV Duisburg 0:1 | VfB Theley<br>MSV Duisburg |
| FC Niederembt — Spandauer SV 1:3<br>SVA Gütersloh — Darmstadt 98 2:3 | Spandauer SV<br>Darmstadt 98 |
| VfB Oldenburg — Bayern Hof 2:3<br>TuS Langerwehe — Hertha BSC Berlin 3:7 | Bayern Hof<br>Hertha BSC Berlin |

**…tte Runde**

| | |
|---|---|
| …C Köln | 5 |
| …nnis Bor. Berlin | 1 |
| … Homburg | 6 |
| …K Gütersloh | 0 |
| …C Nürnberg | 3 |
| …ldhof Mannheim | 2 |
| …L Osnabrück | 3 |
| …russia Dortmund | 1 |
| …t-Weiß Essen | 5 |
| …L Bochum | 1 |
| …minia Bielefeld | 4 |
| … Pirmasens | 3 |
| …Vgg Bayreuth | 2 |
| …ssia Bingen | 1 |
| … Augsburg | 2 |
| …60 München | 1 |
| …V Frankfurt | 0 |
| …halke 04 | 1 |
| …chling Völklingen | 2 |
| …ntracht Frankfurt | 3 |
| …yer Leverkusen | 0 |
| …erder Bremen | 3 |
| …FC Kaiserslautern | 1 |
| …yer Uerdingen | 3 |
| …B Stuttgart | 1 |
| …yern München (A) | 2 |
| …V Unterboihingen | 1 |
| …yern München | 10 |
| …rtuna Köln | 0 |
| …SV Duisburg | 4 |
| …armstadt 98 | 0 |
| …ertha BSC Berlin | 1 |

**Vierte Runde**

| | | |
|---|---|---|
| 1. FC Köln | 7 | |
| FC Homburg | 2 | |
| 1. FC Nürnberg | 1 | |
| VfL Osnabrück | 0 | |
| Rot-Weiß Essen | 2 | |
| Arminia Bielefeld | 0 | |
| SpVgg Bayreuth | 2 | |
| FC Augsburg | 0 | |
| Schalke 04 | 2 | 3 |
| Eintr. Frankfurt | 2 | 4 |
| Werder Bremen | 0 | |
| Bayer Uerdingen | 2 | |
| Bayern München (A) | 3 | |
| Bayern München | 5 | |
| MSV Duisburg | 1 | |
| Hertha BSC Berlin | 2 | |

**Viertelfinale**

| | |
|---|---|
| 1. FC Köln | 4 |
| 1. FC Nürnberg | 2 |
| Rot-Weiß Essen | 2 |
| SpVgg Bayreuth | 1 |
| Eintracht Frankfurt | 3 |
| Bayer Uerdingen | 6 |
| Bayern München | 2 |
| Hertha BSC Berlin | 4 |

**Semifinale**

| | |
|---|---|
| 1. FC Köln | 4 |
| Rot-Weiß Essen | 0 |
| Bayer Uerdingen | 0 |
| Hertha BSC Berlin | 1 |

**Finale in Hannover**

1. FC KÖLN: Schumacher, Konopka, Zimmermann, Strack, Gerber, Simmet, Overath (Neumann), Flohe, van Gool, Müller (1), Löhr (Larsen).

HERTHA BSC BERLIN: Nigbur, Sziedat, Kliemann, Brück, Weiner, Hermandung (Gersdorff), Sidka, Beer, Grau (Förster), Granitza, Horr (1).

| | | |
|---|---|---|
| 1. FC Köln | 1 | 1 |
| Hertha BSC Berlin | 1 | 0 |

1. FC KÖLN: Schumacher, Konopka, Strack, Gerber, Zimmermann, Simmet, Neumann (Cullmann), Flohe, van Gool, Müller (1), Löhr.

HERTHA BSC BERLIN: Nigbur, Sziedat, Kliemann, Brück, Weiner, Hermandung (Kristensen), Sidka (Gersdorff), Beer, Grau, Granitza, Horr.

* In einem Wiederholungsspiel (Protest Homburgs gegen das 0:2 vom 17. 10. 1976) siegte der FC Homburg 1:0.

## Bayern

| | Verein | Punkte | Tore |
|---|---|---|---|
| 1. | Würzburger Kickers | 49:19 | 59,29 |
| 2. | ATS Kulmbach | 45:23 | 56:33 |
| 3. | FC Amberg | 41:27 | 64:35 |
| 4. | Bayern München | 39:29 | 67:49 |
| 5. | Wacker München | 38:30 | 78:51 |
| 6. | ESV Ingolstadt | 36:32 | 58:51 |
| 7. | VfR Neuburg | 36:32 | 43:54 |
| 8. | FC Haßfurt | 35:33 | 63:46 |
| 9. | SpVgg Plattling | 35:33 | 55:59 |
| 10. | FC Memmingen | 35:33 | 37:42 |
| 11. | TSV Rosenheim | 33:35 | 50:61 |
| 12. | ASV Neumarkt | 32:36 | 57:59 |
| 13. | SpVgg Büchenbach | 32:36 | 52:63 |
| 14. | Schweinfurt 05 | 31:37 | 59:59 |
| 15. | VfB Coburg | 31:37 | 52:57 |
| 16. | SC Fürstenfeldbruck | 26:42 | 41:59 |
| 17. | ASV Herzogenaurach | 23:45 | 48:77 |
| 18. | FC Passau | 15:53 | 47:102 |

## Berlin

| | Verein | Punkte | Tore |
|---|---|---|---|
| 1. | BFC Preußen | 46:14 | 55:26 |
| 2. | Hertha BCS | 43:17 | 67:33 |
| 3. | Spandauer SV | 40:20 | 72:39 |
| 4. | Reinickendorf. Füchse | 39:21 | 79:59 |
| 5. | Tennis Borussia | 33:27 | 63:49 |
| 6. | Hertha Zehlendorf | 33:27 | 67:54 |
| 7. | Blau-Weiß 90 | 32:28 | 56:58 |
| 8. | Westend 01 | 29:31 | 60:57 |
| 9. | Union 06 | 29:31 | 44:41 |
| 10. | Spandauer BC | 26:34 | 50:55 |
| 11. | Berliner SV 92 | 25:35 | 39:59 |
| 12. | Rapide Wedding | 24:36 | 45:66 |
| 13. | Hellas-Nordwest | 23:37 | 36:52 |
| 14. | VfB Neukölln | 22:38 | 40:62 |
| 15. | Polizei SV | 20:40 | 39:57 |
| 16. | SC Siemensstadt | 16:44 | 23:68 |

## Hessen

| | Verein | Punkte | Tore |
|---|---|---|---|
| 1. | VfR Bürstadt | 54:14 | 85:26 |
| 2. | SSV Dillenburg | 53:15 | 89:38 |
| 3. | Hessen Kassel | 50:18 | 69:30 |
| 4. | Hanau 93 | 46:22 | 73:43 |
| 5. | Eintracht Frankfurt | 36:32 | 53:35 |
| 6. | Vikt. Aschaffenburg | 36:32 | 71:53 |
| 7. | FCA Darmstadt | 35:33 | 62:63 |
| 8. | Hermannia Kassel | 33:35 | 53:63 |
| 9. | SpVgg Bad Homburg | 32:36 | 51:56 |
| 10. | VfR Groß-Gerau | 31:37 | 55:67 |
| 11. | TSV Klein-Linden | 30:38 | 42:53 |
| 12. | SV Wiesbaden | 29:39 | 42:46 |
| 13. | VfB Gießen | 29:39 | 43:62 |
| 14. | FC Hochstadt | 28:40 | 47:53 |
| 15. | RW Frankfurt | 28:40 | 45:64 |
| 16. | Olymp. Kassel | 27:41 | 50:68 |
| 17. | Vikt. Sindlingen | 27:41 | 43:61 |
| 18. | SpVgg Neu-Isenburg | 8:60 | 30:123 |

## Mittelrhein

| | Verein | Punkte | Tore |
|---|---|---|---|
| 1. | 1. FC. Köln | 45:15 | 56:25 |
| 2. | Siegburg 04 | 44:16 | 56:31 |
| 3. | Viktoria Köln | 42:18 | 58:20 |
| 4. | Borussia Brand | 38:22 | 55:37 |
| 5. | VfL Köln 99 | 37:23 | 52:37 |
| 6. | TuS Langerwehe | 35,25 | 50:29 |
| 7. | SC Jülich 1910 | 35:25 | 52:37 |
| 8. | Baesweiler 09 | 32:28 | 48:39 |
| 9. | Düren 99 | 29:31 | 49:46 |
| 10. | FV Godesberg | 28:32 | 34:38 |
| 11. | Westwacht Aachen | 24:36 | 44:50 |
| 12. | SC Brühl | 24:36 | 36:48 |
| 13. | Oberbruch-Heinsberg | 23:37 | 31:53 |
| 14. | Rhenania Richterich | 21:39 | 30:61 |
| 15. | Fortuna Köln | 13:47 | 35:76 |
| 16. | TuS Lindlar | 10:50 | 13:72 |

## Niederrhein

| | Verein | Punkte | Tore |
|---|---|---|---|
| 1. | Fortuna Düsseldorf | 48:16 | 78:36 |
| 2. | FC Bocholt | 44:20 | 70:40 |
| 3. | RSV Meerbeck | 41:23 | 76:45 |
| 4. | Olympia Bocholt | 40:24 | 75:46 |
| 5. | VfR Neuss | 36:28 | 53:48 |
| 6. | VfB Remscheid | 36:28 | 47:45 |
| 7. | FC Viersen | 35:29 | 56:39 |
| 8. | RW Oberhausen | 34:30 | 50:52 |
| 9. | TuS Xanten | 33:31 | 58:52 |
| 10. | SSVg Velbert | 32:32 | 41:44 |
| 11. | VfB Bottrop | 31:33 | 55:63 |
| 12. | Sterkrade 06/07 | 30:34 | 40:41 |
| 13. | TuS Grevenbroich | 30:34 | 45:56 |
| 14. | SW Essen | 26:38 | 42:43 |
| 15. | Langenberger SV | 20:44 | 40:75 |
| 16. | Spfr. Katernberg | 19:45 | 30:58 |
| 17. | 1. FC Mülheim-Styrum | 9:55 | 28:101 |

## Nord

| | Verein | Punkte | Tore |
|---|---|---|---|
| 1. | Bremerhaven 93 | 51:17 | 98:35 |
| 2. | Union Salzgitter | 48:20 | 70:31 |
| 3. | Holstein Kiel | 47:21 | 54:25 |
| 4. | Preußen Hameln | 44:24 | 68:50 |
| 5. | SC Concordia | 41:27 | 58:47 |
| 6. | Atlas Delmenhorst | 38:30 | 53:48 |
| 7. | VfB Oldenburg | 37:31 | 65:50 |
| 8. | Werder Bremen | 34:34 | 70:46 |
| 9. | Eintr. Nordhorn | 33:35 | 55:55 |
| 10. | Olymp. Wilhelmshaven | 32:36 | 63:67 |
| 11. | Barmbek-Uhlenhorst | 31:37 | 67:66 |
| 12. | Itzehoer SV | 31:37 | 50:51 |
| 13. | SV Meppen | 30:38 | 51:54 |
| 14. | OSV Hannover | 30:38 | 75:80 |
| 15. | Eintr. Braunschweig | 30:38 | 48:54 |
| 16. | Blumenthaler SV | 29:39 | 58:60 |
| 17. | Victoria Hamburg | 22:46 | 40:85 |
| 18. | SpVgg Bad Pyrmont | 4:64 | 20:159 |

## Nordbaden

| | Verein | Punkte | Tore |
|---|---|---|---|
| 1. | SV Neckargerach | 48:12 | 75:26 |
| 2. | SV Sandhausen | 45:15 | 78:43 |
| 3. | VfR Mannheim | 44:16 | 85:32 |
| 4. | FC Pforzheim | 33:27 | 67:50 |
| 5. | Karlsruher SC | 33:27 | 54:42 |
| 6. | SpVgg Neckarelz | 32:28 | 47:39 |
| 7. | VfR Pforzheim | 31:29 | 48:41 |
| 8. | VfB Eppingen | 29:31 | 39:43 |
| 9. | FV Weinheim | 28:32 | 62:58 |
| 10. | VfB Knielingen | 25:35 | 44:62 |
| 11. | VfB Bretten | 25:25 | 36:58 |
| 12. | FV Weingarten | 25:35 | 37:64 |
| 13. | SV Schwetzingen | 24:36 | 35:52 |
| 14. | ASV Feudenheim | 22:38 | 39:63 |
| 15. | FC Dossenheim | 22:38 | 53:78 |
| 16. | FV Ladenburg | 14:46 | 36:84 |

## Nord-württemberg

| | Verein | Punkte | Tore |
|---|---|---|---|
| 1. | SSV Ulm 46 | 47:13 | 56:24 |
| 2. | SB Heidenheim | 44:16 | 59:37 |
| 3. | FC Eislingen | 38:22 | 51:37 |
| 4. | SV Göppingen | 33:27 | 37:24 |
| 5. | SpVgg Renningen | 33:27 | 57:52 |
| 6. | VfL Schorndorf | 32:28 | 59:48 |
| 7. | TSG Giengen | 32:28 | 46:42 |
| 8. | VfB Stuttgart | 30:30 | 55:56 |
| 9. | SV Zuffenhausen | 29:31 | 47:43 |
| 10. | SpVgg Ludwigsburg | 28:32 | 45:42 |
| 11. | Union Böckingen | 28:32 | 50:61 |
| 12. | VfR Heilbronn | 26:34 | 49:44 |
| 13. | Germania Bietigheim | 25:35 | 38:59 |
| 14. | VfR Aalen | 24:36 | 34:35 |
| 15. | Spfr. Schwäbisch Hall | 21:39 | 42:58 |
| 16. | SKV Rutesheim | 10:50 | 23:66 |

## Rheinland

| | Verein | Punkte | Tore |
|---|---|---|---|
| 1. | TuS Neuendorf | 47:13 | 89:36 |
| 2. | FC Bitburg | 42:18 | 77:53 |
| 3. | SV Leiwen | 38:22 | 53:32 |
| 4. | Spfr. Eisbachtal | 34:26 | 64:43 |
| 5. | FC Plaidt | 33:27 | 50:46 |
| 6. | VfB Wissen | 33:27 | 51:48 |
| 7. | TuS Mayen | 32:28 | 52:49 |
| 8. | SV Ellingen | 30:30 | 47:47 |
| 9. | Chemie Wirges | 28:32 | 62:63 |
| 10. | Remagen-Kripp | 28:32 | 45:46 |
| 11. | SC Bad Neuenahr | 27:33 | 46:53 |
| 12. | VfL Neuwied | 25:35 | 53:70 |
| 13. | Eintr. Höhr | 23:37 | 39:59 |
| 14. | SpVgg Andernach | 21:39 | 40:66 |
| 15. | VfL Trier | 20:40 | 47:73 |
| 16. | BSV Weißenthurm | 19:41 | 38:69 |

## Saarland

| | Punkte | Tore |
|---|---|---|
| 1. Borussia Neunkirchen | 55:13 | 111:27 |
| 2. FV Eppelborn | 44:24 | 74:48 |
| 3. FC St. Wendel | 44:24 | 65:39 |
| 4. SV Auersmacher | 43:25 | 75:47 |
| 5. VfB Theley | 40:28 | 63:43 |
| 6. VfB Dillingen | 39:29 | 61:53 |
| 7. FSV Saarwellingen | 38:30 | 59:42 |
| 8. SC Friedrichsthal | 35:53 | 59:58 |
| 9. ASC Dudweiler | 34:34 | 57:60 |
| 10. FC Ensdorf | 33:35 | 52:62 |
| 11. SV Hasborn | 32:36 | 50:55 |
| 12. Saar 05 | 32:36 | 58:73 |
| 13. SV Weiskirchen | 31:37 | 52:55 |
| 14. SV Oberthal | 27:41 | 49:65 |
| 15. SV Fraulautern | 27:41 | 63:80 |
| 16. SV St. Ingbert | 25:43 | 53:90 |

## Schwarzwald/ Bodensee

| | Punkte | Tore |
|---|---|---|
| 1. SSV Reutlingen | 46:14 | 71:21 |
| 2. FC Tailfingen | 46:14 | 81:33 |
| 3. FV Biberach | 40:20 | 56:29 |
| 4. FC Tuttlingen | 36:24 | 62:38 |
| 5. SG Aulendorf | 30:30 | 50:53 |
| 6. FV Ebingen | 29:31 | 50:47 |
| 7. FV Ravensburg | 29:31 | 43:42 |
| 8. SV Tübingen | 29:31 | 44:44 |
| 9. TSV Ofterdingen | 27:33 | 53:60 |
| 10. SV Kreßbronn | 27:33 | 38:53 |
| 11. SV Weingarten | 27:33 | 36:54 |
| 12. FC Wangen | 26:34 | 38:44 |
| 13. SpVgg Lindau | 26:34 | 44:57 |
| 14. VfB Friedrichshafen | 22:38 | 33:61 |
| 15. SpVgg Freudenstadt | 22:38 | 32:61 |
| 16. TSV Eningen | 18:42 | 31:65 |

## Südbaden

| | Punkte | Tore |
|---|---|---|
| 1. Freiburger FC | 60:8 | 96:26 |
| 2. SC Freiburg | 47:21 | 79:40 |
| 3. FC Villingen | 43:25 | 66:38 |
| 4. SV Kuppenheim | 43:25 | 66:48 |
| 5. SV Kirchzarten | 43:25 | 70:55 |
| 6. FC Rastatt | 38:30 | 61:45 |
| 7. FC Emmendingen | 37:31 | 46:44 |
| 8. Offenburger FV | 35:33 | 51:49 |
| 9. FC Konstanz | 34:34 | 59:59 |
| 10. VfB Gaggenau | 34:34 | 50:53 |
| 11. Bahlinger SC | 31:37 | 55:53 |
| 12. FV Lörrach | 29:39 | 60:60 |
| 13. SC Pfullendorf | 28:40 | 45:48 |
| 14. DJK Konstanz | 28:40 | 46:69 |
| 15. SV Weil | 27:41 | 62:85 |
| 16. FC Radolfzell | 23:45 | 42:60 |
| 17. SC Baden-Baden | 20:48 | 44:87 |
| 18. Lahrer FV | 12:56 | 26:105 |

## Südwest

| | Punkte | Tore |
|---|---|---|
| 1. Wormatia Worms | 58:14 | 110:41 |
| 2. Hassia Bingen | 58:14 | 115:40 |
| 3. Eintr. Kreuznach | 57:15 | 122:30 |
| 4. VfR Kirn | 54:18 | 88:39 |
| 5. Viktoria Herxheim | 47:25 | 88:51 |
| 6. Mainz 05 | 46:26 | 94:49 |
| 7. Südwest Ludwigshafen | 45:27 | 81:38 |
| 8. FK Clausen | 36:36 | 66:71 |
| 9. FC Rodalben | 35:37 | 62:63 |
| 10. ASV Idar-Oberstein | 34:38 | 69:70 |
| 11. ASV Landau | 33:39 | 76:65 |
| 12. 1. FC Kaiserslautern | 32:40 | 73:69 |
| 13. Haßloch 08 | 32:40 | 49:67 |
| 14. VfR Frankenthal | 30:42 | 59:79 |
| 15. TuS Landstuhl | 30:42 | 46:78 |
| 16. FC Sobernheim | 21:51 | 41:81 |
| 17. SVW Mainz | 20:52 | 47:122 |
| 18. SV Guntersblum | 15:57 | 42:112 |
| 19. FV Speyer | 1:71 | 20:183 |

## Westfalen I

| | Punkte | Tore |
|---|---|---|
| 1. SVA Gütersloh | 46:22 | 67:44 |
| 2. TuS Ahlen | 44:24 | 66:39 |
| 3. FC Gohfeld | 38:30 | 55:36 |
| 4. SV Ahlen | 38:30 | 52:45 |
| 5. DJK Gütersloh | 38:30 | 55:50 |
| 6. 1. FC Paderborn | 36:32 | 56:41 |
| 7. Bünder SV | 36:32 | 47:48 |
| 8. SpVgg Beckum | 35:33 | 60:53 |
| 9. Eintr. Gelsenk.-Horst | 35:33 | 49:44 |
| 10. VfB Rheine | 34:34 | 48:45 |
| 11. Erle 08 | 34:34 | 50:49 |
| 12. SC Recklinghausen | 34:34 | 37:38 |
| 13. Emsdetten 05 | 33:35 | 56:53 |
| 14. SV Herringen | 30:38 | 42:53 |
| 15. Warendorfer SU | 30:38 | 39:57 |
| 16. Hammer SV | 29:39 | 34:45 |
| 17. SpVgg Steinhagen | 25:43 | 37:74 |
| 18. Teutonia Lippstadt | 17:51 | 30:66 |

## Westfalen II

| | Punkte | Tore |
|---|---|---|
| 1. RW Lüdenscheid | 57:11 | 83:29 |
| 2. DSC Wanne-Eickel | 44:24 | 65:33 |
| 3. Wattenscheid 09 | 44:24 | 56:38 |
| 4. E. Recklinghausen | 44:24 | 62:35 |
| 5. SpVgg Erkenschwick | 39:29 | 68:45 |
| 6. H. Lütgendortmund | 39:29 | 66:57 |
| 7. VfL Gevelsberg | 35:33 | 61:60 |
| 8. SSV Hagen | 34:34 | 66:59 |
| 9. Hüsten 09 | 34:34 | 57:64 |
| 10. Spfr. Siegen | 34:34 | 51:59 |
| 11. TuS Neuenrade | 33:35 | 48:56 |
| 12. VfL Bochum | 31:37 | 43:42 |
| 13. SV Holzwickede | 30:38 | 50:59 |
| 14. VfB Altena | 26:42 | 52:75 |
| 15. TuS Iserlohn | 25:43 | 42:58 |
| 16. TSV B.-Olsberg | 24:44 | 42:82 |
| 17. SC Neheim-Hüsten | 21:47 | 50:82 |
| 18. Lüner SV | 18:50 | 36:74 |

## Deutsche Meisterschaft der Amateure

ENDSPIELE

Am 22. Juni in Düsseldorf:

**Fortuna Düsseldorf – SV Sandhausen 1:0 (0:0)**

DÜSSELDORF: Ach, Stiller, Bungert, Biesenkamp, Albrecht, Fischer, Lubberich, Schmitz, Helmreich, Weikl, Eickels (80. Schwidden). SANDHAUSEN: B. Baust, Reinhard, Kern, E. Baust, Herb, Dobersek, Heintz, Störzer, Achtstätter, Podkalicki, Frey. Schiedsrichter: Fork (Unna); Zuschauer: 10 000; Tor: 1:0 Albrecht (59.).

Am 26. Juni in Sandhausen:

**SV Sandhausen – Fortuna Düsseldorf 2:2 (1:2)**

SANDHAUSEN: B. Baust, Reinhard, Kern, E. Baust, Herb (75. Schneider), Dobersek (46. Faltermann), Heintz, Achtstätter, Störzer, Podkalicki, Frey. DÜSSELDORF: Ach, Stiller, Bungert, Biesenkamp, Albrecht, Fischer, Lubberich, Schmitz, Helmreich, Weikl, Schwidden (66. Eickels). Schiedsrichter: Walther (Würzburg); Zuschauer: 10 000; Tore: 0:1 Weikl (14.), 1:1 Heintz (21.), 1:2 Schwidden (25.), 2:2 Frey (60.).

## Deutsche Frauen-Meisterschaft

ENDSPIELE

Am 18. Juni in Bergisch-Gladbach:

**SSG Bergisch-Gladbach – SG Oberst Schiel 0:0**

BERGISCH-GLADBACH: Schmoll, Göbel, Winkel, Stoffels, Krug, Neuenfeld, Lesnik, Trabant-Haarbach, Dlugi (52. Frese), Ranger (23. Hamburger), Gebauer. FRANKFURT: Dohles, Ripper, Hildenbrand, Senkler, Schnur, Krämer-Müller, Wohlleben, Staab, Scheler, Zinke, Schwab (42. Kontic). Schiedsrichter: Lutz (Bremen); Zuschauer: 8000.

Am 25. Juni in Frankfurt:

**SG Oberst Schiel – SSG Bergisch-Gladbach 0:1 (0:0)**

FRANKFURT: Dohles, Ripper, Schnur, Senkler, Hildenbrand, Krämer-Müller, Wohlleben, Staab (47. Sauer), Schwab (57. Martin), Zinke, Scheler. BERGISCH-GLADBACH: Schmoll, Lesnik, Winkel, Stoffels, Göbel, Krug, Neuenfeld, Trabant-Haarbach, Dlugi, Klinz (20. Ranger), Gebauer. Schiedsrichter: Quindeau (Ludwigshafen); Zuschauer: 3000; Tor: 0:1 Gebauer (31.).

## Amateur-Länderpokal

### ENDSPIEL

Am 1. Mai in Ludwigshafen:

**Bayern – Südwest 4:2 (0:2, 2:2) n. V.**

BAYERN: Huber (FC Memmingen), Schenk (Bayern München), Seufert (Kickers Würzburg), Markert (Kickers Würzburg), Müller (FC Haßfurt), ab 91. Weißberger (Wacker München), Schrettenbrunner (SpVgg Büchenbach), ab 68. Augenthaler (Bayern München), Metzger (Kickers Würzburg), Wohland (ATSV Kulmbach), Thaumüller (Schweinfurt 05), Kirschner (Bayern München), Hampl (ASV Neumarkt). SÜDWEST: Schwarzwälder (Hassia Bingen), Zahn (Mainz 05), Bold (Mainz 05), Brust (Eintr. Bad Kreuznach), Hösl (ASV Landau), Scherpp (Eintr. Bad Kreuznach), Hahn (VfR Kirn), ab 59. Nickel (Eintr. Bad Kreuznach), Wilhelm (Eintr. Bad Kreuznach), Bopp (Mainz 05), Zacher (Eintr. Bad Kreuznach), Müller (VfR Kirn), ab 74. Marz (Vikt. Herxheim). Schiedsrichter: Lutz (Bremen); Zuschauer: 1800; Tore: 0:1 Bopp (1.), 0:2 Zahn (43.), 1:2 Kirschner (67.), 2:2 Kirschner (77., Foulelfmeter), 3:2 Hampl (105.), 4:2 Wohland (110.).

## Jugend-Länderpokal

### ENDSPIEL

Am 10. Oktober in Bonn:

**Westfalen – Südbaden 2:0 (1:0)**

WESTFALEN: Immel (Bor. Dortmund), Richter (Teutonia Lippstadt), Schöttel-Dreier (DSC Wanne-Eickel), Schmidt (Westfalia Herne), Hillenhagen (Bor. Dortmund), Schmiedermeier (Teutonia Lippstadt), Mönckediek (TSV Marl-Hüls), ab 53. Feinieng (Bor. Dortmund), Buschmeier (Westfalia Herne), Augustin (Bor. Dortmund), Schneider (Bor. Dortmund), Feldmann (Schalke 04). SÜDBADEN: Novosadka (SV Oberkirch), Bühler (SC Freiburg), Seibert (ESV Südstern-Lingen), Egelkraut (FC Konstanz), ab 48. Himmelsbach (FC Lahr), Müller (SV Oberkirch), Bantle (SV Niedereschach), Burger (FV Lahr), Demmler (DJK Konstanz), Brücker (FC Villingen), Braun (FC Freiburg), Verschl (SV Oberkirch), ab 46. Frommherz (FC Säckingen). Schiedsrichter: Dehmel (Oberpleis); Zuschauer: 500; Tore: 1:0 Schneider (24.), 2:0 Augustin (48.).



### A-NATIONALMANNSCHAFT

Am 6. Oktober 1976 in Cardiff:

**Wales – Deutschland 0:2 (0:1)**

WALES: Davies (FC Everton), Page (Birmingham City), ab 82. Cartwright (Coventry City), Evans (Crystal Palace), Phillips (Aston Villa), Jones (FC Liverpool), Mahoney (Stoke City), Yorath (Coventry City), Griffith (FC Wrexham), ab 76. Flynn (FC Burnley), James (Derby County), Curtis (Swansea Town), M. Thomas (FC Wrexham). DEUTSCHLAND: Kargus (Hamburger SV), Vogts (Bor. Mönchengladbach), Beckenbauer (Bayern München), Zimmermann (1. FC Köln), ab 46. Schwarzenbeck (Bayern München), Dietz (MSV Duisburg), Beer (Hertha BSC Berlin), ab 62. Seliger (MSV Duisburg), Stielike (Bor. Mönchengladbach), Flohe (1. FC Köln), Rummenigge (Bayern München), Hoeneß (Bayern München), ab 74. Müller (1. FC Köln), Heynckes (Bor. Mönchengladbach). Schiedsrichter: Matthewson (England); Zuschauer: 17 000; Tore: 0:1 Beckenbauer (34.), 0:2 Heynckes (73.).

Am 17. November in Hannover:

**Deutschland – CSSR 2:0 (2:0)**

DEUTSCHLAND: Maier (Bayern München), Vogts (Bor. Mönchengladbach), ab 23. Kaltz (Hamburger SV), Beckenbauer (Bayern München), Schwarzenbeck (Bayern München), Dietz (MSV Duisburg), Hoeneß (Bayern München), Bonhof (Bor. Mönchengladbach), Flohe (1. FC Köln), Rummenigge (Bayern München), Beer (Hertha BSC Berlin), Heynckes (Bor. Mönchengladbach). CSSR: Michalik (Banik Ostrava), Biros (Slavia Prag), Dvorak (Dukla Prag), Jurkemik (Inter Bratislava), Gögh (Slovan Bratislava), Dobias (Spartak Trnava), Pollak (VSS Kosice), Panenka (Bohemians Prag), ab 46. Kozak (Lok Kosice), Vesely (Slavia Prag), ab 46. Slany (Banik Ostrava), Masny (Slovan Bratislava), Nehoda (Dukla Prag). Schiedsrichter: Dubach (Schweiz); Zuschauer: 60 000; Tore: 1:0 Flohe (17.), 2:0 Beer (34.).

Am 23. Februar 1977 in Paris:

**Frankreich – Deutschland 1:0 (0:0)**

FRANKREICH: Rey (FC Metz), Battiston (FC Metz), Lopez (AS St-Etienne), Rio (FC Nantes), Janvion (AS St-Etienne), Bathenay (AS St-Etienne), Platini (AS Nancy), Synaeghel (AS St-Etienne), ab 72. Sahnoun (FC Nantes), Rouyer (AS Nancy), Lacombe (Olympique Lyon), ab 46. P. Revelli (AS St-Etienne), Amisse (FC Nantes), ab 65. Zenier (FC Metz). DEUTSCHLAND: Maier (Bayern München), Vogts (Bor. Mönchengladbach), Beckenbauer (Bayern München), Nogly (Hamburger SV), Dietz (MSV Duisburg), Bonhof (Bor. Mönchengladbach), Stielike (Bor. Mönchengladbach), Flohe (1. FC Köln), Rummenigge (Bayern München), Müller (1. FC Köln), ab 69. Beer (Hertha BSC Berlin), Hölzenbein (Eintr. Frankfurt). Schiedsrichter: Sanchez Ibanez (Spanien); Zuschauer: 47 000; Tor: 1:0 Rouyer (53.).

Am 27. April in Köln:

**Deutschland – Nordirland 5:0 (0:0)**

DEUTSCHLAND: Maier (Bayern München), ab 46. Franke (Eintr. Braunschweig), Vogts (Bor. Mönchengladbach), Kaltz (Hamburger SV), Nogly (Hamburger SV), Dietz (MSV Duisburg), Bonhof (Bor. Mönchengladbach), Flohe (1. FC Köln), Abramczik (Schalke 04), Fischer (Schalke 04), Müller (1. FC Köln), Hölzenbein (Eintr. Frankfurt). NORDIRLAND: Jennings (Tottenham Hotspur), Rice (Arsenal), Hunter (Ipswich), Jackson (Manchester United), Nelson (Arsenal), Hamilton (FC Everton), McCreery (Manchester United), ab 31. Cassidy (Newcastle), Best (Fulham), McGrath (Manchester United), Anderson (Swindon Town), ab 73. Spence (FC Blackpool), Armstrong (Tottenham Hotspur). Schiedsrichter: Palotai (Ungarn); Zuschauer: 59 000; Tore: 1:0 Bonhof (55., Handelfmeter), 2:0 Fischer (58.), 3:0 Müller (65.), 4:0 Fischer (84.), 5:0 Flohe (89.).

Am 30. April in Belgrad:

**Jugoslawien – Deutschland 1:2 (0:1)**

JUGOSLAWIEN: Katalinic (Hajduk Split), Buljan (Hajduk Split), ab 69. Nikolic (Roter Stern Belgrad), Peruzovic (Hajduk Split), Bogdan (Dinamo Zagreb), Obradovic (Radnicki Nis), Muzinic (Hajduk Split), Bogicevic (Roter Stern Belgrad), Oblak (Schalke 04), Popivoda (Eintr. Braunschweig), Bajevic (Velez Mostar), Filipovic (Roter Stern Belgrad), ab 46. Jerkovic (Hajduk Split). DEUTSCHLAND: Maier (Bayern München), ab 46. Kargus (Hamburger SV), Tenhagen (VfL Bochum), Kaltz (Hamburger SV), Rüßmann (Schalke 04), Vogts (Bor. Mönchengladbach), Bonhof (Bor. Mönchengladbach), Beer (Hertha BSC Berlin), Flohe (1. FC Köln), ab 46.

Magath (Hamburger SV), Abramczik (Schalke 04), Fischer (Schalke 04), Müller (1. FC Köln). Schiedsrichter: Babacan (Türkei); Zuschauer: 32 000; Tore: 0:1 Müller (11.), 1:1 Bajevic (60.), 1:2 Bonhof (73., Foulelfmeter).

Am 5. Juni in Buenos Aires:

**Argentinien – Deutschland 1:3 (0:1)**

ARGENTINIEN: Gatti (Boca Juniors), Perina (Boca Juniors), Olguin (San Lorenzo), Passarella (River Plate), Carrascosa (Huracan), ab 46. Tarantini (Boca Juniors), Ardiles (Huracan), Gallego (Newells), Villa (Racing Club), ab 43. Bochini (Independiente), Bertoni (Independiente), Luque (River Plate), Larossa (Independiente), ab 77. Ortiz (River Plate). DEUTSCHLAND: Franke (Eintr. Braunschweig), Vogts (Bor. Mönchengladbach), Kaltz (Hamburger SV), Rüßmann (Schalke 04), Dietz (MSV Duisburg), Bonhof (Bor. Mönchengladbach), Beer (Hertha BSC Berlin), ab 70. Rummenigge (Bayern München), Hölzenbein (Eintr. Frankfurt), Abramczik (Schalke 04), Fischer (Schalke 04), Volkert (Hamburger SV). Schiedsrichter: Coelho (Brasilien); Zuschauer: 63 000; Tore: 0:1 Fischer (8.), 0:2 Fischer (61.), 0:3 Hölzenbein (70.), 1:3 Passarella (73.).

Am 8. Juni in Montevideo:

**Uruguay – Deutschland 0:2 (0:1)**

URUGUAY: Correa (SC Wanderers), ab 46. Clavijo (Defensor), de los Santos (Nacional), Rivadavia (Sud America), Salomon (Defensor), Javier (Defensor), Carrasco (Nacional), Pereyra (Nacional), Maneiro (Penarol), Rodriguez (Defensor), Santelli (Defensor), Oliveira (SC Wanderers), ab 61. Muhlethaler (SC Wanderers). DEUTSCHLAND: Burdenski (Werder Bremen), Vogts (Bor. Mönchengladbach), Kaltz (Hamburger SV), Rüßmann (Schalke 04), ab 46. Nogly (Hamburger SV), Dietz (MSV Duisburg), Bonhof (Bor. Mönchengladbach), Flohe (1. FC Köln), Magath (Hamburger SV), Rummenigge (Bayern München), Müller (1. FC Köln), Volkert (Hamburger SV), ab 46. Abramczik (Schalke 04), ab 67. Hölzenbein (Eintr. Frankfurt). Schiedsrichter: Coerezza (Argentinien); Zuschauer: 60 000; Tore: 0:1 Flohe (41.), 0:2 Müller (90.).

Am 12. Juni in Rio de Janeiro:

**Brasilien – Deutschland 1:1 (0:0)**

BRASILIEN: Leao, Amaral, Pereira, Ze Maria, Rodrigues Neto, Cerezzo, Zico, Rivelino, Gil (66. Marcello), Roberto, Paulo Cezar. DEUTSCHLAND: Maier (Bayern München), Vogts (Bor. Mönchengladbach), Kaltz (Hamburger SV), Rüßmann (Schalke 04), Dietz (MSV Duisburg), Hölzenbein (Eintr. Frankfurt), ab 79. Tenhagen (VfL Bochum), Bonhof (Bor. Mönchengladbach), Beer (Hertha BSC Berlin), ab 79. Flohe (1. FC Köln), Abramczik (Schalke 04), Fischer (Schalke 04), Volkert (Hamburger SV), ab 70. Rummenigge (Bayern München). Schiedsrichter: Pestarino (Argentinien); Zuschauer: 150 000; Tore: 0:1 Fischer (54.), 1:1 Rivelino (87.).

Am 14. Juni in Mexico City:

**Mexiko – Deutschland 2:2 (2:0)**

MEXIKO: Castrejon (America), Najera (Guadalajara), Guzman (Cruz Azul), Sanchez Galindo (America), Vasquez Ayala (Universidad), De La Torre (America), Chavaz (Guadalajara), ab 46. Real (Guadalajara), Guillen (Guadalajara), ab 67. Martinez (Guadalajara), Isiordia (Atletico Espanol), Aceves (America), Cuellar (Universidad). DEUTSCHLAND: Maier (Bayern München), Vogts (Bor. Mönchengladbach), Kaltz (Hamburger SV), Rüßmann (Schalke 04), Dietz (MSV Duisburg), Bongartz (Schalke 04), Bonhof (Bor. Mönchengladbach), ab 73. Nogly (Hamburger SV), Flohe (1. FC Köln), ab 46. Beer (Hertha BSC Berlin), Hölzenbein (Eintr. Frankfurt) Fischer (Schalke 04), Müller (1. FC Köln), ab 46. Volkert (Hamburger SV). Schiedsrichter: Dorantes Garcia (Mexiko); Zuschauer: 40 000; Tore: 1:0 Isiordia (18.), 2:0 De La Torre (41.), 2:1 Fischer (53.), 2:2 Fischer (65.).

## B-NATIONALMANNSCHAFT

Am 17. November 1976 in Timisoara:

**Rumänien – Deutschland 1:1 (0:0)**

RUMÄNIEN: Iordache, Anghelini, Mehedintu, Paltinisian, Vigu, Stoica (46. Romila), Atila Kun, Stefanescu, Moldova (46. Petrescu), Radu (70. Floares), Dinali. DEUTSCHLAND: Burdenski (Werder Bremen), ab 46. Kneib (Bor. Mönchengladbach), Glowacz (1. FC Köln), Cullmann (1. FC Köln), Schäffer (Bor. Mönchengladbach), ab 72. Magath (Hamburger SV), Konopka (1. FC Köln), Bongartz (Schalke 04), ab 46. Abramczik (Schalke 04), Dürnberger (Bayern München), Schäfer (Karlsruher SC), ab 72. Granitza (Hertha BSC Berlin), Wohlers (Bor. Mönchengladbach), Frank (Eintr. Braunschweig), Worm (MSV Duisburg). Schiedsrichter: Ljujic (Jugoslawien); Zuschauer: 28 000; Tore: 1:0 Kun (58., Foulelfmeter), 1:1 Worm (73.).

Am 22. Februar 1977 in Orleans:

**Frankreich – Deutschland 1:0 (1:0)**

FRANKREICH: De Rocco (Olympique Lyon), Zorzetto (AS Troyes-Aube), Zambelli (OGC Nizza), Meynieu (Girondins Bordeaux), Flak (RC Lens), Giresse (Girondins Bordeaux), Larios (AS St-Etienne), Bousdira (RC Lens), Redon (Paris St-Germain), Barthelemy (OSC Angers), Six (US Valenciennes). DEUTSCHLAND: Kargus (Hamburger SV), Schneider (MSV Duisburg), Cullmann (1. FC Köln), Hollmann (Eintr. Braunschweig), ab 60. Segler (Bor. Dortmund), Lameck (VfL Bochum), Tenhagen (VfL Bochum), Bongartz (Schalke 04), Riedl (1. FC Kaiserslautern), Bast (Rot-Weiß Essen), ab 60. Abramczik (Schalke 04), Worm (MSV Duisburg), E. Kremers (Schalke 04). Schiedsrichter: Della Bruna (Schweiz); Zuschauer: 10 000; Tor: 1:0 Giresse (33.).

Am 26. April in Aachen:

**Deutschland – Belgien 2:1 (0:0)**

DEUTSCHLAND: Burdenski (Werder Bremen), Reichel (Eintr. Frankfurt), Körbel (Eintr. Frankfurt), Gerber (1. FC Köln), Zimmermann (1. FC Köln), Jakobs (TeBe Berlin), ab 46. Burgsmüller (Bor. Dortmund), Magath (Hamburger SV), Bongartz (Schalke 04), Pirrung (1. FC Kaiserslautern), ab 54. Geyer (Bor. Dortmund), Frank (Eintr. Braunschweig), Seel (Fort. Düsseldorf). BELGIEN: Munaron (RSC Anderlecht), Dewaele (Standard Lüttich), Renquin (Standard Lüttich), Meeuws (AC Beerschot), Baecke (SK Beveren), Sanders (FC Brügge), van der Eycken (FC Brügge), Hinderyckx (FC Brügge), ab 65. Lecloux (FC Lüttich), de Beuckelaer (SC Lokeren), ab 75. Denier (FC Winterslag), Vercauteren (RSC Anderlecht), Ceulemans (Lierse SK). Schiedsrichter: Wellinga (Niederlande); Zuschauer: 15 000; Tore: 1:0 Magath (48.), 2:0 Burgsmüller (59.), 2:1 Ceulemans (65.).

Am 5. Juni in Chicago:

**USA A – Deutschland 1:4 (0:2)**

USA: Mayer (46. Jokerst), Smith, Skotarek, D'Errico, Formoso, Flater, Trost, Bandov (76. Ralbovsky), Schweinert (61. Perreira), Grgurev (62. Villa), Rys (55. Fowles). DEUTSCHLAND: Ferner (1. FC Saarbrücken), Reichel (Eintr. Frankfurt), Gerber (1. FC Köln), Körbel (Eintr. Frankfurt), Lameck (VfL Bochum), Kraus (Eintr. Frankfurt), Müller (VfB Stuttgart), ab 46. Memering (Hamburger SV), Burgsmüller (Bor. Dortmund), Geyer (Bor. Dortmund), Frank (Eintr. Braunschweig), Stegmayer (1. FC Saarbrücken), ab 46. Wenzel (Eintr. Frankfurt). Schiedsrichter: Johnson (USA); Zuschauer: 11 000; Tore: 0:1 Burgsmüller (15.), 0:2 Geyer (20.), 1:2 Flater (47.), 1:3 Frank (57., Foulelfmeter), 1:4 Wenzel (85.).

Am 9. Juni in Bogota:

**Millonarios Bogota – Deutschland 2:2 (0:2)**

BOGOTA: Biasuto (46. Riquelme), Segovia, Rodriguez, Fulcenco (58. Diz), Lopez, Amado, Ortega, Brand (46. Delasavia), Moreno, Troilo (46. Tamayo, 77. Moroh), Converti. DEUTSCHLAND: Kneib (Bor. Mönchengladbach), Klinkhammer (Bor. Mönchengladbach), Gerber (1. FC Köln), Körbel (Eintr. Frankfurt), ab 46. Memering (Hamburger SV), Zimmermann (1. FC Köln), Jakobs (MSV Duisburg), Müller (VfB Stuttgart), ab 30. Bracht (Werder Bremen), ab 62. Kraus (Eintracht Frankfurt), Burgsmüller (Bor. Dortmund), Pirrung (1. FC Kaiserslautern), Wenzel (Eintr. Frankfurt), Geyer (Bor. Dortmund). Schiedsrichter: Canessa Garcia (Kolumbien); Zuschauer: 30 000; Tore: 0:1 Pirrung (9.), 0:2 Müller (17.), 1:2 Tamayo (69.), 2:2 Memering (72., Eigentor).

Am 12. Juni in Tegucigalpa:

**Honduras (Junioren) – Deutschland 1:3 (1:1)**

HONDURAS: Talbot, Palma, Costle, Zelaya, Maradiago, Barahonar, Yerwood, Bayley (63. Reyes), Caceves, Nevales, Betancourt (58. Rodriguez). DEUTSCHLAND: Koitka (Eintr. Frankfurt), Reichel (Eintr. Frankfurt), Gerber (1. FC Köln), Körbel (Eintr. Frankfurt), Klinkhammer (Bor. Mönchengladbach), ab 61. Lameck (VfL Bochum), Kraus (Eintr. Frankfurt), ab 75. Wenzel (Eintr. Frankfurt), Müller (VfB Stuttgart), ab 56. Memering (Hamburger SV), Burgsmüller (Bor. Dortmund), Geyer (Bor. Dortmund), Frank (Eintr. Braunschweig), Stegmayer (1. FC Saarbrükken). Schiedsrichter: Soto Paris (Costa Rica); Zuschauer: 22 000; Tore: 0:1 Burgsmüller (18.), 1:1 Betancourt (35.), 1:2 Frank (83.), 1:3 Frank (88.).

Am 14. Juni in Kingston:

**Jamaika A – Deutschland 1:1 (1:0)**

JAMAIKA: Edwards, Barret (80. Welch), Brown, Perkins, Pryce, Donaldson, Woodstock, Marston, McNab (78. Green), Bell (70. Andrews), Hayden. DEUTSCHLAND: Ferner (1. FC Saarbrücken), ab 46. Kneib (Bor. Mönchengladbach), Zimmermann (1. FC Köln), Gerber (1. FC Köln), Körbel (Eintr. Frankfurt), Lameck (VfL Bochum), ab 85. Reichel (Eintr. Frankfurt), Jakobs (MSV Duisburg), ab 46. Müller (VfB Stuttgart), Burgsmüller (Bor. Dortmund), Memering (Hamburger SV), Pirrung (1. FC Kaiserslautern), ab 51. Wenzel (Eintr. Frankfurt), Frank (Eintr. Braunschweig), Geyer (Bor. Dortmund). Schiedsrichter: Chaplin (Jamaika); Zuschauer: 22 000; Tore: 1:0 McNab (14.), 1:1 Burgsmüller (53.).

## AMATEUR-NATIONALMANNSCHAFT

Am 21. September 1976 in Naestved:

**Dänemark „Unter 21" – Deutschland 0:1 (0:0)**

DEUTSCHLAND: Koitka (Eintr. Frankfurt), ab 46. Stein (Arminia Bielefeld), Schneider (MSV Duisburg), E. Schmitt (1. FC Saarbrücken), Herget (VfL Bochum), Nicot (1. FC Köln), E. Traser (1. FC Saarbrücken), ab 46. U. Krause (Eintr. Braunschweig), H. Traser (1. FC Saarbrücken), Eder (1. FC Nürnberg), Schlief (Eintr. Trier), W. Krause (Kickers Offenbach), ab 70. Weiler (1. FC Kaiserslautern), Stradt (Eintr. Frankfurt), ab 46. He. Müller (Würzburg 04). Schiedsrichter: Haugen (Norwegen); Zuschauer: 1700; Tor: 0:1 U. Krause (78.).

Am 27. Oktober in Augsburg:

**Deutschland – Jugoslawien 2:0 (0:0)**

DEUTSCHLAND: Koitka (Eintr. Frankfurt), Schneider (MSV Duisburg), E. Schmitt (1. FC Saarbrücken), H. Traser (1. FC Saarbrücken), E. Traser (1. FC Saarbrücken), Herget (VfL Bochum), Eder (1. FC Nürnberg), ab 67. Wilhelmi (1. FC Kaiserslautern), Müller (VfB Stuttgart), Jordan (VfR Bürstadt), Hammes (Wattenscheid 09), Briegel (1. FC Saarbrücken), ab 67. Dietterle (VfB Stuttgart). JUGOSLAWIEN: Ljukovcan, Djordjevic, Grbovic, Bekvalac, Jovanovic, Grnevski, Grnja, Cordas, Pavlovic, Ademi, Cirkovic. Schiedsrichter: Wöhrer (Österreich); Zuschauer: 1200; Tore: 1:0 Hammes (69.), 2:0 H. Traser (74., Foulelfmeter).

Am 29. Dezember in Tel Aviv:

**Israel A – Deutschland 0:1 (0:1)**

DEUTSCHLAND: Stein (Arminia Bielefeld), Geils (Werder Bremen), E. Traser (1. FC Saarbrücken), E. Schmitt (1. FC Saarbrücken), Nicot (1. FC Köln), Wilhelmi (1. FC Kaiserslautern), Dietterle (VfB Stuttgart), ab 46. Jordan (VfR Bürstadt), Eder (1. FC Nürnberg), Hammes (Wattenscheid 09), Weiler (FSV Frankfurt), Briegel (1. FC Kaiserslautern). Schiedsrichter: Anderco (Rumänien); Zuschauer: 3500; Tor: 0:1 Hammes (45.).

Am 2. Januar 1977 in Tel Aviv:

**Maccabi Nathanyi – Deutschland 1:0 (1:0)**

DEUTSCHLAND: Muche (Bor. Neunkirchen), Geils (Werder Bremen), Förster (VfB Stuttgart), ab 37. E. Traser (1. FC Saarbrücken), E. Schmitt (1. FC Saarbrücken), Nicot (1. FC Köln), Schlief (Eintr. Trier), Herget (VfL Bochum), ab 46. Hammes (Wattenscheid 09), Wilhelmi (1. FC Kaiserslautern), ab 64. Dietterle (VfB Stuttgart), Weiler (FSV Frankfurt), Müllner (Eintr. Trier), ab 46. Eder (1. FC Nürnberg), Jordan (VfR Bürstadt), ab 30. Briegel (1. FC Kaiserslautern). Zuschauer: 3000; Tor: 1:0 Schwarz (41.).

Am 9. März in Tongeren:

**Belgien – Deutschland 0:3 (0:2)***

BELGIEN: van Baelen, Thomas, Dierickx (46. Chantry), Schauveheid, van den Broeck, van Nerum, de Storme, van Genechten, Sackx (67. Janssen), Voiturier, van de Venne. DEUTSCHLAND: Koitka (Eintr. Frankfurt), Schneider (MSV Duisburg), ab 83. H. Traser (1. FC Saarbrücken), Geils (Werder Bremen), E. Schmitt (1. FC Saarbrücken), Nicot (1. FC Köln), Herget (VfL Bochum), Dietterle (VfB Stuttgart), Müller (VfB Stuttgart), Wilhelmi (1. FC Kaiserslautern), Hammes (Wattenscheid 09), Stradt (TeBe Berlin). Schiedsrichter: Beck (Niederlande); Zuschauer: 1800; Tore: 0:1 Hammes (24.), 0:2 Wilhelmi (38.), 0:3 Wilhelmi (89.).

Am 11. Mai in Mülhausen:

**Frankreich – Deutschland 0:5 (0:2)***

FRANKREICH: Douville, Bouze, Pottier, Bertin, Vitalis, Lang, Bouffandeau, Brot, Valadier (46. Curial), Duch, Chatry. DEUTSCHLAND: Koitka (Eintr. Frankfurt), Schneider (MSV Duisburg), E. Schmitt (1. FC Saarbrücken), ab 71. Briegel (1. FC Kaiserslautern), Geils (Werder Bremen), Nicot (1. FC Köln), Herget (VfL Bochum), Dietterle (VfB Stuttgart), Eder (1. FC Nürnberg), Müller (VfB Stuttgart), ab 75. Wörn (VfB Stuttgart), Hammes (Wattenscheid 09), Stradt (TeBe Berlin). Schiedsrichter: Ciacci (Italien); Zuschauer: 2500; Tore: 0:1 Hammes (17.), 0:2 Hammes (37.), 0:3 Geils (57.), 0:4 Eder (66.), 0:5 Herget (71., Handelfmeter).

* Gruppenspiele um die Europameisterschaft 1978

## A-JUGEND-NATIONALELF

Am 28. September 1976 in Nybro:

**Schweden – Deutschland 2:2 (1:0)**

DEUTSCHLAND: Junghans, Santanius, Dörmann, Fenten, Bauer, Grabotin, Grünewald, Gerresheim, Elser (Harforth), Höfer (Klotz, 1), Willmer (Jaskowiak). Schiedsrichter: Gustavsson (Schweden). (Der erste deutsche Treffer war ein Eigentor der Schweden).

Am 30. September in Färjestaden:

**Schweden – Deutschland 2:0 (2:0)**

DEUTSCHLAND: Heider, Santanius, Dörmann, Fenten, Bauer (Elser), Grabotin, Gerresheim, Grünewald (Willmer), Harforth (Höfer), Klotz, Jaskowiak. Schiedsrichter: U. Eriksson (Schweden).

Am 26. Oktober in Kaiserslautern:

**Deutschland – Portugal 0:1 (0:0)**

DEUTSCHLAND: Junghans, Santanius, Grabotin, Fenten, Hintzen, Gerresheim, Höfer, Hieronymus (Rösch), Jaskowiak, Klotz, Spinner (Harforth). Schiedsrichter: Antz (Deutschland).

Am 28. Oktober in Saarbrücken:

**Deutschland – Portugal 0:3 (0:1)**

DEUTSCHLAND: Ehrmann (Junghans), Klein, Rösch, Fenten, Santanius (Hintzen), Kruse, Gerresheim, Hieronymus, Harforth, Klotz (Höfer), Willmer (Koberstein). Schiedsrichter: Linn (Deutschland).

Am 12. November in Monaco:

**Deutschland – Jugoslawien 1:1 (1:1)***

DEUTSCHLAND: Junghans, Klein, Dörmann, Fenten, Poggel, Grabotin, Gerresheim, Dierssen (Spinner), Harforth, Höfer (1), Willmer. Schiedsrichter: Seltz (Frankreich).

Am 14. November in Monaco:

**Deutschland – England 1:1 (0:1)***

DEUTSCHLAND: Junghans, Klein, Dörmann, Grabotin, Poggel, Spinner (Löw), Gerresheim (1), Dierssen, Harforth, Höfer, Willmer. Schiedsrichter: Seltz (Frankreich).

Am 16. November in Monaco:

**Deutschland – Spanien 2:0 (1:0)***

DEUTSCHLAND: Junghans, Klein, Dörmann (1), Fenten, Poggel, Grabotin, Gerresheim, Dierssen (Spinner), Harforth, Höfer (1), Willmer. Schiedsrichter: Seltz (Frankreich).

Am 19. November in Monaco:

**Italien – Deutschland 0:0 n. V.***

DEUTSCHLAND: Junghans, Klein, Dörmann, Fenten, Poggel, Grabotin, Gerresheim (Ringsdorf), Dierssen, Harforth (Spinner), Höfer, Willmer. Schiedsrichter: Hunting (England).

* Turnier um den Prinz-Albert-Pokal
Italien Sieger im Endspiel durch Elfmeterschießen 4:3

Am 11. Dezember in Hagen:

**Deutschland – DDR 1:1 (1:1)**

DEUTSCHLAND: Junghans, Klein, Dörmann, Fenten, Wagner, Grabotin, Gerresheim (1), Dierssen, Harforth (Haßelbeck), Höfer, Willmer. Schiedsrichter: Ponnet (Belgien).

Am 2. Februar 1977 in Brüssel:

**Belgien – Deutschland 0:1 (0:0)**

DEUTSCHLAND: Junghans, Klein (Pape), Fenten, Dörmann, Grabotin (Dressel), Wagner, Gerresheim, Harforth, Dierssen, Höfer, Willmer.

Am 4. Februar in Dublin:

**Eire – Deutschland 0:2**

DEUTSCHLAND: Heider, Klein, Dörmann, Grabotin, Wagner, Gerresheim (1), Harforth, Dierssen, Höfer (1, Pape), Willmer, Patzke (Ringsdorf).

Am 5. März in Esslingen:

**Deutschland – Liechtenstein 10:0 (5:0)***

DEUTSCHLAND: Junghans, Poggel, Dörmann (1), Grabotin, Breininger (Wagner), Dierssen, Gerresheim (1), Willmer (1), Harforth (1, Elser 1), Höfer (2), Dressel (3). Schiedsrichter: Duschene (Luxemburg).

Am 25. März in Vaduz:

**Liechtenstein – Deutschland 1:5 (1:2)***

DEUTSCHLAND: Junghans, Brocker, Dörmann, Grabotin, Santanius, Dierssen, Gerresheim (1, Wiesner), Willmer (1), Harforth, Höfer (3), Ringsdorf (Dressel). Schiedsrichter: Racine (Schweiz).
* Qualifikation zum UEFA-Turnier

Am 19. April in Siegen:

**Deutschland – Schweden 2:1 (1:1)**

DEUTSCHLAND: Junghans, Karow, Dörmann (van de Loo), Grabotin, Klein, Dierssen, Wacker (Dressel), Gerresheim, Demange (Harforth), Höfer (2), Willmer. Schiedsrichter: Hilker (Deutschland).

Am 21. April in Hamm:

**Deutschland – Schweden 3:3 (1:2)**

DEUTSCHLAND: Junghans (Immel), Fenten, van de Loo, Grabotin, Klein, Dierssen, Wacker (Willmer), Gerresheim (1), Bührer (Harforth), Höfer (1), Patzke (1). Schiedsrichter: Fork (Deutschland).

Am 19. Mai in Gent:

**Deutschland – Jugoslawien 2:1 (0:0)***

DEUTSCHLAND: Junghans, Karow, van de Loo, Grabotin, Klein, Dierssen, Gerresheim, Willmer (68. Geiger), Demange, Höfer (1), Patzke (1). Schiedsrichter: Ciacci (Italien).

Am 21. Mai in Lüttich:

**Deutschland – Frankreich 0:0***

DEUTSCHLAND: Junghans, Karow, van de Loo, Grabotin, Klein, Dierssen, Geiger, Gerresheim (Willmer), Demange, Höfer, Patzke. Schiedsrichter: Keizer (Niederlande).

Am 23. Mai in Eupen:

**Deutschland – Eire 1:1 (0:1)***

DEUTSCHLAND: Junghans, Karow (Gorski), van de Loo, Grabotin, Klein, Dierssen, Geiger, Gerresheim (1), Harforth, Willmer, Dressel (Höfer). Schiedsrichter: Casha (Malta).

Am 26. Mai in Charleroi:

**Deutschland – Bulgarien 1:3 (1:1)***

DEUTSCHLAND: Junghans, Karow (Gorski), van de Loo, Grabotin, Klein, Dierssen, Geiger, Gerresheim, Demange (1), Höfer, Willmer (Patzke). Schiedsrichter: Spiegl (Österreich).

Am 28. Mai in Brüssel:

**Deutschland – UdSSR 2:7 (0:4)***

DEUTSCHLAND: Junghans, Gorski (Patzke), van de Loo (1), Grabotin, Klein (1, Eigentor), Dierssen, Geiger, Gerresheim, Demange, Höfer (1), Willmer (Dressel). Schiedsrichter: Raus (Jugoslawien).
* Spiele im UEFA-Jugendturnier in Belgien

## B-JUGEND-NATIONALELF

Am 4. August 1976 in Keflavik:

**Deutschland – Dänemark 0:2 (0:1)***

DEUTSCHLAND: Heider, Jenal, Breininger, Hillenhagen (Schuster), Gorski, Splistesser (Klein), Schneider (Borchert), Willkomm (Koffler), Schaub, Geiger, Augustin. Schiedsrichter: Benediktinson (Island).

Am 6. August in Hafnarfjörour:

**Deutschland – Schweden 1:4 (0:1)***

DEUTSCHLAND: Heider, Jenal, Breininger, Schuster, Gorski, Splistesser, Schneider (Klein), Koffler (1), Schaub (Willkomm), Geiger, Augustin. Schiedsrichter: Sigurdson (Island).

Am 8. August in Hafnarfjörour:

**Deutschland – Island 4:1 (2:0)***

DEUTSCHLAND: Immel, Gorski, Schuster, Hillenhagen, Breininger, Jenal, Koffler (1), Geiger, Borchert, Schaub (1), Augustin (2). Schiedsrichter: Sahlström (Finnland).
* B-Jugendturnier in Island

Am 2. September in Marburg:

**Deutschland – Frankreich 2:0 (2:0)**

DEUTSCHLAND: Immel, Kruse, Makan, Schneider, Breininger, Dierssen, Koffler, Geiger (Schumann), Kroth (Borchert), Kornetzki (2), Bührer (Blauth). Schiedsrichter: Klier (Deutschland).

Am 3. September in Aßlar:

**Deutschland – Finnland 3:1 (1:0)**

DEUTSCHLAND: Heider, Kruse, Makan, Schuster, Breininger, Geiger (1), Schumann (1, Koffler), Blauth (Dierssen), Bührer, Kornetzki, Kroth (1). Schiedsrichter: Pauli (Deutschland).

## SCHÜLER-NATIONALELF

Am 18. August 1976 in Royan:

**Deutschland – Frankreich 4:0 (0:0)**

DEUTSCHLAND: Fuchs, Austgen, Teuber, Ehm (Opitz), Siewert, Straus, Steffen (1), Suchanek (2), Wuttke, Schenk (1), Metzger (Rubeck). Schiedsrichter: Bastienne (Frankreich).

Am 20. August in Lesparre:

**Deutschland – Frankreich 3:0 (2:0)**

DEUTSCHLAND: Schwab, Austgen, Braun, Siewert, Teuber (Steffen), Opitz (Siebart), Suchanek (1), Straus (Ehm), Wuttke, Schenk (1, Metzger), Rubeck (1). Schiedsrichter: Touron (Frankreich).

Am 29. April 1977 in Konstanz:

**Deutschland – Schweiz 2:1 (2:1)**

DEUTSCHLAND: Fuchs, Siewert, Kügler, Teuber, Kraus (Opitz), Braun, Brummer, Wuttke, Metzger (1), Reitz (Steffen), Suchanek (1).

Am 11. Mai in Goslar:

**Deutschland – Wales 2:0 (0:0)**

DEUTSCHLAND: Fuchs, Kraus, Siewert, Teuber, Austgen, Opitz, Suchanek, Reitz, Wuttke, Metzger (2), Brummer. Schiedsrichter: Horstmann (Deutschland).

Am 13. Mai in Hameln:

**Deutschland – Wales 1:1 (1:1)**

DEUTSCHLAND: Schwab, Kraus, Siewert, Teuber, Austgen, Braun (1), Frankenberg (Suchanek), Steffen (Reitz), Wuttke, Zieler (Brummer), Rubeck. Schiedsrichter: Roth (Deutschland).

Am 18. Juni in London:

**England – Deutschland 1:2 (1:0)**

DEUTSCHLAND: Fuchs, Kraus (Opitz), Teuber, Siewert, Austgen, Braun, Suchanek, Kügler, Wuttke (1), Metzger, Brummer (1). Schiedsrichter: Richardson (England).

Am 21. Juni in Gateshead:

**England – Deutschland 2:1 (1:0)**

DEUTSCHLAND: Fuchs, Kügler (1), Teuber, Siewert, Austgen, Braun (Rubeck), Suchanek (Tümmler), Reitz, Wuttke, Metzger, Brummer. Schiedsrichter: Tasquer (England).

# Spiele um den Europapokal der Meister

## ERSTE RUNDE

Am 14. September in Kopenhagen:

**Köge BK – Bayern München 0:5 (0:4)**

KÖGE: H. Larsen (46. Warming), Haagensen, Rastad, Sörensen, Jensen, P. Poulsen, S. Poulsen, C. Larsen, J. Rasmussen (70. Kristiansen), Christiansen, P. Rasmussen. MÜNCHEN: Maier, Andersson, Weiß, Schwarzenbeck, Beckenbauer, Dürnberger, Rummenigge, Torstensson, Müller, Hoeneß (73. Seneca), Kapellmann. Schiedsrichter: Victor (Luxemburg); Zuschauer: 38 000; Tore: 0:1 Torstensson (3.), 0:2 Müller (19.), 0:3 Torstensson (24.), 0:4 Müller (33.), 0:5 Dürnberger (64.).

Am 29. September in München:

**Bayern München – Köge BK 2:1 (1:1)**

MÜNCHEN: Maier, Andersson, Horsmann, Schwarzenbeck, Beckenbauer, Dürnberger (60. Torstensson), Rummenigge, Roth, Müller, Hoeneß (66. Künkel), Kapellmann. KÖGE: H. Larsen, Haagensen, Olsen, Sörensen, Jensen, P. Poulsen, S. Poulsen, C. Larsen (73. Fagerholt), J. Rasmussen, Christiansen, P. Rasmussen. Schiedsrichter: Jarguz (Polen); Zuschauer: 25 000; Tore: 1:0 Beckenbauer (7.), 1:1 S. Poulsen (34.), 2:1 Torstensson (74.).

Am 15. September in Wien:

**Austria Wien – Bor. Mönchengladbach 1:0 (1:0)**

WIEN: Baumgartner, R. Sara, Obermayer, Baumeister, Daxbacher, J. Sara, Drazan, Prohaska, Pirkner, Martinez, Morales. MÖNCHENGLADBACH: Kneib, Vogts, Schäffer, Wittkamp, Bonhof, Ringels, Del'Haye, Wimmer, Simonsen, Wohlers, Heynckes. Schiedsrichter: Lattanzi (Italien); Zuschauer: 60 000; Tor: 1:0 Daxbacher (23.).

Am 29. September in Mönchengladbach:

**Bor. Mönchengladbach – Austria Wien 3:0 (1:0)**

MÖNCHENGLADBACH: Kneib, Vogts, Schäffer, Wittkamp, Bonhof, Wohlers (67. Ringels), Simonsen, Wimmer, Heidenreich, Stielike, Heynckes. WIEN: Baumgartner, R. Sara, Obermayer, Baumeister, Daxbacher, J. Sara, Drazan (65. Pospichil), Prohaska, Pirkner, Martinez (65. Pöll), Morales. Schiedsrichter: Palotai (Ungarn); Zuschauer: 32 000; Tore: 1:0 Stielike (39.), 2:0 Bonhof (54., Foulelfmeter), 3:0 Heynckes (57.).

## ZWEITE RUNDE

Am 20. Oktober in Ostrava:

**Banik Ostrava – Bayern München 2:1 (2:0)**

OSTRAVA: Michalik, Foks, Kvasnica, Hudecek, Rygel, Kolecko, Smetana, Lorenc, Svatonsky, Slany, Licka. MÜNCHEN: Maier, Andersson, Horsmann, Schwarzenbeck, Beckenbauer, Dürnberger, Rummenigge, Torstensson, Müller, Hoeneß, Kapellmann. Schiedsrichter: Helies (Frankreich); Zuschauer: 31 000; Tore: 1:0 Lorenc (11.), 2:0 Licka (28.), 2:1 Müller (53.).

Am 3. November in München:

**Bayern München – Banik Ostrava 5:0 (2:0)**

MÜNCHEN: Maier, Andersson, Horsmann, Schwarzenbeck, Beckenbauer, Dürnberger, Rummenigge, Torstensson, Müller, Hoeneß, Kapellmann. OSTRAVA: Michalik, Kvasnica (74. Slama), Vojacek, Hudecek, Rygel, Kolecko, Smetana, Lorenc, Svatonsky (59. Foks), Slany, Licka. Schiedsrichter: Maksimovic (Jugoslawien); Zuschauer: 60 000; Tore: 1:0 Müller (15.), 2:0 Rummenigge (37.), 3:0 Müller (48.), 4:0 Kapellmann (71.), 5:0 Torstensson (74.).

Am 20. Oktober in Turin:

**AC Turin – Bor. Mönchengladbach 1:2 (0:1)**

TURIN: Castellini, Danova, Salvadori, P. Sala, Mozzini, Caporale, C. Sala (22. Pulici), Butti, Graziani, Zaccarelli, Garritano. MÖNCHENGLADBACH: Kneib, Vogts, Schäffer, Wittkamp, Bonhof, Wohlers, Simonsen, Wimmer (60. Klinkhammer), Heidenreich, Stielike, Heynckes. Schiedsrichter: Hungerbühler (Schweiz); Zuschauer: 71 000; Tore: 0:1 Vogts (28.), 1:1 P. Sala (64.), 1:2 Klinkhammer (79.).

Am 3. November in Düsseldorf:

**Bor. Mönchengladbach – AC Turin 0:0**

MÖNCHENGLADBACH: Kneib, Vogts, Schäffer, Wittkamp, Bonhof, Wohlers, Simonsen, Wimmer, Heidenreich (66. Del'Haye), Stielike, Heynckes. TURIN: Castellini, Danova, Santin, Salvadori, Mozzini, Caporale, Butti, P. Sala, Graziani, Zaccarelli, Pulici (46. Garritano). Schiedsrichter: Delcourt (Belgien); Zuschauer: 67 000.

## VIERTELFINALE

Am 2. März in München:

**Bayern München – Dynamo Kiew 1:0 (1:0)**

MÜNCHEN: Maier, Gruber, Beckenbauer, Schwarzenbeck, Andersson, Roth (83. Weiß), Torstensson, Kapellmann, Hoeneß (83. Oenal), Künkel, Rummenigge. KIEW: Rudakow, Sujew, Fomenko, Reschko, Matwijenko, Konkow, Burjak, Troschkin, Bereschnoj, Slobodjan (83. Muntjan), Blochin. Schiedsrichter: Garrido (Portugal); Zuschauer: 75 000; Tor: 1:0 Künkel (43.).

Am 16. März in Kiew:

**Dynamo Kiew – Bayern München 2:0 (0:0)**

KIEW: Rudakow, Troschkin, Fomenko, Reschko, Matwijenko, Muntjan (64. Slobodjan), Burjak, Konkow, Bereschnoj, Onischtschenko, Blochin. MÜNCHEN: Maier, Gruber, Beckenbauer, Schwarzenbeck, Andersson, Roth, Kapellmann, Torstensson, Rummenigge (90. Kirschner), Hoeneß, Künkel (79. Oenal). Schiedsrichter: Linemayr (Österreich); Zuschauer: 110 000; Tore: 1:0 Burjak (83., Foulelfmeter), 2:0 Slobodjan (87.).

Am 2. März in Düsseldorf:

**Bor. Mönchengladbach – FC Brügge 2:2 (1:2)**

MÖNCHENGLADBACH: Kneib, Bonhof, Wittkamp, Vogts, Klinkhammer, Wohlers, Wimmer, Stielike, Kulik, Del'Haye, Simonsen. BRÜGGE: Jensen, Bastijns, Krieger, Leekens, Volders, Cools, van der Eycken, Courant, Le Fevre (57. Sanders), Davies, Hinderyckx. Schiedsrichter: Konrath (Frankreich); Zuschauer: 65 000; Tore: 0:1 Cools (23.), 0:2 Courant (38.), 1:2 Kulik (43.), 2:2 Simonsen (62.).

Am 16. März in Brügge:

**FC Brügge – Bor. Mönchengladbach 0:1 (0:0)**

BRÜGGE: Jensen, Bastijns, Volders, Leekens, Denaeghel, Cools, van der Eycken, Courant, Davies, Lambert (46. Hinderyckx), Le Fevre. MÖNCHENGLADBACH: Kneib, Klinkhammer, Vogts, Wittkamp, Bonhof, Wohlers, Wimmer, Stielike, Kulik (78. Hannes), Simonsen, Heynckes. Schiedsrichter: Kasakow (UdSSR); Zuschauer: 32 000; Tor: 0:1 Hannes (84.).

## SEMIFINALE

Am 6. April in Zürich:

**FC Zürich – FC Liverpool 1:3 (1:1)**

ZÜRICH: Grob, Chapuisat, Heer, Zigerlig, Fischbach, Rutschmann (46. Dickenmann), Kuhn, Botteron, Weller (58. Aliesch), Risi, Scheiwiler. LIVERPOOL: Clemence, Neal, Smith, Hughes, Jones, Case, McDermott, Kennedy, Fairclough, Keegan, Heighway. Schiedsrichter: Babacan (Türkei); Zuschauer: 30 000; Tore: 1:0 Risi (6., Foulelfmeter), 1:1 Neal (15.), 1:2 Heighway (48.), 1:3 Neal (67., Foulelfmeter).

Am 20. April in Liverpool:

**FC Liverpool – FC Zürich 3:0 (1:0)**

LIVERPOOL: Clemence, Neal, Smith, Hughes, Jones, Case, McDermott, Kennedy, Johnson, Keegan, Heighway (71. Waddle). ZÜRICH: Grob, Chapuisat, Heer, Zigerlig, Fischbach, Kuhn, Weller, Botteron, Stierli, Cucinotta, Risi. Schiedsrichter: Gonella (Italien); Zuschauer: 50 000; Tore: 1:0 Case (33.), 2:0 Case (77.), 3:0 Keegan (80.).

Am 6. April in Kiew:

**Dynamo Kiew – Bor. Mönchengladbach 1:0 (0:0)**

KIEW: Rudakow, Troschkin, Fomenko, Reschko, Matwijenko, Muntjan, Burjak, Konkow, Bereschnoj (65. Slobodjan), Onischtschenko, Blochin. MÖNCHENGLADBACH: Kneib, Vogts, Wittkamp, Bonhof, Klinkhammer, Wimmer, Wohlers, Stielike, Kulik, Simonsen, Heynckes. Schiedsrichter: Sanchez Ibanez (Spanien); Zuschauer: 95 000; Tor: 1:0 Onischtschenko (72.).

## Europapokal der Meister 1977

**Erste Runde**

| | | |
|---|---|---|
| FC Liverpool | 2 | 5 |
| Crusaders Belfast | 0 | 0 |
| Trabzonspor | 3 | 3 |
| Akranes Reykjavik | 1 | 2 |
| AS St-Etienne | 0 | 1 |
| CSKA Sofia | 0 | 0 |
| PSV Eindhoven | 1 | 6 |
| FC Dundalk | 1 | 0 |
| FC Zürich | 1 | 1 |
| Glasgow Rangers | 1 | 0 |
| Turun Palloseura | 1 | 1 |
| Sliema Wand. Malta | 2 | 0 |
| Dynamo Dresden | 2 | 0 |
| Benfica Lissabon | 0 | 0 |
| Ferencvaros Budapest | 5 | 6 |
| Jeunesse Esch | 1 | 2 |
| Viking Stavanger | 2 | 0 |
| Banik Ostrava | 1 | 2 |
| Köge BK | 0 | 1 |
| Bayern München | 5 | 2 |
| Omonia Nikosia | 0 | 1 |
| PAOK Saloniki | 2 | 1 |
| Partizan Belgrad | 0 | 0 |
| Dynamo Kiew | 3 | 2 |
| Stal Mielec | 1 | 0 |
| Real Madrid | 2 | 1 |
| Steaua Bukarest | 1 | 1 |
| FC Brügge | 2 | 1 |
| Malmö FF | 1 | 1 |
| AC Turin | 2 | 1 |
| Austria Wien | 1 | 0 |
| Bor. Mönchengladbach | 0 | 3 |

**Zweite Runde**

| | | |
|---|---|---|
| FC Liverpool | 0 | 3 |
| Trabzonspor | 1 | 0 |
| AS St-Etienne | 1 | 0 |
| PSV Eindhoven | 0 | 0 |
| FC Zürich | 2 | 1 |
| Turun Palloseura | 0 | 0 |
| Dynamo Dresden | 0 | 4 |
| Ferencvaros Budapest | 1 | 0 |
| Banik Ostrava | 2 | 0 |
| Bayern München | 1 | 5 |
| PAOK Saloniki | 0 | 0 |
| Dynamo Kiew | 4 | 2 |
| Real Madrid | 0 | 0 |
| FC Brügge | 0 | 2 |
| AC Turin | 1 | 0 |
| Bor. Mönchengladbach | 2 | 0 |

**Viertelfinale**

| | | |
|---|---|---|
| FC Liverpool | 0 | 3 |
| AS St-Etienne | 1 | 1 |
| FC Zürich | 2 | 2 |
| Dynamo Dresden | 1 | 3 |
| Bayern München | 1 | 0 |
| Dynamo Kiew | 0 | 2 |
| FC Brügge | 2 | 0 |
| Bor. Mönchengladbach | 2 | 1 |

**Semifinale**

| | | |
|---|---|---|
| FC Liverpool | 3 | 3 |
| FC Zürich | 1 | 0 |
| Dynamo Kiew | 1 | 0 |
| Bor. Mönchengladbach | 0 | 2 |

**Finale in Rom**

FC LIVERPOOL: Clemence, Neal (1), Smith (1), Hughes, Jones, Case, McDermott (1), Kennedy, Keegan, Johnson, Heighway.

| | |
|---|---|
| FC Liverpool | 3 |
| Bor. Mönchengladbach | 1 |

BORUSSIA MÖNCHENGLADBACH: Kneib, Vogts, Wittkamp, Schäffer, Klinkhammer, Bonhof, Wohlers (Hannes), Stielike, Wimmer (Kulik), Simonsen (1), Heynckes.

Am 20. April in Düsseldorf:

**Bor. Mönchengladbach – Dynamo Kiew 2:0 (1:0)**

MÖNCHENGLADBACH: Kneib, Vogts, Wittkamp, Klinkhammer, Bonhof, Wohlers, Wimmer, Stielike (78. Hannes), Simonsen, Kulik, Heidenreich. KIEW: Rudakow, Sujew (54. Muntjan), Fomenko, Reschko, Matwijenko, Konkow, Troschkin, Bereschnoj, Burjak, Onischtschenko, Blochin. Schiedsrichter: Rion (Belgien); Zuschauer: 70 000; Tore: 1:0 Bonhof (21., Handelfmeter), 2:0 Wittkamp (82.).

### ENDSPIEL

Am 25. Mai in Rom:

**FC Liverpool – Bor. Mönchengladbach 3:1 (1:0)**

LIVERPOOL: Clemence, Neal, Smith, Hughes, Jones, Case, McDermott, Kennedy, Keegan, Johnson, Heighway. MÖNCHENGLADBACH: Kneib, Vogts, Wittkamp, Schäffer, Klinkhammer, Bonhof, Wohlers (79. Hannes), Stielike, Wimmer (24. Kulik), Simonsen, Heynckes. Schiedsrichter: Wurtz (Frankreich); Zuschauer: 56 000; Tore: 1:0 McDermott (28.), 1:1 Simonsen (51.), 2:1 Smith (65.), 3:1 Neal (83., Foulelfmeter).

## UEFA-Pokal 1977

### Erste Runde

| | | |
|---|---|---|
| Juventus Turin | 0 | 2 |
| Manchester City | 1 | 0 |
| Manchester United | 0 | 2 |
| Ajax Amsterdam | 1 | 0 |
| Schachtjor Donezk | 3 | 1 |
| Dynamo Berlin | 0 | 1 |
| Honved Budapest | 1 | 1 |
| Inter Mailand | 0 | 1 |
| 1. FC Magdeburg | 3 | 1 |
| AC Cesena | 0 | 3 |
| Dinamo Zagreb | 1 | 3 |
| ASA Tirgu Mures | 0 | 0 |
| Videoton Szekesfehervar | 1 | 4 |
| Fenerbahce Istanbul | 2 | 0 |
| Wacker Innsbruck | 2 | 5 |
| Start Kristiansand | 1 | 0 |
| AEK Athen | 2 | 1 |
| Dynamo Moskau | 0 | 2 |
| Derby County | 12 | 4 |
| Finn Harps | 0 | 1 |
| Roter Stern Belgrad | 1 | 4 |
| Lok Plowdiw | 2 | 1 |
| Austria Salzburg | 5 | 0 |
| Adanaspor | 0 | 2 |
| Queen's Park Rangers | 4 | 7 |
| Brann Bergen | 0 | 0 |
| Slovan Bratislava | 3 | 5 |
| Fram Reykjavik | 0 | 0 |
| 1. FC Köln | 2 | 1 |
| GKS Tychy | 0 | 1 |
| Grasshoppers Zürich | 7 | 2 |
| Hibernians Malta | 0 | 0 |
| Holbaek BK | 0 | 1 |
| Eintracht Braunschweig | 7 | 0 |
| OGC Nizza | 1 | 2 |
| Espanol Barcelona | 3 | 1 |
| Paralimni Famagusta | 1 | 0 |
| 1. FC Kaiserslautern | 3 | 8 |
| Djurgardens Stockholm | 0 | 2 |
| Feyenoord Rotterdam | 3 | 1 |
| Olympiakos Piräus | 0 | 2 |
| Sportul Bukarest | 3 | 1 |
| FC Porto | 2 | 2 |
| Schalke 04 | 2 | 3 |
| Celtic Glasgow | 2 | 0 |
| Wisla Krakau | 2 | 2 |
| Naestved IF | 0 | 0 |
| RWD Molenbeek | 3 | 4 |
| FC Sochaux | 0 | 0 |
| Hibernians Edinburgh | 1 | 0 |
| Kuopion Palloseura | 3 | 0 |
| Östers Växjö | 2 | 2 |
| Red Boys Differdingen | 0 | 1 |
| SC Lokeren | 3 | 3 |
| Belenenses Lissabon | 2 | 2 |
| FC Barcelona | 2 | 3 |
| Slavia Prag | 2 | 0 |
| Akademik Sofia | 0 | 3 |
| Dinamo Bukarest | 0 | 1 |
| AC Milan | 0 | 2 |
| Glentoran Belfast | 3 | 0 |
| FC Basel | 2 | 3 |
| Ujpest Dozsa Budapest | 1 | 0 |
| Atletico Bilbao | 0 | 5 |

### Zweite Runde

| | | |
|---|---|---|
| Juventus Turin | 0 | 3 |
| Manchester United | 1 | 0 |
| Schachtjor Donezk | 3 | 3 |
| Honved Budapest | 0 | 2 |
| 1. FC Magdeburg | 2 | 2 |
| Dinamo Zagreb | 0 | 2 |
| Vid. Szekesfeherv. | 1 | 1 |
| Wacker Innsbruck | 1 | 0 |
| AEK Athen | 2 | 3 |
| Derby County | 0 | 2 |
| Roter Stern Belg. | 1 | 1 |
| Austria Salzburg | 2 | 0 |
| Queen's Park Rang. | 3 | 5 |
| Slovan Bratislava | 3 | 2 |
| 1. FC Köln | 2 | 3 |
| Grasshopp. Zürich | 0 | 2 |
| Eintr. Braunschw. | 2 | 0 |
| Espanol Barcelona | 1 | 2 |
| 1. FC Kaiserslaut. | 2 | 0 |
| Fey. Rotterdam | 2 | 5 |
| Sportul Bukarest | 0 | 0 |
| Schalke 04 | 1 | 4 |
| Wisla Krakau | 1 | 1 |
| RWD Molenbeek | 1 | 1* |
| Hibern. Edinburgh | 2 | 1 |
| Östers Växjö | 0 | 4 |
| SC Lokeren | 0 | 2 |
| FC Barcelona | 2 | 1 |
| Akademik Sofia | 4 | 0 |
| AC Milan | 3 | 2 |
| FC Basel | 1 | 1 |
| Atletico Bilbao | 1 | 3 |

### Dritte Runde

| | | |
|---|---|---|
| Juventus Turin | 3 | 0 |
| Schachtjor Donezk | 0 | 1 |
| 1. FC Magdeburg | 5 | 0 |
| Vid. Szekesfehervar | 0 | 1 |
| AEK Athen | 2 | 1 |
| Roter Stern Belg. | 0 | 3 |
| Queen's Park Rang. | 3 | 1 |
| 1. FC Köln | 0 | 4 |
| Espanol Barcelona | 0 | 0 |
| Fey. Rotterdam | 1 | 2 |
| Schalke 04 | 0 | 1 |
| RWD Molenbeek | 1 | 1 |
| Östers Växjö | 0 | 1 |
| FC Barcelona | 3 | 5 |
| AC Milan | 1 | 3 |
| Atletico Bilbao | 4 | 1 |

### Viertelfinale

| | |
|---|---|
| Juventus Turin | 3 |
| 1. FC Magdeburg | 1 |
| AEK Athen | 0 |
| Queen's Park Rang. | 3 |
| Fey. Rotterdam | 0 |
| RWD Molenbeek | 0 |
| FC Barcelona | 1 |
| Atletico Bilbao | 2 |

| Semifinale | | | Endspiele |
|---|---|---|---|
| Juventus Turin | 4 | 1 | |
| AEK Athen | 1 | 0 | |
| RWD Molenbeek | 1 | 0 | |
| Atletico Bilbao | 1 | 0 | |

JUVENTUS TURIN: Zoff, Scirea, Cuccureddu, Morini, Gentile, Tardelli (1), Benetti, Furino, Causio, Boninsegna (Gori), Bettega.

ATLETICO BILBAO: Iribar, Guisaso'a, Onaederra, Goicoechea, Escalza, Villar, Rojo II, Irureta, Dani, Churruca, J. F. Rojo.

| | | |
|---|---|---|
| Juventus Turin | 1 | 1 |
| Atletico Bilbao | 0 | 2 |

ATLETICO BILBAO: Iribar, Alesanco, Lasa (Carlos, 1), Guisasola, Escalza, Villar, Churruca, Irureta (1), Amorrortu, Dani, J. F. Rojo.

JUVENTUS TURIN: Zoff, Scirea, Cuccureddu, Morini, Gentile, Causio, Tardelli, Furino, Benetti, Boninsegna (Spinosi), Bettega (1).

* RWD Molenbeek Sieger durch Elfmeterschießen 5:4
** AEK Athen Sieger durch Elfmeterschießen 7:6

# Spiele um den Europacup der Pokalsieger

## ERSTE RUNDE

Am 15. September in Hamburg:

**Hamburger SV – FC Keflavik 3:0 (2:0)**

HAMBURG: Kargus, Kaltz, Ripp, Björnmose, Hidien, Blankenburg, Steffenhagen, Zaczyk, Reimann, Ettmayer, Volkert. KEFLAVIK: T. Olafsson, L. Gunnarsson (46. G. Jonsson), A. Gunnarsson, E. Gunnarsson, Kjartansson, Torfason, Björgvinsson, Juliusson, T. Jonsson, Johansson, Ragnarsson. Schiedsrichter: Kopal (CSSR); Zuschauer: 8000; Tore: 1:0 Zaczyk (5.), 2:0 Reimann (8.), 3:0 Hidien (78.).

Am 29. September in Reykjavik:

**FC Keflavik – Hamburger SV 1:1 (0:1)**

KEFLAVIK: T. Olafsson, G. Jonsson, A. Gunnarsson, E. Gunnarsson, Kjartansson, Torfason, Björgvinsson, Juliusson, T. Jonsson (85. A. Olafsson), Johannsson, Ragnarsson (60. Sigfusson). HAMBURG: Kargus, Kaltz, Spincke, Björnmose, Hidien, Blankenburg, Sperlich, Zaczyk (65. Bertl), Reimann, Eigl, Steffenhagen. Schiedsrichter: Perry (Nordirland); Zuschauer: 2000; Tore: 0:1 Hidien (39.), 1:1 Johansson (72.).

## ZWEITE RUNDE

Am 20. Oktober in Hamburg:

**Hamburger SV – Heart of Midlothian 4:2 (2:1)**

HAMBURG: Kargus, Kaltz, Ripp, Björnmose, Hidien (46. Spincke), Winkler, Sperlich, Zaczyk, Reimann, Eigl, Steffenhagen. EDINBURGH: Wilson, Brown, Kay, Jefferies, Gallacher, Clunie, Aird (75. Fraser), Park, Shaw, Busby, Prentice (78. Gibson). Schiedsrichter: Jarkow (UdSSR); Zuschauer: 22 000; Tore: 1:0 Björnmose (2.), 1:1 Park (15.), 2:1 Eigl (35.), 3:1 Reimann (59.), 4:1 Kaltz (68.), 4:2 Busby (89.).

Am 3. November in Edinburgh:

**Heart of Midlothian – Hamburger SV 1:4 (0:2)**

EDINBURGH: Wilson, Brown, Kay, Jefferies (46. Fraser), Gallacher, Clunie, Shaw, Busby, Gibson, Park, Prentice (77. Bannon). HAMBURG: Kargus, Kaltz, Ripp, Björnmose, Bertl, Blankenburg (80. Winkler), Steffenhagen (80. Sperlich), Zaczyk, Reimann, Eigl, Magath. Schiedsrichter: Wurtz (Frankreich); Zuschauer: 28 000; Tore: 0:1 Eigl (13.), 0:2 Magath (31.), 1:2 Gibson (69.), 1:3 Eigl (71.), 1:4 Magath (81.).

Am 2. März in Budapest:

**MTK Budapest – Hamburger SV 1:1 (0:0)**

BUDAPEST: Gaspar, Palicsko, Csetenyi, Siklosi, Szijjarto, Kovacs, Kiss, Borso, Takacs, Koritar, Kunszt (73. Tulipan). HAMBURG: Kargus, Kaltz, Blankenburg, Nogly, Hidien, Björnmose, Bertl, Magath, Steffenhagen, Reimann, Volkert. Schiedsrichter: Dubach (Schweiz); Zuschauer: 14 000; Tore: 0:1 Volkert (61.), 1:1 Borso (78.).

Am 16. März in Hamburg:

**Hamburger SV – MTK Budapest 4:1 (2:0)**

HAMBURG: Kargus, Kaltz, Ripp, Nogly (59. Blankenburg), Hidien, Björnmose (24. Memering), Zaczyk, Magath, Steffenhagen, Reimann, Volkert. BUDAPEST: Gaspar, Szijjarto, Csetenyi, Burg, Szigeti, Kovacs, Siklosi, Borso (80. Kiss), Takacs (60. Koritar), Tulipan, Kunszt. Schiedsrichter: Raus (Jugoslawien); Zuschauer: 37 000; Tore: 1:0 Reimann (10.), 2:0 Reimann (19.), 3:0 Kaltz (46.), 4:0 Zaczyk (63.), 4:1 Siklosi (76.).

## SEMIFINALE

Am 6. April in Madrid:

**Atletico Madrid – Hamburger SV 3:1 (0:0)**

MADRID: Reina, Marcelino, Luis Pereira, Benegas, Capon (85. Bejarano Eusebio), Robi, Alberto, Leal, Bermejo, Cano (88. Aguilar), Ayala. HAMBURG: Kargus, Kaltz, Ripp, Nogly, Hidien, Memering, Zaczyk, Magath,

## Europacup der Pokalsieger 1977

**Erste Runde**

| | | |
|---|---|---|
| Hamburger SV | 3 | 1 |
| FC Keflavik | 0 | 1 |
| Hearts Edinburgh | 0 | 5 |
| 1. FC Lok Leipzig | 2 | 1 |
| MTK Budapest | 3 | 1 |
| Sparta Prag | 1 | 1 |
| Dynamo Tbilisi | 0 | 3 |
| Cardiff City | 1 | 0 |
| Atletico Madrid | 2 | 1 |
| Rapid Wienerberger | 1 | 1 |
| Hajduk Split | 0 | 3 |
| Lierse SK | 1 | 0 |
| Lewski/Spartak Sofia | 12 | 7 |
| Reipas Lahti | 2 | 1 |
| Boavista Porto | 3 | 2 |
| CSU Galati | 2 | 0 |
| Esbjerg FB | 1 | 0 |
| Bohemians Dublin | 2 | 1 |
| Floriana La Valetta | 1 | 0 |
| Slask Wroclaw | 4 | 2 |
| Iraklis Saloniki | 0 | 0 |
| APOEL Nikosia | 0 | 2 |
| Bodö Glimt | 0 | 0 |
| SSC Neapel | 2 | 1 |
| Aris Bonneweg | 1 | 2 |
| Carrick Rangers | 3 | 1 |
| Olympique Marseille | 0 | 2 |
| FC Southampton | 4 | 1 |
| AIK Stockholm | 1 | 1 |
| Galatasaray Istanbul | 2 | 1 |
| Roda JC Kerkrade | 1 | 2 |
| RSC Anderlecht | 2 | 3 |

**Zweite Runde**

| | | |
|---|---|---|
| Hamburger SV | 4 | 4 |
| Hearts Edinburgh | 2 | 1 |
| MTK Budapest | 4 | 1 |
| Dynamo Tbilisi | 1 | 0 |
| Atletico Madrid | 1 | 2 |
| Hajduk Split | 0 | 1 |
| Lewski/Spartak Sofia | 1 | 2 |
| Boavista Porto | 3 | 0 |
| Bohemians Dublin | 0 | 0 |
| Slask Wroclaw | 3 | 1 |
| APOEL Nikosia | 1 | 0 |
| SSC Neapel | 1 | 2 |
| Carrick Rangers | 2 | 1 |
| FC Southampton | 5 | 4 |
| Galatasaray Istanbul | 1 | 1 |
| RSC Anderlecht | 5 | 5 |

**Viertelfinale**

| | | |
|---|---|---|
| Hamburger SV | 1 | 4 |
| MTK Budapest | 1 | 1 |
| Atletico Madrid | 1 | 2 |
| Lewski/Spartak Sofia | 2 | 0 |
| Slask Wroclaw | 0 | 0 |
| SSC Neapel | 0 | 2 |
| FC Southampton | 0 | 2 |
| RSC Anderlecht | 2 | 1 |

**Semifinale**

| | | |
|---|---|---|
| Hamburger SV | 1 | 3 |
| Atletico Madrid | 3 | 0 |
| SSC Neapel | 1 | 0 |
| RSC Anderlecht | 0 | 2 |

**Finale in Amsterdam**

HAMBURGER SV: Kargus, Kaltz, Ripp, Nogly, Hidien, Memering, Magath (1), Steffenhagen, Keller, Reimann, Volkert (1).

| | |
|---|---|
| Hamburger SV | 2 |
| RSC Anderlecht | 0 |

RSC Anderlecht: Ruiter, van Binst, van den Daele, Thissen, Broos, Haan, Coeck, Dockx (van Poucke), van der Elst, Ressel, Rensenbrink.

**Qualifikation**

| | | |
|---|---|---|
| Cardiff City | 1 | 1 |
| Servette Genf | 0 | 2 |

Steffenhagen, Reimann, Volkert. Schiedsrichter: Rainea (Rumänien); Zuschauer: 30 000; Tore: 1:0 Cano (52.), 1:1 Magath (56.), 2:1 Leal (60.), 3:1 Cano (69.).

Am 20. April in Hamburg:

**Hamburger SV – Atletico Madrid 3:0 (3:0)**

HAMBURG: Kargus, Kaltz, Ripp, Nogly, Hidien (74. Björnmose), Memering, Magath, Reimann, Steffenhagen, Keller (78. Eigl), Volkert. MADRID: Reina, Marcelino, Luis Pereira, Benegas, Capon, Bejarano Eusebio (46. Alberto), Robi, Leal, Bermejo, Cano, Ayala (69. Aguilar). Schiedsrichter: Eriksson (Schweden); Zuschauer: 61 000; Tore: 1:0 Capon (19., Eigentor), 2:0 Reimann (22.), 3:0 Keller (27.).

## ENDSPIEL

Am 11. Mai in Amsterdam:

**Hamburger SV – RSC Anderlecht 2:0 (0:0)**

HAMBURG: Kargus, Kaltz, Ripp, Nogly, Hidien, Memering, Magath, Steffenhagen, Keller, Reimann, Volkert. ANDERLECHT: Ruiter, van Binst, van den Daele, Thissen, Broos, Haan, Coeck, Dockx (80. van Poucke), van der Elst, Ressel, Rensenbrink. Schiedsrichter: Partridge (England); Zuschauer: 65 000; Tore: 1:0 Volkert (80., Foulelfmeter), 2:0 Magath (90.).

## Belgien

| | Punkte | Tore |
|---|---|---|
| 1. FC Brügge | 52:16 | 72:30 |
| 2. RSC Anderlecht | 48:20 | 74:37 |
| 3. Standard Lüttich | 45:23 | 51:26 |
| 4. RWD Molenbeek | 44:24 | 62:37 |
| 5. SC Lokeren | 38:36 | 53:39 |
| 6. Beerschot Antwerpen | 35:33 | 58:51 |
| 7. SV Waregem | 35:33 | 46:39 |
| 8. CS Brügge | 35:33 | 58:53 |
| 9. FC Antwerpen | 35:33 | 43:49 |
| 10. Lierse SK | 34:34 | 47:50 |
| 11. FC Winterslag | 32:36 | 44:45 |
| 12. WK Kortrijk | 32:36 | 42:47 |
| 13. SK Beveren-Waas | 31:37 | 35:43 |
| 14. FC Beringen | 26:42 | 40:57 |
| 15. FC Lüttich | 25:43 | 39:79 |
| 16. SC Charleroi | 25:43 | 30:50 |
| 17. FC Mechelen | 20:48 | 38:67 |
| 18. AS Ostende | 20:48 | 39:72 |

**Pokalsieger:** FC Brügge (4:3 gegen RSC Anderlecht).

## Bulgarien

| | Punkte | Tore |
|---|---|---|
| 1. Lewski/Sp. Sofia | 43:17 | 73:34 |
| 2. CSKA Sofia | 39:21 | 45:27 |
| 3. M. St. Dimitroff | 38:22 | 43:28 |
| 4. Slawia Sofia | 37:23 | 52:36 |
| 5. Botew Wratza | 31:29 | 31:35 |
| 6. Pirin Blageowgrad | 31:29 | 26:30 |
| 7. Lok Sofia | 30:30 | 42:40 |
| 8. Lok Plowdiw | 30:30 | 32:31 |
| 9. Bereo Stara Zagora | 29:31 | 38:51 |
| 10. Sliwen | 28:32 | 41:46 |
| 11. Trakia Plowdiw | 27:33 | 36:40 |
| 12. Akademik Sofia | 26:34 | 25:30 |
| 13. Akadem. Swischtow | 26:34 | 32:45 |
| 14. Spartak Warna | 24:36 | 37:42 |
| 15. Minior Pernik | 23:37 | 34:43 |
| 16. Dunaw Russe | 18:42 | 22:51 |

**Pokalsieger:** Lewski/Spartak Sofia (2:1 gegen Lok Sofia).

## CSSR

| | Punkte | Tore |
|---|---|---|
| 1. Dukla Prag | 42:18 | 61:33 |
| 2. Inter Bratislava | 38:22 | 55:36 |
| 3. Slavia Prag | 36:24 | 53:36 |
| 4. Zbrojovka Brno | 35:25 | 49:40 |
| 5. Lok Kosice | 33:27 | 60:59 |
| 6. Skoda Plzen | 31:29 | 40:37 |
| 7. Banik Ostrava | 30:30 | 36:33 |
| 8. Slovan Bratislava | 29:31 | 44:38 |
| 9. Bohemians Prag | 29:31 | 32:34 |
| 10. ZVL Zilina | 29:31 | 40:43 |
| 11. Jednota Trencin | 29:31 | 41:48 |
| 12. Union Teplice | 28:32 | 45:46 |
| 13. Sparta Prag | 28:32 | 40:44 |
| 14. Spartak Trnava | 26:34 | 26:47 |
| 15. Frydek-Mistek | 23:37 | 35:48 |
| 16. VSS Kosice | 14:46 | 35:70 |

**Pokalsieger:** Lok Kosice (2:1 gegen Union Teplice).

## Dänemark (1976)

| | Punkte | Tore |
|---|---|---|
| 1. BK 1903 Kopenhagen | 40:20 | 51:29 |
| 2. Frem Kopenhagen | 39:21 | 45:21 |
| 3. KB Kopenhagen | 39:21 | 55:36 |
| 4. Aalborg BK | 37:23 | 55:41 |
| 5. Odense BK | 36:24 | 52:43 |
| 6. Vejle BK | 35:25 | 59:40 |
| 7. Holbaek BK | 35:35 | 38:33 |
| 8. BK 1901 Nyköbing | 32:28 | 52:51 |
| 9. Köge BK | 30:30 | 38:38 |
| 10. Kastrup BK | 27:33 | 38:43 |
| 11. Esbjerg FB | 25:35 | 37:47 |
| 12. Randers Freja | 24:36 | 41:50 |
| 13. BK 1893 Kopenhagen | 23:37 | 33:43 |
| 14. Naestved IF | 21:39 | 36:54 |
| 15. Fremad Amager | 21:39 | 34:52 |
| 16. Vanlöse IF | 16:44 | 44:87 |

**Pokalsieger:** Esbjerg IF (2:1 gegen Holbaek BK).

## DDR

| | | | | | | | Heimspiele | | Auswärtsspiele | |
|---|---|---|---|---|---|---|---|---|---|---|
| | Punkte | Tore | | | | | Punkte | Tore | Punkte | Tore |
| 1. Dynamo Dresden | 38:14 | 66:27 | 26 | 16 | 6 | 4 | 25:1 | 50:12 | 13:13 | 16:15 |
| 2. 1. FC Magdeburg | 34:18 | 47:28 | 26 | 14 | 6 | 6 | 21:5 | 23:7 | 13:13 | 24:21 |
| 3. FC Carl Zeiss Jena | 33:19 | 45:31 | 26 | 14 | 5 | 7 | 24:2 | 34:13 | 9:17 | 11:18 |
| 4. BFC Dynamo | 32:20 | 43:27 | 26 | 14 | 4 | 8 | 21:5 | 26:8 | 11:15 | 17:19 |
| 5. 1. FC Lok Leipzig | 29:23 | 40:29 | 26 | 10 | 9 | 7 | 19:7 | 25:12 | 10:16 | 15:17 |
| 6. FC Rot-Weiß Erfurt | 25:27 | 27:35 | 26 | 8 | 9 | 9 | 18:8 | 16:9 | 7:19 | 11:26 |
| 7. HFC Chemie | 24:28 | 34:39 | 26 | 7 | 10 | 9 | 19:7 | 28:13 | 5:21 | 6:26 |
| 8. Sachsenr. Zwickau | 22:30 | 32:34 | 26 | 7 | 8 | 11 | 15:11 | 24:17 | 7:19 | 8:17 |
| 9. FC Karl-Marx-Stadt | 22:30 | 35:39 | 26 | 10 | 2 | 14 | 18:8 | 26:11 | 4:22 | 9:28 |
| 10. Wismut Aue | 22:30 | 27:45 | 26 | 6 | 10 | 10 | 17:9 | 17:11 | 5:21 | 10:34 |
| 11. 1. FC Union Berlin | 21:31 | 30:42 | 26 | 7 | 7 | 12 | 14:12 | 14:14 | 7:19 | 16:28 |
| 12. FC Vorw. Frankf./O. | 21:31 | 23:36 | 26 | 9 | 3 | 14 | 18:8 | 19:9 | 3:23 | 4:27 |
| 13. Stahl Riesa | 21:31 | 28:47 | 26 | 8 | 5 | 13 | 14:12 | 19:16 | 7:19 | 9:31 |
| 14. FC Hansa Rostock | 20:32 | 23:41 | 26 | 6 | 8 | 12 | 15:11 | 15:12 | 5:21 | 8:29 |

## Eire

| | Punkte | Tore |
|---|---|---|
| 1. Sligo Rovers | 39:13 | 48:20 |
| 2. Bohemians Dublin | 38:14 | 50:29 |
| 3. FC Drogheda | 34:18 | 56:34 |
| 4. FC Waterford | 33:19 | 42:28 |
| 5. FC Dundalk | 29:23 | 51:42 |
| 6. St. Patrick's Athletic | 28:24 | 30:27 |
| 7. Shelbourne Dublin | 28:24 | 39:40 |
| 8. Finn Harps | 26:26 | 40:45 |
| 9. Cork Celtic | 25:27 | 48:44 |
| 10. Athlone Town | 23:29 | 43:46 |
| 11. Shamrock Rovers | 17:35 | 26:46 |
| 12. FC Limerick | 16:36 | 29:47 |
| 13. Albert Rovers | 16:36 | 21:42 |
| 14. Home Farm | 12:40 | 22:55 |

**Pokalsieger:** FC Dundalk (2:0 gegen FC Limerick).

## England
## I. Division

| | Punkte | Tore |
|---|---|---|
| 1. FC Liverpool | 57:27 | 62:33 |
| 2. Manchester City | 56:28 | 60:34 |
| 3. Ipswich Town | 52:32 | 66:39 |
| 4. Aston Villa | 51:33 | 75:49 |
| 5. Newcastle United | 49:35 | 64:49 |
| 6. Manchester United | 47:37 | 71:62 |
| 7. West Bromwich Albion | 45:39 | 62:56 |
| 8. Arsenal London | 43:41 | 64:59 |
| 9. FC Everton | 42:42 | 62:64 |
| 10. Leeds United | 42:42 | 48:51 |
| 11. Leicester City | 42:42 | 47:60 |
| 12. FC Middlesbrough | 41:43 | 40:45 |
| 13. Birmingham City | 38:46 | 63:61 |
| 14. Queen's Park Rangers | 38:46 | 46:51 |
| 15. Derby County | 37:47 | 50:55 |
| 16. Norwich City | 37:47 | 47:64 |
| 17. West Ham United | 36:48 | 46:65 |
| 18. Bristol City | 35:49 | 38:48 |
| 19. Coventry City | 35:49 | 48:59 |
| 20. FC Sunderland | 34:50 | 46:54 |
| 21. Stoke City | 34:50 | 28:51 |
| 22. Tottenham Hotspur | 33:51 | 48:72 |

**Pokalsieger:** Manchester United (2:1 gegen FC Liverpool).

## England
## II. Division

| | Punkte | Tore |
|---|---|---|
| 1. Wolverhampton Wand. | 57:27 | 84:45 |
| 2. Chelsea London | 55:29 | 73:53 |
| 3. Nottingham Forest | 52:32 | 77:43 |
| 4. Bolton Wanderers | 51:33 | 75:54 |
| 5. FC Blackpool | 51:33 | 58:42 |
| 6. Luton Town | 48:36 | 67:48 |
| 7. Charlton Athletic | 48:36 | 71:58 |
| 8. Notts County | 48:36 | 65:60 |
| 9. FC Southampton | 44:40 | 72:67 |
| 10. FC Millwall | 43:41 | 57:53 |
| 11. Sheffield United | 40:44 | 54:63 |
| 12. Blackburn Rovers | 39:45 | 42:54 |
| 13. Oldham Athletic | 38:46 | 52:64 |
| 14. Hull City | 37:47 | 45:53 |
| 15. Bristol Rovers | 37:47 | 53:68 |
| 16. FC Burnley | 36:48 | 46:64 |
| 17. FC Fulham | 35:49 | 54:61 |
| 18. Cardiff City | 34:50 | 56:67 |
| 19. FC Leyton Orient | 34:50 | 37:55 |
| 20. Carlisle United | 34:50 | 49:75 |
| 21. Plymouth Argyle | 32:52 | 46:65 |
| 22. Hereford United | 31:53 | 57:78 |

## Finnland (1976)

| | Punkte | Tore |
|---|---|---|
| 1. Kuopion Palloseura | 32:12 | 41:20 |
| 2. Valkeakosken Haka | 30:14 | 46:28 |
| 3. HJK Helsinki | 29:15 | 40:25 |
| 4. Reipas Lahti | 25:19 | 37:24 |
| 5. Mikkelin P.-Kissat | 25:19 | 24:20 |
| 6. Mikkelin MP Palloilijat | 23:21 | 35:31 |
| 7. Vaasan Palloseura | 22:22 | 27:31 |
| 8. Kokkolan P.-Veikot | 21:23 | 36:35 |
| 9. Oulun PS | 17:27 | 18:34 |
| 10. Turun Palloseura | 15:29 | 30:38 |
| 11. Kokkolan GB | 13:31 | 19:43 |
| 12. Kuopion P.-Toverit | 12:32 | 12:36 |

**Pokalsieger:** Reipas Lahti

## Frankreich

| | Punkte | Tore |
|---|---|---|
| 1. FC Nantes | 58:18 | 81:40 |
| 2. RC Lens | 49:27 | 72:56 |
| 3. SEC Bastia | 47:29 | 82:53 |
| 4. AS Nancy | 45:31 | 78:53 |
| 5. AS St-Etienne | 45:31 | 55:36 |
| 6. OGC Nizza | 44:32 | 60:55 |
| 7 Olympique Lyon | 44:32 | 54:48 |
| 8 FC Metz | 43:33 | 67:54 |
| 9. Paris St-Germain | 42:34 | 65:55 |
| 10. Girondins Bordeaux | 38:38 | 66:57 |
| 11. Stade Reims | 36:40 | 53:60 |
| 12. Olymp. Marseille | 36:40 | 48:63 |
| 13. Olympique Nimes | 34:42 | 45:56 |
| 14. FC Sochaux | 34:42 | 44:56 |
| 15. AS Troyes-Aube | 33:43 | 41:59 |
| 16. Stade Laval | 32:44 | 46:62 |
| 17. US Valenciennes | 31:45 | 41:56 |
| 18. OSC Angers | 27:49 | 44:60 |
| 19. OSC Lille | 21:55 | 40:67 |
| 20. Stade Rennes | 21:55 | 43:79 |

**Pokalsieger:** AS Saint-Etienne (2:1 gegen Stade Reims).

## Griechenland

| | Punkte | Tore |
|---|---|---|
| 1. Panathinaikos Athen | 54:14 | 70:20 |
| 2. Olympiakos Piräus | 52:16 | 70:27 |
| 3. PAOK Saloniki | 52:16 | 63:27 |
| 4. AEK Athen | 51:17 | 63:29 |
| 5. Aris Saloniki | 42:26 | 58:34 |
| 6. OF Iraklion Kreta | 33:35 | 57:51 |
| 7. Kavala | 32:36 | 34:38 |
| 8. Ethnikos | 31:37 | 47:47 |
| 9. Panionios Athen | 31:37 | 35:35 |
| 10. Kastoria | 31:37 | 32:45 |
| 11. Iannina | 29:39 | 47:54 |
| 12. Pierikos Katerini | 27:41 | 44:61 |
| 13. Iraklis Saloniki | 27:41 | 33:47 |
| 14. Panseraikos Serres | 26:42 | 35:56 |
| 15. Panachaiki Patras | 26:42 | 36:62 |
| 16. Apollon Athen | 26:42 | 29:54 |
| 17. Panaitolikos Agrinion | 26:42 | 25:51 |
| 18. Atromitos Athen | 14:54* | 28:68 |

* 2 Punkte Abzug

**Pokalsieger:** Panathinaikos Athen (2:1 gegen PAOK Saloniki).

## Island (1976)

| | Punkte | Tore |
|---|---|---|
| 1. Valur Reykjavik | 25: 7 | 45:17 |
| 2. Fram Reykjavik | 24: 8 | 30:16 |
| 3. Akranes Reykjavik | 21:11 | 27:18 |
| 4. Vikingur Reykjavik | 18:14 | 22:21 |
| 5. UB Breidablik | 18:14 | 21:22 |
| 6. IBK Keflavik | 15:17 | 22:23 |
| 7. KR Reykjavik | 11:21 | 20:23 |
| 8. FH Hafnafjord | 8:24 | 11:31 |
| 9. Drottur | 4:28 | 10:39 |

**Pokalsieger:** Valur Reykjavik (3:0 gegen Akranes Reykjavik).

## Italien

| | Punkte | Tore |
|---|---|---|
| 1. Juventus Turin | 51: 9 | 50:20 |
| 2. AC Turin | 50:10 | 51:14 |
| 3. FC Florenz | 35:25 | 38:32 |
| 4. Inter Mailand | 33:27 | 34:27 |
| 5. Lazio Rom | 31:29 | 34:28 |
| 6. AC Perugia | 29:31 | 32:28 |
| 7. SSC Neapel | 29:31 | 38:38 |
| 8. AS Rom | 28:32 | 27:33 |
| 9. Hellas Verona | 28:32 | 26:32 |
| 10. AC Milan | 27:33 | 30:33 |
| 11. Genua 93 | 27:33 | 40:45 |
| 12. US Foggia | 26:34 | 33:39 |
| 13. FC Bologna | 26:34 | 24:32 |
| 14. Sampdoria Genua | 24:36 | 28:42 |
| 15. US Catanzaro | 21:39 | 26:42 |
| 16. AC Cesena | 15:45 | 23:48 |

**Pokalsieger:** AC Milan (2:0 gegen Inter Mailand).

## Jugoslawien

| | Punkte | Tore |
|---|---|---|
| 1. Roter Stern Belgrad | 50:18 | 67:37 |
| 2. Dinamo Zagreb | 41:27 | 52:36 |
| 3. Sloboda Tuzla | 39:29 | 43:32 |
| 4. Partizan Belgrad | 39:29 | 37:31 |
| 5. FK Rijeka | 36:32 | 43:29 |
| 6. Borac Banja Luka | 36:32 | 52:43 |
| 7. Radnicki Nis | 36:32 | 41:42 |
| 8. Hajduk Split | 33:35 | 41:35 |
| 9. Buducnost Titograd | 33:35 | 44:47 |
| 10. FC Zagreb | 32:36 | 48:48 |
| 11. Velez Mostar | 32:36 | 46:48 |
| 12. Olimpija Ljubljana | 32:36 | 36:42 |
| 13. Celik Zenica | 31:37 | 33:38 |
| 14. Vojvodina Novi Sad | 30:38 | 40:50 |
| 15. OFK Belgrad | 30:38 | 39:51 |
| 16. FC Sarajevo | 30:38 | 40:54 |
| 17. Napredak Krusevac | 26:42 | 37:56 |
| 18. Zeljeznicar Sarajevo | 26:42 | 33:53 |

**Pokalsieger:** Hajduk Split (2:0 n. V. gegen Buducnost Titograd).

## Luxemburg

| | Punkte | Tore |
|---|---|---|
| 1. Jeunesse Esch | 34:10 | 42:21 |
| 2. Progres Niedercorn | 32:12 | 50:31 |
| 3. Red Boys Differdingen | 27:17 | 45:34 |
| 4. Stade Düdelingen | 24:20 | 46:34 |
| 5. Avenir Beggen | 22:22 | 35:40 |
| 6. Chiers Rodange | 20:24 | 26:27 |
| 7. Alliance Düdelingen | 20:24 | 30:33 |
| 8. Etzella Ettelbrück | 20:24 | 40:46 |
| 9. US Rümelingen | 19:25 | 29:29 |
| 10. CS Grevenmacher | 18:26 | 32:43 |
| 11. Aris Bonneweg | 14:30 | 26:41 |
| 12. Redblack Pfaffenthal | 14:30 | 31:53 |

**Pokalsieger:** Progres Niedercorn (4:4 und 3:1 gegen Red Boys Differdingen).

## Malta

| | Punkte | Tore |
|---|---|---|
| 1. Floriana La Valetta | 33: 3 | 53:12 |
| 2. Sliema Wanderers | 27: 9 | 34:14 |
| 3. FC La Valetta | 25:11 | 43:19 |
| 4. Hibernians La Valetta | 23:13 | 34:28 |
| 5. Hamrun | 15:21 | 24:20 |
| 6. Vittoriosa | 14:22 | 19:35 |
| 7. St. Georges | 14:22 | 20:42 |
| 8. Zebbug | 13:23 | 20:27 |
| 9. Msida St. Josephs | 13:23 | 23:26 |
| 10. Senglea | 3:33 | 14:51 |

**Pokalsieger:** Floriana La Valetta (6:0 gegen Sliema Wanderers).

## Niederlande

| | Punkte | Tore |
|---|---|---|
| 1. Ajax Amsterdam | 52:16 | 62:26 |
| 2. PSV Eindhoven | 47:21 | 64:31 |
| 3. AZ'67 Alkmaar | 46:22 | 75:29 |
| 4. Feyenoord Rotterdam | 44:24 | 65:35 |
| 5. Roda JC Kerkrade | 42:26 | 53:35 |
| 6. FC Utrecht | 38:30 | 59:66 |
| 7. Sparta Rotterdam | 36:32 | 52:47 |
| 8. NAC Breda | 34:34 | 41:53 |
| 9. FC Twente Enschede | 33:35 | 52:40 |
| 10. FC Den Haag | 32:36 | 50:42 |
| 11. Go Ahead Deventer | 31:37 | 43:63 |
| 12. FC Haarlem | 29:39 | 35:47 |
| 13. VV Venlo | 27:41 | 37:60 |
| 14. Telstar Velsen | 26:42 | 35:57 |
| 15. FC Amsterdam | 25:43 | 41:58 |
| 16. NEC Nijmegen | 24:44 | 41:54 |
| 17. EEV Eindhoven | 24:44 | 28:63 |
| 18. De Graafschap | 22:46 | 29:56 |

**Pokalsieger:** FC Twente Enschede (3:0 n. V. gegen PEC Zwolle).

## Nordirland

| | Punkte | Tore |
|---|---|---|
| 1. Glentoran Belfast | 36:8 | 50:19 |
| 2. Glenavon Belfast | 31:13 | 40:21 |
| 3. FC Linfield Belfast | 28:16 | 39:21 |
| 4. Larne | 27:17 | 43:33 |
| 5. FC Coleraine | 27:17 | 38:32 |
| 6. Crusaders Belfast | 23:21 | 39:33 |
| 7. Ards Newtonards | 21:23 | 34:39 |
| 8. FC Portadown | 18:26 | 36:37 |
| 9. Ballymena United | 15:29 | 20:34 |
| 10. Distillery Belfast | 15:29 | 25:44 |
| 11. Bangor City | 13:31 | 23:43 |
| 12. Cliftonville Belfast | 10:34 | 20:51 |

Pokalsieger: FC Coleraine (4:1 gegen FC Linfield Belfast).

## Norwegen (1976)

| | Punkte | Tore |
|---|---|---|
| 1. Lilleström SK | 31:13 | 39:19 |
| 2. Mjöndalen Drammen | 30:14 | 40:23 |
| 3. Brann Bergen | 28:16 | 38:29 |
| 4. Start Kristiansand | 24:20 | 23:19 |
| 5. Viking Stavanger | 22:22 | 24:21 |
| 6. Molde FK | 21:23 | 34:29 |
| 7. Hamar Kamraterna | 21:23 | 31:29 |
| 8. Rosenborg Trondheim | 21:23 | 24:29 |
| 9. Bryne Stavanger | 19:25 | 30:35 |
| 10. Strömsg. Drammen | 19:25 | 31:43 |
| 11. FK Fredrikstad | 15:29 | 27:50 |
| 12. Vard Haugesund | 13:31 | 21:36 |

**Pokalsieger:** Brann Bergen (2:1 gegen Söndal IL).

## Österreich 1. Division

| | Punkte | Tore |
|---|---|---|
| 1. Wacker Innsbruck | 53:19 | 51:22 |
| 2. Rapid Wienerberger | 47:25 | 72:39 |
| 3. Austria-WAC Wien | 45:27 | 72:44 |
| 4. Linzer ASK | 35:37 | 47:48 |
| 5. VÖEST Linz | 34:38 | 46:47 |
| 6. Admira-Wacker | 34:38 | 43:52 |
| 7. Vienna Wien | 31:41 | 34:40 |
| 8. Grazer AK | 30:42 | 34:62 |
| 9. Sturm Graz | 28:44 | 40:55 |
| 10. Austria Salzburg | 23:49 | 34:64 |

**Pokalsieger:** Austria-WAC Wien (3:0 und 1:0 gegen Wiener Sportklub).

## Österreich 2. Division

| | Punkte | Tore |
|---|---|---|
| 1. Wiener Sportklub | 45:15 | 53:23 |
| 2. Alpine Donawitz | 44:16 | 68:31 |
| 3. Wiener Neustadt | 39:21 | 49:30 |
| 4. Austria Klagenfurt | 36:24 | 51:41 |
| 5. FC Dornbirn | 35:25 | 35:36 |
| 6. SC Simmering | 32:28 | 51:33 |
| 7. SC Eisenstadt | 30:30 | 40:43 |
| 8. SV St. Veit | 28:32 | 41:48 |
| 9. Casino Bregenz | 28:32 | 32:43 |
| 10. SCA St. Veit | 27:33 | 31:38 |
| 11. SV Stockerau | 26:34 | 38:41 |
| 12. Villacher SV | 25:35 | 34:44 |
| 13. SV Tulln | 25:35 | 34:49 |
| 14. Wolfsberger AC | 24:36 | 40:51 |
| 15. Kremser SC | 19:41 | 30:45 |
| 16. Salzburger AK | 17:43 | 25:56 |

## Polen

| | Punkte | Tore |
|---|---|---|
| 1. Slask Wroclaw | 41:19 | 38:32 |
| 2. Widzew Lodz | 38:22 | 46:31 |
| 3. Gornik Zabrze | 37:23 | 41:32 |
| 4. Stal Mielec | 36:24 | 42:30 |
| 5. Zaglebie Sosnowiec | 35:25 | 40:28 |
| 6. Pogon Szczecin | 35:25 | 38:44 |
| 7. LKS Lodz | 33:27 | 35:29 |
| 8. Legia Warschau | 30:30 | 40:38 |
| 9. Wisla Krakau | 27:33 | 32:33 |
| 10. Szombierki Bytom | 27:33 | 34:35 |
| 11. ARKA Gdynia | 27:33 | 27:32 |
| 12. Odra Opole | 26:34 | 36:39 |
| 13. Ruch Chorzow | 26:34 | 30:40 |
| 14. Lech Posen | 23:37 | 37:48 |
| 15. GKS Tychy | 21:39 | 33:41 |
| 16. ROW Rybnik | 18:42 | 29:46 |

**Pokalsieger:** Zaglebie Sosnowiec (1:0 gegen Polotina Bytom).

## Portugal

| | Punkte | Tore |
|---|---|---|
| 1. Benfica Lissabon | 51: 9 | 67:24 |
| 2. Sporting Lissabon | 42:18 | 59:26 |
| 3. FC Porto | 41:19 | 72:27 |
| 4. Boavista Porto | 34:26 | 41:33 |
| 5. Academica Coimbra | 34:26 | 29:25 |
| 6. Vitoria Setubal | 32:28 | 47:46 |
| 7. FC Varzim | 31:29 | 36:36 |
| 8. Sporting Braga | 29:31 | 36:36 |
| 9. Vitoria Guimaraes | 27:33 | 39:37 |
| 10. Belenenses Lissabon | 26:34 | 29:40 |
| 11. Estoril-Praia | 25:35 | 26:36 |
| 12. Sporting Portimonense | 24:36 | 33:46 |
| 13. Leixoes Porto | 23:37 | 15:31 |
| 14. Montijo | 23:37 | 30:47 |
| 15. FC Beira-Mar | 23:37 | 33:57 |
| 16. Atletico Lissabon | 15:45 | 23:68 |

**Pokalsieger:** FC Porto (1:0 gegen Sporting Braga).

## Rumänien

| | Punkte | Tore |
|---|---|---|
| 1. Dinamo Bukarest | 49:19 | 84:34 |
| 2. Steaua Bukarest | 45:23 | 72:41 |
| 3. Universitatea Craiova | 41:27 | 54:36 |
| 4. ASA Tirgu Mures | 37:31 | 50:40 |
| 5. Jiul Petroseni | 37:31 | 57:49 |
| 6. Politehnica Timisoara | 36:32 | 44:37 |
| 7. Sportul Bukarest | 35:33 | 34:34 |
| 8. SC Bacau | 33:35 | 34:39 |
| 9. Politehnica Jassi | 33:35 | 43:33 |
| 10. FC Bihor Oradea | 33:35 | 48:53 |
| 11. FC Arges Pitesti | 33:35 | 40:47 |
| 12. UTA Arad | 33:35 | 56:64 |
| 13. CSM Resita | 32:36 | 43:55 |
| 14. Corvinul Hunedoara | 31:37 | 32:40 |
| 15. FC Constanta | 30:38 | 43:45 |
| 16. Rapid Bukarest | 30:38 | 38:49 |
| 17. Progresul Bukarest | 27:41 | 37:69 |
| 18. FC Galatz | 17:51 | 31:75 |

**Pokalsieger:** Universitatea Craiova (2:1 gegen Steaua Bukarest).

## Schottland

| | Punkte | Tore |
|---|---|---|
| 1. Celtic Glasgow | 55:17 | 79:39 |
| 2. Glasgow Rangers | 46:26 | 62:37 |
| 3. FC Aberdeen | 43:29 | 56:42 |
| 4. Dundee United | 41:31 | 55:46 |
| 5. Partick Thistle | 35:37 | 41:45 |
| 6. Hibernian Edinburgh | 34:38 | 34:35 |
| 7. FC Motherwell | 32:40 | 57:60 |
| 8. Ayr United | 30:42 | 44:68 |
| 9. Hearts of Midlothian | 27:45 | 49:66 |
| 10. FC Kilmarnock | 17:55 | 32:71 |

**Pokalsieger:** Celtic Glasgow (1:0 gegen Glasgow Rangers).

## Schweden (1976)

| | Punkte | Tore |
|---|---|---|
| 1. Halmstad BK | 38:14 | 56:27 |
| 2. Malmö FF | 35:17 | 37:21 |
| 3. Östers Växjö | 32:20 | 51:39 |
| 4. BOIS Landskrona | 32:20 | 34:34 |
| 5. Örebro SK | 29:23 | 42:34 |
| 6. Kalmar FF | 27:25 | 38:43 |
| 7. AIK Stockholm | 25:27 | 38:35 |
| 8. Hammarby IF | 24:28 | 40:33 |
| 9. IFK Norrköping | 24:28 | 47:48 |
| 10. Elfsborg Boras | 24:28 | 42:48 |
| 11. Djurgard. Stockholm | 24:28 | 32:38 |
| 12. IFK Sundsvall | 22:30 | 43:57 |
| 13. Atvidabergs FF | 18:34 | 34:46 |
| 14. Örgryte Göteborg | 10:42 | 24:55 |

**Pokalsieger:** AIK Stockholm (1:1 und 3:0 gegen BOIS Landskrona).

## Schweiz

| | Punkte | Tore |
|---|---|---|
| 1. Servette Genf | 46:18 | 84:41 |
| 2. FC Basel | 45:19 | 73:46 |
| 3. FC Zürich | 42:22 | 73:36 |
| 4. Grasshoppers Zürich | 34:30 | 56:38 |
| 5. Neuchatel Xamax | 34:30 | 51:45 |
| 6. Young Boys Bern | 32:32 | 49:58 |
| 7. Lausanne Sports * | 39:25 | 63:38 |
| 8. CS Chenois | 34:30 | 53:52 |
| 9. FC Sion | 28:36 | 37:49 |
| 10. FC St. Gallen | 24:40 | 44:59 |
| 11. FC Winterthur | 16:48 | 30:72 |
| 12. AC Bellinzona | 10:54 | 26:105 |

**Pokalsieger:** Young Boys Bern (1:0 gegen FC St. Gallen).

* Erster der Abstiegsrunde.

## Spanien

| | Punkte | Tore |
|---|---|---|
| 1. Atletico Madrid | 46:22 | 62:33 |
| 2. FC Barcelona | 45:23 | 69:34 |
| 3. Atletico Bilbao | 38:30 | 55:45 |
| 4. FC Valencia | 36:32 | 53:47 |
| 5. Union Las Palmas | 36:32 | 56:51 |
| 6. Espanol Barcelona | 36:32 | 61:59 |
| 7. Betis Sevilla | 36:32 | 42:42 |
| 8. Real San Sebastian | 34:34 | 52:40 |
| 9. Real Madrid | 34:34 | 57:53 |
| 10. FC Sevilla | 34:34 | 31:37 |
| 11. FC Elche | 33:35 | 45:47 |
| 12. FC Burgos | 32:36 | 46:50 |
| 13. FC Salamanca | 32:36 | 30:34 |
| 14. Hercules Alicante | 32:36 | 35:41 |
| 15. Rac. Santander | 31:37 | 41:62 |
| 16. Real Saragossa | 30:38 | 42:51 |
| 17. Celta de Vigo | 29:39 | 22:40 |
| 18. FC Malaga | 18:50 | 27:60 |

**Pokalsieger:** Betis Sevilla (2:2 n. V. und 11:9 im Elfmeterschießen).

## Türkei

| | Punkte | Tore |
|---|---|---|
| 1. Trabzonspor | 43:17 | 41:12 |
| 2. Fenerbahce Istanbul | 39:21 | 31:17 |
| 3. Altay Izmir | 35:25 | 31:22 |
| 4. Besiktas Istanbul | 33:27 | 36:25 |
| 5. Galatasaray Istanbul | 33:27 | 36:26 |
| 6. Bursaspor | 31:29 | 34:30 |
| 7. Mersin Idmanyurdu | 31:29 | 25:26 |
| 8. Boluspor | 31:29 | 32:34 |
| 9. Eskisehirspor | 30:30 | 25:26 |
| 10. Samsunspor | 28:32 | 19:22 |
| 11. Orduspor | 28:32 | 22:27 |
| 12. Adanademirspor | 26:34 | 20:32 |
| 13. Zonguldakspor | 26:34 | 21:35 |
| 14. Adanaspor | 25:35 | 30:40 |
| 15. Göztepe Izmir | 25:35 | 21:31 |
| 16. Giresunspor | 16:44 | 18:38 |

**Pokalsieger:** Trabzonspor (1:0 und 0:0 gegen Besiktas Istanbul).

## UdSSR (1976)

| | Punkte | Tore |
|---|---|---|
| 1. Torpedo Moskau | 20:10 | 20: 9 |
| 2. Dynamo Kiew | 18:12 | 22:16 |
| 3. Dynamo Tbilisi | 17:13 | 16:12 |
| 4. Karpatij Lwow | 17:13 | 22:19 |
| 5. Zenith Leningrad | 16:14 | 22:16 |
| 6. Dynamo Moskau | 16:14 | 15:13 |
| 7. CSKA Moskau | 15:15 | 21:16 |
| 8. Lok Moskau | 15:15 | 13:13 |
| 9. Tscherno. Odessa | 15:15 | 14:20 |
| 10. Schachtjor Donezk | 14:16 | 12:10 |
| 11. Krylja Kuibyschew | 14:16 | 12:15 |
| 12. Sarja Woroschilowgrad | 14:16 | 12:17 |
| 13. Dnjepr Dnjepropetr. | 14:16 | 12:17 |
| 14. Ararat Jerewan | 14:16 | 14:20 |
| 15. Spartak Moskau | 13:17 | 15:18 |
| 16. Dynamo Minsk | 8:22 | 10:21 |

**Pokalsieger:** Dynamo Tbilisi (3:0 gegen Ararat Jerewan).

Wegen der Olympischen Spiele in Montreal wurde eine Frühjahrsrunde ohne Wertung ausgetragen.

## Ungarn

| | Punkte | Tore |
|---|---|---|
| 1. Vasas Budapest | 53:15 | 100:45 |
| 2. Ujpest Dozsa | 50:18 | 88:47 |
| 3. Ferencvaros Budapest | 47:21 | 78:42 |
| 4. Honved Budapest | 46:22 | 62:43 |
| 5. Hal. Szombathely | 36:32 | 53:49 |
| 6. Videot. Szekesfehervar | 35:33 | 60:46 |
| 7. Raba ETO Györ | 35:33 | 51:46 |
| 8. MTK/VM Budapest | 35:33 | 56:53 |
| 9. Banyasz Tatabanya | 33:35 | 58:56 |
| 10. VTK Diosgyör | 32:36 | 40:52 |
| 11. Zalaegerszeg TE | 31:37 | 47:47 |
| 12. Szeged OL | 30:38 | 39:64 |
| 13. Bekescsaba ES | 28:40 | 40:57 |
| 14. Kaposvar Rakoczi | 27:41 | 39:45 |
| 15. Kohasz Dunaujvaros | 27:41 | 37:60 |
| 16. SC Csepel | 26:42 | 45:59 |
| 17. BTC Salgotarjan | 25:43 | 42:77 |
| 18. AC Dorog | 16:52 | 28:75 |

**Pokalsieger:** VTK Diosgyör (1:0 gegen Vasas Budapest).

## Mönchengladbach

| Vorrunde | gegen | Res. | Pl. |
|---|---|---|---|
| 6. 8. A | VfL Bochum | | |
| 13. 8. **H** | Hertha BSC | | |
| 17. 8. A | MSV Duisburg | | |
| 27. 8. **H** | 1860 München | | |
| 31. 8. A | Eintr. Frankfurt | | |
| 3. 9. **H** | Kaiserslautern | | |
| 10. 9. A | VfB Stuttgart | | |
| 17. 9. **H** | FC St. Pauli | | |
| 24. 9. A | Fort. Düsseldorf | | |
| 1. 10. **H** | 1. FC Köln | | |
| 12. 10. A | Werder Bremen | | |
| 22. 10. **H** | Bayern München | | |
| 29. 10. A | Braunschweig | | |
| 5. 11. **H** | Saarbrücken | | |
| 12. 11. A | Schalke 04 | | |
| 26. 11. **H** | Hamburger SV | | |
| 3. 12. A | Bor. Dortmund | | |

| Rückrunde | gegen | | |
|---|---|---|---|
| 10. 12. **H** | VfL Bochum | | |
| 17. 12. A | Hertha BSC | | |
| 7. 1. **H** | MSV Duisburg | | |
| 14. 1. A | 1860 München | | |
| 21. 1. **H** | Eintr. Frankfurt | | |
| 28. 1. A | Kaiserslautern | | |
| 4. 2. **H** | VfB Stuttgart | | |
| 11. 2. A | FC St. Pauli | | |
| 18. 2. **H** | Fort. Düsseldorf | | |
| 25. 2. A | 1. FC Köln | | |
| 4. 3. **H** | Werder Bremen | | |
| 11. 3. A | Bayern München | | |
| 18. 3. **H** | Braunschweig | | |
| 1. 4. A | Saarbrücken | | |
| 8. 4. **H** | Schalke 04 | | |
| 22. 4. A | Hamburger SV | | |
| 29. 4. **H** | Bor. Dortmund | | |

## FC Schalke 04

| Vorrunde | gegen | Res. | Pl. |
|---|---|---|---|
| 6. 8. A | 1860 München | | |
| 13. 8. **H** | Eintr. Frankfurt | | |
| 17. 8. A | Kaiserslautern | | |
| 27. 8. **H** | VfB Stuttgart | | |
| 31. 8. A | FC St. Pauli | | |
| 3. 9. **H** | Fort. Düsseldorf | | |
| 10. 9. A | 1. FC Köln | | |
| 17. 9. **H** | Werder Bremen | | |
| 24. 9. A | Bayern München | | |
| 1. 10. **H** | Braunschweig | | |
| 12. 10. A | Saarbrücken | | |
| 22. 10. **H** | VfL Bochum | | |
| 29. 10. **H** | Hamburger SV | | |
| 5. 11. A | Bor. Dortmund | | |
| 12. 11. **H** | Mönchengladbach | | |
| 26. 11. A | Hertha BSC | | |
| 3. 12. **H** | MSV Duisburg | | |

| Rückrunde | gegen | | |
|---|---|---|---|
| 10. 12. **H** | 1860 München | | |
| 17. 12. A | Eintr. Frankfurt | | |
| 7. 1. **H** | Kaiserslautern | | |
| 14. 1. A | VfB Stuttgart | | |
| 21. 1. **H** | FC St. Pauli | | |
| 28. 1. A | Fort. Düsseldorf | | |
| 4. 2. **H** | 1. FC Köln | | |
| 11. 2. A | Werder Bremen | | |
| 18. 2. **H** | Bayern München | | |
| 25. 2. A | Braunschweig | | |
| 4. 3. **H** | Saarbrücken | | |
| 11. 3. A | VfL Bochum | | |
| 18. 3. A | Hamburger SV | | |
| 1. 4. **H** | Bor. Dortmund | | |
| 8. 4. A | Mönchengladbach | | |
| 22. 4. **H** | Hertha BSC | | |
| 29. 4. A | MSV Duisburg | | |

## Eintracht Braunschweig

| Vorrunde | gegen | Res. | Pl. |
|---|---|---|---|
| 6. 8. A | Kaiserslautern | | |
| 13. 8. **H** | VfB Stuttgart | | |
| 17. 8. A | FC St. Pauli | | |
| 27. 8. **H** | Fort. Düsseldorf | | |
| 31. 8. A | 1. FC Köln | | |
| 3. 9. **H** | Werder Bremen | | |
| 10. 9. A | Bayern München | | |
| 17. 9. **H** | VfL Bochum | | |
| 24. 9. **H** | Saarbrücken | | |
| 1. 10. A | Schalke 04 | | |
| 12. 10. **H** | Hamburger SV | | |
| 22. 10. A | Bor. Dortmund | | |
| 29. 10. **H** | Mönchengladbach | | |
| 5. 11. A | Hertha BSC | | |
| 12. 11. **H** | MSV Duisburg | | |
| 26. 11. A | 1860 München | | |
| 3. 12. **H** | Eintr. Frankfurt | | |

| Rückrunde | gegen | | |
|---|---|---|---|
| 10. 12. **H** | Kaiserslautern | | |
| 17. 12. A | VfB Stuttgart | | |
| 7. 1. **H** | FC St. Pauli | | |
| 14. 1. A | Fort. Düsseldorf | | |
| 21. 1. **H** | 1. FC Köln | | |
| 28. 1. A | Werder Bremen | | |
| 4. 2. **H** | Bayern München | | |
| 11. 2. A | VfL Bochum | | |
| 18. 2. A | Saarbrücken | | |
| 25. 2. **H** | Schalke 04 | | |
| 4. 3. A | Hamburger SV | | |
| 11. 3. **H** | Bor. Dortmund | | |
| 18. 3. A | Mönchengladbach | | |
| 1. 4. **H** | Hertha BSC | | |
| 8. 4. A | MSV Duisburg | | |
| 22. 4. **H** | 1860 München | | |
| 29. 4. A | Eintr. Frankfurt | | |

## Eintracht Frankfurt

| Vorrunde | gegen | Res. | Pl. |
|---|---|---|---|
| 6. 8. H | Saarbrücken | | |
| 13. 8. A | Schalke 04 | | |
| 17. 8. H | Hamburger SV | | |
| 27. 8. A | Bor. Dortmund | | |
| 31. 8. H | Mönchengladbach | | |
| 3. 9. A | Hertha BSC | | |
| 10. 9. H | MSV Duisburg | | |
| 17. 9. A | 1860 München | | |
| 24. 9. A | VfL Bochum | | |
| 1. 10. H | Kaiserslautern | | |
| 12. 10. A | VfB Stuttgart | | |
| 22. 10. H | FC St. Pauli | | |
| 29. 10. A | Fort. Düsseldorf | | |
| 5. 11. H | 1. FC Köln | | |
| 12. 11. A | Werder Bremen | | |
| 26. 11. H | Bayern München | | |
| 3. 12. A | Braunschweig | | |

| Rückrunde | gegen | | |
|---|---|---|---|
| 10. 12. A | Saarbrücken | | |
| 17. 12. H | Schalke 04 | | |
| 7. 1. A | Hamburger SV | | |
| 14. 1. H | Bor. Dortmund | | |
| 21. 1. A | Mönchengladbach | | |
| 28. 1. H | Hertha BSC | | |
| 4. 2. A | MSV Duisburg | | |
| 11. 2. H | 1860 München | | |
| 18. 2. H | VfL Bochum | | |
| 25. 2. A | Kaiserslautern | | |
| 4. 3. H | VfB Stuttgart | | |
| 11. 3. A | FC St. Pauli | | |
| 18. 3. H | Fort. Düsseldorf | | |
| 1. 4. A | 1. FC Köln | | |
| 8. 4. H | Werder Bremen | | |
| 22. 4. A | Bayern München | | |
| 29. 4. H | Braunschweig | | |

## 1. FC Köln

| Vorrunde | gegen | Res. | Pl. |
|---|---|---|---|
| 6. 8. A | Fort. Düsseldorf | | |
| 13. 8. H | VfL Bochum | | |
| 17. 8. H | Werder Bremen | | |
| 27. 8. A | Bayern München | | |
| 31. 8. H | Braunschweig | | |
| 3. 9. A | Saarbrücken | | |
| 10. 9. H | Schalke 04 | | |
| 17. 9. A | Hamburger SV | | |
| 24. 9. H | Bor. Dortmund | | |
| 1. 10. A | Mönchengladbach | | |
| 12. 10. H | Hertha BSC | | |
| 22. 10. A | MSV Duisburg | | |
| 29. 10. H | 1860 München | | |
| 5. 11. A | Eintr. Frankfurt | | |
| 12. 11. H | Kaiserslautern | | |
| 26. 11. A | VfB Stuttgart | | |
| 3. 12. H | FC St. Pauli | | |

| Rückrunde | gegen | | |
|---|---|---|---|
| 10. 12. H | Fort. Düsseldorf | | |
| 17. 12. A | VfL Bochum | | |
| 7. 1. A | Werder Bremen | | |
| 14. 1. H | Bayern München | | |
| 21. 1. A | Braunschweig | | |
| 28. 1. H | Saarbrücken | | |
| 4. 2. A | Schalke 04 | | |
| 11. 2. H | Hamburger SV | | |
| 18. 2. A | Bor. Dortmund | | |
| 25. 2. H | Mönchengladbach | | |
| 4. 3. A | Hertha BSC | | |
| 11. 3. H | MSV Duisburg | | |
| 18. 3. A | 1860 München | | |
| 1. 4. H | Eintr. Frankfurt | | |
| 8. 4. A | Kaiserslautern | | |
| 22. 4. H | VfB Stuttgart | | |
| 29. 4. A | FC St. Pauli | | |

## Hamburger SV

| Vorrunde | gegen | Res. | Pl. |
|---|---|---|---|
| 6. 8. A | MSV Duisburg | | |
| 13. 8. H | 1860 München | | |
| 17. 8. A | Eintr. Frankfurt | | |
| 27. 8. H | Kaiserslautern | | |
| 31. 8. A | VfB Stuttgart | | |
| 3. 9. H | FC St. Pauli | | |
| 10. 9. A | Fort. Düsseldorf | | |
| 17. 9. H | 1. FC Köln | | |
| 24. 9. A | Werder Bremen | | |
| 1. 10. H | Bayern München | | |
| 12. 10. A | Braunschweig | | |
| 22. 10. H | Saarbrücken | | |
| 29. 10. A | Schalke 04 | | |
| 5. 11. H | VfL Bochum | | |
| 12. 11. A | Bor. Dortmund | | |
| 26. 11. A | Mönchengladbach | | |
| 3. 12. H | Hertha BSC | | |

| Rückrunde | gegen | | |
|---|---|---|---|
| 10. 12. H | MSV Duisburg | | |
| 17. 12. A | 1860 München | | |
| 7. 1. H | Eintr. Frankfurt | | |
| 14. 1. A | Kaiserslautern | | |
| 21. 1. H | VfB Stuttgart | | |
| 28. 1. A | FC St. Pauli | | |
| 4. 2. H | Fort. Düsseldorf | | |
| 11. 2. A | 1. FC Köln | | |
| 18. 2. H | Werder Bremen | | |
| 25. 2. A | Bayern München | | |
| 4. 3. H | Braunschweig | | |
| 11. 3. A | Saarbrücken | | |
| 18. 3. H | Schalke 04 | | |
| 1. 4. A | VfL Bochum | | |
| 8. 4. H | Bor. Dortmund | | |
| 22. 4. H | Mönchengladbach | | |
| 29. 4. A | Hertha BSC | | |

## Bayern München

| Vorrunde | gegen | Res. | Pl. |
|---|---|---|---|
| 6. 8. A | VfB Stuttgart | | |
| 13. 8. **H** | FC St. Pauli | | |
| 17. 8. A | Fort. Düsseldorf | | |
| 27. 8. **H** | 1. FC Köln | | |
| 31. 8. A | Werder Bremen | | |
| 3. 9. **H** | VfL Bochum | | |
| 10. 9. **H** | Braunschweig | | |
| 17. 9. A | Saarbrücken | | |
| 24. 9. **H** | Schalke 04 | | |
| 1. 10. A | Hamburger SV | | |
| 12. 10. **H** | Bor. Dortmund | | |
| 22. 10. A | Mönchengladbach | | |
| 29. 10. **H** | Hertha BSC | | |
| 5. 11. A | MSV Duisburg | | |
| 12. 11. **H** | 1860 München | | |
| 26. 11. A | Eintr. Frankfurt | | |
| 3. 12. **H** | Kaiserslautern | | |

| Rückrunde | gegen | | |
|---|---|---|---|
| 10. 12. **H** | VfB Stuttgart | | |
| 17. 12. A | FC St. Pauli | | |
| 7. 1. **H** | Fort. Düsseldorf | | |
| 14. 1. A | 1. FC Köln | | |
| 21. 1. **H** | Werder Bremen | | |
| 28. 1. A | VfL Bochum | | |
| 4. 2. A | Braunschweig | | |
| 11. 2. **H** | Saarbrücken | | |
| 18. 2. A | Schalke 04 | | |
| 25. 2. **H** | Hamburger SV | | |
| 4. 3. A | Bor. Dortmund | | |
| 11. 3. **H** | Mönchengladbach | | |
| 18. 3. A | Hertha BSC | | |
| 1. 4. **H** | MSV Duisburg | | |
| 8. 4. A | 1860 München | | |
| 22. 4. **H** | Eintr. Frankfurt | | |
| 29. 4. A | Kaiserslautern | | |

## Borussia Dortmund

| Vorrunde | gegen | Res. | Pl. |
|---|---|---|---|
| 6. 8. A | Hertha BSC | | |
| 13. 8. **H** | MSV Duisburg | | |
| 17. 8. A | 1860 München | | |
| 27. 8. **H** | Eintr. Frankfurt | | |
| 31. 8. A | Kaiserslautern | | |
| 3. 9. **H** | VfB Stuttgart | | |
| 10. 9. A | FC St. Pauli | | |
| 17. 9. **H** | Fort. Düsseldorf | | |
| 24. 9. A | 1. FC Köln | | |
| 1. 10. **H** | Werder Bremen | | |
| 12. 10. A | Bayern München | | |
| 22. 10. **H** | Braunschweig | | |
| 29. 10. A | Saarbrücken | | |
| 5. 11. **H** | Schalke 04 | | |
| 12. 11. **H** | Hamburger SV | | |
| 26. 11. A | VfL Bochum | | |
| 3. 12. **H** | Mönchengladbach | | |

| Rückrunde | gegen | | |
|---|---|---|---|
| 10. 12. **H** | Hertha BSC | | |
| 17. 12. A | MSV Duisburg | | |
| 7. 1. **H** | 1860 München | | |
| 14. 1. A | Eintr. Frankfurt | | |
| 21. 1. **H** | Kaiserslautern | | |
| 28. 1. A | VfB Stuttgart | | |
| 4. 2. **H** | FC St. Pauli | | |
| 11. 2. A | Fort. Düsseldorf | | |
| 18. 2. **H** | 1. FC Köln | | |
| 25. 2. A | Werder Bremen | | |
| 4. 3. **H** | Bayern München | | |
| 11. 3. A | Braunschweig | | |
| 18. 3. **H** | Saarbrücken | | |
| 1. 4. A | Schalke 04 | | |
| 8. 4. A | Hamburger SV | | |
| 22. 4. **H** | VfL Bochum | | |
| 29. 4. A | Mönchengladbach | | |

## MSV Duisburg

| Vorrunde | gegen | Res. | Pl. |
|---|---|---|---|
| 6. 8. **H** | Hamburger SV | | |
| 13. 8. A | Bor. Dortmund | | |
| 17. 8. **H** | Mönchengladbach | | |
| 27. 8. A | Hertha BSC | | |
| 31. 8. A | VfL Bochum | | |
| 3. 9. **H** | 1860 München | | |
| 10. 9. A | Eintr. Frankfurt | | |
| 16. 9. **H** | Kaiserslautern | | |
| 23. 9. A | VfB Stuttgart | | |
| 1. 10. **H** | FC St. Pauli | | |
| 12. 10. A | Fort. Düsseldorf | | |
| 22. 10. **H** | 1. FC Köln | | |
| 29. 10. A | Werder Bremen | | |
| 5. 11. **H** | Bayern München | | |
| 12. 11. A | Braunschweig | | |
| 26. 11. **H** | Saarbrücken | | |
| 3. 12. A | Schalke 04 | | |

| Rückrunde | gegen | | |
|---|---|---|---|
| 10. 12. A | Hamburger SV | | |
| 17. 12. **H** | Bor. Dortmund | | |
| 7. 1. A | Mönchengladbach | | |
| 14. 1. **H** | Hertha BSC | | |
| 21. 1. **H** | VfL Bochum | | |
| 28. 1. A | 1860 München | | |
| 4. 2. **H** | Eintr. Frankfurt | | |
| 11. 2. A | Kaiserslautern | | |
| 18. 2. **H** | VfB Stuttgart | | |
| 25. 2. A | FC St. Pauli | | |
| 4. 3. **H** | Fort. Düsseldorf | | |
| 11. 3. A | 1. FC Köln | | |
| 18. 3. **H** | Werder Bremen | | |
| 1. 4. A | Bayern München | | |
| 8. 4. **H** | Braunschweig | | |
| 22. 4. A | Saarbrücken | | |
| 29. 4. **H** | Schalke 04 | | |

## Hertha BSC

**Vorrunde gegen**

| | | | Res. | Pl. |
|---|---|---|---|---|
| 6. 8. | **H** | Bor. Dortmund | | |
| 13. 8. | A | Mönchengladbach | | |
| 17. 8. | A | VfL Bochum | | |
| 27. 8. | **H** | MSV Duisburg | | |
| 31. 8. | A | 1860 München | | |
| 3. 9. | **H** | Eintr. Frankfurt | | |
| 10. 9. | A | Kaiserslautern | | |
| 17. 9. | **H** | VfB Stuttgart | | |
| 24. 9. | A | FC St. Pauli | | |
| 1. 10. | **H** | Fort. Düsseldorf | | |
| 12. 10. | A | 1. FC Köln | | |
| 22. 10. | **H** | Werder Bremen | | |
| 29. 10. | A | Bayern München | | |
| 5. 11. | **H** | Braunschweig | | |
| 12. 11. | A | Saarbrücken | | |
| 26. 11. | **H** | Schalke 04 | | |
| 3. 12. | A | Hamburger SV | | |

**Rückrunde gegen**

| | | | | |
|---|---|---|---|---|
| 10. 12. | A | Bor. Dortmund | | |
| 17. 12. | **H** | Mönchengladbach | | |
| 7. 1. | **H** | VfL Bochum | | |
| 14. 1. | A | MSV Duisburg | | |
| 21. 1. | **H** | 1860 München | | |
| 28. 1. | A | Eintr. Frankfurt | | |
| 4. 2. | **H** | Kaiserslautern | | |
| 11. 2. | A | VfB Stuttgart | | |
| 18. 2. | **H** | FC St. Pauli | | |
| 25. 2. | A | Fort. Düsseldorf | | |
| 4. 3. | **H** | 1. FC Köln | | |
| 11. 3. | A | Werder Bremen | | |
| 18. 3. | **H** | Bayern München | | |
| 1. 4. | A | Braunschweig | | |
| 8. 4. | **H** | Saarbrücken | | |
| 22. 4. | A | Schalke 04 | | |
| 29. 4. | **H** | Hamburger SV | | |

## Werder Bremen

**Vorrunde gegen**

| | | | Res. | Pl. |
|---|---|---|---|---|
| 6. 8. | A | FC St. Pauli | | |
| 13. 8. | **H** | Fort. Düsseldorf | | |
| 17. 8. | A | 1. FC Köln | | |
| 27. 8. | **H** | VfL Bochum | | |
| 31. 8. | **H** | Bayern München | | |
| 3. 9. | A | Braunschweig | | |
| 9. 9. | **H** | Saarbrücken | | |
| 17. 9. | A | Schalke 04 | | |
| 24. 9. | **H** | Hamburger SV | | |
| 1. 10. | A | Bor. Dortmund | | |
| 12. 10. | **H** | Mönchengladbach | | |
| 22. 10. | A | Hertha BSC | | |
| 29. 10. | **H** | MSV Duisburg | | |
| 5. 11. | A | 1860 München | | |
| 12. 11. | **H** | Eintr. Frankfurt | | |
| 26. 11. | A | Kaiserslautern | | |
| 3. 12. | **H** | VfB Stuttgart | | |

**Rückrunde gegen**

| | | | | |
|---|---|---|---|---|
| 10. 12. | **H** | FC St. Pauli | | |
| 17. 12. | A | Fort. Düsseldorf | | |
| 7. 1. | **H** | 1. FC Köln | | |
| 14. 1. | A | VfL Bochum | | |
| 21. 1. | A | Bayern München | | |
| 28. 1. | **H** | Braunschweig | | |
| 4. 2. | A | Saarbrücken | | |
| 11. 2. | **H** | Schalke 04 | | |
| 18. 2. | A | Hamburger SV | | |
| 25. 2. | **H** | Bor. Dortmund | | |
| 4. 3. | A | Mönchengladbach | | |
| 11. 3. | **H** | Hertha BSC | | |
| 18. 3. | A | MSV Duisburg | | |
| 1. 4. | **H** | 1860 München | | |
| 8. 4. | A | Eintr. Frankfurt | | |
| 22. 4. | **H** | Kaiserslautern | | |
| 29. 4. | A | VfB Stuttgart | | |

## Fortuna Düsseldorf

**Vorrunde gegen**

| | | | Res. | Pl. |
|---|---|---|---|---|
| 6. 8. | **H** | 1. FC Köln | | |
| 13. 8. | A | Werder Bremen | | |
| 17. 8. | **H** | Bayern München | | |
| 27. 8. | A | Braunschweig | | |
| 31. 8. | **H** | Saarbrücken | | |
| 3. 9. | A | Schalke 04 | | |
| 10. 9. | **H** | Hamburger SV | | |
| 17. 9. | A | Bor. Dortmund | | |
| 24. 9. | **H** | Mönchengladbach | | |
| 1. 10. | A | Hertha BSC | | |
| 12. 10. | **H** | MSV Duisburg | | |
| 22. 10. | A | 1860 München | | |
| 29. 10. | **H** | Eintr. Frankfurt | | |
| 5. 11. | A | Kaiserslautern | | |
| 12. 11. | **H** | VfB Stuttgart | | |
| 26. 11. | A | FC St. Pauli | | |
| 3. 12. | **H** | VfL Bochum | | |

**Rückrunde gegen**

| | | | | |
|---|---|---|---|---|
| 10. 12. | A | 1. FC Köln | | |
| 17. 12. | **H** | Werder Bremen | | |
| 7. 1. | A | Bayern München | | |
| 14. 1. | **H** | Braunschweig | | |
| 21. 1. | A | Saarbrücken | | |
| 28. 1. | **H** | Schalke 04 | | |
| 4. 2. | A | Hamburger SV | | |
| 11. 2. | **H** | Bor. Dortmund | | |
| 18. 2. | A | Mönchengladbach | | |
| 25. 2. | **H** | Hertha BSC | | |
| 4. 3. | A | MSV Duisburg | | |
| 11. 3. | **H** | 1860 München | | |
| 18. 3. | A | Eintr. Frankfurt | | |
| 1. 4. | **H** | Kaiserslautern | | |
| 8. 4. | A | VfB Stuttgart | | |
| 22. 4. | **H** | FC St. Pauli | | |
| 29. 4. | A | VfL Bochum | | |

## 1. FC Kaiserslautern

| Vorrunde | gegen | Res. | Pl. |
|---|---|---|---|
| 6. 8. **H** | Braunschweig | | |
| 13. 8. A | Saarbrücken | | |
| 17. 8. **H** | Schalke 04 | | |
| 27. 8. A | Hamburger SV | | |
| 31. 8. **H** | Bor. Dortmund | | |
| 3. 9. A | Mönchengladbach | | |
| 10. 9. **H** | Hertha BSC | | |
| 16. 9. A | MSV Duisburg | | |
| 24. 9. **H** | 1860 München | | |
| 1. 10. A | Eintr. Frankfurt | | |
| 12. 10. A | VfL Bochum | | |
| 22. 10. **H** | VfB Stuttgart | | |
| 29. 10. A | FC St. Pauli | | |
| 5. 11. **H** | Fort. Düsseldorf | | |
| 12. 11. A | 1. FC Köln | | |
| 26. 11. **H** | Werder Bremen | | |
| 3. 12. A | Bayern München | | |

| Rückrunde | gegen | | |
|---|---|---|---|
| 10. 12. A | Braunschweig | | |
| 17. 12. **H** | Saarbrücken | | |
| 7. 1. A | Schalke 04 | | |
| 14. 1. **H** | Hamburger SV | | |
| 21. 1. A | Bor. Dortmund | | |
| 28. 1. **H** | Mönchengladbach | | |
| 4. 2. A | Hertha BSC | | |
| 11. 2. **H** | MSV Duisburg | | |
| 18. 2. A | 1860 München | | |
| 25. 2. **H** | Eintr. Frankfurt | | |
| 4. 3. **H** | VfL Bochum | | |
| 11. 3. A | VfB Stuttgart | | |
| 18. 3. **H** | FC St. Pauli | | |
| 1. 4. A | Fort. Düsseldorf | | |
| 8. 4. **H** | 1. FC Köln | | |
| 22. 4. A | Werder Bremen | | |
| 29. 4. **H** | Bayern München | | |

## 1. FC Saarbrücken

| Vorrunde | gegen | Res. | Pl. |
|---|---|---|---|
| 6. 8. A | Eintr. Frankfurt | | |
| 13. 8. **H** | Kaiserslautern | | |
| 17. 8. A | VfB Stuttgart | | |
| 27. 8. **H** | FC St. Pauli | | |
| 31. 8. A | Fort. Düsseldorf | | |
| 3. 9. **H** | 1. FC Köln | | |
| 9. 9. A | Werder Bremen | | |
| 17. 9. **H** | Bayern München | | |
| 24. 9. A | Braunschweig | | |
| 1. 10. **H** | VfL Bochum | | |
| 12. 10. **H** | Schalke 04 | | |
| 22. 10. A | Hamburger SV | | |
| 29. 10. **H** | Bor. Dortmund | | |
| 5. 11. A | Mönchengladbach | | |
| 12. 11. **H** | Hertha BSC | | |
| 26. 11. A | MSV Duisburg | | |
| 3. 12. **H** | 1860 München | | |

| Rückrunde | gegen | | |
|---|---|---|---|
| 10. 12. **H** | Eintr. Frankfurt | | |
| 17. 12. A | Kaiserslautern | | |
| 7. 1. **H** | VfB Stuttgart | | |
| 14. 1. A | FC St. Pauli | | |
| 21. 1. **H** | Fort. Düsseldorf | | |
| 28. 1. A | 1. FC Köln | | |
| 4. 2. **H** | Werder Bremen | | |
| 11. 2. A | Bayern München | | |
| 18. 2. **H** | Braunschweig | | |
| 25. 2. A | VfL Bochum | | |
| 4. 3. A | Schalke 04 | | |
| 11. 3. **H** | Hamburger SV | | |
| 18. 3. A | Bor. Dortmund | | |
| 1. 4. **H** | Mönchengladbach | | |
| 8. 4. A | Hertha BSC | | |
| 22. 4. **H** | MSV Duisburg | | |
| 29. 4. A | 1860 München | | |

## VfL Bochum

| Vorrunde | gegen | Res. | Pl. |
|---|---|---|---|
| 6. 8. **H** | Mönchengladbach | | |
| 13. 8. A | 1. FC Köln | | |
| 17. 8. **H** | Hertha BSC | | |
| 27. 8. A | Werder Bremen | | |
| 31. 8. **H** | MSV Duisburg | | |
| 3. 9. A | Bayern München | | |
| 10. 9. **H** | 1860 München | | |
| 17. 9. A | Braunschweig | | |
| 24. 9. **H** | Eintr. Frankfurt | | |
| 1. 10. A | Saarbrücken | | |
| 12. 10. **H** | Kaiserslautern | | |
| 22. 10. A | Schalke 04 | | |
| 29. 10. **H** | VfB Stuttgart | | |
| 5. 11. A | Hamburger SV | | |
| 12. 11. A | FC St. Pauli | | |
| 26. 11. **H** | Bor. Dortmund | | |
| 3. 12. A | Fort. Düsseldorf | | |

| Rückrunde | gegen | | |
|---|---|---|---|
| 10. 12. A | Mönchengladbach | | |
| 17. 12. **H** | 1. FC Köln | | |
| 7. 1. A | Hertha BSC | | |
| 14. 1. **H** | Werder Bremen | | |
| 21. 1. A | MSV Duisburg | | |
| 28. 1. **H** | Bayern München | | |
| 4. 2. A | 1860 München | | |
| 11. 2. **H** | Braunschweig | | |
| 18. 2. A | Eintr. Frankfurt | | |
| 25. 2. **H** | Saarbrücken | | |
| 4. 3. A | Kaiserslautern | | |
| 11. 3. **H** | Schalke 04 | | |
| 18. 3. A | VfB Stuttgart | | |
| 1. 4. **H** | Hamburger SV | | |
| 8. 4. **H** | FC St. Pauli | | |
| 22. 4. A | Bor. Dortmund | | |
| 29. 4. **H** | Fort. Düsseldorf | | |

## VfB Stuttgart

| Vorrunde | | gegen | Res. | Pl. |
|---|---|---|---|---|
| 6. 8. | **H** | Bayern München | | |
| 13. 8. | A | Braunschweig | | |
| 17. 8. | **H** | Saarbrücken | | |
| 27. 8. | A | Schalke 04 | | |
| 31. 8. | **H** | Hamburger SV | | |
| 3. 9. | A | Bor. Dortmund | | |
| 10. 9. | **H** | Mönchengladbach | | |
| 17. 9. | A | Hertha BSC | | |
| 23. 9. | **H** | MSV Duisburg | | |
| 1. 10. | A | 1860 München | | |
| 12. 10. | **H** | Eintr. Frankfurt | | |
| 22. 10. | A | Kaiserslautern | | |
| 29. 10. | A | VfL Bochum | | |
| 5. 11. | **H** | FC St. Pauli | | |
| 12. 11. | A | Fort. Düsseldorf | | |
| 26. 11. | **H** | 1. FC Köln | | |
| 3. 12. | A | Werder Bremen | | |

| Rückrunde | | gegen | | |
|---|---|---|---|---|
| 10. 12. | A | Bayern München | | |
| 17. 12. | **H** | Braunschweig | | |
| 7. 1. | A | Saarbrücken | | |
| 14. 1. | **H** | Schalke 04 | | |
| 21. 1. | A | Hamburger SV | | |
| 28. 1. | **H** | Bor. Dortmund | | |
| 4. 2. | A | Mönchengladbach | | |
| 11. 2. | **H** | Hertha BSC | | |
| 18. 2. | A | MSV Duisburg | | |
| 25. 2. | **H** | 1860 München | | |
| 4. 3. | A | Eintr. Frankfurt | | |
| 11. 3. | **H** | Kaiserslautern | | |
| 18. 3. | **H** | VfL Bochum | | |
| 1. 4. | A | FC St. Pauli | | |
| 8. 4. | **H** | Fort. Düsseldorf | | |
| 22. 4. | A | 1. FC Köln | | |
| 29. 4. | **H** | Werder Bremen | | |

## FC St. Pauli

| Vorrunde | | gegen | Res. | Pl. |
|---|---|---|---|---|
| 6. 8. | **H** | Werder Bremen | | |
| 13. 8. | A | Bayern München | | |
| 17. 8. | **H** | Braunschweig | | |
| 27. 8. | A | Saarbrücken | | |
| 31. 8. | **H** | Schalke 04 | | |
| 3. 9. | A | Hamburger SV | | |
| 10. 9. | **H** | Bor. Dortmund | | |
| 17. 9. | A | Mönchengladbach | | |
| 24. 9. | **H** | Hertha BSC | | |
| 1. 10. | A | MSV Duisburg | | |
| 12. 10. | **H** | 1860 München | | |
| 22. 10. | A | Eintr. Frankfurt | | |
| 29. 10. | **H** | Kaiserslautern | | |
| 5. 11. | A | VfB Stuttgart | | |
| 12. 11. | **H** | VfL Bochum | | |
| 26. 11. | **H** | Fort. Düsseldorf | | |
| 3. 12. | A | 1. FC Köln | | |

| Rückrunde | | gegen | | |
|---|---|---|---|---|
| 10. 12. | A | Werder Bremen | | |
| 17. 12. | **H** | Bayern München | | |
| 7. 1. | A | Braunschweig | | |
| 14. 1. | **H** | Saarbrücken | | |
| 21. 1. | A | Schalke 04 | | |
| 28. 1. | **H** | Hamburger SV | | |
| 4. 2. | A | Bor. Dortmund | | |
| 11. 2. | **H** | Mönchengladbach | | |
| 18. 2. | A | Hertha BSC | | |
| 25. 2. | **H** | MSV Duisburg | | |
| 4. 3. | A | 1860 München | | |
| 11. 3. | **H** | Eintr. Frankfurt | | |
| 18. 3. | A | Kaiserslautern | | |
| 1. 4. | **H** | VfB Stuttgart | | |
| 8. 4. | A | VfL Bochum | | |
| 22. 4. | A | Fort. Düsseldorf | | |
| 29. 4. | **H** | 1. FC Köln | | |

## TSV 1860 München

| Vorrunde | | gegen | Res. | Pl. |
|---|---|---|---|---|
| 6. 8. | **H** | Schalke 04 | | |
| 13. 8. | A | Hamburger SV | | |
| 17. 8. | **H** | Bor. Dortmund | | |
| 27. 8. | A | Mönchengladbach | | |
| 31. 8. | **H** | Hertha BSC | | |
| 3. 9. | A | MSV Duisburg | | |
| 10. 9. | A | VfL Bochum | | |
| 17. 9. | **H** | Eintr. Frankfurt | | |
| 24. 9. | A | Kaiserslautern | | |
| 1. 10. | **H** | VfB Stuttgart | | |
| 12. 10. | A | FC St. Pauli | | |
| 22. 10. | **H** | Fort. Düsseldorf | | |
| 29. 10. | A | 1. FC Köln | | |
| 5. 11. | **H** | Werder Bremen | | |
| 12. 11. | A | Bayern München | | |
| 26. 11. | **H** | Braunschweig | | |
| 3. 12. | A | Saarbrücken | | |

| Rückrunde | | gegen | | |
|---|---|---|---|---|
| 10. 12. | A | Schalke 04 | | |
| 17. 12. | **H** | Hamburger SV | | |
| 7. 1. | A | Bor. Dortmund | | |
| 14. 1. | **H** | Mönchengladbach | | |
| 21. 1. | A | Hertha BSC | | |
| 28. 1. | **H** | MSV Duisburg | | |
| 4. 2. | **H** | VfL Bochum | | |
| 11. 2. | A | Eintr. Frankfurt | | |
| 18. 2. | **H** | Kaiserslautern | | |
| 25. 2. | A | VfB Stuttgart | | |
| 4. 3. | **H** | FC St. Pauli | | |
| 11. 3. | A | Fort. Düsseldorf | | |
| 18. 3. | **H** | 1. FC Köln | | |
| 1. 4. | A | Werder Bremen | | |
| 8. 4. | **H** | Bayern München | | |
| 22. 4. | A | Braunschweig | | |
| 29. 4. | **H** | Saarbrücken | | |